Analysis and Design of Information Systems,

An Arabic Text

By

Dr Engr. Mohamed Ben Laroussi Aissa

First Edition, January 2008

© Phillips Publishing Company, 2008.

All Rights Reserved

تحليــــــــــــل وتصميــــــــم

النظـــــــــــم المعلوماتيــــــــة

تأليف: الدكتور المهندس محمد بن العروسي عيسى

الطبعة الأولى جانفي 2008،

جميع الحقوق محفوظة، مؤسسة فيليبس للنشر

ISBN: 978-0-6151-9188-1

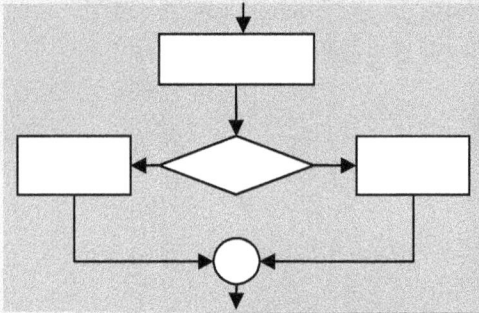

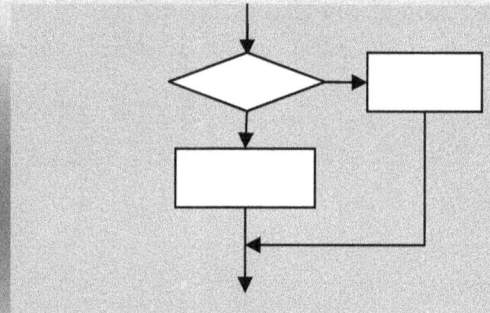

تحليــل وتصميــم النظـــم المعلوماتية

تأليف

الدكتور المهندس
محمد بن العروسي عيسى

رئيس قسم الحاسب الآلي
جامعة الإمام محمد بن سعود الإسلامية
كلية المجتمع بمحافظة شقراء
المملكة العربية السعودية

الطبعة الأولى جانفي 2008، جميع الحقوق محفوظة، مؤسسة فيليبس للنشر، نيوجرسي – الولايات المتّحدة الأمريكية

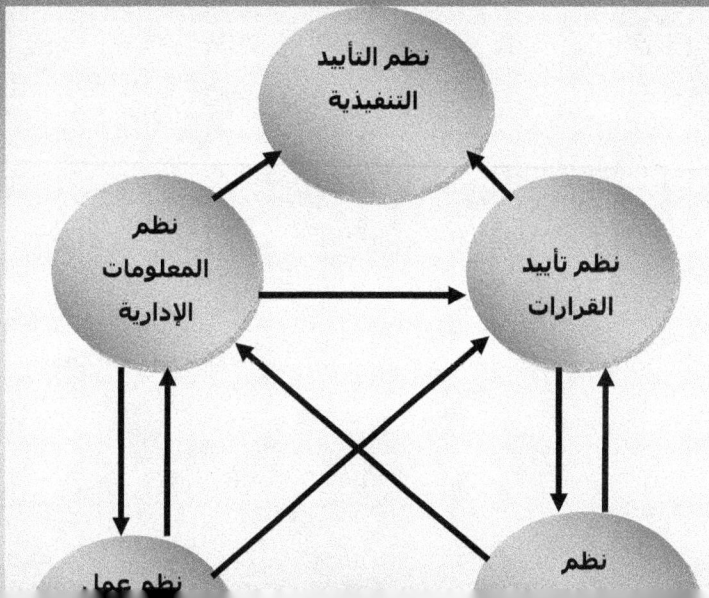

" ولم يزل العلماء في الأزمنة الخالية، والأمم الماضية يكتبون الكتب ممّا يصنّفون من صنوف العلم ووجوه الحكمة، نظرا لمن بعدهم، واحتسابا للأجر بقدر الطاقة، ورجاء أن يلحقهم من أجر ذلك وذخره وذكره".

---- الخوارزمي "الجبر والمقابلة" ----

"الحقيقة غاية لا تدرك، والأخذ بما تنصّ عليه الكتب دون إعمال الحكيم رأيه خطر كدح السابقين، فبنينا على ما حقّقوا، وارتفعنا على أكتافهم، وكدحنا، وسيبني الآتون على ما حقّقناه، وسيرتفعون على أكتافنا، وهكذا دواليك إلى أن يقضي الله أمرا كان مفعولا".

--- الرازي ----

إهداء

أهدي هذا الكتاب
لوالديّ، و لزوجتي،
لإخوتي وأخواتي،
وضياء وأحمد،

ولكل من استخدم لغة الظاد في البحث العلمي، والأهداف النبيلة ونشر السّلام.

بسـم الله الرحمن الرحيم

كلمة المؤلف

يأتي هذا الكتاب تعاضدا مع الجهود الجبارة التي يقوم بها مجموعة من الأكاديميين العرب، الذين يشتغلون في صمت، ويحملون في صدورهم الطاهرة وفاءا للغة الضاد العزيزة، ويسعون جاهدين لجعلها لغة البحث العلمي المتطور، كما هو الشأن اليوم للغة الإنجليزية.

بدأت فكرة تأليف هذا الكتاب نتيجة لمحاولة شخصية لتطوير محاضرات في مجال تحليل وتصميم النظم، ألقيتها سابقا في كلية التربية بمدينة صور ذات السواحل البحرية الساحرة بسلطنة عمان الشقيقة.

كما أن هذا الكتاب بدأ يتطوّر نتيجة للتشجيع الذي قدّمه لي أخي الفاضل العزيز الأستاذ الدكتور علي الميلي عضو هيئة تدريس بالمعهد التقني بنيوجرسي بالولايات المتحدة الأمريكية، والباحث الأكاديمي الكبير، والرائد في جعل اللّغة العربيّة لغة البحث والنشر العلمي في ميادين متعددة تشمل علوم الحاسب الآلي. جزاه الله خيرا. لقد أخذ على عاتقه مراجعة هذا الكتاب، وقدم لي نصائحا ثمينة تهدف إلى تحسينه، ولم يتوقف عند هذا الحد، بل ساعدني على نشره. بارك الله فيه وحفظه ورعاه.

كما أشكر أخويّا الفاضلين الأستاذ الدكتور الحبيب يوسف والدكتور عادل بن منوّر على تشجيعاتهما المتواصلة ومساعداتهما العلمية.

حاولت في هذا الكتاب أن أثري ما كتبه زملائي الأفاضل في ميدان تحليل وتصميم النظم. كما حاولت جاهدا أن أقوم بتحاليل لبعض الطرق ومقارنتها ببعضها البعض، وتوضيح إيجابياتها وسلبياتها إذا تطلب الأمر ذلك. كما حاولت استخدام الجداول والرسوم لتيسير فهم كثير من النقاط المهمة. قمت بكل ذلك حتى أساهم مساهمة فعالة في مساعدة أبنائنا الطلاب الأعزاء على فهم الدروس فهما صحيحا، وتبسيطها قدر الإمكان، والتدرب على التحليل وبلورة نتائجه. بالإضافة إلى ذلك، حاولت أن أعطي إلى هذا الكتاب طابعا بيداغوجيا، بحيث يسهل على القارئ فهم النقاط الأساسية، والرجوع إليها عند اقتضاء الحاجة.

بالإضافة إلى ذلك، حاولت أن أنتهج طريقة سهلة وواضحة ومفيدة، تسوق القارئ إلى فهم تحليل وتصميم النظم العصرية بدون مشقة وعناء.

وحتى نجعل من اللغة العربية اللغة الرئيسية للكتاب، فقد تجنبت استخدام المصطلحات الإنجليزية لعرض بعض المفردات. وحتى أقرب إلى القارئ معرفة ما يوازي بعض المفردات العربية في اللغة الإنجليزية، فقد أنشأت قاموسا عربيا-إنجليزيا، يتواجد في ملحق الكتاب، ويحتوي على كل الكلمات المسطرة في الكتاب. أتوجه بالشكر إلى زميلي الفاضل الدكتور خالد حسين الحسيني الـذي سـاهم في إثراء الفصل الـسادس من هذا الكتاب. أكون ممتنا لتقبل كل المقترحات البنـاءة التي تهـدف إلى تطوير هـذا العمـل المتواضـع عبـر بريدي الإلكتروني.

د. محمد بن العروسي عيسى
جامعة الإمام محمد بن سعود الإسلامية
رئيس قسم الحاسب الآلي بكلية المجتمع بشقراء
المملكة العربية السعودية
moha_aissa@yahoo.com
جانفي 2008

9

13

البـــــــاب الأول

أساسيات تطوير نظم المعلومات

⇐

الفصل الأول	نظم المعلومات وأنواعها
الفصل الثاني	النظام
الفصل الثالث	طرق تطوير وتحسين دورة حياة النظم
الفصل الرابع	العوامل التنظيمية لتطوير نظم المعلومات

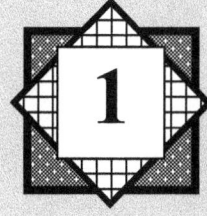

1 نظم المعلومات وأنواعها

يهدف هذا الفصل إلى التعرف على:

○ مفهوم البيانات والمعلومات والفروق بينها،

○ مفهوم نظم المعلومات وميزاتها،

○ أنواع نظم المعلومات ووظائفها،

○ أنواع مستويات نظم المعلومات ووظائفها،

○ دراسة تحليلية ومقارنة بين مختلف أنواع نظم المعلومات.

بعض التعريفات.

يتطلب التطرق إلى مفهوم نظم المعلومات ودورة حياتها بعض التعريفات الآتية:

البيانات

هي جمع كلمة بيان، وتمثل مجموعة من الحقـائق، أو الأفكـار، أو المـشاهدات، أو الملاحظـات، أو القياسات، وتكون في صورة أعداد، أو كلمات، أو رموز مكونة من أرقام، أو حروف أبجدية، أو رمـوز خاصة. تصف البيانات فكرة، أو موضوعا، أو حدثا، أو هدفا، أو أي حقائق أخرى.

مثال : أسماء الأشخاص، تواريخ ميلادهم، عناوينهم،...

معالجة البيانات

هي مجموعة العمليات التي تجرى على البيانات لتحويلها إلى شكل مفيد قابل للاستخدام.

مثال: عمليات التخزين، الاسترجاع، التحديث، الفرز، التصنيف، التحديث، إجراء بعض العمليات الحسابية على بعض البيانات،...

المعلومات

المعلومات – وهي مجموعة الحقائق والأفكار التي تدور حول موضوع محدد، والتي تمت معالجتها بإحدى عمليات معالجة البيانات (التي ذكرناها سابقا).

البيانات إذن هي المادة الخام التي تشتق منها المعلومات (المعلومات هي إذن بيانات "مصنعة")، حيث ترتب، وتنظم، وتعالج، لتظهر في شكل يسهل استخدامها، والاستفادة منها، وأخذ القرارات. تتحول البيانات في هذه الحالة إلى معلومات.

يبرز الشكل 1-1 الفرق بين البيانات والمعلومات.

مجال الفرق	البيانات	المعلومات
الترتيب	غير منتظمة ضمن هيكل تنظيمي	منتظمة ضمن هيكل تنظيمي
القيمة	غير محددة القيمة	محددة القيمة
المصدر	عديدة المصادر	محددة المصادر
الدقة	منخفضة	عالية
موقعها في النظام	بيانات واردة	بيانات صادرة
الحجم	كبير جدا	صغير نسبيا لحجم البيانات

الشكل 1.1 : جدول مقارنة بين البيانات والمعلومات

نظم المعلومات

نظام المعلومات – هو نظام يشمل وظائفا تخص اقتناء وتحويل المعلومة، وذلك لهدف إنتاج المعلومات وخدماتها لمنظمة معينة. يمكن لوسائط هذا النظام أن تكون بشرية، أو بيولوجية، أو اجتماعية، أو وحدات فنية. يختص نظام المعلومات بنوع معين من المعلومات، حتى ولو اتصف هذا النوع بوسع المجال. يهدف هذا النظام دائما إلى توفير المعلومة لمستخدم واحد، أو مجموعة مستخدمين، لاتخاذ القرارات اللازمة في الوقت المناسب، وللمستوى الإداري الملائم.

يستقبل نظام المعلومات البيانات، ويقوم بنقلها، وتخزينها، ومعالجتها، حتى تصبح قابلة للاستخدام. يشمل نظام المعلومات بصفة عامة وحدات التخزين التي تخزن عليها المعلومات.

بالنسبة للأنظمة الكبيرة، تقبع المعلومة في قواعد بيانات، ويتم الدخول إليها بواسطة أنظمة إدارة قواعد البيانات.

تلعب نظم المعلومات دور الواجهة بين المستخدم والمؤسسة، محققة بذلك إنجاز المعاملات بطريقة أكثر كفاءة وسرعة وجودة، مما يجعلها تقدّم أحسن الخدمات إلى المستخدم، وتلبي أكثر ما يمكن من رغباته. يساعد كل ذلك المؤسسة على أن تقف أمام المنافسات، وتحقق نجاحا باهرا على مستوى التسويق.

تتجلى البيانات الصادرة من نظم المعلومات في شكل وثائق، أو منتجات، أو بيانات واردة لنظم أخرى داخل المؤسسة (إفادة مرتدة).

ميزات نظم المعلومات

تتميز نظم المعلومات بإمكانية معالجة البيانات وتحويلها إلى معلومات. لكن لا يتوقف الأمر عند هذا الحد، فهي تخول تحليل هذه المعلومات لينتج عن ذلك تقارير واستعلامات، يرتكز عليها لاتخاذ القرارات (شكل 2.1).

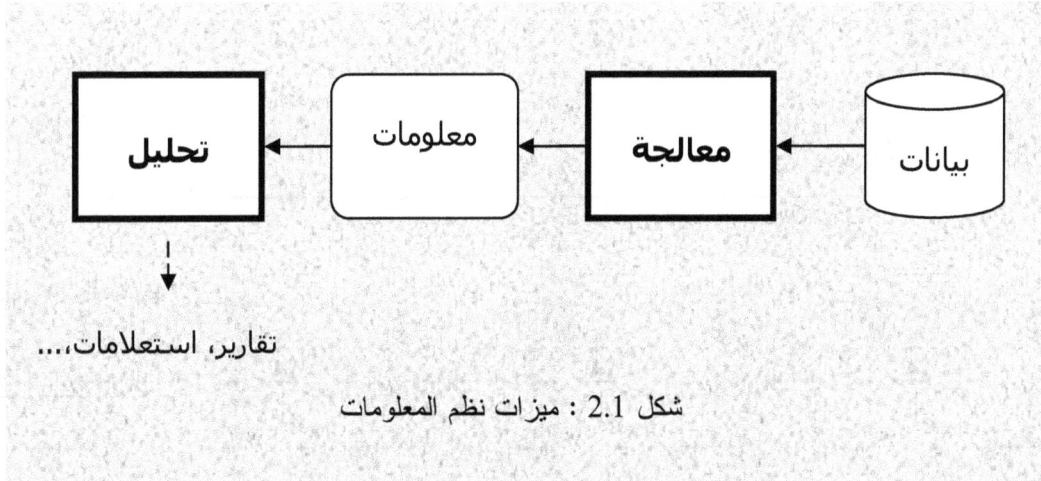

شكل 2.1 : ميزات نظم المعلومات

نفسر الآن هذه الميزات في النقاط التالية:

○   **تنظيم البيانات في شكل معلومات**

تظهر فائدة البيانات في استخدامها لتحقيق هدف معين. لذلك، وجب على البيانات المخزنة في مختلف وسائط التخزين أن تفي بالغرض الذي خزنت من أجله، كما وجب عليها أن تتماشى مع نوعية نظام المعلومات المستخدم في المؤسسات. لذلك تعالج هذه البيانات حيث تفرز، وتصفى قبل استخدامها في

عمليات التحليل، ثم تخزن بعد ذلك للرجوع إليها عند الحاجة. تلعب قواميس البيانات (انظر فـصل 14) دورا كبيرا في عملية تنظيم البيانات.

○ **إمكانية تحليل المعلومة**

كما رأينا سابقا، فإنه لا يمكن للبيانات أن تكون لها فائدة إلا إذا تم تحويلها إلى معلومة. يتم هذا التحويل عند معالجة البيانات بواسطة برمجيات معينة. يمكن عندئذ تحليلها للوصول إلى نتائج يرتكز عليها لاتخاذ بعض القرارات. تستخدم في عملية تحليل البيانات وسائل الاستعلام والتقارير.

أمثلة لنظم معلومات حسب المنظور الوظيفي

لإعطاء فكرة عن نظم المعلومات، نسوق أمثلة عن الأنظمة التالية:

- نظام المبيعات والتسويق،

- نظام التصنيع،

- نظام التمويل والمحاسبة،

- نظام الموارد البشرية

نصف الآن في الأشكال التالية بعض الأنظمة الفرعية التابعة لهذه الأنظمة، ونحدد المستوى التنظيمي الذي يتواجد فيه كل نظام فرعي منها:

النظام الفرعي	وصف النظام الفرعي	المستوى التنظيمي (شكل 8.1)
معالجة الطلبيات	إدخال ومعالجة ومتابعة الطلبيات	التشغيل
تحليل السوق	تحديد الزبائن والأسواق	المعرفة
تحليل الأسعار	تحديد الأسعار	العالي
اتجاهات المبيعات	تحضير التوقعات للسنوات الخمسة المقبلة	الإستراتيجي

شكل 3.1 : نظام المبيعات والتسويق

النظام	وصف النظام	المستوى التنظيمي
مراقبة الآلات	مراقبة عمل الأجهزة	التشغيل
تصميم بمساعدة الحاسب الآلي	تصميم إنتاجات جديدة	المعرفة
تخطيط الإنتاج	جدولة المنتوجات، إقرار العدد	العالي
موقع الوسائل	أخذ قرار في موقع تحديد	الاستراتيجي

شكل 4.1: نظام التصنيع

النظام	وصف النظام	المستوى التنظيمي
الحسابات المستلمة	متابعة الأموال التي في ذمة المؤسسة	التشغيل
تحليل الحقيبة	تصميم استثمارات المؤسسة	المعرفة
وضع الميزانية	تحضير ميزانية قصيرة المدى	العالي
تخطيط الربح	تخطيط أرباح طويلة المدى	الاستراتيجي

شكل 5.1 : نظام التمويل و المحاسبة

النظام	وصف النظام	المستوى التنظيمي
التدريب والتطوير	متابعة التدريب و المهارات والتنمية	تشغيل
التخطيط المهني	تصميم الخطط المهنية للعمال	المعرفة
تحليل التعويض	مراقبة الأجور، والرواتب والفوائد	العالي

شكل 6.1: نظام الموارد البشرية

أنواع مستويات نظم المعلومات ووظائفها.

يتغير تصنيف أنواع نظم المعلومات باستمرار مع التطور التقني. توزع هذه الأصناف على مستويات مختلفة تسمى بالمستويات الإدارية، ويمكن عرضها في شكل هرم (شكل 8.1). وهكذا يمكن توزيع أنواع نظم المعلومات، في الوقت الحاضر، على أربع مستويات، والتي نذكرها كالآتي ابتداء من قاعدة الهرم:

- مستوى التشغيل،
- مستوى المعرفة،
- المستوى العالي،
- المستوى الاستراتيجي.

يوضح الشكل 7.1 هذه المستويات، ويعطي فكرة عامة عن كل مستوى من هذه المستويات الإدارية.

المستوى	نظرة عامة
مستوى التشغيل	تنتج في هذا المستوى أجوبة عادية لها صلة وثيقة بسير الأعمال.
مستوى المعرفة	أعمال تأييل المكاتب وتحسين الاتصالات والمعلومات داخل هذه المكاتب.
المستوى العالي	مراقبة التأييد، و السيطرة على اتّخاذ القراراتِ والإدارةِ من طرف الإدارةِ المتوسّطةِ.
المستوى الإستراتيجي	تتواجد نظم المعلومات التي تتحمل تخطيطا بعيد المدى ترسمه الإدارة العليا.

شكل 7.1: نظام الموارد البشرية

الجدير بالذكر أن هذه المستويات تخضع إلى ترتيب معين يتبلور في شكل هرم. يوضح الشكل 8.1 هذا التوزيع ابتداء من قاعدة الهرم وصعودا نحو قمته، ويعطي فكرة عن أنوع الفئات المخدومة في ظل كل مستوى من هذه المستويات.

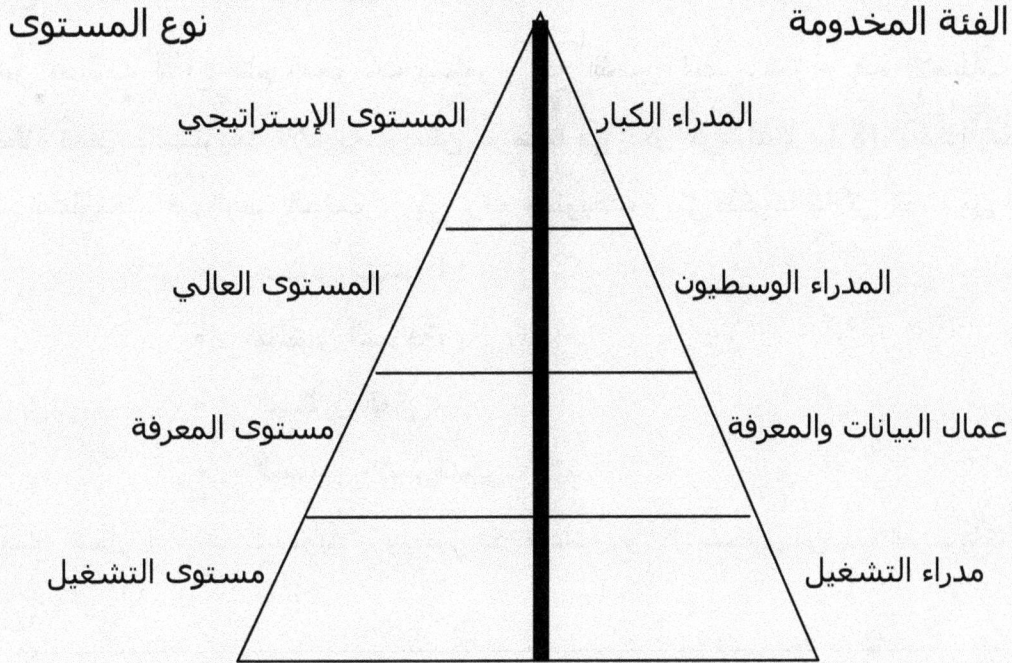

شكل 8.1: توزيع أنواع الفئات المخدومة حسب أنوع المستويات

أنواع نظم المعلومات ووظائفها.

يحتوي كل مستوى من المستويات المذكورة سابقا على نوع واحد أو أكثر من نظم المعلومات. يمكن تقسيم نظم المعلومات، في الوقت الحاضر، إلى سبعة أنواع (وكما ذكرنا سابقا، فإن هذا التقسيم يتغير مع الزمن)، توزع كما يلي ابتداء من قاعدة الهرم وصعودا نحو قمته (شكل 9.1):

- نظم معالجة المعاملات،
- نظم تأييل المكاتب،
- نظم المعلومات الإدارية،
- نظم تأييد القرارات،
- النظم الخبيرة للمعلومات،
- نظم تأييد قرارات الفريق ونظم العمل المشترك بواسطة التأييد الحاسوبي،

• نظم تأييد التنفيذ.

نتعرف الآن على كل نوع من أنواع هذه النظم.

• **نظم معالجة المعاملات**

تتواجد نظم معالجة المعاملات (والتي تدعى كذلك نظم معالجة الأحداث أو نظم معالجة الوقائع) في مستوى التشغيل، وتمثل بذلك قاعدة الهرم. تعتبر نظم معالجة المعاملات نظم معلومات حاسوبية، طورت من أجل معالجة كم هائل من البيانات، لتنفيذ معاملات عادية، كحساب رواتب الموظفين، وإدارة عمليات الجرد. يلغي نظم معالجة المعاملات متاعب معاملات التشغيل الضرورية، ويقلل من الوقت اللازم للقيام بها يدويا رغم أن المستخدمين مازالوا مطالبين بإدخال البيانات في النظم الحاسوبية.

تعتبر نظم معالجة المعاملات نظما ممتدة الحدود، حيث أنها تخول للمؤسسة التفاعل مع محيطها الخارجي.

وبما أن مديري المؤسسات ينظرون إلى البيانات المتحصل عليها من نظم معالجة المعاملات كمعلومات يستفاد من خدماتها في كل دقيقة، وتعطي فكرة عما يحصل في المؤسسة، فإن العمليات المنجزة يوميا في حاجة ماسة أن تشتغل هذه النظم في هدوء تام وبدون انقطاع.

تخول نظم معالجة المعاملات للتجار ومديري الأعمال جمع، وتخزين، وتغيير، وسحب خاصيات المعاملات (شكل 10.1). يعتبر "التحويل النقدي الإلكتروني" بنقاط البيع مثالا لهذه النظم، حيث تخزن بيانات العملاء والبطاقات البنكية في قاعدة بيانات فورية. تعتمد المحلات التجارية ومنظمات أخرى على نظم معالجة المعاملات.

يوجد نوعان من معالجة المعاملات:

• **معالجة مجمعة**: تجمع كل البيانات ثم تعالج كلها دفعة واحدة.

• **معالجة في الوقت الحقيقي (معالجة فورية)**: تعالج بيانات المعاملات في نفس الوقت والمكان الذي تتم فيه المعاملة.

تختص نظم معالجة المعاملات بتسجيل ومعالجة البيانات التي تنتج عن الأنشطة العادية المتكررة. لذلك، فإن هذه النظم تمثل القاعدة التشغيلية الأساسية للمنظمة ولنظم المعلومات الأخرى الموجودة فيها.

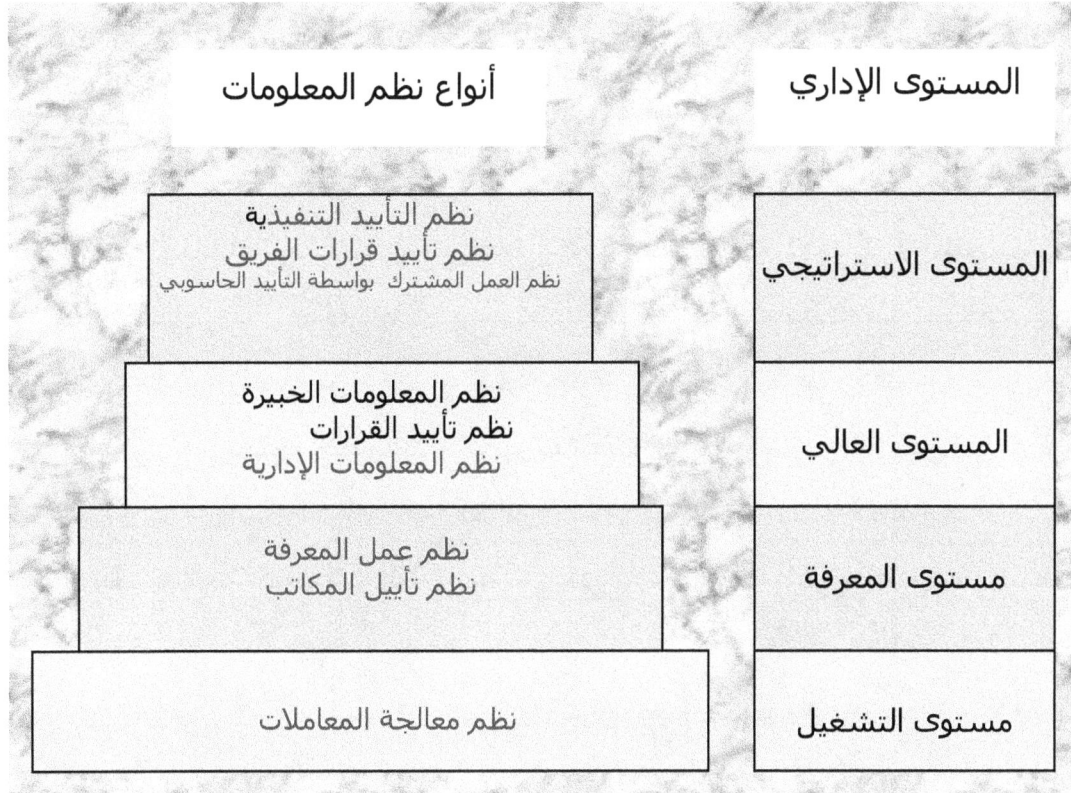

شكل 9.1: أنواع نظم المعلومات

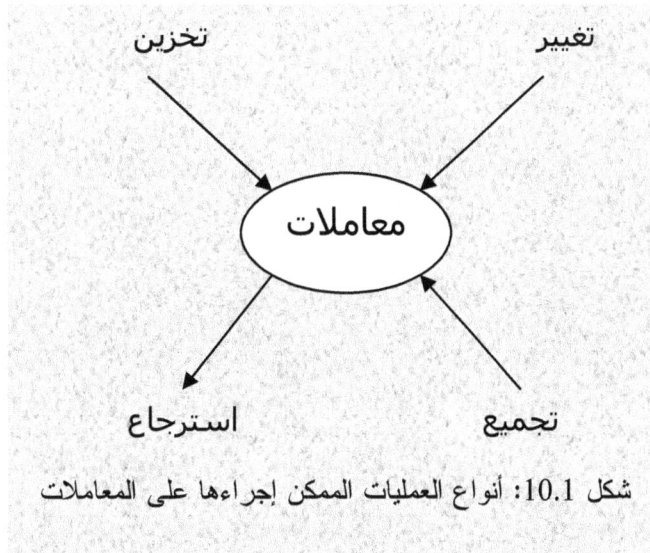

شكل 10.1: أنواع العمليات الممكن إجراءها على المعاملات

تعتبر صادرات نظم معالجة المعاملات مدخلات لنظم المعلومات الإدارية وكذلك لأنواع أخرى من نظم المعلومات.

تتوجه نظم معالجة المعاملات نحو دعم القرارات الهيكلية، وتنفيذ الأنشطة المبرمجة للإدارة التشغيلية. بالإضافة إلى ذلك، فهي تمثل قاعدة تصميم وتطوير نظم المعلومات الإدارية في منظمات الأعمال وغيرها.

• **نظم تأييل المكاتب**

التأييل – هي استخدام الحاسب الآلي في إنجاز التطبيقات.

يتواجد على مستوى المعرفة للمؤسسة قسمان من النظم: نظم تأييل المكاتب ونظم عمل المعرفة .
تشير نظم تأييل المكاتب إلى كل تطبيقات نظم المعلومات المحسوبة لتأييل المهام والواجبات التي تنجز في المكاتب الإدارية بهدف زيادة الإنتاجية الإدارية، وتحقيق الجودة العالية والشاملة. كما تهدف إلى تحسين الاتصالات والمعلومات داخل المكتب، وبين المكتب والبيئة التنظيمية الداخلية من جهة والبيئة الخارجية من جهة أخرى.

تحوي نظم تأييل المكاتب بيانات العمال الذين عادة لا يصنعون معارف جديدة، بل يقتصر دورهم على تحليل المعلومات لهدف تحويل البيانات، أو التعامل معها قبل الإدلاء بها، للمشاركة أو توزيعها على مختلف أقسام المؤسسة، وفي بعض الأحيان حتى خارج المؤسسة.

من الأشياء المعروفة عن نظم تأييل المكاتب الاتصالات بواسطة البريد الإلكتروني أو الصوتي، أو المحاضرات عن طريق الفيديو. كما تظهر هذه النظم في شكل حزم برمجيات جاهزة كحزمة برمجيات ميكروسوفت أفيس الذي يضم برنامج معالجة النصوص، وبرنامج أكسيل لمعالجة الجداول الإلكترونية، وبرنامج أكسس لمعالجة قواعد البيانات. كما تضم هذه النظم برامج النشر المكتبية، وبرامج إدارة المشاريع.

إلى جانب تطور الحواسيب الشخصية وحزمة برمجيات ميكروسوفت أفيس، فقد ساهمت نظم إدارة قواعد البيانات في التطورات التي أدت إلى نمو وانتشار تطبيقات نظم تأييل المكاتب. تستخدم نظم إدارة قواعد البيانات لإنشاء، وتنظيم، ومعالجة، وخزن، وتحديث، واسترجاع البيانات من قواعدها، مستعينة باستخدام أجهزة الحاسب الآلي في المكاتب الإدارية الحديثة.

تعالج أغلب أعمال تأييل المكاتب إلكترونيا لهدف اقتصاد المساحات المكتوبة، واستهلاك أوراق الطباعة.

• نظم عمل المعرفة

تضم "نظم عمل المعرفة" موظفين محترفين ومختصين كالعلماء، والمهندسين، والدكاترة، وتساندهم في مساعيهم من أجل خلق معلومات جديدة، وتوسيع آفاق المعرفة، والمساهمة بها في الإيفاء بحاجيات مؤسساتهم أو المجتمع على نطاق أوسع.

• نظم المعلومات الإدارية

نظم المعلومات الإدارية – هي نظم معلومات حاسوبية تعمل من أجل تحقيق حوار وتفاعل بين المجتمع والحاسب الآلي.

إذا توفرت للمجتمع البرمجيات والمعدات، فإن نظم المعلومات الإدارية تتحمل نطاقا أوسع من الوظائف التنظيمية بالمقارنة بنظم معالجة المعاملات، حيث أن نظم المعلومات الإدارية تثرى بعمليات مهمة تتمثل في تحليل وصنع القرارات.

للدخول إلى المعلومة، فإن مستخدمي نظم المعلومات الإدارية يتقاسمون قاعدة بيانات مشتركة. تخزن في هذه القاعدة البيانات والنماذج التي تساعد المستخدمين في تفسير وتطبيق هذه البيانات. تولد نظم المعلومات الإدارية بيانات صادرة تستخدم في صنع القرارات.

تخول نظم المعلومات الإدارية توفير المعلومات الكافية لمديري المؤسسات والشركات حتى يتمكنوا من عرض التقدم الحالي لأعمالهم، وتقييمها، والتنبؤ بالتطورات المستقبلية، مما يساعدهم على اتخاذ القرارات اللازمة في الوقت المناسب (قبل فوات الأوان). تتجلى المعلومات الإدارية في تقارير، ونتائج إحصائية، وجرد المخزون، وتخصيص الميزانية، وغيرها من التفاصيل الأخرى التي تساعد مديري الشركات في إدارة أعمالهم.

تعتبر نظم المعلومات الخبيرة شكلا من نظم المعلومات الإدارية. كما تعتبر نظم المعلومات الإدارية ونظم المعلومات الخبيرة أمثلة متخصصة في نظم تأييد القرارات.

■ **نظم تأييد القرارات**

تتواجد نظم تأييد القرارات في المستوى الأعلى من أقسام نظم المعلومات الحاسوبية. تشبه نظم تأييد القرارات نظم المعلومات الإدارية التقليدية، حيث أن كلاهما يرتكزان على قاعدة بيانات كمصدر للبيانات. ينطلق نظام تأييد القرارات من نظام تقليدي للمعلومات الإدارية، لأنه يركز تأييد صنع القرارات في أغلب مراحله، رغم أن القرار الأخير يبقى محتكرا على صانع القرارات.

تستخدم نظم تأييد القرار بطريقة تتأقلم مع الشخص أو المجموعة، بخلاف نظام المعلومات الإدارية التقليدي.

تساعد هذه النظم المستخدم على اتخاذ قرارات في مجال معين، وذلك عن طريق الدخول إلى المعلومات ووسائل التحليل. فمثلا تخرج بعض نقاط تخزين البضائع في فترة معينة أمرا ببيع بعض السلع المخزونة التي وصل سعرها في السوق مقدارا معينا، فتجني بذلك أرباحا طائلة.

تعتمد نظم تأييد القرارات على شيئين رئيسين:

○ مدى دقة الطرق الرياضية المستخدمة في تصميم قالب المحاكاة الذي يرتكز عليه النظام،
○ خبرة المستخدم في تفسير البيانات الصادرة.

✓ **مكونات نظم تأييد القرارات**

نتعرف الآن على مكونات نظم تأييد القرارات من خلال الشكل 11.1 الذي يوضح نموذجا لهذه النظم.

❖ **قاعدة بيانات النظام**

تحتوي نظم تأييد القرارات على قاعدة أو عدة قواعد بيانات تضم ما يلزم النظام من البيانات الضرورية لتنفيذ وظائفه. يمكن الحصول على هذه البيانات من مصادر مختلفة، داخلية أو خارجية عن المؤسسة، ولها علاقة بعدة مجالات، قد ترتبط بالتطبيقات المالية، أو الإحصائية، أو المحاسبية، أو التسويقية أو الإدارية.

❖ **قاعدة النماذج**

تعتبر قاعدة النماذج حزمة من النماذج التحليلية، والرياضية، والإحصائية، والتخطيطية، التي تخول للمستخدم التعامل مع المشكلة، وتمثيلها في نموذج، ثم إجراء عمليات التحليل على هذا النموذج.

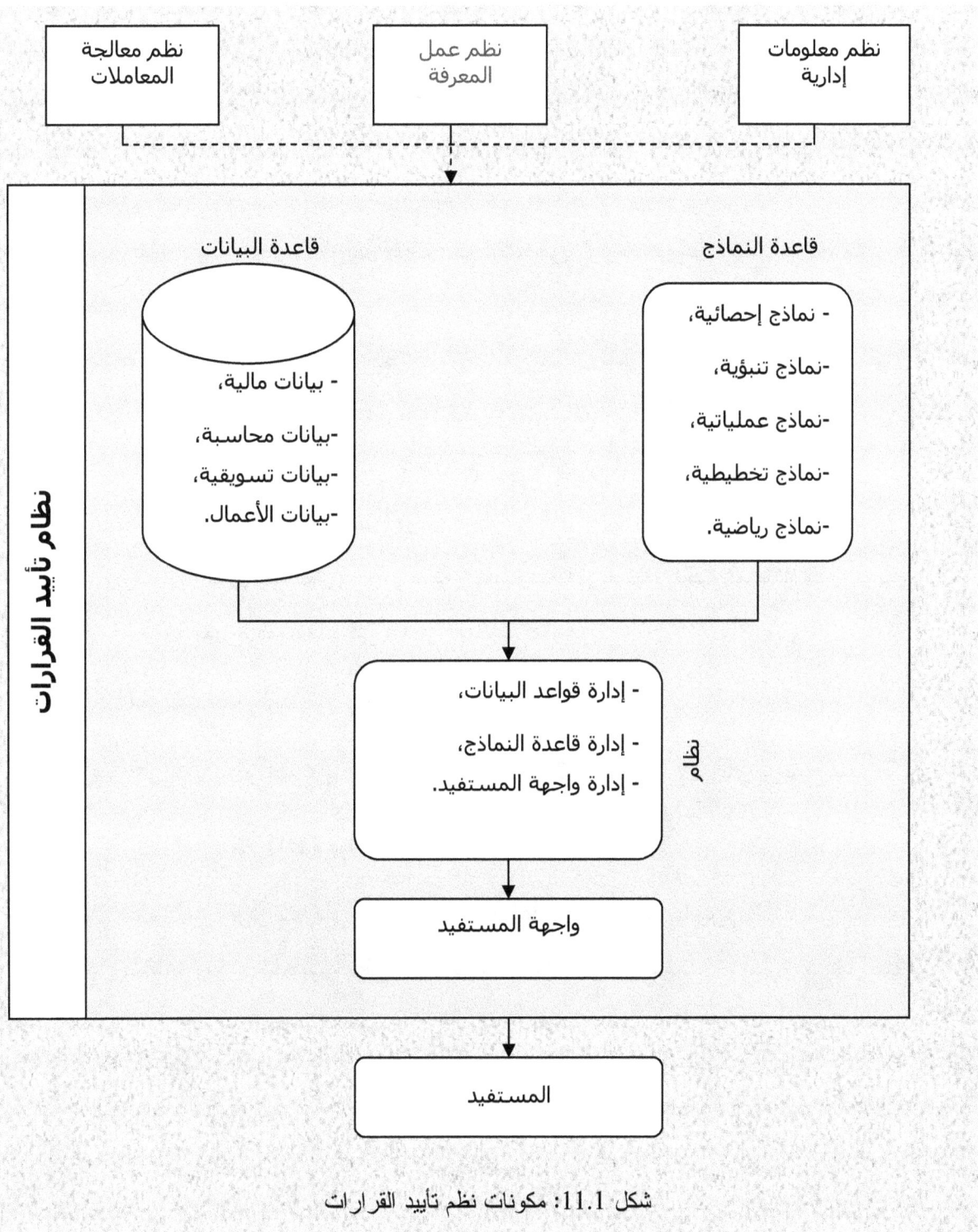

نظم المعلومات وأنواعها

نظم معلومات إدارية
نظم عمل المعرفة
نظم معالجة المعاملات
نظام تأييد القرارات
قاعدة النماذج
- نماذج إحصائية،
-نماذج تنبؤية،
-نماذج عملياتية،
-نماذج تخطيطية،
-نماذج رياضية.
قاعدة البيانات
- بيانات مالية،
-بيانات محاسبة،
-بيانات تسويقية،
-بيانات الأعمال.
- إدارة قواعد البيانات،
- إدارة قاعدة النماذج،
- إدارة واجهة المستفيد.
نظام
واجهة المستفيد
المستفيد

شكل 11.1: مكونات نظم تأييد القرارات

تحتوي قاعدة النماذج على مجموعة مخزنة من نماذج القرارات التي تختلف في النوع ودرجة التعقيد. بالإضافة إلى ذلك، فإن اختلاف نظم تأييد القرارات يكمن أساسا في اختلاف هذه النماذج. فإذا أخذنا مثال نظام تأييد القرارات التسويقية، فإنه بالإضافة إلى النماذج المهمة ذات العلاقة بأنشطة إدارة التسويق، فإن قاعدة النماذج سوف ترتكز أساسا على:

– نماذج التنبؤ للمبيعات،

– نماذج تحليل الارتباط والانحدار.

دراسة العلاقة بين متغيّرين لمعرفة مدى أو قوّة هذه العلاقة تسمى الارتباط، بينما صياغة العلاقة بينهما في شكل معادلة رياضيّة تستخدم في تقدير أحدهما إذا عرف الآخر تسمى تحليل الانحدار. الجدير بالذكر، أنه توجد نماذج أخرى مرافقة للنماذج الأساسية وتستخدم بصفة دائمة، مثل نماذج تحليل الحساسية، وإدارة الأوضاع الافتراضية، وغيرها من النماذج الأخرى.

❖ نظام إدارات قواعد البيانات والنماذج

يوجد نظام إدارة قواعد بيانات يتولى عمليات تخزين، وتحديث، واسترجاع ومعالجة البيانات. كما يوجد نظام إدارة قاعدة بيانات النماذج الذي يتولى استخراج البيانات الضرورية لبناء نماذج حل المشكلات.

❖ واجهة المستفيد

يحتوي النظام على واجهة بسيطة يستخدمها المستفيد النهائي من خلال حوار مباشر باللغة الطبيعية، يرتكز حول التسهيلات المتوفرة، لاختيار نموذج القرار المناسب، وتعديل بعض الافتراضات المبنيّة إذا اقتضت الحاجة إلى ذلك (مثل الافتراض والاستنتاج، ...). تلعب الواجهة الصديقة للمستفيد دورا كبيرا في صياغة وفهم المشكلة.

✓ ميزات نظم تأييد القرارات ونظم المعلومات الإدارية

بالرغم من أن نظم تأييد القرارات ونظم المعلومات الإدارية غالبا ما يتصفان بصعوبة التنفيذ وغلاء الثمن، إلا أنهما يقدمان ميزات عديدة ومهمة للمديرين الذين يستخدمون هذه الأنظمة. نلخص هذه الميزات في الشكل 12.1.

التوضيح	الميزة
تساعد هذه الأنظمة المديرين في اكتشاف حالات الخطأ مبكرا، والتطرق إلى أهداف أخرى في المنظمة وذلك بتزويدها بالمعلومات الداخلية والخارجية الآنية.	تشخيص المشكلات واقتناص الفرص
يمكّن تلخيص الكميات الهائلة من البيانات من قضاء وقت أطول في تنفيذ النشاطات الكبرى كالتخطيط والتنظيم، ووقت أقل في البحث خلال مواضيع غير مترابطة.	توفير الوقت
إن توفير المعلومات ذات النوعية الجيدة يمكّن هذه الأنظمة من مساعدة المديرين في حسن تقييم البدائل المطروحة أثناء المواقف المعقدة.	توضيح العلاقات المعقدة
إن توفير المعلومات ذات النوعية الجيدة يمكّن هذه الأنظمة من مساعدة المديرين في توجيه النشاطات، والتحكم بها، مما يساعدهم على تنفيذ خططهم على أحسن وجه.	المساعدة على تنفيذ الخطط
تساعد هذه الأنظمة في التركيز على صنع القرار وذلك بتوفير المعلومات الملخصة بعناية وفي شكل مقبول.	تركيز صنع القرار

شكل 12.1: ميزات نظم تأييد القرارات ونظم المعلومات الإدارية

- **النظم الخبيرة للمعلومات**

تعتبر النظم الخبيرة للمعلومات حقلا من حقول الذكاء الإصطناعي. كان الغرض من وضع أسس الذكاء الإصطناعي تطوير آلات تتصرف بذكاء، وتحاكي إلى حد كبير تصرفات الإنسان، وطريقة تفكيره، وردود فعله أثناء تعايشه ظروفا معينة. يرتكز الذكاء الإصطناعي أساسا على هدفين أساسيين:

- فهم اللغة الطبيعية،
- تحليل إمكانية فهم المسألة، والسعي إلى الوصول إلى استنتاجاتها المنطقية.

يوضح الشكل 13.1 عائلة الذكاء الإصطناعي، ويتضح جليا أن النظم الخبيرة تعتبر فردا من أفراد هذه العائلة.

تستخدم النظم الخبيرة طريقة الذكاء الإصطناعي لحل المسائل التي يتعرض لها رجال الأعمال وغيرهم من المستخدمين. تعتبر النظم الخبيرة قسما خاصا جدا من نظم المعلومات، حيث أنها صنعت لتكون قابلة للتطبيق والاستخدام في الأعمال، نتيجة لتوفير المعدات كالحواسيب الشخصية، والبرمجيات مثل "أصداف النظم الخبيرة".

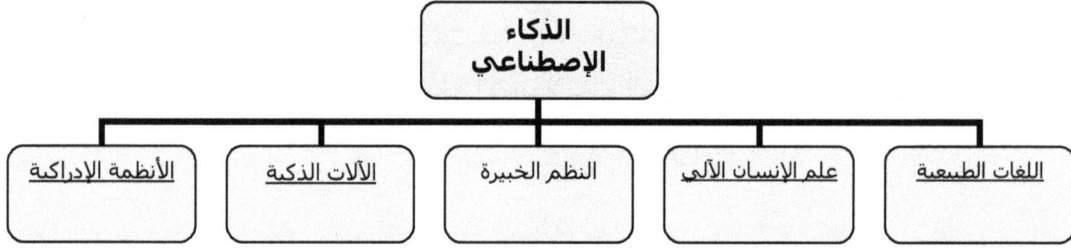

شكل 13.1 : عائلة الذكاء الصطناعي

تساعد النظم الخبيرة المستخدم في إيجاد حلول للمشاكل التي تتطلب في العادة نصيحة من ذوي الخبرة. تمتلك هذه النظم فوائد كثيرة في تنظيم الدورات التدريبية، وعمليات تشخيص الحالات، والرصد، والمراقبة، والاختيار، والتصميم والتنبؤ. بالإضافة إلى ذلك، تساعد النظم الخبيرة المستخدم في اتخاذ قرار في مسألة معينة كالآتي:

يتولى النظام الخبير طرح مجموعة من الأسئلة حول المسألة المطروحة، ويطلب من المستخدم الإجابة عليها. إثر ذلك، يعطي النظام الخبير مجموعة من المقترحات، وبإمكان المستخدم اختيار أنسبها، ثم اتخاذ قرار أخير فيها. هكذا تكون الأنظمة الخبيرة قد قدمت نصيحة للمستخدم وساهمت في خدمته. ومن الأنظمة الخبيرة، نذكر برامج تشخيص الأمراض التي يستعين بها الأطباء المختصين في معالجة المرضى. كما تستخدم النظم الخبيرة في حالات أخرى حسب الطريقة التالية:

يتولى المستخدم إدخال كل الإحصائيات التي لديه، والتي تخص مؤسسته، ويتولى إثر ذلك النظام الخبير عرض مخطط يرتكز عليه المستخدم للحصول على نتائج متقدمة ومتطورة، تساعده على اتخاذ القرارات اللازمة.

يسمى النظام الخبير كذلك "النظام المرتكز على المعارف"، فهو يقتنص ويستخدم معرفة الخبير لحل مشكلة معينة تعيشها المؤسسة. الجدير بالذكر أنه خلافا لنظام تأييد القرارات الذي يترك الحكم الأخير لصانع القرارات، فإن النظام الخبير يختار أحسن الحلول لمشكلة معينة، أو لقسم خاص من المشاكل، انطلاقا من مجموعة من الحلول.

يتركب النظام الخبير من المكونات الأساسية التالية (شكل 14.1):

○ قاعدة المعارف،

○ محرك الاستدلال (الاستنتاج) الذي يربط المستخدم بالنظام بواسطة معالج الاستعلامات، وباستخدام اللغات مثل لغة الاستعلامات المهيكلة، وواجهة المستخدم.

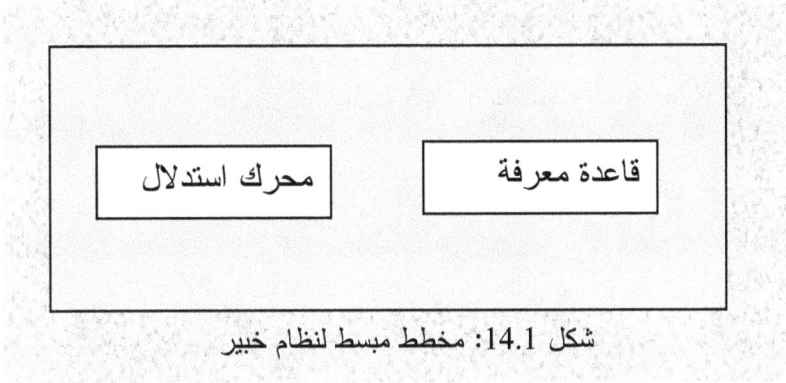

شكل 14.1: مخطط مبسط لنظام خبير

إنه من الممكن جدا أن يكون بناء وتنصيب النظم الخبيرة العمل المستقبلي لكثير من محللي النظم. نتعرف الآن على هيكل النظم الخبيرة المبلور في الشكل 6.1.

✓ **هيكل النظم الخبيرة**

يتكون النظام الخبير من مجال معرفة مخزن في ذاكرة طويلة الأجل. أما الحقائق والمعلومات التي لها صلة بالمشكلة المطروحة فإنها تخزن في ذاكرة قصيرة الأجل تسمى "ذاكرة عاملة".

يوجد تجانس بين تعامل النظم الخبيرة والخبير الإنساني مع المشكلة المطروحة في ميدان تخصصه. يتجلى هذا التجانس في الآتي: إن أول عمل يقوم به الخبير هو استحضار خبرته، ومعرفته الأولية المتوفرة لديه، دون اللجوء إلى التفكير العميق ودراسة العوامل والنتائج. وهذا ما تفعله النظم الخبيرة أثناء استخدامها الذاكرة العاملة القابعة فيها.

نتعرف الآن على مكونات هيكل النظم الخبيرة (شكل 15.1).

❖ قاعدة المعرفة

هي نظام فرعي ضمن النظم الخبيرة، يحتوي على المعرفة المتخصصة في مجال معين. تجمّع هذه المعرفة وتشتقّ من الخبير، ومن خلال التقنيات المستخدمة من طرف مهندس المعرفة. تخزن هذه المعرفة في قاعدة معرفة النظام الخبير.

يستخدم مهندس المعرفة طرق معيارية لتمثيل المعرفة، والتي من أهمها استخدام القوانين المتمثلة في المكونات الشرطية (إذا توفر شرط معين افعل كذا). ترتبط هذه القوانين منطقيا بالمعلومات التي تحتوي الجزء الخاص من قاعدة المكونات الشرطية مع المعلومات الأخرى التي يحتويها الجزء الآخر من القاعدة (القانون) "افعل كذا".

❖ الذاكرة العاملة

تضم الذاكرة العاملة حقائق خاصة بالمشكلة، والتي يتم اكتشافها من خلال عملية النظر، والتحليل المنهجي للمشكلة التي هي في حد ذاتها موضوع القرار.

❖ محرك الاستدلال

يتولى النظام الخبير نمذجة التفكير والإدراك الإنساني من خلال وحدة برمجية تسمى محرك الاستدلال. يعتبر محرك الاستدلال معالجا في النظم الخبيرة. يتولى محرك الاستدلال وظيفة مزج ومقاربة الحقائق القابعة في الذاكرة العاملة مع المعرفة التخصصية القابعة في قاعدة المعرفة، وذلك لهدف اشتقاق الاستنتاجات المرتبطة بالمشكلة.

▪ نظم تأييد قرارات الفريق ونظم العمل المشترك بواسطة التأييد الحاسوبي

عندما يجتمع فريق عمل لصنع قرار، فإنه بإمكانه استخدام "نظام تأييد قرارات الفريق". إن نظام تأييد قرارات الفريق الذي يستخدم في غرف خاصة مجهزة بتجهيزات مختلفة، تخول لأعضاء الفريق التحاور بواسطة "التأييد الإلكتروني"، الذي يتجلى عادة في برمجيات مختصة وأخرى مساعدة. يتولى نظام تأييد قرارات الفريق جمع آراء هذا الفريق لحل مشكلة معينة، وذلك باستخدام وسائل تأييد مختلفة مثل:

○ الاستفتاء والتصويت،

○ الاستبيانات،

- ○ استنباط أفكار بارعة (العصف الذهني)،
- ○ إنشاء حالات افتراضية.

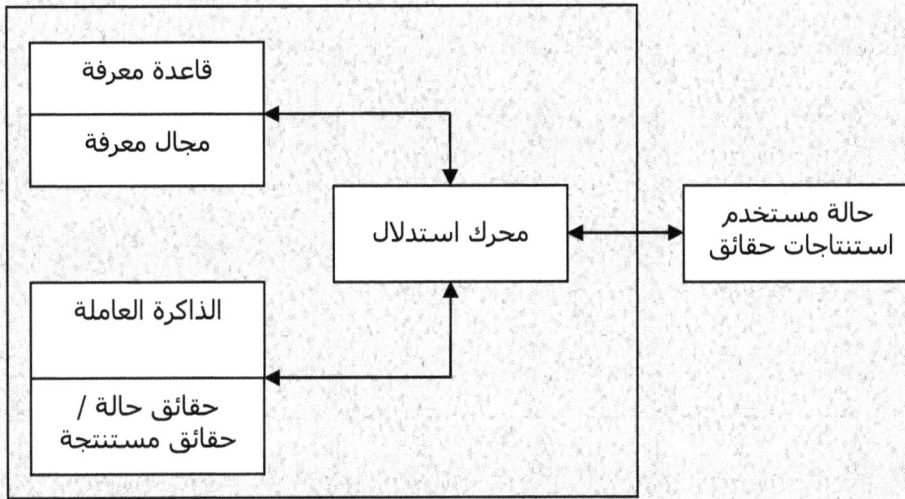

شكل 15.1: هيكل نظام خبير

يتم تصميم برمجيات نظام تأييد قرار الفريق مع الأخذ بعين الاعتبار العمل على التقليل من بعض التصرفات السلبية التي يمكن أن ينتهجها بعض أعضاء الفريق، كالمشاركة الضعيفة في المناقشات خشية التصريح بوجهة نظر يمكن أن لا تلقى ترحابا من أفراد الفريد، أو يمكن أن يستهزأ أو يستخف بها، إلخ...

يناقش نظام تأييد قرار الفريق في بعض الأحيان تحت تسمية أكثر عمومية "نظم العمل المشترك بواسطة التأييد الحاسوبي" الذي يمكن أن يرتكز على تأييد برمجي يسمى "المجموعيات" والذي خصص لتشريك مجموعة تعمل في ظل شبكة حواسيب آلية.

✓ هيكل نظم تأييد قرارات الفريق

تتكون نظم تأييد قرارات الفريق من النظم الفرعية التالية (شكل 16.1):

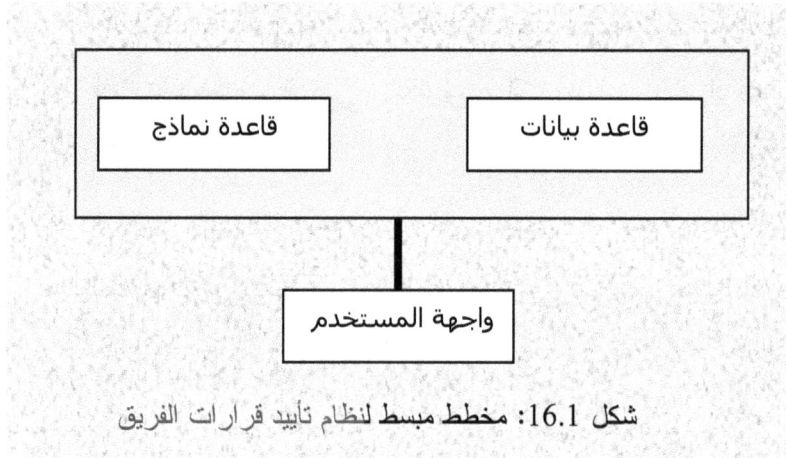

شكل 16.1: مخطط مبسط لنظام تأييد قرارات الفريق

❖ **قاعدة بيانات علاقية موزعة**

تعتبر قاعدة البيانات العلاقية الموزعة ذات قدرات كبيرة ومصدرا عاما للبيانات، وتدار من خلال نظام إدارة قواعد البيانات.

❖ **حزمة برمجيات**

تحتوي حزمة البرمجيات على نماذج إحصائية، رياضية، ومحاسبة لإجراء التحليلات المختلفة مثل البرمجة الخطية، تحليل الانحدار، برامج المحاكاة، تحليل الحساسية. تدار هذه النماذج من خلال نظام إدارة قاعدة النماذج.

❖ **واجهة مستخدم**

هي واجهة ربط تتفاعل مع المستخدمين عبر شبكة حواسيب آلية، وتخوّل لهم من خلالها إرسال وتقبّل الملاحظات، والاستفسارات، والأفكار، ومختلف وجهات النظر حول مشكلة معينة، والتي هي في حد ذاتها موضوع اتخاذ القرار.

✓ **المتطلبات التنظيمية لنظم تأييد قرارات الفريق**

يجب الأخذ بعين الاعتبار أن عتاد نظم تأييد قرارات الفريق يختلف عن نظم المعلومات الأخرى من حيث نوع وطبيعة تركيب العتاد والمستلزمات المادية، التي نحاول تلخيصها في الآتي:

❖ مجموعة من أجهزة حواسيب آلية متضمنة شاشة عرض إلكتروني، وتجهيزات مرئية بالإضافة إلى تسهيلات مادية ضرورية للمؤتمرات والاجتماعات المشتركة.

- ❖ استبيانات إلكترونية تستخدم للمساندة في التخطيط المسبق لاجتماع صنّاع القرار.
- ❖ أدوات العصف الذهني الإلكتروني التي تساعد الأفراد على المشاركة الفعالة في صنع القرار.
- ❖ قواميس البيانات للمجموعة التي تستخدم لهدف توحيد المصطلحات والمفاهيم، وكذلك للمساعدة في توثيق عملية صنع القرار.

✓ **مجالات الاستفادة من نظم تأييد قرارات الفريق**

تستخدم نظم تأييد قرارات الفريق في عمليات تبسيط المشكلة، وتحليليها، وتقديم مختلف الحلول الممكنة المقترحة. كما أنها تستخدم كوسيلة فعالة لعرض مجموعة البدائل الممكنة من الحلول، وتقييمها، ودراسة العائد المتوقع لكل منها، ومقارنتها واختيار أفضلها.

بالإضافة إلى ذلك، يمكن الاستفادة من نظم تأييد قرارات الفريق في المجالات الموضحة في الشكل 17.1.

مجال الاستفادة	تفسير المجال
مشاركة إيجابية	تعزيز المشاركة الإيجابية في صنع القرارات الإدارية.
مناخ تنظيمي إيجابي	توفير مناخ تنظيمي إيجابي ومفتوح يرتكز على الحوار البناء وتقديم المقترحات وتبادل الآراء.
تطوير الآراء	نتيجة للحوار البناء، وتبادل الأفكار، يتم تطوير الآراء والأفكار المبدعة .
الموضوعية في الحكم	اعتماد الموضوعية والمعلوماتية في الحكم على الأشياء، وتقييم البدائل.
قدرة النمذجة	القدرة على تصميم النماذج وتقديم الحلول.
تقييم الآراء والأفكار	تعتبر نظم تأييد قرارات الفريق أداة لتقييم الآراء والأفكار بطريقة علمية وفعّالة.
التعزيز البرمجي	تعزيز الطاقة العقلية البشرية بتزويد النظام بالبرمجيات المتطورة.
توثيق اتخاذ القرارات	توثيق تحليل ومقارنة البدائل، ومجموعة الحلول الممكنة للمشكلة والقرارات المتخذة.

الشكل 17.1 : مجالات الاستفادة من نظم تأييد قرارات الفريق

▪ **نظم التأييد التنفيذية**

عندما يلجأ المنفذون إلى الحاسب الآلي، فإنهم عادة ما يبحثون عن سبل تساعدهم على صنع قرارات على المستوى الإستراتيجي. تتولى "نظم التأييد التنفيذية" مساعدة المنفذين على تنظيم تحاورهم، وتفاعلهم مع العالم الخارجي، وذلك بتوفير الرسومات لهم، وتأييد الاتصالات في مواقع مفتوحة مثل الغرف الشاسعة أو المكاتب الشخصية المشتركة.

دراسة تحليلية وتوضيحية ومقارنة لأنواع نظم المعلومات

بعد ما قدمناه من معلومات عن نظم المعلومات وأنواعها، رأينا أنه من الأفضل أن نجني ثمار هذا الجهد ونقوم بدراسة تحليلية، وتوضيحية، ومقارنة، تخص هذه النظم. كما أننا أردنا أن ندمج القارئ العزيز في هذه الدراسة المهمة جدا، حيث بإمكانه أن يتولى تعبئة الخانات الفارغة في بعض الجداول التالية، وينفعنا بإضافاته هذه، حتى يساهم في تفعيل الإفادة المرتدّة بيننا وبينه (عن طريق بريدنا الإلكتروني). لقد تطرقنا في هذه الدراسة إلى المواضيع التالية:

- بعض أنواع نظم المعلومات وأمثلة لاستخداماتها في بعض الميادين (شكل 18.1).
- العلاقة بين مختلف أنواع نظم المعلومات (شكل 19.1).
- مقارنة بين نظم المعلومات الإدارية و نظم تأييد القرارات والنظم الخبيرة (شكل 20.1).
- إيجابيات وسلبيات بعض أنواع نظم المعلومات (شكل 21.1).
- أهداف وميادين استخدامات بعض أنواع نظم المعلومات (شكل 22.1).
- أمثلة لبعض نظم المعلومات، والأدوات التي تستخدمها هذه النظم، ووارداتها، ونوع معالجتها وصادراتها (شكل23.1 و شكل 24.1).

المستوى	أنواع نظم المعلومات	الميادين الوظيفية			
		الموارد البشرية	التمويل والمحاسبة	التصنيع	المبيعات والتسويق
التشغيل	نظم معالجة المعاملات	حفظ سجل الموظفين	قائمة الرواتب	مراقبة حركة المواد	معالجة الطلبيات
العالي	نظم المعلومات الإدارية نظم تأييد القرارات	- عقد تحليل الأسعار - سيطرة كلفة الانتقال	- وضع الميزانية السنوية - تحليل الأرباح	- سيطرة الجرد - جدولة الإنتاج	- إدارة المبيعات، - تحليل المبيعات حسب المناطق
الإستراتيجي	نظم التأييد التنفيذية	تخطيط انتداب الموظفين	تخطيط الأرباح	تشغيل الخطة الخماسية	توقعات اتجهات المبيعات

الشكل 18.1 : بعض أنواع نظم المعلومات وأمثلة لاستخداماتها في بعض الميادين

بالارتكاز على الدراسات السابقة، رسمنا العلاقات بين مختلف أنواع نظم المعلومات، ونبلورها في الشكل 19.1.

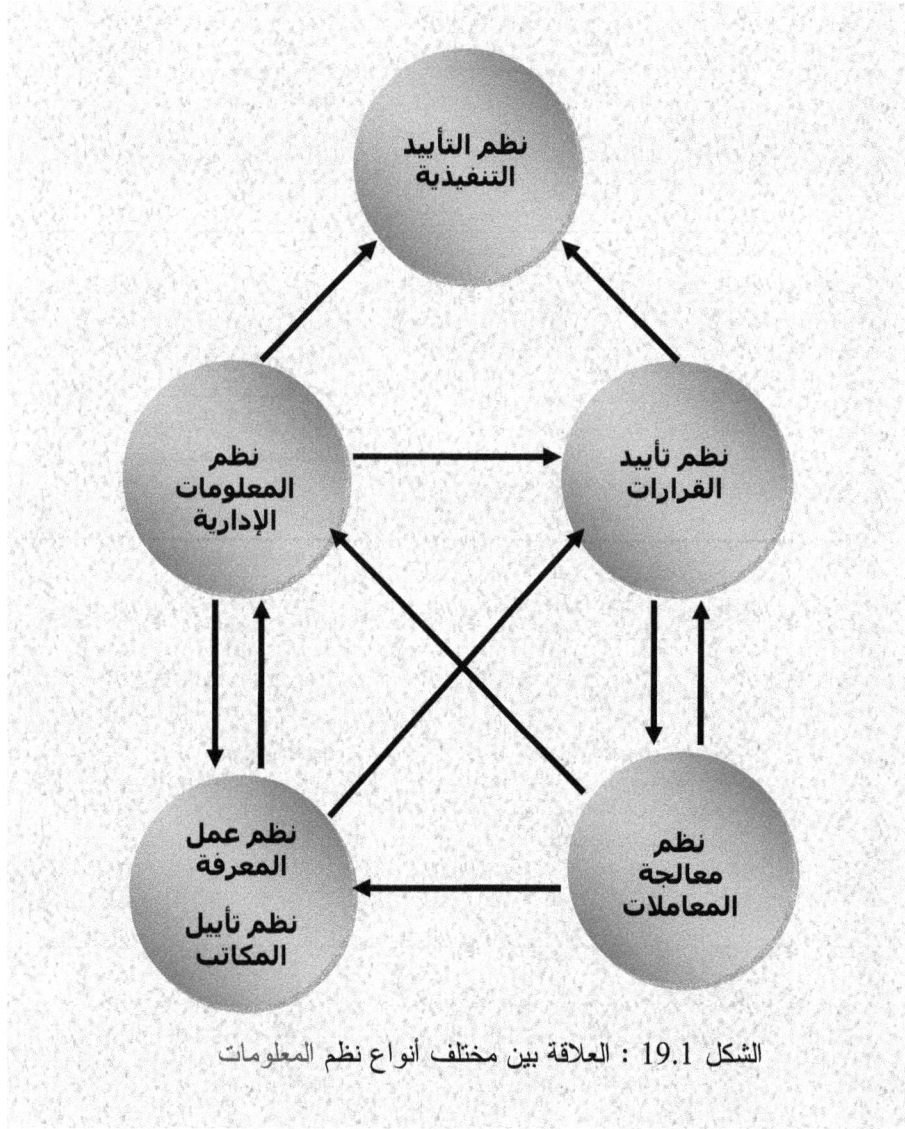

الشكل 19.1 : العلاقة بين مختلف أنواع نظم المعلومات

قمنا بمقارنة لبعض أنواع نظم المعلومات استسقيناها مما سلف ذكره ومن عدة مراجع متفرقــة أخــرى. نترك الفرصة للقارئ الكريم تعبئة بعض الخانات الفارغة المتواجدة في بعض الجداول. يوضــح الـشكل 20.1 نتائج هذه المقارنة.

	نظم المعلومات الإدارية	نظم تأييد القرارات	النظم الخبيرة
طريقة التفاعل بين الشخص والحاسوب	- يساعد هذا النظام المديرين على تعريف جوانب المشكلة وحلها وإصدار المخرجات التي تستخدم في عملية صنع القرار. - تهتم هذه النظم بتجميع وتنظيم وتلخيص المعلومات لمساعدة المديرين على التعامل مع المشكلات المهيكلة (دفع الرواتب، تجهيز الميزانية،....). - ترتكز على قواعد البيانات.	- يحصل صاحب القرار من خلال هذا النظام على إجابات لأسئلة من نوع "الافتراض والاستنتاج " ، مما يعني أن هذا النظام يستخدم للتقييم. - يسمح هذا النظام لصاحب القرار التعمق في المشكلة واكتشاف الجوانب المخفية فيها، ومن ثم عزل معاملات معينة. - يدعم النظام قرار المدير بتقديم عدة بدائل وتقييمها. - تعتبر هذه النظم متممة لنظم المعلومات الإدارية مبنية على أساسها، وهي مصممة للمسائل التي ليس لها أسبقية. - ترتكز على قواعد البيانات. - ترتكز هذه النظم على صنع واتخاذ القرار فقط. -ترتبط هذه النظم بنظم المعلومات الموجودة عادة في المنظمة مثل نظم المعلومات الإدارية و نظم معالجة المعاملات ونظم عمل المعرفة	- يستخدم المعرفة المخزنة فيه لإعطاء القرار وتفسيره وليس إعطاء البديل . - ترتكز على قواعد المعرفة. - تبرمج هذه النظم باستخدام الذكاء الصطناعي الذي يستخدم المنطق في حل المشاكل.
التخصّصيّة	تعتبر هذه النظم أقل تخصصا وهدفية ولكن أوسع حدودا بالمقارنة بنظم تأييد القرارات.	تعتبر هذه النظم أكثر تخصصا وهدفية ولكن أضيق حدودا بالمقارنة بنظم المعلومات الإدارية.	

شكل 20.1: مقارنة بين نظم المعلومات الإدارية ونظم تأييد القرارات والنظم الخبيرة

كما أردنا أن نتعرف على إيجابيات وسلبيات بعض نظم المعلومات، فجمعناها في الشكل 21.1.

	الإيجابيات	السلبيات
نظم تأييد القرارات	- سهولة الاستخدام، - مرونة، - تستند على قواعد البيانات والنماذج. - لا تتطلب مبرمجين محترفين، - يمكن للمستخدم أن يسيطر على المدخلات والمخرجات. - إمكانية تأييد القرارات.	- لا تتلاءم هذه الأنظمة مع المشكلات التي ليس لها حل خوارزمي، أو التي ترتكز على التخمين والاستكشاف. - غلاء الثمن، - صعوبة التنفيذ، - تتطلب وسائل نمذجة معقدة
نظم تأييل المكاتب	- توجه نحو تقلص استخدام الأوراق، - برمجيات متكاملة، - تصميم مريح، - فضاء عمل مبتهج ومريح،	
نظم المعلومات الإدارية	- استخدام البيانات السابقة والحاضرة، - سيطرة على التقارير، - اتخاذ قرارات مهيكلة ونصف مهيكلة	- غلاء الثمن، - صعوبة التنفيذ، - عملية التصميم تدوم طويلا، - توجيه داخلي
نظم تأييد قرارات الفريق	تفحص شكل 8.1.	- لا تزال في طور التطور والاستخدام المحدود لحداثتها النسبية ولتحفظ بعض الإدارات حول الجدوى من وجود هذا النوع من نظم المعلومات. - تتطلب معدات وبرمجيات رئيسية ومساندة لعملها باهضة الثمن.
نظم التأييد التنفيذية		- مصممة للفرد، - عناية مكلفة، - يتطلب تأييدا مكثفا من الفريق المكلف بذلك

الشكل 21.1 : إيجابيات وسلبيات لبعض أنواع نظم المعلومات

في الشكل 22.1، وضحنا أهداف وميادين استخدام بعض نظم المعلومات.

	أهداف النظم	ميدان الاستخدام
نظم معالجة المعاملات		التحويل النقدى الإلكتروني الآلات المتكلمة الآلية
نظم تأييد القرارات		- الإدارة العليا ، - مدراء الإدارة الوسطى في مختلف المجالات الوظيفية لتأييد قراراتهم شبه البنائية شبه الهيكلية بالدرجة الأولى.
نظم تأييد قرارات الفريق	- تستخدم كأداة لاستعراض البدائل وتقييمها ودراسة العائد المتوقع منها. -تقديم الدعم المطلوب للمقارنة بين البدائل والمفاضلة بينها.	
نظم التأييد التنفيذية	تساعد المنفذين على تنظيم تحاورهم وتفاعلهم مع العالم الخارجي وذلك بتوفير لهم الرسومات، وتأييد الاتصالات في مواقع مفتوحة مثل الغرف الشاسعة أو المكاتب الشخصية المشتركة	
نظم المعلومات الإدارية	- جمع وتصنيف وتحليل وخزن ومعالجة واسترجاع للبيانات وإنتاج للمعلومات والتقارير والملخصات والوثائق الضرورية لاتخاذ القرارات شبه الهيكلية وغير الهيكلية، ودعم وإسناد وظائف الإدارة من تخطيط، تنظيم، توجيه، رقابة، وسيطرة على الأنشطة والعمليات. - تعزيز دور الإدارة الاستراتيجية والإدارة الدولية، وكل إدارة في عملياتها وأنشطتها.	
النظم الخبيرة	تساعد النظم الخبيرة المستخدم في إيجاد حلول المشاكل التي تتطلب في العادة نصيحة من ذوي الخبرة	تنظيم الدورات التدريبية، وعمليات تشخيص الحالات، والرصد، والمراقبة، والاختيار، والتصميم والتنبؤ.

الشكل 22.1 : أهداف وميادين استخدامات بعض أنواع نظم المعلومات

أما في الشكلين 23.1 و 24.1، فقد أعطينا أمثلة لبعض نظم المعلومات، والأدوات التي تستخدمها هذه النظم وورادتها ونوع معالجتها وصادراتها.

نوع نظم المعلومات	الواردات	المعالجة	الصادرات	الفئة المستخدمة	الأدوات المستخدمة	أمثلة لنظم المعلومات
نظم تأييل المكاتب						- برامج معالجة الكلمات، - برامج معالجة الجداول الإلكترونية. - الجدولة الإلكترونية، - النشر المكتبي، - الاتصالات عبر البريد الصوتي، البريد الإلكتروني، - المؤتمرات عبر الفيديو.
نظم عمل المعرفة	تصاميم عينات	نمذجة	تصاميم، رسومات	الطاقم الفني		أشغال هندسة المحطات
نظم التأييد التنفيذية	بيانات إجمالية (داخلية وخارجية)	- تفاعلية، - محاكاة رسومية	تقديرات وتصورات	المدراء الكبار	- أدوات التحليل والنمذجة: برنامج معالجة الجداول الإلكترونية، ... - البرامج الجاهزة لإنشاء الأشكال والرسوم البيانية لتحليل نتائج الإنجازات والأنشطة والعمليات.	- خطة عمل خماسية

شكل 23.1: أمثلة لبعض نظم المعلومات والأدوات التي تستخدمها هذه النظم ووارداتها ونوع معالجتها وصادراتها

نوع نظم المعلومات	الواردات	المعالجة	الصادرات	الفئة المستخدمة	الأدوات المستخدمة	أمثلة لنظم المعلومات
النظم الخبيرة					- قاعدة معرفة، - محرك الاستدلال	- برامج تشخيص الأمراض الذي يستعين به الأطباء المختصين لمعالجة المرضى.
نظم تأييد القرارات	- كمية قليلة من البيانات، - قواعد بيانات محسنة للتحاليل الإحصائية	- تفاعلية، - نمذجة وتحاليل إحصائية	- تحليل القرارات، - ردود على الاستفسارات - نتائج اختبارات إحصائية	الفريق، المحترفون	- النماذج، - قواعد البيانات، - واجهة بسيطة وصديقة للمستفيد	- جدولة الطيران، تقييم الأسعار، تقييم الاستثمار، - اختيار الخط والسعر (شركات الطيران) - تحليل تكلفة عقد
نظم المعلومات الإدارية	كمية هائلة من البيانات، بيانات إجمالية للمعاملات	نماذج بسيطة، تحليل متدني المستوى	تقارير إجمالية	المدراء الوسطيون		- وضع الميزانية السنوية، - تخصيص الموارد
نظم معالجة المعاملات	معاملات، صفقات، أحداث	فرز، دمج، تحديث، عرض	تقارير ملخصة، قوائم، ملخصات	فريق التشغيل، المراقبون والمشرفون		- حساب رواتب الموظفين، - إدارة عمليات الجرد، - التحويل النقدي الإلكتروني بنقاط البيع.
نظم تأييد قرارات الفريق					- قاعدة بيانات، - قاعدة نماذج	- أسلوب دلفي، - طريقة العصف الذهني.

شكل 24.1: أمثلة لبعض نظم المعلومات والأدوات التي تستخدمها هذه النظم ووارداتها ونوع معالجتها وصادراتها

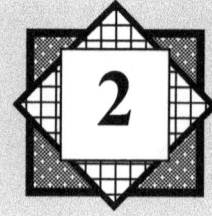

2 النظام

يهدف هذا الفصل إلى التعرف على:

- مفهوم النظام ومكوناته الأساسية وبيئته،
- النموذج العام للنظام،
- منهجية تطوير دورة حياة النظام (الشلال التقليدي لدورة حياة النظام، دورة حياة النظام ومراحلها)،
- الإفادة المرتدّة وفوائدها،
- منهجيات التحليل التركيبي لنظام المعلومات،
- طريقة توضيح النظام بواسطة رسم.

مفهوم النظام.

النظام هو مجموعة من العناصر (الوحدات) التي تترابط وتتفاعل مع بعضها البعض لتشكل كلا لا يتجزأ، يعمل كوحدة واحدة من أجل تحقيق هدف معين. وتشكل الوحدات في حد ذاتها أنظمة فرعية متكونة من وحدات أصغر منها. لذلك يوجد في الكون نظام، وأنظمة فرعية، وأنظمة كلية.

لنأخذ مثلا نظام كلية من إحدى الكليات (الشكل 2-1). تعتبر الكلية نظاما، أما الإدارة ومكتب القبول والتسجيل، وشؤون الطلاب، فإنها تعتبر أنظمة فرعية. أما إذا نظرنا بمنظار وزارة التعليم العالي التي تظم إلى جانب هيكلها الجامعات والكليات، فإن هذه الوزارة تعتبر نظاما كليا.

المؤسسات في شكل نظم

إن المؤسسات مصممة في شكل نظم. تعتبر تركيبة المؤسسات في الحقيقة الأمر نظما صممت من أجل تحقيق أهداف وأغراض بواسطة موارد بشرية (أناس)، وموارد أخرى تستخدمها المؤسسات.

تتكوّن المؤسسة من نظم صغيرة مرتبطة ببعضها البعض (أقسام، وحدات، ...) لإنجاز أعمال معينة مثـل المحاسبة، والتسويق، والإنتاج، ومعالجة البيانات، وإدارة الأعمال.

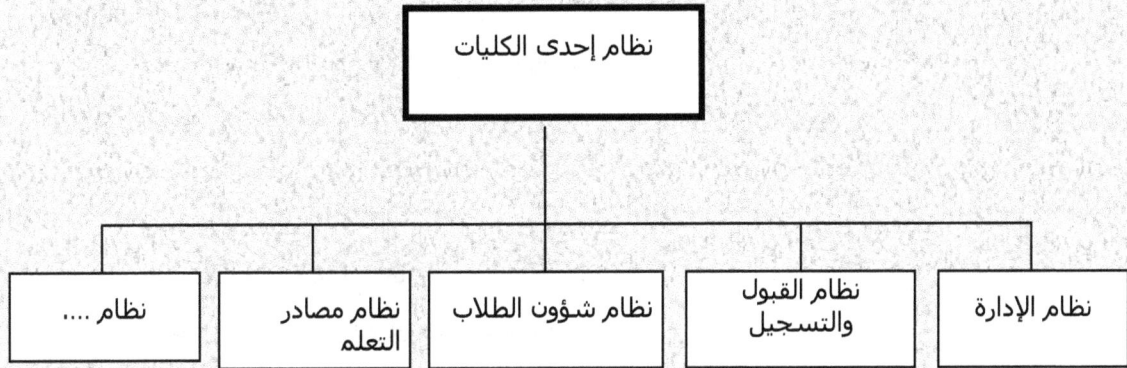

الشكل 1.2 : مثال لنظام رئيسي وأنظمة فرعية.

تندمج الوظائف المتخصصة (التي هي في حد ذاتها نظم فرعية صغيرة) عن طريق وسائل متنوعة لكـي تكوّن مجمعا تنظيميا فعالا.

يتمّ تصميم المؤسسات في شكل نظم متكاملة، وذلك لأن مبادئ النظم تخوّل التعرف على طريقة عمـل المؤسسات.

حتى يتسنى حصر متطلبات المعلومات بطريقة فعّالة، وحتى نتمكن من تصميم النظم المطلوبة للمعلومات، وجب في أول مقام التعرف على كيفية عمل المؤسسة ككل. وبما أن كل النظم تعتبر في حد ذاتها مجموعة نظم فرعية (بما في ذلك نظم المعلومات)، فإن دراسة المؤسسة تركز كذلك على التعرف علـى كيفيـة تفاعل، واشتراك النظم الصغيرة الفرعية، وطريقة عملها.

المكونات الأساسية للنظام.

يتكون النظام أساسا من المكونات التالية:

- مجموعة من أجزاء لا يمكن عزل أحدها عن الآخر، حيث يملك كل جزء خصائص ذاتية وفي نفس الوقت يمثل جزءا من عناصر النظام،

- مجموعة من العلاقات التبادلية بين هذه العناصر تحدد سلوك النظام،

- <u>حدود النظام.</u>

حدود النظام – هو الإطار الذي يجمع العناصر والعلاقات التي تربطها. تتواجد كل النظم داخل حدود تفصلها عن بيئتها. تعد هذه الحدود النظامية من الأنواع التي "تسمح بالتسرب إلى أقصى حد" إلى التي "تقريبا لا تسمح بالتسرب".

حتى يتسنى للمؤسسات أن تعيش وتتأقلم وتواصل تواجدها، فقد وجب عليها أولا أن تدمج البشر في إدارتها، وتستورد المادة الخام، والمعلومات عبر حدودها (بيانات واردة) لكي تشغّلها، وبعد ذلك تتبادل إنتاجها الحاصل، وخدماتها أو معلوماتها مع العالم الخارجي (بيانات صادرة).

النموذج العام للنظام.

يمكن القول بشكل عام ومبسط، أن أي نظام يتكون من ثلاث وحدات أساسية (شكل 2-2) :

- <u>وحدات الواردات،</u>

- <u>وحدات المعالجة</u>

المعالجة – هي العملية التي تفضي إلى تغيير أو تحويل البيانات الواردة إلى بيانات صــادرة. لذلك لو نظرت إلى نظام، فافحصه وتعرف عما إذا هو في مرحلــة التغييـر أو المعالجــة. إذا اتضح أنه ليس هناك أي تغييرات، فهذا لا يخول تعريفه بالمعالجة.

بصفة عامة، فإن عمليات الفحص والتحديث والطباعة، تعتبر من أنواع المعالجة الرائجة.

- <u>وحدات الصادرات.</u>

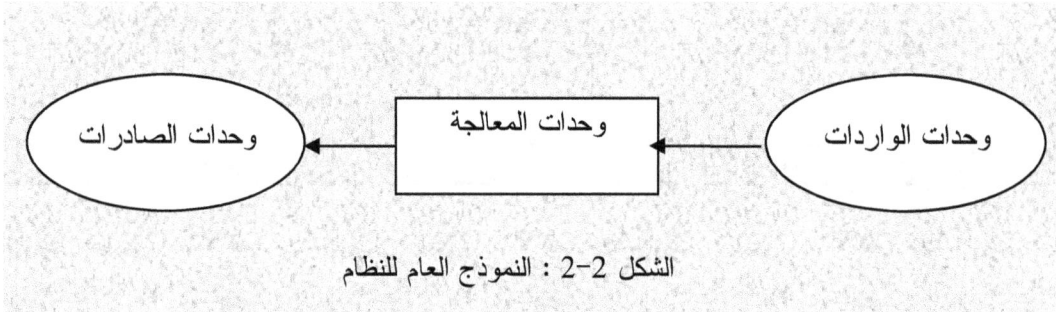

الشكل 2-2 : النموذج العام للنظام

ولو وضحنا أكثر وحدة المعالجة، فإننا نتحصل على الشكل 2-3.

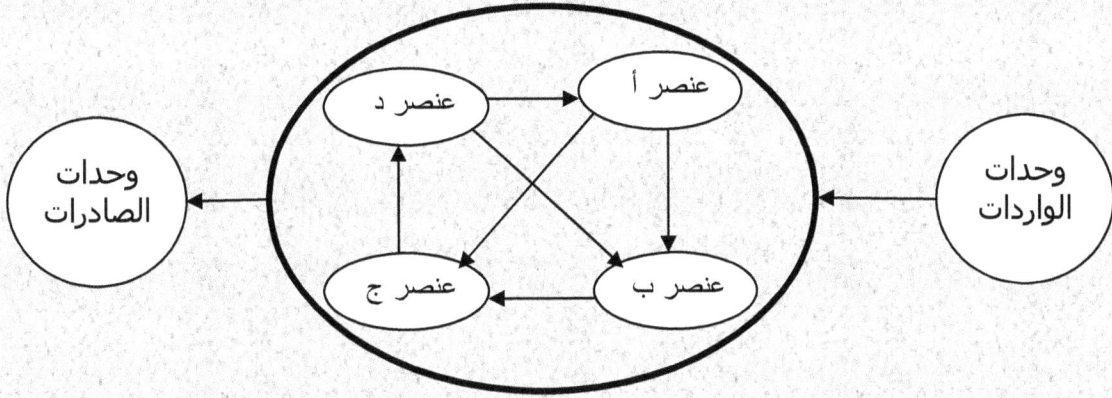

الشكل2-3: التفاعل بين عناصر وحدة المعالجة

يتقبل النظام بيانات واردة معينة من بيئته عبر وحدة البيانات الواردة، فتتفاعل عناصر وحدة المعالجة المترابطة فيما بينه، وتعالج هذه البيانات الواردة. تفضي عملية المعالجة إلى بيانات صادرة (نتائج) محددة لتلك البيئة عبر وحدة الصادرات. تعتبر عملية المعالجة نشاط النظام، وهي عبارة عن تفاعل يتمّ بين البيانات الواردة من ناحية، وبين عناصره من ناحية أخرى.

الإفادة المرتدّة وفائدتها في التخطيط والتحكم

تعتبر الإفادة المرتدّة نوعا من أنواع التحكم في النظام. تستخدم كل المؤسسات كأنظمة، التخطيط والتحكم لإدارة مواردها بطريقة جيدة.

يبين الشكل 4.2 كيف أن البيانات الصادرة من النظام تستخدم كإفادة مرتدة لإجراء عملية مقارنة حسن الأداء مع الأهداف. تساعد هذه المقارنة الإداريين في رسم أهداف أكثر دقة واستخدامها كبيانات واردة فيما بعد.

لنأخذ على سبيل المثال مؤسسة تصنع الملابس الرياضية في اللون الأبيض، وأخرى في اللون الأزرق. اتضح للمؤسسة بعد مضي سنة، أن الملابس الزرقاء أصبحت لا تحضى بإقبال كبير. يستخدم مدير الإنتاج

هذه المعلومة كإفادة مرتدة لاتخاذ قرارات في تحديد كمية الإنتاج التي يجب أن تصدر في المستقبل في كل لون من ألوان الملابس. للإفادة المرتدّة في هذا المثال فائدة كبيرة في التخطيط والتحكم في الإنتاج.

هناك نظم مثالية التي تصحح نفسها بنفسها، وتنظم نفسها بطريقة لا تتطلب تدخل البشر لاتخاذ القرار.

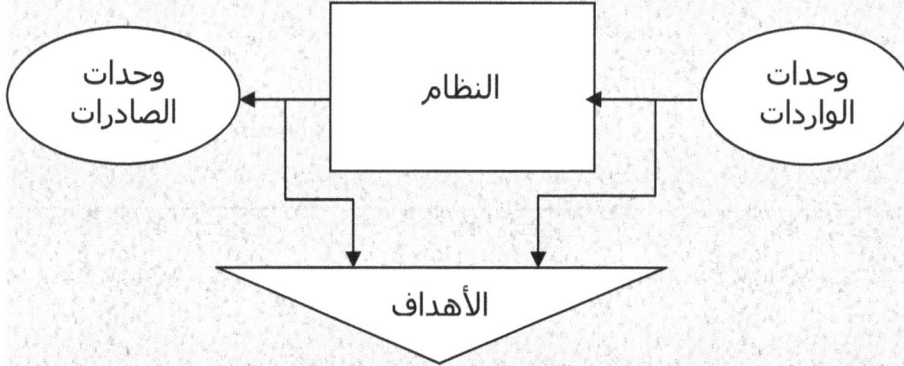

الشكل 2-4 : النموذج العام للنظام

وخير مثال على ذلك، النظام المعلوماتي الحاسوبي الذي يستخدم للإنتاج والتخطيط، والــذي يأخــذ بعــين الاعتبار الطلبات الحالية والمخططة، ويولّد على أساس ذلك حلا مقترحا للبيانات الصادرة (الكميــة التـي يفضل إنتاجها).

باستخدام نظام معلومات ذي تنظيم ذاتي، يتولى المدير الإطلاع فقط على مقترحات الإنتاج، ولا يتدخل إلا في الحالات القصوى التي يمكن أن تصدر في الأسواق العالمية، والتي لم تأخذ بعين الاعتبار في النظــام المبرمج.

بيئة النظام

يجدر الذكر أن النظام لا يتواجد في فراغ، وإنما يتواجد في بيئة معينة، يتعايش، ويتفاعل، ويؤثر كل منهما على الآخر.

يتلقى النظام إفادة مرتدة من المؤسسة نفسها، وكذلك من المحيط أو البيئة التي يتواجد فيها. نذكر من بــين هذه البيئات:

○ محيط المجتمع الذي تتواجد فيه المؤسسة، والتي تحدها بواسطة عدد سكانها وخاصية نموها البشري، مع الأخذ بعين الاعتبار بعض المؤثرات مثل التعليم.

○ المحيط الاقتصادي الذي يتأثر بأحداث السوق، بما في ذلك التنافس بين مختلف الشركات والمؤسسات.

○ المحيط السياسي المراقب من طرف الدولة ورؤساء المناطق (أو الولايات).

كل هذه الأنواع ليس للمؤسسة أي تدخل في التحكم فيها.

منهجية تطوير دورة حياة النظام

تمر مختلف نظم المعلومات بسلسلة من الأطوار يمكن التخطيط لها، وذلك منذ نشأتها وحتى انقضائها. ومن هنا تكمن عبارة "دورة حياة النظام"، حيث يتشابه النظام المكوّن من طرف الإنسان بالكائنات الحية التي تولد، وتنمو، ثم تموت تاركة المجال لجيل جديد يسير في نفس الدورة.

تعرف دورة حياة نظم المعلومات بمجموعة المراحل المتبعة لإنشاء أو تطوير نظام معلومات. نتعرف أولا عن الدورة التقليدية لحياة النظام، أو ما يطلق عليها كذلك الشلال التقليدي لدورة حياة النظام، ثم نتعرف بعد ذلك على دورة حياة النظام المعروفة بصفة عامة.

❖ الشلال التقليدي لدورة حياة النظام

يوضح الشكل 5.2 تصميم دورة حياة النظام الذي تم بطريقة تقليدية، والذي أطلق عليه اسم الشلال التقليدي. هناك عدة انتقادات للتطور التقليدي لدورة حياة النظام. يرتبط الانتقاد الأول بطريقة تنظيم دورة حياة النظام. نلاحظ أن تدفق المشروع هنا يبدأ من المرحلة الأولى ومن ثم يجري منحدرا نحو مرحلة لاحقة بالضبط مثل جدول المياه الذي يسيل من منحدر. رغم أن المنشئ الرئيسي لنموذج الشلال رويس، قد طالب بالإفادة المرتدة بين مختلف مراحل الشلال، فإن هذه الإفادة المرتدة صارت مهملة خاصة في مرحلة التنصيب. لقد أصبح الأمر يتمثل في إهمال الحاجة إلى الإفادة المرتدة بين مختلف مراحل الشلال، والتعامل مع كل مرحلة من مراحله كمرحلة منتهية في حد ذاتها، ولا يتطلب الأمر بتاتا الرجوع إليها عند إنهائها.

○ **سلبيات الشلال التقليدي لدورة حياة النظام**

تنتهي في الشلال التقليدي مرحلة لتبدأ بعدها مرحلة أخرى. يقع المرور إلى مرحلة جديدة عنـدما يـتم الوصول إلى علامٍ، الذي يتمثل عادة في شكل صادرة قابلة للتسليم أو محددة مسبقا.

عند الوصول إلى العلام، وبدء مرحلة جديدة، فإنه يصعب الرجوع إلى الوراء (إلى مرحلة سابقة). حتى ولو افترضنا أن ظروف الأعمال سائرة في طريق التغيير خلال مرحلـة تطـوير النظـام، وأن هنـاك ضغوطات من طرف المستخدمين أو غيرهم على محللي النظم للقيام بالتغييرات اللازمة على التحليـل، أو التصميم حتى يتماشى مع التغييرات الجديدة، فإن محللو النظم سوف يقتصرون على تجميد التحليـل أو التصميم في نقطة معينة، ثم يمرون إلى النقطة الموالية.

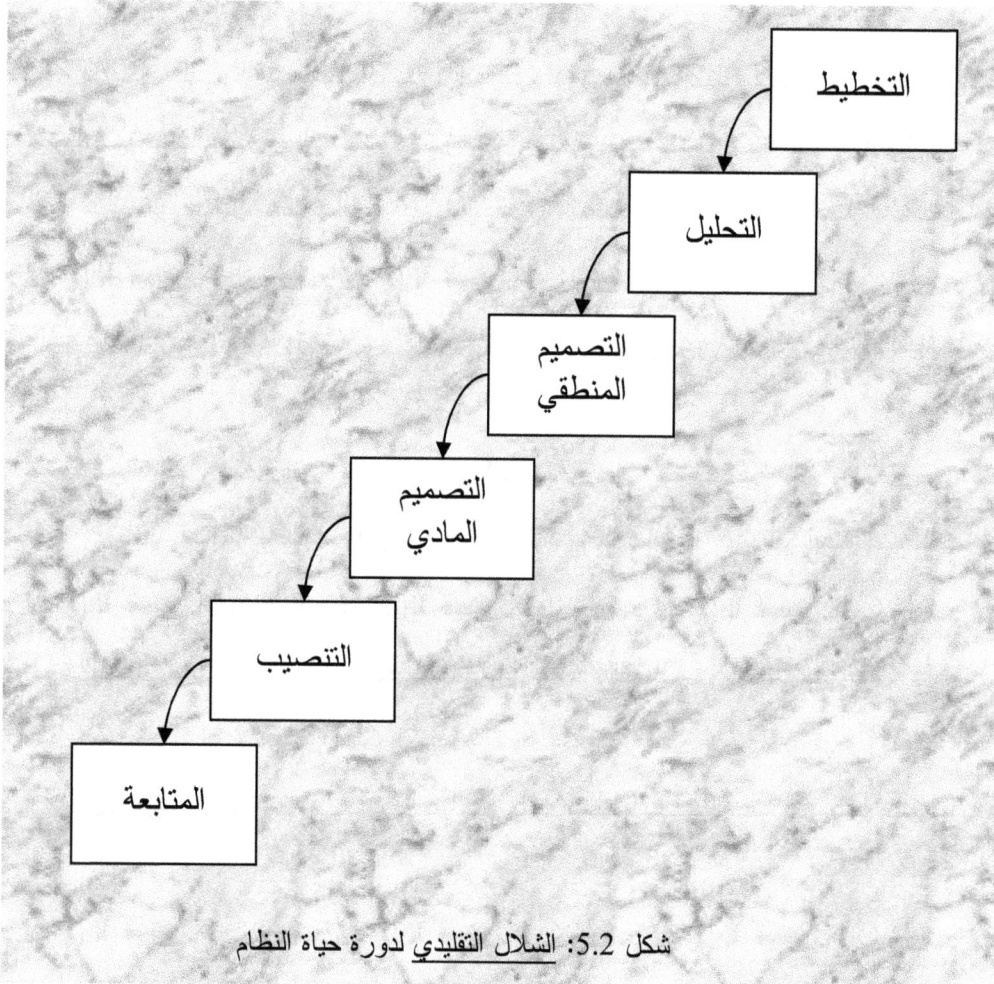

شكل 5.2: الشلال التقليدي لدورة حياة النظام

إن كل الجهود المبذولة والوقت الضروري لتنصيب تصميم معين، تعني أن أي إجراءات تهدف إلى تغيير نظام تم تطويره، سوف يكون مكلفا جدا.

نستنتج إذن من هنا أن الشلال التقليدي لدورة حياة النظام يصد الأبواب أمـا المـستخدمين علـى تغييـر متطلبات تم تحديدها مسبقا، حتى ولو أن هذه المتطلبات خاضعة للتغيير.

بالإضافة إلى هذا كله، فإن للشلال التقليدي لدورة حياة النظام سلبية أخرى تتمثل في أن وظائف مستخدمي النظام، والزبائن محددة بدقة وبشكل ضيق. حيث تتمثل أدوار المستخدمين في تحديـد متطلبـات النظـام الجديد، أو المشاركة في مرحلة تحليل النظام، حيث يفترض أن كل المتطلبات وجب تحديدها مـسبقا. إن هذه الافتراضات مرفقة بالحد من إدماج المستخدم، تزيد من قوة نموذج الشلال التقليدي لدورة حياة النظام من التبكير في إغلاق باب تحديد المتطلبات، حتى ولو طرأت تغييرات جمة على ظـروف العمـل فـي المؤسسة.

بالإضافة إلى كل ذلك، فإن تصور الشلال التقليدي لدورة حياة النظام يقتضي بموجبه أن تـسند للعمليـات المهمة والصعبة، كالتحليل والتصميم مدة زمنية ضيقة، تحكمها تواريخ صارمة وقريبة الأجل. ليس هـذا فقط، فإن مدى نجاح مثل هاتين العمليتين (التحليل والتصميم) يقاس بمدى إنجاز الأعمـال فـي الأوقـات والتواريخ التي رسمت لها. إن الحرص على إنهاء الأعمال في آجالها، بدلا من الحرص علـى الحـصول على الإفادة المرتدة من تطوير الأعمال وتفسيرها، يؤدي إلى عدم التركيز على القيام بالتحليل والتـصميم على أحسن وجه.

إن الحرص والتركيز على التواريخ القصوى للحصول على النتائج في ظلّ نظم لا تفي بحاجة المـستخدم من جهة، وتتطلب متابعة وصيانة قوية ومتقدمة، تؤدي إلى الرفع من التكاليف غير الضرورية للنظام. هذا ولقد أظهرت بعض الأبحاث أن إيجاد وتحديد الأخطاء البرمجية بعد تسليم النظام، يكون دائما 100 مـرة أغلى من التفطن إليها وإيجادها وتصحيحها خلال مرحلة التحليل أو التصميم.

نتيجة لكل هذه السلبيات، فقط اتجهت الأبحاث نحو طرق أفضل لإجراء تطوير النظم. من بين الطرق المطورة التي سوف ننتهجها، هي دورة حياة تطوير النظم التي تتخذ شكلا حلقيا والتي سوف نتعرف عليها الآن.

❖ دورة حياة النظام

تعرف دورة حياة نظم المعلومات بمجموعة المراحل المتبعة لإنشاء أو تطوير نظام معلومـــات، وتـــشمل المراحل التالية : الدراسة ثم التحليل ثم التصميم ثم الإنشاء ثم التشغيل (شكل: 6.2). نتعرف الآن ببعض تفاصيل هذه المراحل، ثم سوف نتعمق فيها لاحقا في الفصول اللاحقة.

✓ المرحلة الأولى : التخطيط – الدراسة الأولية (الابتدائية).

تتضمن مرحلة الدراسة الأولية الأنشطة المتسلسلة التالية :

- الشعور بالمشكلة والحاجة إلى نظام جديد،
- وضع الأهداف العامة، والخاصة الناشئة من عملية بناء نظام جديد،
- دراسة الجدوى الاقتصادية لإنشاء النظام الجديد،
- طرح الحلول المختلفة والمفاضلة بينها (اختيار الأمثل)،
- إعداد خطة لبناء النظام الجديد (الزمن، الأشخاص، الموارد، ...)

✓ المرحلة الثانية : مرحلة التحليل

تتمثل عملية تحليل نظم المعلومات في إحدى العمليات التالية:

- إنشاء نظام جديد أو تعديل نظام قائم،
- إقامة نظام يعمل بالحاسب الآلي،
- تحليل نظام قائم، وتصميم نظام جديد، وتنفيذه وتقييمه لتوفير المعلومات اللازمـــة لاتخـــاذ القرارات.

✓ المرحلة الثالثة : مرحلة التصميم.

نستطيع تقسيم مرحلة التصميم إلى قسمين :

مرحلة الدراسة التفصيلية:

يقوم محلل النظم في مرحلة الدراسة التفصيلية بالأنشطة التالية:

- جمع الحقائق والبيانات،

▪ تدوين الحقائق وفهرستها وترتيبها،

▪ تحليل البيانات وبناء قاعدة البيانات،

▪ تحديد الاحتياجات البشرية للتنفيذ.

مرحلة التصميم الفعلي للنظام:

يقوم محلل النظم في مرحلة التصميم الفعلي للنظام بالأنشطة التالية:

■ تصميم البيانات الواردة والبيانات الصادرة،

■ تصميم الملفات،

■ تصميم الإجراءات،

■ إعداد خرائط النظام،

■ تحديد مواصفات الأجهزة المطلوبة.

✓ **المرحلة الرابعة : مرحلة التنصيب (الإنشاء).**

تتضمن مرحلة تنصيب النظام الأنشطة التالية :

▪ تدريب الهيئة المختارة للتنفيذ،

▪ تنفيذ البيانات الواردة والبيانات الصادرة والإجراءات،

▪ اختبار الأجهزة والبرامج ثم النظام.

✓ **المرحلة الخامسة : مرحلة التشغيل والتقييم.**

تتضمن مرحلة التشغيل والتقييم الأنشطة التالية:

▪ تشغيل النظام الحديث في بيئته (مكان النظام القديم إن وجد) واختباره على أرض الواقع،

▪ تقييم ومراقبة الأداء الفعلي،

▪ تقييم النظام بمقارنة وظائفه مع الأهداف المحددة سابقا،

▪ توثيق النظام، وهي مرحلة مهمة عند تحديث النظام، أو إصلاح الأخطاء التي قد تظهـر عند استخدامه،

▪ تدريب المشغلين على استخدام النظام الجديد.

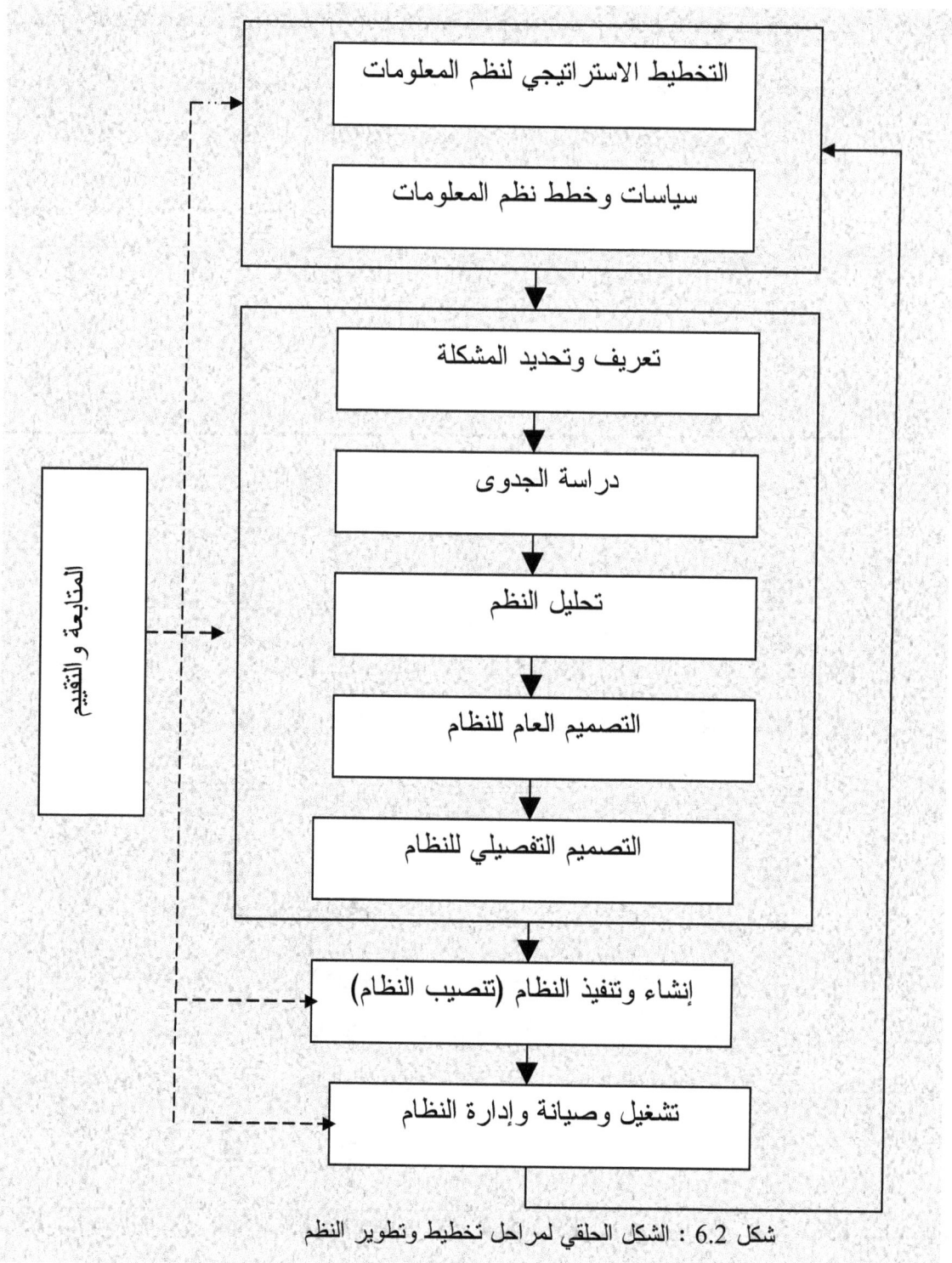

شكل 6.2 : الشكل الحلقي لمراحل تخطيط وتطوير النظم

بعد مدة زمنية من استعمال النظام الآلي، تحدث مستجدات على وظائف المؤسسة وأعمالها وعلى تقنيات التصميم والتنفيذ، فيتطلب النظام الموجود تعديلات، وإضافات أو تغييرا كليا، فتبدأ عندئذ مرحلة الإعداد لنظام محدث أو جديد. وهكذا تعاد المراحل بنفسها لتكوّن حلقة كما يتبين في الشكل 6.2.

منهجيات التحليل التركيبي لنظام المعلومات.

نتعرف الآن على مختلف طرق المتبعة للتحليل التركيبي لنظم المعلومات:

❖ منهجية التحليل النازلة

يتم في هذه المنهجية تحديد البيانات الواردة للنظام أولا، ثم تحديد الإجراءات، ومن ثم تحديد البيانات الصادرة من النظام، وأهدافه، وكذلك الإفادة المرتدة، وطرق السيطرة على النظام. يجب مراجعة النظام الكلي: من النظام الفرعي وحتى النظام الفرعي الأخير من كل تفرع.

❖ منهجية التحليل الصاعدة

تعني هذه المنهجية دراسة أهداف النظام، والبيانات الصادرة أولا، ثم تحديد إجراءات النظام، وبعد ذلك تحديد البيانات الواردة، والإفادة المرتدة في النظام الكلي. كما تعني هذه المنهجية دراسة النظام الفرعي في أدنى مستوى له، ثم صعودا إلى المستويات الأعلى لدراسة الأنظمة الفرعية الأخرى وصولا إلى النظام الكلي.

❖ منهجية التحليل الخارجة

تعني هذه المنهجية دراسة الإجراءات، ومن ثم يتم تحديد العناصر المدخلة في هذه المعادلات، والعناصر التي يمكن أن تنشأ من هذه المعادلات (إذن تحدد البيانات الواردة والبيانات الصادرة بعد أن تحدد الإجراءات اللازمة لهذا النظام).

❖ منهجية التحليل الداخلة

تعني هذه المنهجية دراسة البيانات الواردة، والبيانات الصادرة، ومن ثم يتم تحديد عناصر الإجراءات.

يوضح الشكل 2-7 المنهجيات الأربعة السابقة الذكر، أما الشكل 8.2 فإنه يلخصها.

المنهجية النازلة

←──────────────────────────

المنهجية الصاعدة

──────────────────────────→

المنهجية الخارجة

←──────────────────────────→

المنهجية الداخلة

←──────────────────────────→

الشكل 7.2 : منهجيات التحليل التركيبي.

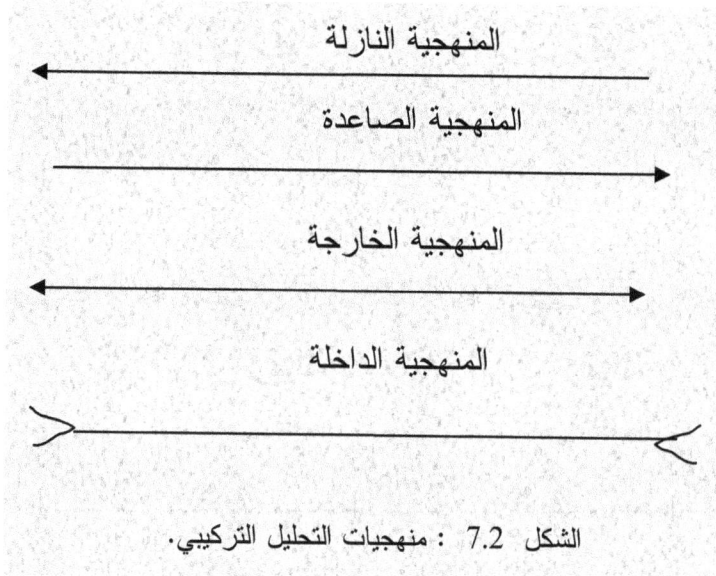

نوع المنهجية	مبدأ المنهجية	التحديد الأولي	التحديد الثاني
النازلة	يجب مراجعة النظام الكلي: من النظام الفرعي وحتى النظام الفرعي الأخير من كل تفرع.	تحديد البيانات الواردة للنظام.	تحديد الإجراءات تحديد البيانات الصادرة من النظام، وأهدافه، وكذلك الإفادة المرتدة، وطرق السيطرة على النظام.
الصاعدة	تعني هذه المنهجية دراسة النظام الفرعي في أدنى مستوى له، ثم صعودا في المستويات الأعلى لدراسة الأنظمة الفرعية الأخرى وصولا إلى النظام الكلي.	دراسة أهداف النظام، والبيانات الصادرة.	تحديد إجراءات النظام، تحديد البيانات الواردة، والإفادة المرتدة في النظام الكلي.
الخارجة	تعني هذه المنهجية دراسة الإجراءات، ومن ثم يتم تحديد العناصر المدخلة في هذه المعادلات، والعناصر التي يمكن أن تنشأ من هذه المعادلات.	دراسة الإجراءات.	تحديد العناصر المدخلة في هذه المعادلات، والعناصر التي يمكن أن تنشأ من هذه المعادلات.
الداخلة	تعني هذه المنهجية دراسة البيانات الواردة، والبيانات الصادرة، ومن ثم يتم تحديد عناصر الإجراءات.	دراسة البيانات الواردة والصادرة.	تحديد عناصر الإجراءات.

الشكل 8.2 : مبدأ عمل منهجيات التحليل التركيبي

أسباب دورة حياة النظام المحدودة.

إذا صمم نظام على أسس جيدة ("سيماته الوراثية جيدة")، فسينمو بسرعة ويصل إلى مرحلة النضج، ويشتغل لفترة طويلة نسبيا. لذلك وجب على قسم التخطيط أن يحدد تطور النظام، بحيث يصمم النظام ليس لأهداف حالية فحسب، بل لأهداف مستقبلية أيضا.

بعد مضي عدة سنوات في الخدمة، يصبح النظام متقادما (فنيا واقتصاديا وتشغيليا)، وعاجزا عن العمل بكفاءة. عندئذ، تبدأ مرحلة النهاية التي تتطلب عملية إعادة التجديد، ومن ثم تبدأ دورة حياة جديدة لنظام المعلومات.

إذا استخدم أسلوب تصميم خاص (أعلى- أسفل)، وتم تأييده بقوى التصميم كمتطلبات النظام (النمو المتوقع، الإدامة، الوثوقية،...)، وعوامل منظمية، وإنسانية، فإن كل هذا من شأنه أن يساعد على إطالة عمر النظام.

في بعض الأحيان، وعند اقتضاء الحاجة، قد يتم إجراء تحويرات أساسية على النظام أو موارد إضافية خلال دورة حياة النظام، مما قد يساهم في إطالة عمر النظام إلى عدة سنوات أخرى بعد دخوله في فترة النضج الاعتيادي.

رغم كل هذا، فقد تظهر حاجة ملحة إلى استبدال النظام الحالي بنظام جديد. هنا تكمن قوة المسؤولين والفنيين في معرفة، وتحديد فترة عملية التخطيط الاستراتيجي لنظام المعلومات، وطريقة تطوير النظام لتنصيب نظام جديد، فالمفروض أن يحل النظام الجديد محل القديم دون أن يتوقف العمل بالمؤسسة.

توضيح النظام بواسطة رسم

يمكن للنظام أو النظام الفرعي الذي يتواجد داخل المؤسسة، أن يتوضح ويتبلور بطرق متعددة بواسطة رسم. تظهر النماذج الرسومية المختلفة حدود النظام، وكذلك المعلومات المستخدمة داخل النظام.

❖ **النظام وخرائط المستوى البيئي لتدفق البيانات**

إن أول نموذج يصمم للنظام هو خرائط المستوى البيئي لتدفق البيانات (يسمى كذلك النموذج البيئي). تركز خرائط تدفق البيانات على البيانات التي تتدفق داخل وخارج النظام، وكذلك على معالجة البيانات.
تستخدم خرائط المستوى البيئي ثلاث رموز فقط مبينة في الشكل 9.2.

تحول المعاملات البيانات الواردة إلى معلومات صادرة. للمحتوى البيئي وظيفة واحدة فقط تمثل النظام بأكمله. تمثل الكينونات الخارجية أي كينونة تنتج أو تتسلم المعلومات من النظام، ولكنها لا تعتبر جزءا من النظام. يمكن أن تكون هذه الكينونات بشرا،'أو قسما من أقسام المؤسسة، أو نظاما آخر. تسمى الخطوط التي تربط الكينونات الخارجية بالمعاملات "تدفقات البيانات" والتي تمثل بدورها البيانات نفسها.

الحدث	الشكل	المعنى
معاملة		عمل يفسر أن بعض الأفعال، أو مجموعة أفعال في طور التطبيق.
كينونة		كينونة ترمز إلى شخص، أو مجموعة من الأشخاص، أو أي نظام في طور قبول أو توليد معلومات أو بيانات.
تدفق بيانات		اتجاه تدفق البيانات يظهر أنه توجد معلومات في طور التمرير إلى عمل أو الخروج منه.

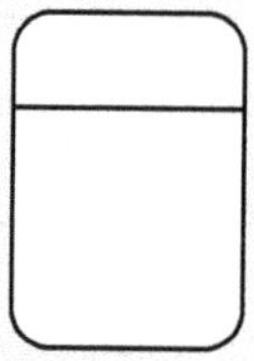

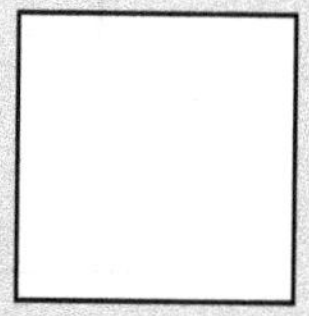

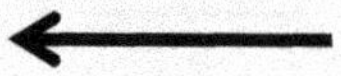

جدول 9.2: الرموز الأساسية لخريطة تدفق لبيانات

لإعطاء فكرة حول خرائط المستوى البيئي لتدفق البيانات، نسوق المثال التالي المتبلور في الشكل 10.2. في بداية الفصل الدراسي، يتقدم الطالب (الكينونة) إلى إدارة الكلية لطلب التسجيل (تدفق بيانات). تتسلم الإدارة ملف الطالب، ثم تسلمه بدورها إلى لجنة القبول التي تتولى مهمة الاطلاع عليه ودراسته. بعد ذلك، وعلى أساس دراسة هذا الملف، تتخذ لجنة القبول قرارها، ثم ترسل نتيجة هذا القرار إلى إدارة الكلية. ترسل الإدارة النتيجة النهائية إلى عميد الكلية لاتخاذ اللازم.

لقد أردنا من خلال هذا المثال أن نوضح كيف أن المستوى البيئي بإمكانه أن يحدد حدود النظام. لذلك فإننا لم نتعمق في الأحداث التي تجرى في الإدارة، عندما تتسلم قرار اللجنة، وتنظر فيه، وترسله إلى عميد الكلية.

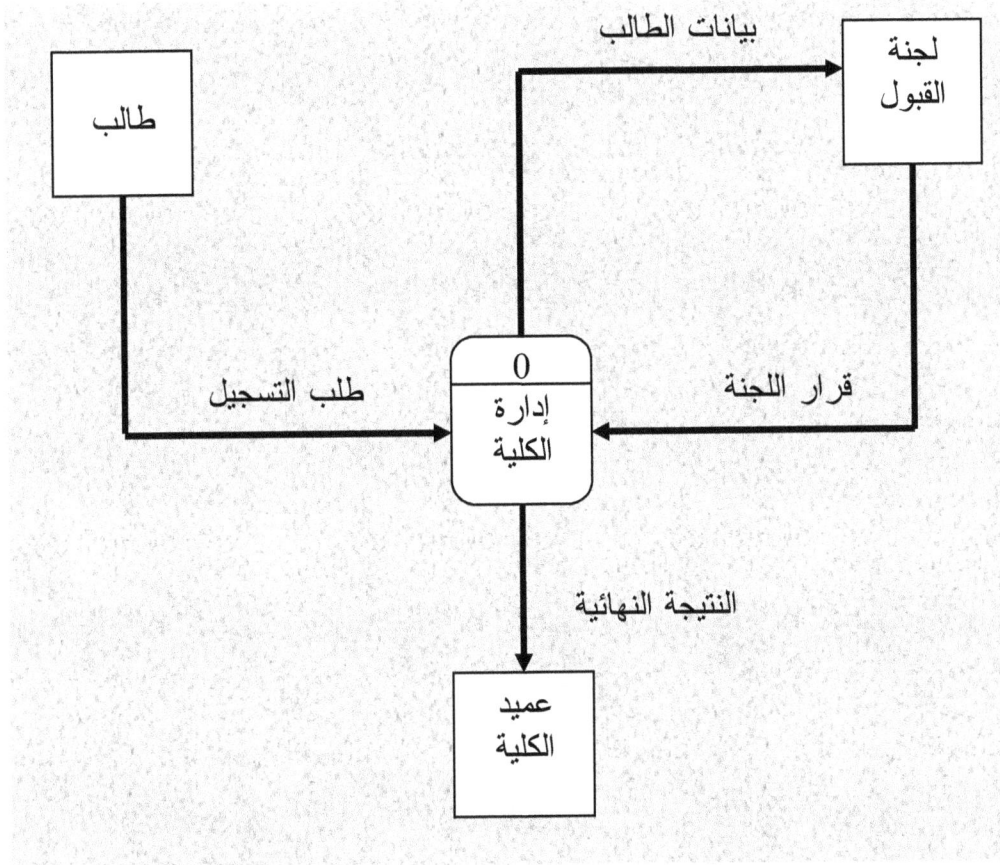

شكل 10.2 : خريطة المستوى البيئي لتدفق البيانات لعملية تسجيل طالب في كلية

من بين الطرق التي يحتاجها محلل النظم لتعريف حدود النظام هي استخدام نمـــوذج <u>الكينونــة والعلاقــة.</u> تستخدم خرائط الكينونة والعلاقة (خرائط ك-ع) بكثرة عند مصممي النظام لمساعدته على محاكاة ملف أو قاعدة البيانات. إنه من المهم جدا أن يفهم محلل النظم في مرحلة مبكرة كل الكينونات والعلاقات في النظام الذي هو في طور الدراسة. لن نتعمق الآن كثيرا في الحديث عن نماذج الكينونة والعلاقة، وذلـك لأننــا سوف نتطرق إليها في فصول لاحقة.

عند رسم بعض خرائط ك-ع الرئيسية، فإن محلل النظم في حاجة إلى القيام بالأعمال التالية:

• إنشاء قائمة الكينونات اللازمة للمؤسسة، وذلك حتى يتمكن من فهم المؤسسة جيدا.

• اختيار كينونات رئيسية، وذلك لتضييق مجال المشكلة إلى حجم يمكن إدارته.

- تعريف الكينونة الأولية.

- تأكيد نتائج الخطوات الثلاثة السابقة باستخدام طـــرق أخـــرى لجمـــع المعلومـــات (بحـــث، استبيانات،...)

إنه من الخطأ أن يبدأ محلل النظم في رسم خرائط ك-ع مباشرة منذ بداية دخوله إلى المؤسسة، بل يجـب عليه أن يتريث قليلا حتى تتوفر له كل البيانات. يرجـع هذا السبب أساسا إلى أن خرائط ك-ع تساعد محلل النظم على فهم الأعمال الحقيقية للمؤسسة، وتحديد حجم المشكلة، والتأكد من تحديـد المـشكلة الحقيقيـة. بمجرد أن تصبح قاعدة البيانات جاهزة، يجب تأكيد خرائط ك-ع أو مراجعتها وتصحيحها.

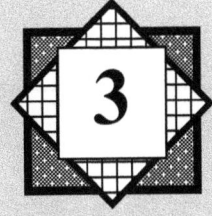

3 | طرق تطوير وتحسين دورة حياة النظم

يهدف هذا الفصل إلى التعرف على :

○ النمذجة الأولية،

○ تصميم التطبيق المشترك،

○ التطوير السريع للتطبيقات،

○ استخدام أدوات هندسة البرمجيات بمساعدة الحاسب الآلي،

○ الهندسة العكسية،

○ الهندسة المعادة،

○ الحاجة إلى التحليل والتصميم المهيكلين،

○ المنهجيات البديلة (آداب المهنة، تصور المشروع الممتاز، منهجية الأنظمة الناعمة، متعدد وجهات النظر)

الطرق المستخدمة لتطوير دورة حياة النظام

لهدف تحسين تطوير النظم، تم تطوير عدة تصورات مختلفة، تهدف إلى جعل تطوير النظم أكثر ما يمكن علما من العلوم وليس فنا من الفنون. لذلك، أطلق على هذه التوجهات تسمية " هندسة النظم"، أو كذلك "هندسة البرمجيات". نتعرف في هذا الفصل على أهم هذه الطرق.

❖ **النمذجة الأولية**

النمذجة الأولية – هي عملية تكرارية في تصميم وإنشاء نظم المعلومات، حيث تحوّل المتطلبات إلى نظام عملي، تتم مراجعته باستمرار معزّز بتعاون مكثف بين المحلل ومستخدمي النظام.

الجدير بالذكر أن النمذجة الأولية المطبقة في نظم المعلومات، تواجدت كنتيجة لعمل مطوّر ومتواصل مصحوب بتصور لتطور دورة حياة النظم، ونابع من متطلبات المستخدمين التي قد تكون في بعض الأحيان محددة في ظل ظروف احتمالية.

يمكن إنشاء النموذج الأولي باستخدام أي لغة برمجة، أو أدوات تطوير. بالإضافة إلى ذلك، فقد تم تطوير أدوات خاصة للنمذجة الأولية لتبسيط عملية النمذجة. كما يمكن إنشاء النموذج الأولي بالاستخدام أدوات التطوير المرئية، أو بواسطة شاشات العرض، والاستعلام، وأدوات تصميم التقارير التابعة لنظام إدارة قاعدة البيانات، وكذلك باستخدام أدوات هندسة البرمجيات بمساعدة الحاسب الآلي.

- **طريقة استخدام النمذجة الأولية**

يوضح الشكل 1.3 طريقة تطوير نظام بواسطة النمذجة الأولية. نفسر الآن هذه الطريقة. يتولى المستخدم في مرحلة أولى وصف حاجيات النظام. وحتى تتم هذه العملية بنجاح، فإن محلل النظم يساعد المستخدم على تحديد حاجياته ووصف النظام. كما يتولى محلل النظم تقدير تكاليف النظام. على أساس ذلك، ينشئ محلل النظم النموذج الأولي، ثم يسلمه بعد ذلك إلى المستخدم الذي يتولى تجربته، وتحديد إن كان يفي بالحاجيات. إذا اتضح أن النموذج الأولي يفي بالغرض، عندئذ يعتمد هذا النموذج في تطوير النظام، كما بإمكان محلل النظم أن يستخدمه في تطبيقات أخرى متخصصة. أما إذا اتضح عكس ذلك، يتولى محلل النظم فهم الإضافات والتغييرات التي يجب إدخالها على النموذج الأولي. وبعد ذلك، يسلم النموذج الأولي الملقح إلى المستخدم لتجربته، وهكذا دواليك.

- **إيجابيات النمذجة الأولية.**

تمتلك النمذجة الأولية أهم الإيجابيات التالية:

- إدماج المستخدم إلى حد كبير في تحديد متطلبات النظام، والتحليل، والتصميم.
- امتلاك القدرة على اقتناص متطلبات النظام بطريقة ملموسة عوض الحصول عليها بطريقة شفوية مجردة.
- استقلالية العمل، حيث يمكن استخدام النموذج الأولي كوحدة مكتفية ذاتيا.

```
┌─────────────────────────┐          ┌─────────────────────────┐
│        المحلل            │          │       المستخدم           │
└─────────────────────────┘          └─────────────────────────┘
            │                                     │
            │                                     │
┌─────────────────────────┐          ┌─────────────────────────┐
│ مساعدة المستخدم في       │◄────────►│   وصف حاجيات النظام      │
│ تحديد الحاجيات وتقدير    │          │                          │
│ التكلفة                  │          └─────────────────────────┘
└─────────────────────────┘
            │
            ▼
┌─────────────────────────┐
│ إنشاء النموذج وتسـليمه    │──────────────┐
│ إلى المستخدم             │              │
└─────────────────────────┘              ▼
            ▲                   ┌─────────────────────────┐
            │                   │ اختبار النموذج وتحديد إن │
            │                   │ كان يستجيب للحاجيات      │
            │                   └─────────────────────────┘
            │                               │
┌─────────────────────────┐                 ▼
│ فهم المتطلبات الإضافية    │       لا      ◇◇◇◇◇◇◇◇◇◇◇
│ وتغيير النموذج           │◄──────────◇  هل أن الحاجيات  ◇
└─────────────────────────┘           ◇     مقبولة      ◇
            │                          ◇◇◇◇◇◇◇◇◇◇◇
            ▼                               │ نعم
┌─────────────────────────┐                 ▼
│ تسليم النموذج الملقح     │       ┌─────────────────────────┐
│ إلى المستخدم             │       │ استخدام النموذج في       │
└─────────────────────────┘       │ تطوير النظام             │
            │                      └─────────────────────────┘
            ▼
┌─────────────────────────┐
│ استخدام النموذج الملقح   │
│ في تطبيقات أخرى          │
└─────────────────────────┘
```

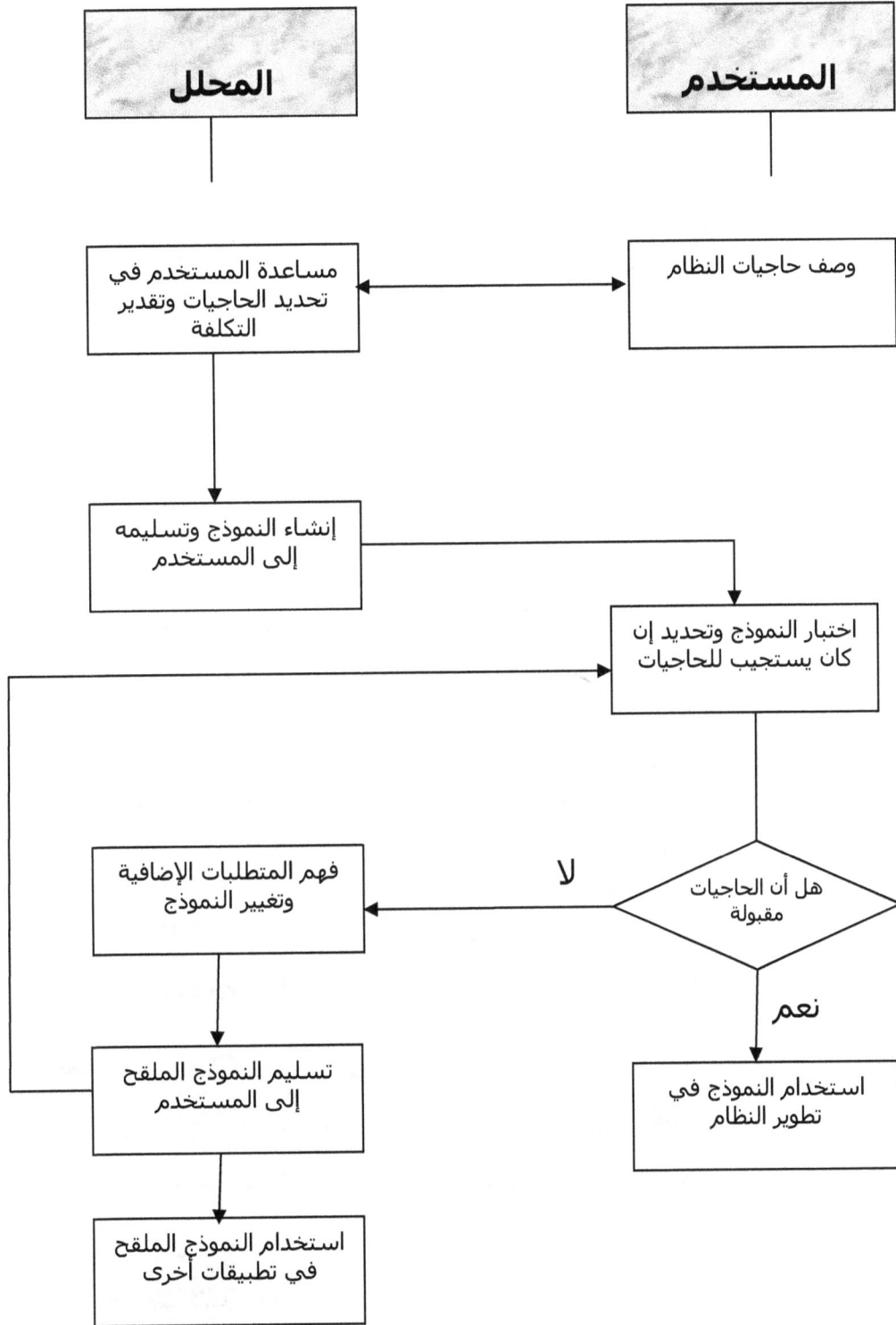

شكل 1.3 : طريقة استخدام النمذجة الأولية

- إمكانية استخدام النمذجة الأولية لإطالة دورة حياة النظام. فمثلا، يمكن إنشاء نموذج النظام الجديد في مرحلة مبكرة أثناء عملية التحليل لمساعدة محلل النظم على تحديد حاجيات المستخدم، وإثر ذلك يتم إنشاء النظام الجديد بالارتكاز على مواصفات النموذج الأولي.

- **سلبيات النمذجة الأولية.**

لا تخلو النمذجة الأولية من مجموعة من السلبيات، نذكر أهمها:

- إنه من الصعب جدا إدارة النمذجة الأولية وسط نظام واسع.
- يمكن أن يتوحد محلل النظم والمستخدم على نموذج أولي كنظام متكامل، ولكن يحتمل أن يتضح فيما بعد، أن هذا النموذج الأولي غير مكتمل، وليست هناك قابلية لاستخدامه كنظام منتهي.

- **دور المستخدم في النمذجة الأولية.**

يمكن أن يساعد المستخدم في النمذجة الأولية وذلك بمشاركته في إنجاز العمليات التالية:

- تجربة النموذج الأولي،
- إعطاء ردود أفعال مفتوحة إلى النموذج،
- اقتراح إدخال بعض الإضافات أو الحذف من النموذج الأولي.

نتطرق الآن إلى تفسير هذه الأدوار بالتفصيل.

- **تجربة النموذج الأولي**

يجب أن تعطى الحرية كاملة إلى المستخدم لتجربة النموذج الأولي. من بين الطرق التي يمكن استخدامها لتسهيل تفاعل المستخدم مع النموذج الأولي، هي تنصيب هذا الأخير (النموذج الأولي) على موقع تفاعلي على الشبكة العنكبوتيّة. يمكن تعزيز الموقع عن طريق إرسال ملاحظات المستخدمين إلى فريق النظـــام، فتحصل بذلك الإفادة المرتدة.

عند تجربة النموذج الأولي، وجب على محلل النظم أن لا يكون منعزلا عن المستخدمين الذي يقوم بهذه التجربة. وجب عليه أن يحضر ويواكب قدر الإمكان هذه التجربة، ويسجل ردود أفعال المستخدمين واقتراحاتهم، والجديد الذي يمكن إضافته.

○ **إعطاء ردود أفعال مفتوحة إلى النموذج**

يمكن للمستخدم أن يساهم في إعطاء ردود أفعال مفتوحة إلي النموذج. لكن للأسف فإن ردود الأفعال هذه لا تحصل عند الطلب.

○ **اقتراح إدخال بعض الإضافات أو الحذف من النموذج الأولي.**

يعتبر تقديم بعض الاقتراحات التي تخص إدراج بعض الإضافات أو الحذف من النموذج الأولي من الوظائف المهمة التي توضع على كاهل المستخدم. يلعب محلل النظم دورا كبيرا في تنمية هذا الحافز عند المستخدم، وتشجيعه على التحرك للمساهمة الفعالة بمده بمقترحاته. ولتسهيل هذه المهمة، فقد وجب على محلل النظم أن يفسر، ويبسط للمستخدمين دور النموذج الأولي، ويؤكد لهم أنه ليست لهذا النموذج قيمة إلا بمشاركتهم الفعالة.

• **متى يمكن استخدام النمذجة الأولية ومتى يحبذ الابتعاد عنها.**

سوف نعمل بمفهوم أن النمذجة الأولية هي عبارة عن جزء من دورة حياة تطوير النظام. انطلاقا من هذا المبدأ، وجب على محلل النظم أن يعرف أنواع المشاكل التي يمكن حلها والطرق التي يمكن أن ينتهجها لعرض الحلول.

يعرض الشكل 2.3 أنواعا مختلفة من الأنظمة، ومدى كفاءتها لتقبل النمذجة الأولية. نأخذ على سبيل المثال نظام الرواتب، أو نظام الجرد. هذان النظامان يحلان مشاكل مهيكلة بصفة عالية، وبطريقة تقليدية، ونتيجة لذلك، فإنهما لا يعتبران مرشحين جيدين للنمذجة الأولية. يرجع سبب ذلك إلى أن صادرات النظامين معروفة جيدة ويمكن توقعها مسبقا.

أكثر تناسبا للنمذجة الأولية	أقل تناسبا للنمذجة الأولية	
غير متأكدة وغير مستقرة	متأكدة ومستقرة	البيئة
قرارات غير مهيكلة	قرارات مهيكلة	صنع القرارات

شكل 2.3 : مؤشرات استخدام النمذجة الأولية أو تجنبها

لنفسر الآن شكل 2.3.

○ **أنوع القرارات المتخذة**

لنتصفح مدى حداثة ودرجة تعقيد المشكلة وحلولها. إن النظام الجديد المعقد الذي يبسط مشاكل مهيكلة أو نصف مهيكلة بطريقة غير تقليدية، يعتبر مرشحا ممتازا للنمذجة الأولية.

لذلك، تعتبر نظم تأييد القرارات نظم معلومات شخصية التي تؤيد المستخدمين في صنع قرارات نصف مهيكلة، ولذلك فهي تعتبر مناسبة تماما للنمذجة الأولية.

○ السياق البيئي

إذا أراد محلل النظم أن يتأكد من مدى إمكانية تطبيق النمذجة الأولية، فإنه وجب عليه تقييم السياق البيئي المتواجد فيه النظام:

◊ إذا تواجد النظام في بيئة مستقرة لمدة زمنية طويلة، فإنه لا فائدة ترجى من النمذجة الأولية.

◊ أما إذا تواجد هذا النظام في بيئة غير مستقرة، تتغير بسرعة، فإن النمذجة الأولية مرشحة للاستخدام.

الجدير بالذكر أن النماذج الأولية تطوّرية، قابلة للتحسين، ويمكن أن تتطلب مراجعات وتغييرات عديدة.

● **القواعد المتبعة عند استخدام النموذج الأولي.**

إذا اتخذ القرار في استخدام النموذج الأولي، فإنه وجب اتباع أهم التوجهات التالية عند إدماج النموذج الأولي في تحديد المتطلبات:

○ العمل على وحدات سهلة الإدارة،

○ الإسراع في إنشاء النموذج الأولي،

○ تغيير النموذج الأولي عبر تكرار متعاقب،

○ التأكيد على واجهة المستخدم.

نتطرق الآن إلى تفسير هذه التوجهات بالتفصيل.

✓ العمل على وحدات سهلة الإدارة

عند تطبيق النمذجة الأولية، على جزء من النظام بواسطة نموذج يعمل، فقد وجب على محلل النظم أن يشتغل على وحدات سهلة الإدارة، ومنفصلة عن بقية وحدات النظام. نقصد بوحدة سهلة الإدارة – وحدة تخول للمستخدمين التفاعل مع ميزاتها الرئيسية، وبإمكانها أن تنشأ منفصلة عن بقية وحدات النظام.

✓ الإسراع في إنشاء النموذج الأولي

تعتبر السرعة مهمة جدا لإنشاء نموذج أولي لنظام المعلومات. للتذكير فقط، فإنه في الدورة التقليدية لحياة النظام، تعتبر الفترة الزمنية التي تفصل تحديد المتطلبات وتسليم نظام منتهي طويلة جدا لإدماج حاجيات المستخدم بكفاءة. لتجنب مثل هذه السلبية، فإنه يمكن لمحلل النظم أن يستخدم النمذجة الأولية للتقصير من هذه الفجوة. يمكنه فعل ذلك باستخدام التقنيات التقليدية لجمع المعلومات حتى يتسنى له تحديد المتطلبات المعلوماتية البارزة بدقة. بعد ذلك، بإمكانه بسرعة صنع قرارات تؤدي إلى توليد <u>نموذج عامل</u>. يعني هذا أنه بإمكان المستخدم أن يرى النظام ويستخدمه في طور مبكر، وفي ظل دورة تطوير حياة النظام، عوض انتظار تنصيب النظام للحصول على تجربة يدوية.

✓ تغيير النموذج الأولي عبر تكرار متعاقب

يجب أن يخضع إنشاء النموذج الأولي إلى المرونة، ويعني هذا أنه يسمح بإجراء بعض التغييرات عليه كلما اقتضت الحاجة إلى ذلك. ولتحقيق هذه المرونة، وجب إنشاء النموذج انطلاقا من مجموعة وحدات لا تخضع إلى <u>تبعية عالية</u> لبعضها البعض.

يخضع النموذج الأولي بصفة عامة إلى تغييرات عديدة، تهدف إلى الاستجابة إلى مقترحات المستخدم. نتيجة لذلك، يمر هذا النموذج بدورات تكرارية متعددة بين التغيير والتجربة. وحتى يتم الحفاظ على تقدم سير المشروع، فقد وجب أن ينهي محلل النظم التغييرات بسرعة. كما وجب على المستخدم أن يسرع في تجربة النموذج الأولي والتفاعل معه، وتسليم مقترحاته إلى محلل النظم. هنا، وجب على محلل النظم أن

يلعب دورا كبيرا في تشجيع المستخدمين، وتحفيزهم في تحقيق الإفادة المرتدة التي لها الأثر الكبير في تحسين تطوير النظام.

✓ **التأكيد على واجهة المستخدم**

إنه من المهم جدا أن يعد محلل النظم واجهة تخول للمستخدم أن يتحاور، ويتفاعل مع النموذج الأولي بطريقة سهلة وبسيطة.

يجب أن توفر الواجهة سهولة الاستخدام، ودون أن يتطلب ذلك من المستخدم التدرب عليها. كما وجب أن تخول له السيطرة الكاملة على مختلف الوظائف التي يعرضها النموذج الأولي.

إن الأنظمة الفورية التفاعلية، والتي تستخدم واجهة المستخدم الرسومية، تناسب النماذج الأولية تناسبا تاما.

❖ **تصميم التطبيق المشترك**

تم تطوير تصميم التطبيق المشترك في أواخر السبعينيات من طرف شركة أيبم، ويهدف إلى جمع معلومات عن النظام ومتطلباته، ومراجعة تصاميم النظام. تكمن الفكرة الرئيسية من وراء تصميم التطبيق المشترك في إعطاء إمكانية هيكلة تحديد المتطلبات، والمراجعة، والتعديل أثناء عملية التصميم.

يتطلب تصميم التطبيق المشترك أن يجتمع كل مستخدمي النظام، والمدراء، ومحللو النظم مع بعضهم لإجراء مجموعة من الاجتماعات المتقدمة والمنظمة، يرأسها مدير جلسات تصميم التطبيق المشترك الذي يحافظ على الهيكل، ويلتزم بخطة زمنية.

إن جمع الأشخاص المرتبطين مباشرة بنظام المعلومات في غرفة واحدة، وفي نفس الوقت للعمل معا والموافقة على متطلبات النظام وتفاصيل التصميم، يساعد على حسن إدارة الوقت والموارد التنظيمية. بالإضافة إلى ذلك، فإن أفراد المجموعة بأكملها يتشاركون في إنشاء فكرة جماعية عما ينتظرونه من نظام المعلومات الجديد.

❖ **التطوير السريع للتطبيقات**

هو تصور لتطوير نظم المعلومات، ويهدف إلى الحصول على نظم أقل تكلفة مع تحقيق سرعة إنجازها. يتحقق هذا الهدف بجعل محللي ومستخدمي نظم المعلومات، يشتغلون مع بعضهم جنبا إلى جنب، في الوقت الحقيقي من أجل تطوير النظام.

كما يعتبر التطوير السريع للتطبيقات تصورا موجها نحو الأهداف لتطوير النظم، ويمتلك طريقة تطوير مدعّمة بأدوات برمجية متقدمة.

إن النمذجة الأولية، والتطوير السريع للتطبيقات متقاربان جدا، حيث أنهما يتشاركان في السعي إلى تحقيق ربح الوقت الذي يقضى في دورة تطوير حياة النظام بين التصميم وتنصيب نظام المعلومات.

ينظر بعض مطورو النظم إلى التطوير السريع للتطبيقات على أنه تصور يساعد كثيرا في ميدان التجارة الإلكترونية الجديدة، والبيئة المرتكزة على الشبكة العنكبوتيّة، حيث يعطى للتحركات الأوّلية للأعمال أهمية كبرى.

لقد تطور التطوير السريع للتطبيقات نتيجة لتقارب اتجاهين:

- سرعة إنجاز الأعمال،

- توفر الوسائل الحاسوبية التي تساهم في تطوير النظم وتيسير عمليات الصيانة.

لقد ساهم التطوير السريع للتطبيقات في التفكير في التطور السريع <u>للنظم المرتكزة على الشبكة العنكبوتيّة</u>. إن أدوات التطوير السريع للتطبيقات، والبرمجيات التي تؤيّد التطور السريع، توفر الإنشاء السريع للتطبيقات المرتكزة على الشبكة العنكبوتيّة. هذا ولقد أنشأت شركة <u>أيبم</u> مجموعة أدوات تخول الإنشاء السهل والسريع لتطبيقات الأعمال الإلكترونية. تتضمن هذه الأدوات:

Visual for Java ، VisualAge Generator، Websphere Application Server ، WebSphere Studio.

يظهر الشكل 3.3 أن نفس المراحل المتبعة في الشلال التقليدي لدورة حياة النظام هي نفسها التي يرتكز عليها التطوير السريع للتطبيقات. يكمن الخلاف في أن المراحل هنا مقصّرة، ومدمجة مع بعضها البعض، لتكوّن بذلك تقنية إنسيابية مطورة ومبسطة.

○ **مراحل التطوير السريع للتطبيقات**

يمر التطوير السريع للتطبيقات بثلاث مراحل يتم خلالها دمج محللي النظم ومستخدمي النظام في عمليات التقييم والتصميم والتنصيب. يوضح الشكل 4.3 هذه المراحل، أما الشكل 5.3 فإنه يوضحها بالتفصيل .

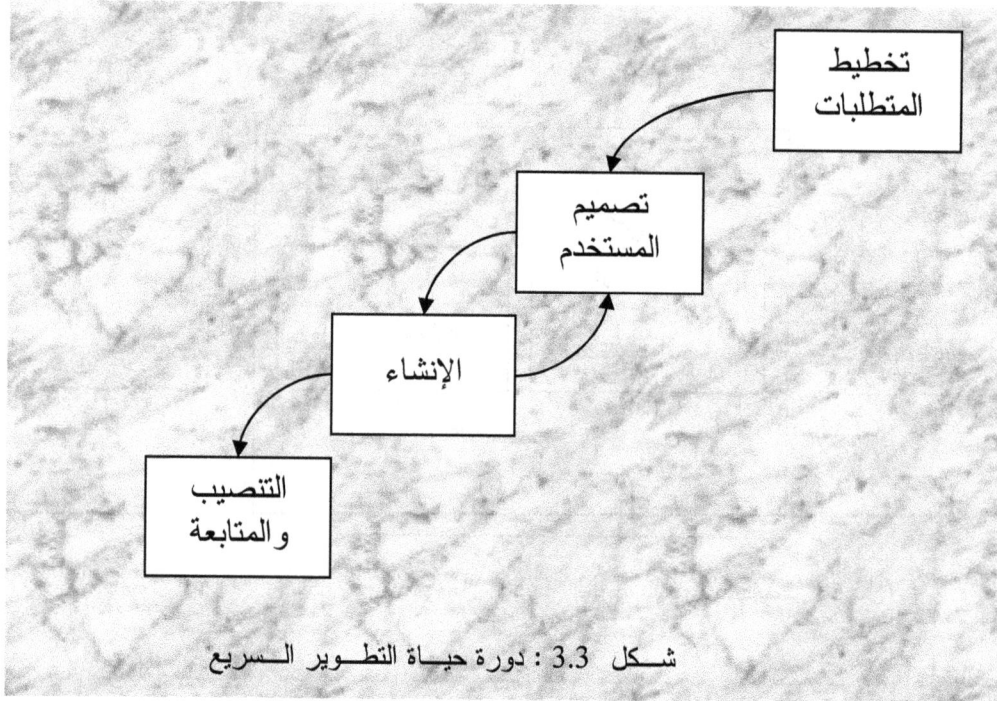

شكل 3.3 : دورة حياة التطوير السريع

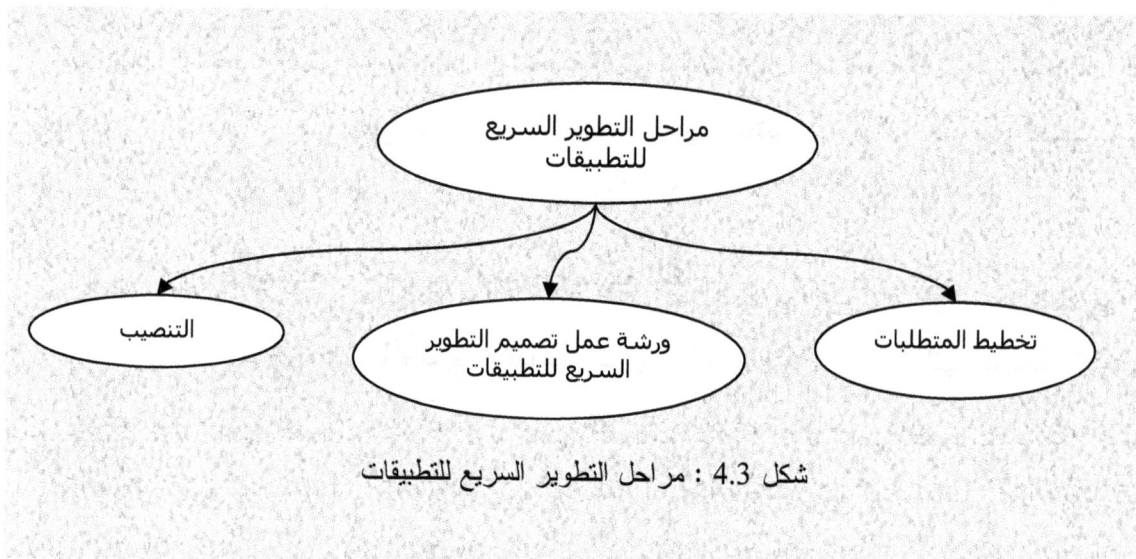

شكل 4.3 : مراحل التطوير السريع للتطبيقات

ورشـة عمل التطوير السريع
للتطبيقات

متطلبات
التخطيط

التنصيب

تحديد الأهداف
والمتطلبات
المعلوماتية

العمل مع
المستخدمين
لتصميم النظام

إنشاء النظام

تقديم النظام
الجديد

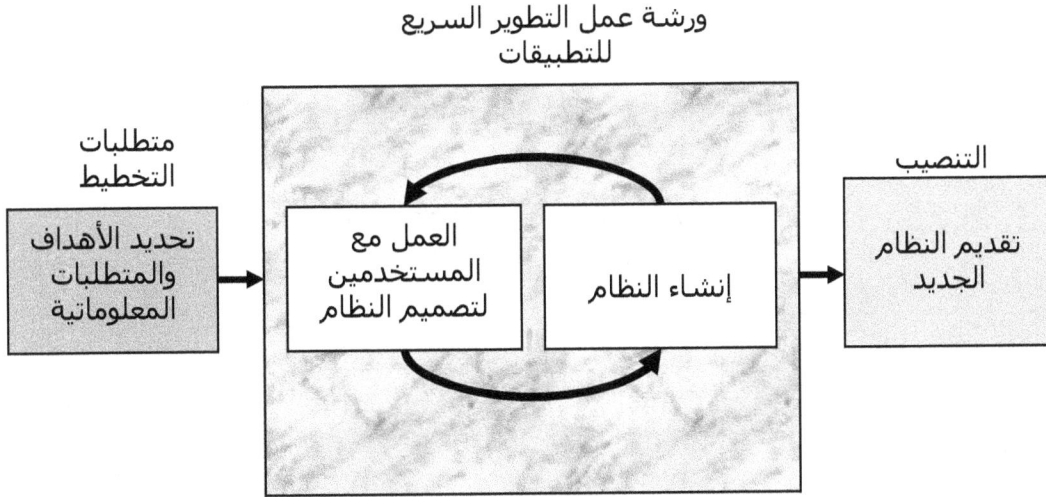

شكل : 5.3 مراحل التطوير السريع للتطبيقات (بشكل مفصل)

الجدير بالذكر أن التطوير السريع للتطبيقات يدمج المستخدم في كل مرحلة من مراحل التطوير مع التركيز على مشاركة قوية في أعمال التصميم. لنتعرف الآن بالتفصيل على كل مرحلة من هذه المراحل.

✓ **مرحلة تخطيط المتطلبات**

يعمل محللو النظم ومستخدمو النظام من مختلف المستويات في هذه المرحلة، على التعرف على أهداف التطبيق أو النظام، وكذلك على المتطلبات المعلوماتية التي تستنبط من هذه الأهداف. تصب اتجاهات هذه المرحلة في حل مشاكل الأعمال، وتحقيق أهداف هذه الأعمال.

✓ **ورشات عمل لتصميم التطوير السريع للتطبيقات**

تعتبر مرحلة ورشات عمل لتصميم التطوير السريع للتطبيقات في حد ذاتها مرحلة تصميم وتكرير وتهذيب. إنها بالفعل ورشة عمل تمتاز بالمشاركة القوية لكل الأعضاء والتي لا تقبل أن يكون المشارك فيها محايدا أو سلبيا. يجلس المشاركون عادة على طاولة مستديرة، حيث يمكن لكل مشارك أن يرى زملاءه. كما يتوفر المكان المتسع للعمل على دفتر ملحوظات باستخدام الحاسب الآلي.

ولتفعيل ورشة العمل هذه، فقد وجب أن تنظّم في غرفة نظم تأييد قرارات الفريق. إنه بالفعل المكان الأمثل لاحتضان مثل هذه الورشة، وذلك لأنه بعد أن يوافق محللو النظم والمبرمجون على تصميم معين، يتولى بعد ذلك فريق منهم العمل على إنشاء، ثم تقديم عروض مرئية لهذه التصاميم، وتدفق العمل للمستخدمين.

يمكن أن تتواصل ورشات العمل هذه على مدى مجموعة من الأيام. يتعامل المستخدمون في هذه الورشة خلال هذه الأيام مع نماذج أولية حقيقة تعمل، ويتولى محللو النظم تصفية الوحدات المصممة (باستخدام أدوات برمجية محددة) بالارتكاز على إجابات المستخدمين. تساهم هذه الورشات في دفع تطور النظام إلى الأمام بخطى سريعة ومشفوعة بمساعي مبدعة يبذلها جميع الأفراد المشاركين في ورشة العمل.

✔ **مرحلة التنصيب**

كما يتضح من الشكل 5.3، فإن محلل النظم يشتغل باجتهاد مع المستخدمين أثناء ورشة العمل، لتصميم الأعمال، أو بعض جوانب غير فنية وتابعة للنظام. بمجرد أن تنتهي هذه الأعمال وتتم الموافقة عليها، تتم تجربة النظام أو أجزاء النظام التي تعرض فيما بعد على المستخدمين لإبداء الرأي.

يمكن استخدام التطوير السريع للتطبيقات لإنشاء تطبيقات جديدة تخص التجارة الإلكترونية. بصفة عامة لا يوجد نظام قديم لهذه التجارة، ولذلك تغيب مرحلة تشغيل النظام الجديد بالتوازي مع القديم قبل التنصيب.

○ **الأدوات البرمجية المستخدمة للتطوير السريع للتطبيقات**

تعتبر أدوات برمجة التطوير السريع للتطبيقات حديثة وموجهة نحو الأهداف، ويتمثل أهمها في الآتي:
MS Access, MS VB6, Symantec's Visual Café, Visual C++.

○ **مقارنة بين التطوير السريع للتطبيقات ودورة حياة تطوير النظام**

للتعرف على أوجه الخلاف بين التطوير السريع للتطبيقات والدورة التقليدية لحياة تطوير النظام، أجرينا مقارنة بينها، نوجزها في الشكل 6.3.

التطوير السريع للتطبيقات	دورة حياة تطوير النظام
الهدف الرئيسي من التطوير السريع للتطبيقات هو اختصار دورة حياة تطوير النظام، ولذلك فهو يستجيب بأكثر سرعة للمتطلبات الديناميكية للمعلومات بالمؤسسة.	تأخذ دورة حياة تطوير النظام نظرة أكثر تنظيما ومنهجية تضمن تكاملا ودقة وتخول إنشاء أنظمة التي تندمج جيدا مع إجراءات الأعمال المعيارية.
تستخدم في ورشة العمل أدوات برمجية لتوليد شاشات وإظهار التدفق الكامل لتنفيذ التطبيق. لذلك، عندما يوافق مستخدمو النظام على تصميم ذلك التطبيق، فإنهم في الحقيقة يوقعون على عرض مرئي لنموذج.	عندما يوافق مستخدمو النظام على تصميم معين، فإنهم في الحقيقة قد وافقوا على تصميم تصوري معروض على الورق بطريقة تقليدية
تتم عملية تنصيب النظام بأريحية كاملة حيث لا يرافقها القلق أو الحيرة. يرجع ذلك أساسا إلى مشاركة المستخدمين الفعالة في تصميم مختلف جوانب الأعمال وهم على علم تام بمختلف التغييرات التي يمكن أن تقع. لذلك، فإن المفاجآت قليلة. وإذا تتطلب الأمر إدخال تغييرات، فإنها تكون موقع ترحاب من الجميع.	تكون فترة تصميم النظام وتطوره طويلة بصفة عامة، حيث ينعزل خلالها محلل النظم عن المستخدمين. يمكن خلال هذه الفترة الانعزالية أن تتغير المتطلبات، ونتيجة لذلك يمكن أن يتحصل المستخدمون على إنتاج يختلف عن المطلوب.

شكل 6.3 : مقارنة بين التطوير السريع للتطبيقات ودورة حياة تطوير النظام

كما أردنا أن نقارن بطريقة أخرى بين التطوير السريع للتطبيقات والدورة التقليدية لحياة تطوير النظام، حيث رقمنا في الشكل 7.3 بعض العمليات التي تتم في التطوير السريع للتطبيقات ووضحنا في الشكل 8.3 العمليات التي توازيها في الدورة التقليدية لحياة تطوير النظام.

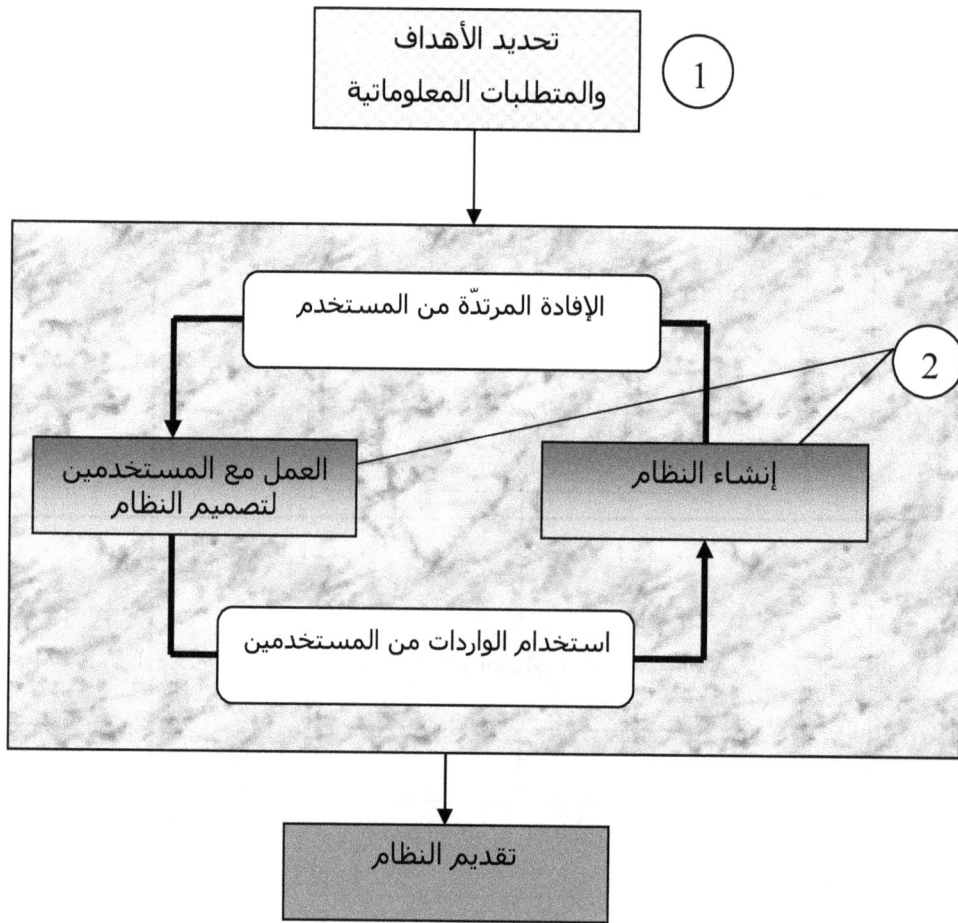

شكل 7.3 : تصور التطوير السريع للتطبيقات

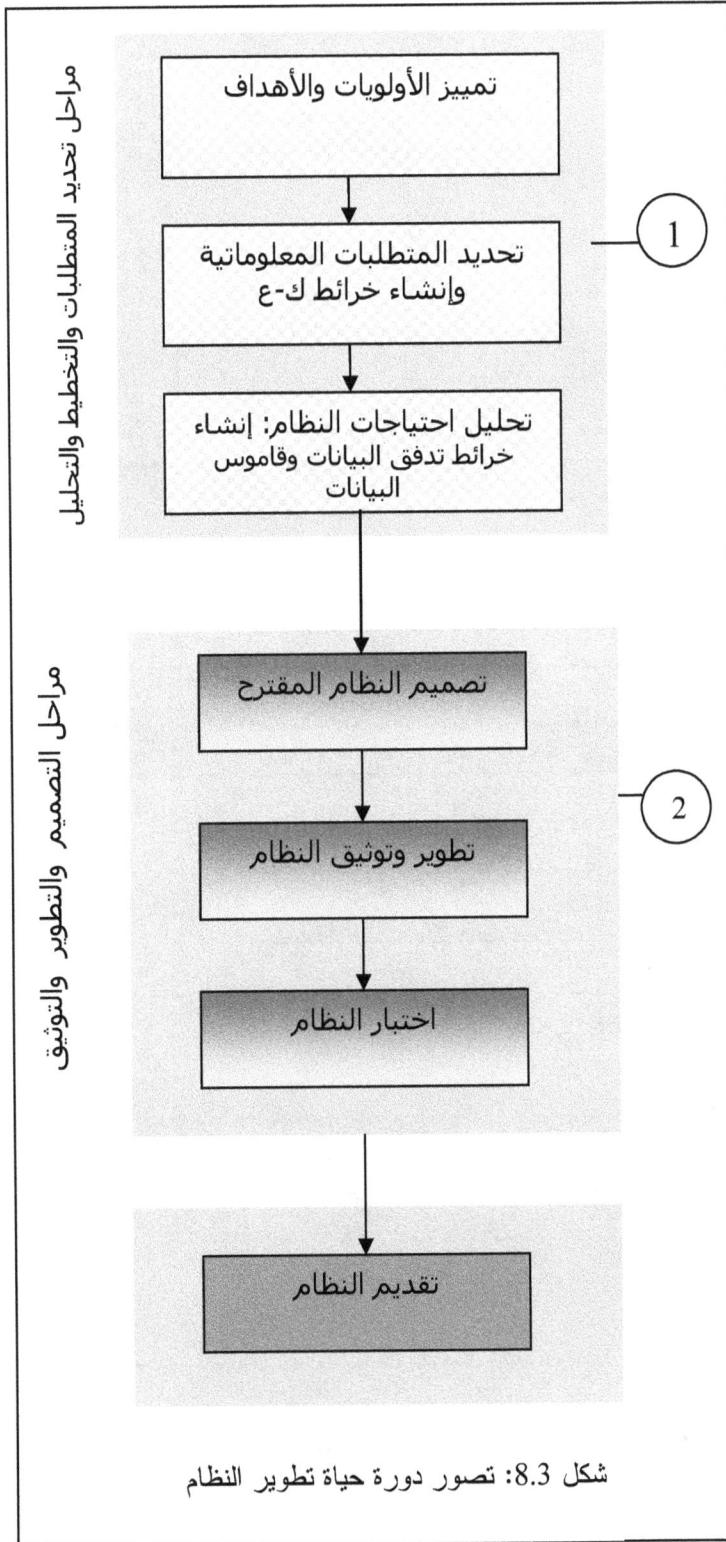

مراحل تحديد المتطلبات والتخطيط والتحليل

تمييز الأولويات والأهداف

1

تحديد المتطلبات المعلوماتية وإنشاء خرائط ك-ع

تحليل احتياجات النظام: إنشاء خرائط تدفق البيانات وقاموس البيانات

مراحل التصميم والتطوير والتوثيق

تصميم النظام المقترح

2

تطوير وتوثيق النظام

اختبار النظام

تقديم النظام

شكل 8.3: تصور دورة حياة تطوير النظام

○ متى يمكن استخدام التطوير السريع للتطبيقات؟

يمكن استخدام التطوير السريع للتطبيقات في الحالات التالية:

- يضم الفريق مبرمجين ومحللي نظم يتمتعون بخبرة واسعة في مجال التطوير السريع للتطبيقات.
- بالإضافة إلى النقطة السابقة، توجد ضغوطات كبيرة على الأعمال ووجب الإسراع في تطوير جزء معين من التطبيق،
- أو إذا كان العمل يصب على تطبيق جديد للتجارة الإلكترونية، واقتنع فريق العمل أن الالتجاء إلى التطوير السريع للتطبيقات سوف يمكنهم من منافسة المؤسسات الأخرى، خاصة إذا كان التطبيق الأول الذي سوف يظهر على الشبكة العنكبوتيّة.

○ طريقة استخدام التطوير السريع للتطبيقات كجزء من دورة حياة تطوير النظام

بالرغم من قوة التطوير السريع للتطبيقات، فإننا نرى أنه من الأفضل أن يستخدم التطوير السريع للتطبيقات ضمن دورة حياة تطوير النظام، ليشكل بذلك قوة أكثر فاعلية، وهذا بالضبط ما اقترحناه سابقا فيما يتعلق بالنمذجة الأولية التي يستحسن إدماجها في دورة حياة تطوير النظام.

بالإضافة إلى ذلك، فإنه يمكن استخدام التطوير السريع للتطبيقات كأداة حادة وموجهة لتحديث أو تحسين أو ابتداع أجزاء معينة من النظام. لكن استخدامه بطريقة مدمجة مع دورة حياة تطوير النظام، يخول الانتفاع بإيجابيات تصورين قويين جدا.

○ سلبيات التطوير السريع للتطبيقات

لا يخلو التطوير السريع للتطبيقات من سلبيات نذكرها من أهمها ما يلي:

- يسعى محللو النظم إلى الإسراع كثيرا في إنهاء المشروع، وقد تكون هذه السرعة مصدر مشاكل متنوعة.
- بصفة عامة لا يخضع التطوير السريع للتطبيقات إلى مبادلة بين الوقت والدقة في التفاصيل، ففي بعض الأحيان توجد تطبيقات منجزة بواسطة التطوير السريع للتطبيقات ولكنها تهمل بعض الجوانب الأساسية. في هذه الحالة، تخيّر التطبيقات الأخرى التي تتم حسب الطرق البطيئة.

- يتطلب التطوير السريع للتطبيقات فريقا متمرنا، وذا خبرة واسعة في البرمجة وتحليل النظم. كما وجب على هذا الفريق أن يمتلك القدرة على التأقلم مع الأدوات الحديثة للبرمجة والسيطرة عليها.

❖ **استخدام أدوات هندسة البرمجيات بمساعدة الحاسب الآلي**

يجب أن يحرص محللو النظم على التمعن في إلقاء نظرة شاملة ومنظمة على كل مراحل تحليل، وتصميم، وتنصيب نظم المعلومات. وحتى يتمكنوا من رفع إنتاجهم، وتحسين إنتاجيتهم، وجب عليهم أن يكونوا منظّمين، متّصفين بالدقة، وملتزمين بإنهاء الأعمال التي يبدؤونها في مواعيدها.

في بداية 1990م، بدأ محللو النظم من الاستفادة من أدوات الإنتاجية التي أطلق عليها اسم هندسة البرمجيات بمساعدة الحاسب الآلي، والتي صممت خصيصا لكي تسهل أعمالهم العادية، وذلك باستخدام تأييد آلي لبعض أجزاء تطوير النظام.

إن النظم التنظيمية، والإجراءات التطبيقية الإدارية، من شأنها أن تقلل من استخدامات أدوات هندسة البرمجيات بمساعدة الحاسب الآلي. لذلك، فإذا أراد محللو النظم تقوية استخدام هذه الأدوات، فإنهم مطالبون بالعمل جنبا إلى جنب مع أفراد أعضاء المؤسسة للتحقق من أن هذه المؤسسة تتحمل هذه الأدوات، وتتأقلم معها، وتستخدمها في جميع مجالاتها.

○ **أهداف استخدام أدوات هندسة البرمجيات بمساعدة الحاسب الآلي**

يرتكز محللو النظم على أدوات هندسة البرمجيات بمساعدة الحاسب الآلي لتحقيق الأهداف التالية:

- الرفع من إنتاجيتهم،
- توفير اتصال جيد مع المستخدمين،
- التأقلم مع كل الأعمال التي يقومون بها من بداية دورة حياة النظام إلى آخره (من الدراسة الأولية إلى مرحلة التشغيل والتقييم).

نتعرف الآن بالتفصيل على كل هدف من هذه الأهداف:

✓ **الرفع من إنتاجية المحلل.**

تحتوي أدوات هندسة_البرمجيات بمساعدة الحاسب الآلي على برنامج يسمى المحلل المرئي. يخول هــذا البرنامج للمستخدمين:

- رسم الخرائط بسهولة،

- القيام بمختلف عمليات التحديث بكل مرونة ويسر.

وهكذا فإنه بإمكان المحلل أن يصبح أكثر إنتاجا، وذلك عن طريق تخفيض الوقت الذي كان يقضيه فــي رسم الخرائط يدويا، وإعادة رسم خرائط تدفق البيانات (لتصحيحها عند وجود أخطاء) حتى تصبح مقبولة. بالإضافة إلى ذلك، فإن المحلل المرئي يقوي إنتاجية أعضاء فريق المحللين. يتجلــى ذلــك فــي تــوفير التيسيرات التالية:

- السماح لهم بتقاسم العمل بسهولة مع بقية أعضاء الفريق، الذي تيسرت مهمته كثيرا، حيث أصبح مطالبا فقط بالدخول إلى الملفات المعنية بالأمر انطلاقا من حواسيبهم الشخــصية، ومراجعــة أو تصحيح العمل المنجز من النظام. تخول هذه العملية تفادي هدر الوقت في إعادة تصميم، وتوزيع خرائط تدفق البيانات بين أعضاء الفريق. وهكذا، فإنه عوض وضع جدول صارم يوضح توزيــع الإجابات، والإفادة المرتدة، فإن المحلل المرئي يخول لأعضاء الفريق العمل على الخرائط متــى سنحت لهم الفرصة للقيام بهذا العمل.

- تسهّل أدوات هندسة_البرمجيات بمساعدة الحاسب الآلي عملية التخاطب بين أعضاء فريق التحليل، وذلك عن طريق جعل عملية رسم المخططات حيويّة، وقابلة للتحوير، خلافا لما كان عليه العمــل بدون هذه الأدوات. من هنا تتطور إنتاجية أعضاء الفريق.

✓ **تطوير عملية التخاطب بين المحلل والمستخدم.**

حتى ينجح النظام، ويعيش ويستخدم أكثر، فإنه وجب تحقيق حوار فعال وبناء بين المحلل والمستخدم طوال دورة حياة النظام. إن نجاح تشغيل النظام مرتبط بمدى توفر حوار فعال بين المحلل والمــستخدم. يمكــن لأدوات هندسة_البرمجيات بمساعدة الحاسب الآلي أن تحقق حوارا ناجحا وبنــاءا مــن خــلال شاشــات الصادرات، حيث يستطيع المستخدم أن يقرأ، ويطلع على تــدفق المعلومــات، وتــصاميم النظــام. كمــا

باستطاعته أن يقترح على المحلل إدخال بعض الإصلاحات، أو التغييرات التي كان يتطلب إنجازها اليدوي وقتا طويلا.

○ **فوائد استخدام أدوات هندسة البرمجيات بمساعدة الحاسب الآلي**

تخول أدوات هندسة البرمجيات بمساعدة الحاسب الآلي تحقيق تواصل، وتتابع، وارتباط بـين مختلـف أطوار مراحل دورة حياة النظام. كما تلعب هذه الأدوات دورا كبيرا في كل مرحلة من هذه المراحل، التي تتطلب عددا من الدورات التكرارية لإجراء الإفادة المرتدة، أو القيام ببعض التغييرات.

الجدير بالذكر أنه بإمكان المستخدم أن يلعب دورا هاما خلال إجراء هذه الـدورات التكراريـة. يخـول استخدام أدوات هندسة البرمجيات بمساعدة الحاسب الآلي في هذه الحالة للمستخدم تحليل، وتقيـيم فائـدة صيانة النظام، والتغييرات المدخلة على هذا النظام. نفترض مثلا أنه استوجب الأمر إدخال تغييرات علـى حجم حقل يخص رقم المستخدم، ولنفترض أن حجم هذا الحقل كان يساوي رقمين (99)، ونظـرا لتوسـع المؤسسة وازدياد عدد الموظفين، وجب تكبير حجم الحقل حتى يتسع إلى 3 أرقام (999). في هذه الحالة، تتولى أدوات هندسة البرمجيات بمساعدة الحاسب الآلي إنجاز هذا التغيير (التحديث) فـي كـل البـرامج، وجداول البيانات التي احتوت رقم المستخدم.

❖ **برمجيات الهندسة العكسية والهندسة المعادة**

برمجيات الهندسة العكسية والهندسة المعادة – هي طرق تهدف إلى إطالة عمر البرامج القديمة المسـماة بالبرمجيات التراثية.

يستخدم كلا التصورين (الهندسة العكسية والهندسة المعادة) برمجيات الهندسة المعادة بمسـاعدة الحاسـب الآلي، وهو برنامج يستخدم لتحليل وإعادة هيكلة البرنامج المصدري. تتوفر عـدة صـناديق أدوات فـي الهندسة العكسية.

الأفضل أن نأخذ فكرة عن الهندسة المعادة والهندسة العكسية حتى تتضح لنا الأمور أكثر.

• **الهندسة المعادة**

الهندسة المعادة- هي أدوات آلية تتولى قراءة أوامر البرنامج المصدري كبيانات واردة، ثم تقوم بتحليل بيانات البرنامج وعبارات المنطق، ثم تتولى بطريقة آلية، أو بشكل تفاعلي مع محلل النظم تغيير نظام حالي لغرض تحسين نوعيته أو أدائه.

الجدير بالذكر أن مصطلح الهندسة المعادة يستخدم في عدد من أنواع الهندسة، وفي البرامج، وفي سياق بعض الأعمال، ويقصد به بصفة عامة إعادة هندسة أحداث الأعمال. كما يعتبر طريقة لإعادة توجيه المؤسسة نحو عمليات رئيسية.

يلعب محللو النظم دورا كبيرا في العمليات الرئيسية التابعة لإعادة الهندسة، لأن كثيرا من التحويرات لا تتم إلا في ظل توفر تقنية معلومات إبداعية.

يعتبر برنامج Holosofx مساعدا لمحلل النظم في أعمال الهندسة المعادة. لقد أصبح من السهل لمحللي النظم باستخدام هذه البرمجيات وغيرها من الأدوات، إحداث التغييرات والتحسينات الضرورية للمؤسسة.

• **الهندسة العكسية**

الهندسة العكسية – ترمز إلى عملية إنشاء مواصفات التصميم للنظام، أو وحدة برنامج، انطلاقا من أوامر البرنامج المصدري وتعريفات البيانات.

كما يمكننا أن نعرف الهندسة العكسية بطريقة أخرى كما يلي:

الهندسة العكسية- هي أدوات آلية، تتولى قراءة برنامج مصدري كبيانات واردة، فتعالجها ونتيجة لذلك تولد عروضا رسومية ونصية للمستوى التصميمي للمعلومات، مثل برامج السيطرة على التراكيب وتراكيب البيانات، والتدفقات المنطقية وتدفق البيانات.

تتمثل وظيفة الهندسة العكسية في عكس توليد البرنامج المصدري. يتم فحص البرنامج المصدري ثم يحلل، ويحوّل بعد ذلك إلى مستودع كينونات (يسمى كذلك مستودع أدوات هندسة البرمجيات بمساعدة الحاسب الآلي) كما هو مبين في الشكل 9.3.

تتمثل الخطوة الأولى لهذه العملية في تحميل البرنامج المصدري (المكتوب بإحدى لغات البرمجة) في صندوق الأدوات. يتم تحليل البرنامج المصدري وفق صندوق أدوات الهندسة العكسية المتوفر الذي ينتج بعض أو كل مما يلي (شكل 10.3):

○ تراكيب البيانات والعناصر التي تصف الملفات، والسجلات المخزنة في النظام.

○ تصاميم الشاشات، إذا كان البرنامج فوريا.

○ نماذج التقارير للبرامج ذات نظام الدفعات.

○ مخطط تركيبي يوضح هرمية (تدرج) الوحدات (أو البرامج الفرعية) في البرنامج.

○ تصميم قاعدة البيانات والعلاقات.

البرنامج المصدري
 	
برنامج حاسوبي يحمّل في مجموعة أدوات الهندسة العكسية.
	``
	I=1;
	While I<=m
	        {
	              s=s+I;
	              I++;
	        }
	``

تتفحص أدوات الهندسة العكسية البرنامج المصدري، وإثر ذلك تنتج مستودع الكينونات.	**أدوات الهندسة العكسية**
مستودع الكينونات يتم توليد مستودع الكينونات الذي يحتوي على المخططات التركيبية، والسجلات، والعناصر الوصفية لقاموس البيانات، وصحيفة الشاشات ونماذج التقارير.	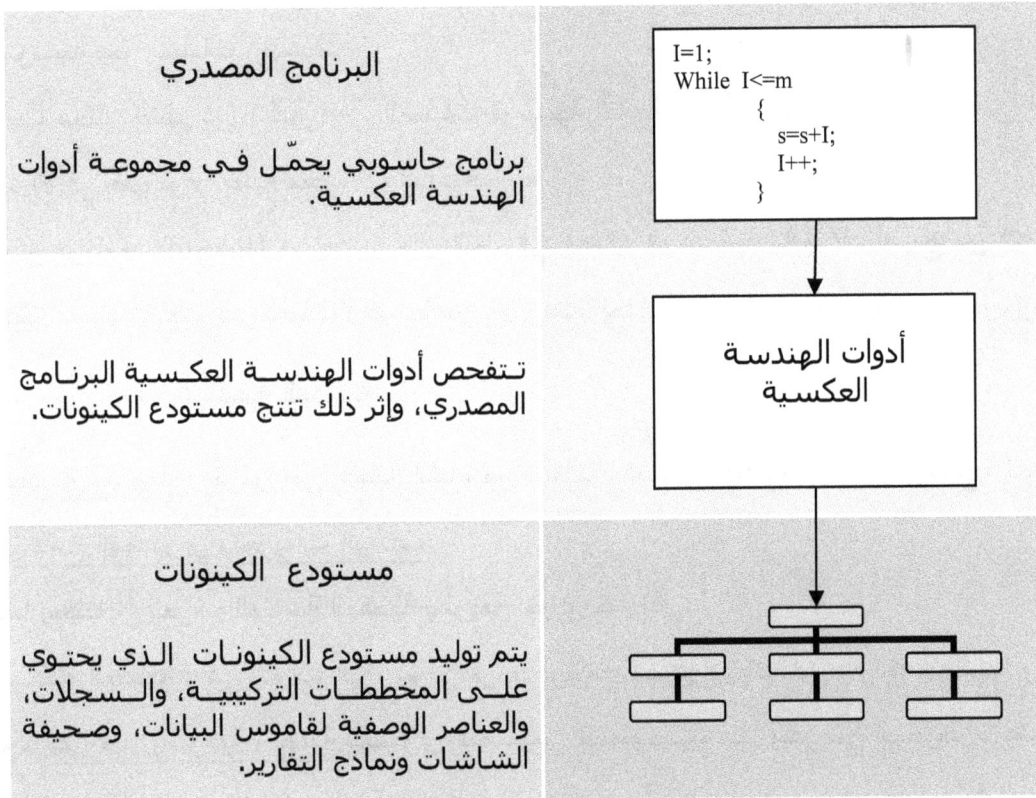

شكل 9.3: فكرة عامة عن الهندسة العكسية

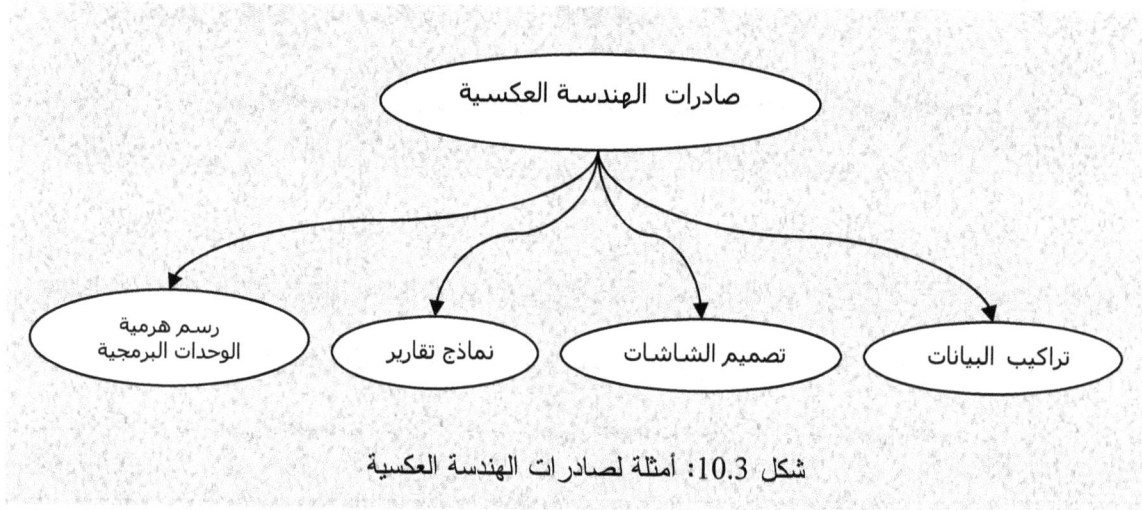

شكل 10.3: أمثلة لصادرات الهندسة العكسية

يمكن تحوير أو إدماج التصميم المخزن في مستودع الكينونات في مشاريع أخرى تستخدم هندسة البرمجيات بمساعدة الحاسب الآلي.

إذا تمت كل التغييرات، فإنه يمكن إعادة توليد نص البرنامج النظامي. ترمز إعادة الهندسة إلى العملية الكاملة لتحويل البرنامج المصدري إلى تصميم هندسة البرمجيات بمساعدة الحاسب الآلي ،وتغيير التصميم وإعادة توليد البرنامج المصدري.

✓ إيجابيات استخدام أدوات الهندسة العكسية

يتسم استخدام أدوات الهندسة العكسية ببعض الإيجابيات نذكر أهمها فيما يلي:

- تقليص الوقت اللازم لعمليات صيانة النظام، والاستفادة من الوقت المهدر في كتابة برامج جديدة،
- إنتاج التوثيق الذي كان سابقا شبه منعدم أو نادرا بالنسبة للبرامج القديمة،
- إمكانية الحصول على برامج مهيكلة انطلاقا من أوامر برمجية غير مهيكلة أو شبه مهيكلة،
- سهولة الصيانة وإجراء التغييرات، وذلك لأن التغييرات أصبحت تتم على مستوى التصميم بـدلا من مستوى البرمجة.
- إمكانية إجراء التحليل على النظام لهدف حذف أجزاء غير مستخدمة من برامجه القديمة.

❖ تحليل وتصميم النظم الموجهة نحو الأهداف

يوجد توجه آخر مختلف عن تطوير النظم ألا وهو تحليل وتصميم النظم الموجهة نحو الأهداف. إن التقنيات الموجهة نحو الأهداف التي ترتكز على مبادئ البرمجة الموجهة نحو الأهداف، تساعد محلل النظم على المتطلبات التنظيمية التابعة للنظم الجديدة، التي تختلف عن النظم الأخرى، حيث وجب عليها أن تتحمل صيانة مستمرة، تأقلما مع المستجدات، وإعادة التصميم.

في البرمجة الموجهة نحو الأهداف، يتم إنشاء الكائنات التي تتضمن ليس فقط برامج حول البيانات، وإنما كذلك مجموعة من التعليمات حول العمليات التي سوف تطبق على هذه البيانات.

❖ الحاجة إلى التحليل والتصميم المهيكل

يخول التحليل والتصميم المهيكل الحصول على تصور منظم لتصميم وإنشاء نظم حاسوبية ذات مواصفات عالية. خلال مرحلة التحليل والتصميم، يجب على محلل النظم أن يتقدم خطوة-خطوة متسلما الإفادة المرتدة من المستخدمين، ومتمعنا في التصميم لتصحيح الأخطاء إن وجدت، واسترجاع ما وقع السهو عنه. أما إذا تقدم محلل النظم بخطى سريعة، فهناك احتمال كبير أنه سيضطر لاحقا إلى إعادة النظر في بعض أجزاء الدراسة التصميمية التي أنجزها سابقا لتصحيحها. نفترض مثلا أن مجموعة كبيرة من العناصر وقع تجاهلها عندما كان المحلل يتفحص تفاصيل بيانات تستخدم داخل النظام. لنفترض أن المحلل تفطن إلى فقدان هذه البيانات بعد أن تمت عملية كتابة شفرة برامج النظام. في هذه الحالة، وجب تغيير كل ملفات التقارير، وصحيفة الشاشات، وكذلك ملف فحص البيانات، والبرامج، والتوثيق. يمكن أن تأخذ كل هذه التغييرات وقتا طويلا قد يتجاوز مائة ساعة عمل. بينما لو أن المحلل استدرك هذه الأخطاء في فترة مبكرة، وهو لا يزال في مرحلة التصميم مثلا، فإن تصليح هذه الأخطاء سوف لن يأخذ منه إلا بضع سويعات قليلة.

بالإضافة إلى أدوات هندسة البرمجيات بمساعدة الحاسب الآلي، والهندسة العكسية، والهندسة المعادة، يستخدم محللو النظم برمجيات أخرى في مختلف مراحل دورة حياة النظام، والتي نسوق البعض منها:

○ برمجيات إدارة التحقيق الأمثل لمواقع الموظفين وموارد المشروع.

○ برمجيات إنشاء النماذج الأولية التي تخول إنشاء سريعا لصحيفة الشاشات، والتقارير. يمكن للمستخدم إثر ذلك الإطلاع عليها، وتفحصها، وتغييرها إذا تتطلب الأمر ذلك.

- أدوات تصميم النماذج والرسوم،
- برمجيات العرض التي تساعد على التزويد بالرسوم التوضيحية، وإنتاج تقديم متخصص للمستخدمين.

❖ المنهجيات البديلة

في بعض الأحيان، يصل محلل النظم إلى نتيجة حتمية تفرض عليه البحث عن حل بديل آخر للنظام. فمثلا يمكن أن لا ينجح مشروع النظم الذي استخدم تصورا مهيكلا، أو لعل مجموعة المستخدمين الذين يختلفون في التكوين والخبرة، يحتاجون إلى طريقة بديلة للعمل. إذا تم الاتفاق على طريقة بديلة، فإنه ليس بالإمكان التحقق من نجاعة هذه الطريقة البديلة واختبارها في نطاق ضيق، فكل طريقة تتمتع بخصائص وميزات خاصة بها، ومنبثقة من مصادر بحث وتوثيق مختلفة ومتعددة.

في بعض الظروف والحالات الخاصة، قد تحتاج المؤسسة إلى حل بديل، أو حل إضافي إلى التحليل والتصميم المهيكل، وبالتالي إلى دورة حياة نظام أخرى مختلفة. يتجه اهتمام المؤسسة عندئذ إلى اختيار أحد البدائل التالية المعروفة والشائعة:

- آداب المهنة،
- تصور المشروع الممتاز،
- منهجية الأنظمة الناعمة،
- متعدد وجهات النظر.

لقد اندرج برنامج آداب المهنة كمنهجية اجتماعية-تقنية، التي تدمج الحلول الاجتماعية والتقنية مع بعضها البعض.

أما تصور المشروع الممتاز، فإنه يندرج ضمن علوم التسوّق، ويعتمد استراتيجية إدماج شخص رئيسي من كل منطقة مرتبطة بالنظام حتى يضمن نجاح النظام.

أما منهجية النظم الناعمة، فقد تم اقتراحها كطريقة لمحاكاة عالم يتصف بالفوضى، وتختص بالاستخدام صور متقدمة ومسلّية، واستخدام الرموز في نظام كتابي معين، يحصر مواصفات نظام قصصي.

أما متعدد وجهات النظر، فقد اقترح كطريقة لتنظيم واستخدام عناصر مجموعة متنوعة من المنهجيات المتنافسة.

أردنا فيما يلي أن نلخص في الشكل 11.3 أهم طرق (أدوات) التحليل والتصميم.

الطرق / الأدوات المستخدمة	تفسير
النمذجة الأولية	طريقة بديلة لتطوير النظم حيث تحول المتطلبات في نظام عملي تتم مراجعته باستمرار تحت إشراف وعمل مشترك بين محلل النظم ومستخدمي النظام.
التطوير السريع للتطبيقات	هو تصور لتطوير نظم المعلومات، ويهدف إلى الحصول على نظم أقل تكلفة مع تحقيق سرعة إنجازها. يتحقق هذا الهدف بجعل محللي ومستخدمي نظم المعلومات، يشتغلون مع بعضهم جنبا إلى جنب، في الوقت الحقيقي من أجل تطوير النظام. كما يعتبر التطوير السريع للتطبيقات تصورا موجها نحو الأهداف لتطوير النظم، ويمتلك طريقة تطوير مدعّمة بأدوات برمجية متقدمة.
تصميم التطبيق المشترك	ويهدف إلى جمع معلومات عن النظام ومتطلباته، ومراجعة تصاميم النظام. تكمن الفكرة الرئيسية من وراء تصميم التطبيق المشترك في إعطاء إمكانية هيكلة تحديد المتطلبات، والمراجعة، والتعديل أثناء عملية التصميم
أدوات هندسة البرمجيات بمساعدة الحاسب الآلي	أطلق عليها اسم هندسة البرمجيات بمساعدة الحاسب الآلي، والتي صممت خصيصا لكي تسهل أعمالهم العادية، وذلك باستخدام تأييد آلي لبعض أجزاء تطوير النظام.
الهندسة العكسية	هي أدوات آلية، تتولى قراءة برنامج مصدري كبيانات واردة، فتعالجها ونتيجة لذلك تولد عروضا رسومية ونصية للمستوى التصميمي للمعلومات، مثل برامج السيطرة على التراكيب، وتراكيب البيانات، والتدفقات المنطقية وتدفق البيانات.
الهندسة المعادة	هي أدوات آلية تتولى قراءة أوامر البرنامج المصدري كبيانات واردة، ثم تقوم بتحليل بيانات البرنامج وعبارات المنطق، ثم تتولى بطريقة آلية، أو بشكل تفاعلي مع محلل النظم تغيير نظام حالي لغرض تحسين نوعيته أو أدائه.
تحليل وتصميم النظم الموجهة نحو الأهداف	تساعد محلل النظم على المتطلبات التنظيمية التابعة للنظم الجديدة، التّي وجب عليها أن تتحمل صيانة مستمرة، تأقلما وإعادة تصميم. في البرمجة الموجهة نحو الأهداف، تصنع الكائنات، وتتضمن ليس فقط نص برنامج البيانات، وإنما كذلك التعليمات حول العمليات التي سوف تطبق عليها.

شكل 11.3: أهم طرق تحليل وتصميم النظام

أما في الشكل 12.3 فقد لخصنا المنهجيات البديلة للتحليل والتصميم.

المنهجيات البديلة	**تفسير**
آداب المهنة	منهجية اجتماعية-تقنية تدمج الحلول الاجتماعية والتقنية.
تصور المشروع الممتاز	يندرج ضمن علوم التسوق، ويعتمد استراتيجية إدماج شخص رئيسي من كل منطقة مرتبطة بالنظام حتى يضمن نجاح النظام.
منهجية الأنظمة الناعمة	اقترحت كطريقة لمحاكاة عالم يتصف بالفوضى، بالاستخدام الصور المتقدمة والمسلية، والرموز المستخدمة في نظام كتابي معين، يحصر مواصفات نظام قصصي.
متعدد وجهات النظر	اقترح كطريقة لتنظيم واستخدام عناصر مجموعة متنوعة من المنهجيات (علم المناهج) المتنافسة.

شكل 12.3: المنهجيات البديلة في عمليات تحليل وتصميم النظام

4 العوامل التنظيمية لتطوير نظم المعلومات

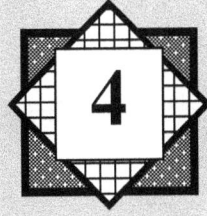

يهدف هذا الفصل إلى التعرف على:

- استراتيجيات تطوير نظم المعلومات،
- الحاجة إلى خطة استراتيجية،
- التخطيط الاستراتيجي لنظم المعلومات،
- محتوى الخطة الاستراتيجية لنظم المعلومات،
- تحديد سياسات وخطط نظم المعلومات،
- أساسيات التنظيم،
- مستويات الإدارة،
- عوامل تأثير أنواع الإدارات على تطوير نظم المعلومات،
- دراسة تحليلية ومقارنة بين مختلف المستويات الإدارية والمدراء.

استراتيجيات تطوير نظم المعلومات

تمهيد

مما لاشك فيه أن تطوير وبناء نظم جيدة للمعلومات له علاقة مباشرة بنمو وتطوير العمل بالمؤسسة، حيث أن الحاجة إلى إنتاج المعلومات أصبحت من المتطلبات الأولية والأساسية للبقاء والاستمرار، وليس فقط هدفا لتحسين الكفاءة. هذا وقد أصبحت تقنية الحواسيب عصب نظم المعلومات في أي مؤسسة لما تقدمه من تأييد كبير في إجراء، وتنفيذ العمليات المختلفة، ومساعدة المستويات الإدارية في كافة الأنشطة والقرارات التي يتطلبها العمل. ويمكن من خلال إدخال تقنيات الحاسوب، ونظم المعلومات في أعمال أي مؤسسة تحقيق ما يلي:

- صحة وتكامل المعلومات،

- سرعة الحصول على المعلومات،

- زيادة كفاءة العاملين،

- تحسين الخدمات المقدمة،

- تقليل الهدر المادي،

- تحسين الاتصالات الإدارية،

- توفير المعلومات اللازمة لمتخذي القرار بكفاءة وسرعة مناسبة،

- تحسين وتطوير الأداء،

- تطوير أساليب أكثر فاعلية في الأداء والتنظيم،

- تأييد الخطط الاستراتيجية،

الحاجة إلى خطة استراتيجية

ومن أجل إدخال تقنيات الحاسب الآلي إلى أي مؤسسة، وتطوير نظم معلوماتها، فإنه يلزم توفر خطة إستراتيجية معلوماتية بعيدة المدى، تتماشى مع الخطة الاستراتيجية العامة للمؤسسة، وبما يحقق أهدافها وغاياتها. وفي العادة تضع المؤسسة لنفسها عددا من الخطط الاستراتيجية التي تهدف في مجملها إلى تطوير العمل، والأداء، مثل: خطة إستراتيجية لتنمية القوى البشرية، خطة استراتيجية للتدريب، خطة استراتيجية للتطوير الإداري، وغيرها من الخطط الاستراتيجية. تعتبر الخطة الاستراتيجية المعلوماتية جزءا من عدد من الخطط الاستراتيجية المتكاملة، التي تهدف في مجملها إلى تطوير العمل والأداء، بما يحقق أهداف وغايات المؤسسة. الجدير بالذكر أن مرحلة التخطيط، والسياسات المتعلقة ببناء نظم المعلومات، تتضمن الجزئين الرئيسيين التاليين:

- التخطيط الاستراتيجي لنظم المعلومات.
- تحديد السياسة العامة لنظم المعلومات.

نتطرق الآن إلى التحدث عن هذين الجزئين.

○ التخطيط الاستراتيجي لنظم المعلومات

تهدف هذه المرحلة إلى وضع خطة استراتيجية لتطوير نظم المعلومات، تحقق تكامل النظم وتزامن تطويرها، بما يحقق أهداف المؤسسة. ومن المهم في هذه المرحلة، تحديد أهداف نظم المعلومات وربطها

بأهداف المؤسسة. ذلك، أن الهدف من بناء نظم المعلومات هو مساعدة المؤسسة على تحقيق أهدافها. من البديهي أنه بدون تخطيط بعيد المدى، فإن تطوير النظم لن يكتب له النجاح بالصورة المأمولة له.

تشبه عملية بناء نظم المعلومات عملية بناء منزل. فبدون التخطيط الجيد لحاجة السكان، وعدد الغرف المطلوبة، ومساحة كل غرفة، وتوزيع الغرف وارتباطها ببعض البعض، قد يكتشف المرء بعد بناء المنزل أنه بحاجة إلى غرف إضافية، أو أن مساحة الغرف لا تفي بالغرض، أو أن توزيع الغرف لا يحقق راحة السكان. إن إجراء التعديلات اللاحقة على تصميم المنزل، وبناء الملاحق والغرف الإضافية، أو هدم الجدران لتوسيع الغرف، سيزيد من تكلفة بناء المنزل، وسيؤدي إلى زيادة فترة البناء، وتأخر تسكين الأفراد في المنزل أو إزعاجهم. يمكن أن تحدث نفس المشكلات إذا شرع في تطوير نظم المعلومات وبنائها دون التخطيط المسبق لها. فالأنظمة سيتم تطويرها دون تنسيق، وسيكتشف فيما بعد، أنها لا تلبي حاجة المستخدمين، أو أن أداءها يعتبر دون مستوى الأداء المطلوب. إن التعديلات التي تتم فيما بعد لتحسين هذه النظم، ستؤدي إلى زيادة كبيرة في تكلفتها، وإلى تأخر تشغيلها واستخدامها.

إن مفهوم التخطيط الاستراتيجي للمعلومات مفهوم حديث نسبيا، ولا تتضح أهميته وتأثيره الإيجابي الكبير على الأداء في المؤسسة للكثير. ولكن وضع خطة استراتيجية معلوماتية، واتباع منهج علمي سليم في تطوير نظم المعلومات، سيساعد بإذن الله تعالى على تحقيق متطلبات المؤسسة.

✓ محتوى الخطة الاستراتيجية لنظم المعلومات

إن تطوير خطة استراتيجية للمعلوماتية، وتطوير نظم المعلومات اللازمة لها، يتطلب العديد من الدراسات والمراحل. وبصفة عامة، يتضمن تطوير الخطة المعلوماتية الإستراتيجية لأي مؤسسة الدراسات التالية:

- دراسة الهيكل التنظيمي للمؤسسة ومهام الإدارات والأقسام المختلفة،
- دراسة الاستراتيجية العامة للمؤسسة وخطط التطوير المختلفة (مثل خطة التطوير الإداري، خطة تنمية القوى البشرية، خطة تنمية الموارد المالية،...)،
- تحديد نظم المعلومات المطلوبة للمؤسسة،
- تحديد أولويات النظم،

○ دراسة خيارات وبدائل التقنيات المختلفة،

○ دراسة متطلبات القوى البشرية وخطة التوظيف والتدريب،

○ دراسة الوضع الحالي لنظم المعلومات وتقنيات الحاسوب في المؤسسة.

○ **تحديد سياسات وخطط نظم المعلومات**

يحدد في هذه المرحلة دور الإدارة العليا، والتزامها تجاه تطوير نظم المعلومات في المؤسسة. و يجب في هذه المرحلة أن تتبنى الإدارة العليا نظم المعلومات، وتتعامل معها كمورد أساسي من موارد المؤسسة، مثلها مثل الموارد المالية والبشرية. كما وجب أن يتفهم جميع الموظفين والعاملين في المؤسسة مدى التزام الإدارة العليا نحو نظم المعلومات، وأن تعاونهم، وتجاوبهم، مطلب أساسي في جميع مراحل تطوير هذه النظم. يجب في هذه المرحلة، تحديد السياسات، والخطط، والبرامج، التي تضمن تنفيذ الخطة المعلوماتية الاستراتيجية، ويشمل ذلك:

✓ **وضع السياسات العامة على مستوى الأنظمة الجزئية**

والتي يختص كل منها بأداء وظائف معينة مثل :

■ تطوير نظم المعلومات،

■ تدبير الاحتياجات والموارد،

■ تدريب والتوظيف،

■ بناء مركز معالجة البيانات.

✓ **إعداد خطط وبرامج تفصيلية على مستوى الأنظمة الجزئية**

يختص الأمر بإعداد الخطط والبرامج المرتبطة بالأنشطة التالية:

■ تطوير نظم المعلومات،

■ تدبير الاحتياجات والموارد،

■ التدريب والتوظيف،

■ إنشاء مركز معالجة البيانات.

إن عملية تطوير الخطط والسياسات عملية حيويّة. وينبغي التركيز هنا على أهمية تقويم الخطط والسياسات، وقياس نتائجها بصورة مستمرة، خاصة وإننا نتعامل مع تقنيات الحاسب، وتقنيات المعلومات، وهذه التقنيات تمتاز بسرعة التطور والتغير.

أساسيات التنظيم

حتى يتسنى لمحلل النظم إجراء تحليل وتصميم نظم للمعلومات على مستوى عال من الجودة، فإنه مطالب بفهم طريقة عمل المؤسسة التي تعمل كنظام موجه نحوى ثلاث قوى رئيسية:

- مستويات الإدارة،
- تصميم المؤسسات،
- الثقافة التنظيمية.

تعتبر المؤسسات نظما كبيرة متكونة من نظم فرعية مرتبطة ببعضها البعض. تتأثر النظم الفرعية بثلاث مستويات واسعة من إدارات صانعي القرارات (إدارة عملية، إدارة وسطية، إدارة استراتيجية) والتي تصب مباشرة في نظام المؤسسة. كما تؤثر الثقافات التنظيمية على طرق تصرفات المجتمع في النظم الفرعية.

مستويات الإدارة

تتجلى الإدارة في المؤسسات في ثلاث مستويات أفقية (شكل 1.4):

- <u>السيطرة العملية،</u>
- <u>السيطرة والتخطيط الإداري،</u>
- <u>الإدارة الاستراتيجية.</u>

تختلف الأنواع الثلاثة من الإدارات في كيفية مساهمتها في تطوير إدارة نظم المعلومات. تعتبر بعض المعلومات التي يحتاجها بعض المدراء واضحة، في حين يراها المدراء الآخرون غامضة. نتعرف الآن على كل نوع من أنواع هذه الإدارات.

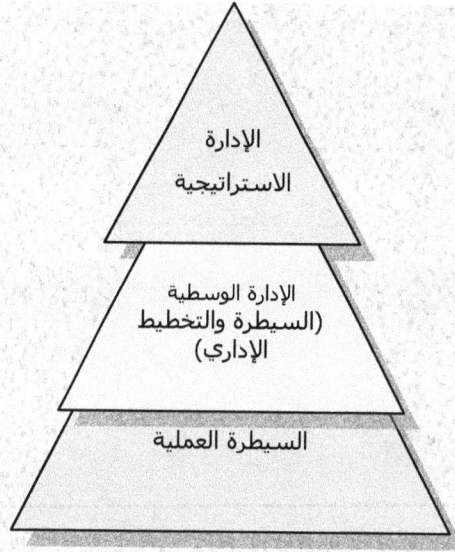

شكل 1.4:أنواع الإدارات

❖ **السيطرة العملية**

تحتل السيطرة العملية قاعدة الهرم الذي يحتوي مستويات الإدارة. يصنع المدراء العمليون قراراتهم مستخدمين قواعد معرّفة من قبل، تفضي إلى نتائج يمكن توقعها مسبقا، إذا هي طبقت على أسس صحيحة. يعتبر المدراء العمليون صنّاع القرارات، ويتسم عملهم بالوضوح التام، ويرجع ذلك إلى ما يتصف به وسط صنع قراراتهم بالدقة العالية. يأخذ هؤلاء المدراء قرارات تؤثر على وسائل جدولة الأعمال، ومراقبة المخزون والمبيعات والإنتاج.

يشرف المدراء العمليون على الخصائص الدقيقة للمؤسسة، ويتحققون من أن الوظائف الأساسية تنجز في الزمن المحدد، ووفقا للقيود التي وضعتها المؤسسة.

❖ **الإدارة الوسطية (السيطرة والتخطيط الإداري)**

تحتل الإدارة الوسطية المستوى الثاني أو الوسط في النظام الهرمي الإداري (الذي يضم ثلاث مستويات- شكل 4.1). يتولى المدراء الوسطيون وضع مخطط، وسيطرة قرارات على المدى القريب، يختصان بكيفية توزيع الموارد بطريقة تستجيب لأهداف المؤسسة وطموحاتها.

في الحقيقة، يفتقر المدراء الوسطيون إلى الخبرة المعمقة في بيئة صنع قراراتهم، حيث تتواجد قراراتهم بصفة عامة في مجال يبدأ بالتوقع بالمتطلبات المستقبلية للموارد، ويتواصل إلى حد حل مشاكل التوظيف التي تهدد إنتاجية مؤسساتهم.

يمكن القول أن صنع قرارات المدراء الوسطيين يتواجد في مجال يحتوي على جزء عملي وجزء استراتيجي، مع الأخذ بعين الاعتبار بعض التقلبات (التغييرات) الثابتة.

❖ الإدارة الاستراتيجية

تحتل الإدارة الاستراتيجية المستوى الثالث (رأس الهرم) في النظام الهرمي الإداري. ينظر المدراء الاستراتيجيون بمنظار يتجاوز محيط المؤسسة، متطلعين إلى المستقبل، حيث يصنعون على أساس ذلك قراراتهم التي سوف يرتكز عليها المدراء العمليون والوسطيون في الأشهر والسنوات اللاحقة. يصنع المدراء الاستراتيجيون قراراتهم في بيئة تتسم بانعدام الدقة.

عوامل تـــأثير أنواع الإدارات على تطوير نظم المعلومات

لكل مستوى من المستويات الإدارية الثلاثة المذكورة سابقا علاقة بتطوير إدارة نظم المعلومات. نتطلع فيما يلي على علاقات المديرين التابعين لهذه المستويات وأثرهم على هذا التطوير.

❖ المدراء العمليون

يحتاج المدراء العمليون إلى المعلومات الداخلية التي تتسم بالتكرارية وعلى المستوى المتدني. إنهم مرتبطون ارتباطا وثيقا بالمعلومات التي تغطي التطور الحالي، ويستخدمون بكثافة معلومات الخطوط الفورية، وموارد المعلومات التي تشتغل في الوقت الحقيقي. إن احتياجاتهم إلى المعلومات السابقة لحالة النظام، والمعلومات الدورية متواضعة. هم نادرا ما يحتاجون إلى المعلومات الخارجية التي تخول وضع تخطيطات مستقبلية، أو صنع حالات افتراضية من نوع الافتراض والاستنتاج.

ليس لنظم المعلومات المصممة للمدراء العمليين قيمة إلا إذا وفرت المعلومات التي تساعد على التحكم في العمليات بطرق ترتكز على القياس الزمني. إن البيانات التي يحتاجها المدراء العمليون سهلة التوليد، ولكن تكبر فائدتها إذا توفرت إمكانية الحصول عليها بواسطة نظام فوري.

❖ المدراء الوسطيون

يرتبط المدراء الوسطيون بالتخطيط، والسيطرة، والمراقبة، ويحتاجون لتحقيق ذلك إلى معلومات قصيرة وبعيدة المدى. ونظرا لحساسية عملهم، فإنهم يحتاجون أساسا إلى المعلومات المتوفرة في الوقت الحقيقي. وحتى يحسنوا التمكن من التحكم، والسيطرة على النظام جيدا، فإنهم في حاجة إلى المعلومات الحالية المتوفرة والتي تعكس كفاءة وفعالية النظام في ظل المقاييس المعترف بها.

كما يرتبط المدراء الوسطيون ارتباطا وثيقا بالمعلومات الداخلية. وخلافا للمدراء العمليين، فإن المدراء الوسطيين في حاجة ماسة إلى خلفية المعلومات المعزّزة بالمعلومات، والتي تخول التوقع بالأحداث المستقبلية. بالإضافة إلى ذلك، فإنهم يحتاجون إلى محاكاة مجموعة من الأوضاع الافتراضية التي بإمكانها أن تحدث، وتصبح واقعية.

❖ المدراء الاستراتيجيون

يختلف المدراء الاستراتيجيون عن المداراء السابق ذكرهم، على مستوى طرق حاجتهم إلى المعلومات. إنهم مرتبطون ارتباطا وثيقا بالمعلومات الواردة من مصادر خارجية، والتي توفر معلومات عن أنشطة الأسواق، واستراتيجيات تنافس المؤسسات والشركات.

وبما أن الإدارة الاستراتيجية تتطلب تخطيطات في ظل الأحداث المستقبلية التي لا يضمن وقوعها، فإن المدراء الاستراتيجيون في حاجة إلى المعلومات التي ترتكز على التوقعات، ومعلومات تخول صنع حالات افتراضية متعددة من نوع الافتراض والاستنتاج.

يحتاج المدراء الاستراتيجيون كثيرا إلى المعلومات التي تظهر في شكل تقارير دورية، وذلك لأنهم يحاولون التأقلم مع التغييرات المتحرّكة والسريعة. كما يحتاج المخططون الاستراتيجيون إلى معلومات عامة ومختصرة، بخلاف المدراء العمليين الذين يحتاجون إلى معلومات مفصّلة ودقيقة.

إن المعلومات التي يستخدمها المخططون الاستراتيجيون يمكنها أن تكون قديمة وتقديرية، بخلاف المخططين العمليين الذين يحتاجون إلى معلومات دقيقة وحديثة.

يحتاج المخططون الاستراتيجيون إلى معلومات وصفية نابعة من مصادر خارجية، في حين يحتاج المخطّطون العمليون إلى المعلومات التي ترتكز على الكم، ونابعة من مصادر داخلية، يحتاجها المدراء العمليون.

❖ الثقافة التنظيمية

ليس من السهل أن يفرض محلل النظم نظاما جديدا في المؤسسة. هناك موظفون قدامى في المؤسسة اشتغلوا سابقا، ومازلوا يشتغلون حسب طريقة تم وضعها منذ سنوات عديدة، ويستخدمون وسائل قديمة، أو ينجزون أعمالهم يدويا.

إذا أراد محلل النظم أن يغير مجرى حياتهم المهنية بين عشية وضحاها، فإن ذلك يعتبر خطأ فادحا. لذلك فهو مطالب بأن يقوم بعمل جبّار، يهدف إلى دراسة عقلية الموظفين، ومستوياتهم الثقافية، والعلمية، والمهنية، ومدى تقبلهم للأنظمة الجديدة. كما وجب عليه أن يأخذ بعين الاعتبار كل هذه المتغيّرات أثناء وضعه للنظام الجديد.

دراسة تحليلية ومقارنة لمخلف المستويات الإدارية والمدراء

بالارتكاز على الأسباب التالية:

- ◊ اختلاف المستويات الإدارية واتصافها ببعض الميزات،
- ◊ اختلاف وظائف المدراء، وتنوع حاجياتهم للمعلومات المطلوبة ومصادرها ومدى حداثتها،

	الأهداف	تعريف المشكلة	أنواع المشاكل	الحلول البديلة	نوع القرارات	
الإدارة الاستراتيجية	أهداف قرارات متعددة	صعوبة في تعريف المشكلة	مشاكل نصف مهيكلة	الحلول البديلة صعبة	تعتبر القرارات المتخذة متجددة	تميل نوعية القرار إلى الاحتمالية (غير دقيقة)
الإدارة الوسطية	التخطيط، والسيطرة، والمراقبة،	كيفية توزيع الموارد بطريقة تستجيب لأهداف المؤسسة وطموحاتها.				يتواجد في مجال يحتوي على جزء عملي وجزء استراتيجي
السيطرة العملية	هدف قرارات واحد	سهولة في تعريف المشكلة	مشاكل مهيكلة	الحلول البديلة سهلة التعدد والسرد	تعتبر القرارات المتخذة تكرارية	تميل نوعية القرار إلى الحقيقة

شكل 2.4: مقارنة بين السيطرة العملية والإدارة الوسطية والإدارة الاستراتيجية

رأينا أنه من الأفضل القيام بدراسة تحليلية ومقارنة تأخذ بعين الاعتبار هذه الأسباب. نتيجة هذا التحليل والمقارنة نلخصها في الشكل 2.4 الذي يبين مختلف الفروق بين السيطرة العملية والإدارة الإستراتيجية على مستوى بعض المسميات، وكذلك في الشكل 3.4 الذي يوضح اختلاف احتياجات المدراء إلى المعلومات من حيث النوعية والمصادر والحداثة.

مصادر المعلومات	حداثة المعلومات	نوع المعلومات المطلوبة	
خارجية.	يمكنها أن تكون قديمة وتقديرية.	معلومـــات يمكـــن توقعهـــا، ومعلومـات تخـول صنـع حـالات افتراضـية متعـددة مـن نـوع الافتراض والاستنتاج. معلومات تظهر في شكل تقارير دورية، معلومات عامة مختصرة.	المدراء الاستراتيجيون
داخلية.	يحتاجون إلى المعلومات الحالية التي تعكس كفاءة وفعالية النظام في ظل المقاييس المعترف بها.	معلومات قصيرة وبعيدة المدى يحتاجون أساسا إلى المعلومات المتوفرة في الوقت الحقيقي. هم في حاجة ماسة إلى خلفية المعلومات المعززة بالمعلومات التي تخول التوقع بالأحداث المستقبلية	المدراء الوسطيون
داخلية تتسم بالتكرارية وعلى المستوى المتدني. نادرا ما تكون خارجية .	معلومات الخطوط الفورية، وموارد المعلومات التي تشتغل في الوقت الحقيقي.	معلومات سهلة التوليد، ولكن تكمن فائدتها إذا توفرت إمكانية الحصول عليها بواسطة نظام يشتغل في النظام الفوري النشط. معلومات ترتكز على الكم. معلومات مفصلة ودقيقة.	المدراء العمليون

الشكل 3.4 : مقارنة بين المعلومات المطلوبة من مختلف المديرين

البـــــــاب الثـــــــــاني

<u>التخطيط</u> ⇦

الفصل الخامس	محلل النظم وإدارة المشروع
الفصل السادس	محلل النظم والتحكم في المشروع
الفصل السابع	مدير المؤسسة وإدارة المشروع

- التحليل
- التصميم
- التنصيب
- المتابعة

| 5 | محلل النظم وإدارة المشروع |

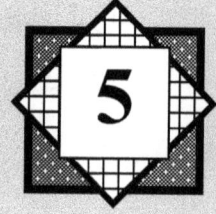

يهدف هذا الفصل إلى التعرف على:

- المفهوم المبسط للتحليل،
- بعض الإطارات التي تشتغل في مجال الحاسب الآلي ونظم المعلومات (محلل النظم، مدير نظم المعلومات، مدير قاعدة البيانات)،
- عمل محلل النظم وأنواع اتصالاته بالجهة المستفيدة،
- الأدوات المستخدمة من طرف محلل النظم،
- الطرق التي يستخدمها محلل النظم الحصول على المعلومات،
- أدوات الإحصاء البرمجية.

مفهوم التحليل.

تحليل النظم هو أحد أساليب البحث عن الحل الأمثل لمشكلة أو مسألة معينة في ضوء مجموعة من القيود والظروف البيئية. ويتمثل التحليل في فصل العناصر المكونة للموضوع (تجزئته إلى بيانات واردة وبيانات صادرة، وإجراءات وإفادة مرتدة) وتبويبها، وتنسيقها، وإيجاد العلاقات التي تربط بينها، حتى يتم التوصل إلى حل المسألة المطروحة.

بالنسبة للمسائل الجديدة، يعتبر التحليل مجموعة من العمليات أو الأنشطة المتمثلة في الآتي:

- جمع البيانات،
- تفسير الحقائق،
- تشخيص المشكلة والتعرف على العلاقات، والارتباطات بين عناصر المشكلة، ومن ثم اقتراح البدائل المختلفة،

- التوصل إلى أفضل حل للمشكلة المطروحة والتي هي في حد ذاتها موضع الدراسة.

أما في حالة مسألة قديمة (نظام قائم)، فيهدف التحليل إلى اتخاذ إحدى القرارات التالية:

- إدخال بعض التعديلات وتحسين نقاط الضعف،

- استبدال النظام القائم بنظام جديد متطور،

- الإبقاء على النظام القائم لكفاءته وسلامته.

بعض الإطارات التابعة للحاسب الآلي ونظم المعلومات

يتطلب التطرق إلى نظم المعلومات وتحليلها، التعرف على بعض الإطارات التي تشتغل في هذا الميدان والتي نسوق البعض منها:

❖ محلل النظم

يسمى محلل النظم كذلك "محلل نظم المعلومات أو "مصمم النظم" وهو الشخص الذي تسند إليه دراسة نظام أو مشكلة. يتولى محلل النظم بصفة عامة الاتصال بالعميل ويعقد بينهما اجتماع، أو عدة اجتماعات حسب ما تقتضيه الحاجة، حول طبيعة العمل المطلوب إيجاد نظام له. يتبع المحلل أساليب فنية محددة ومعروفة لجمع المعلومات عن أدق تفاصيل عناصر النظام، والتحقق من مصدر البيانات وصحتها ودقتها.

يرتكز المحلل بعد ذلك على طريقة تحليل معينة معروفة، فيقوم بدراسة المعطيات وتبويبها وتحليلها. وخلال هذه الدراسة، يكتشف المحلل نقاط ضعف أو قوة في النظام ويتولى (في حالة وجود نقاط ضعف) تقديم الاقتراحات والحلول الملائمة لتطوير النظام وحل مشاكله.

محلل النظم هو عبارة عن طالب (أو صحفي)، يأخذ المعلومات من الأساتذة (أصحاب المشروع) ويطرح الأسئلة عليهم وعندما يستوفى ما يحتاجه من بيانات، يقوم بدور المهندس الذي يدرس البيانات، ويفرزها ويتفحصها، وعلى ضوء ذلك يخطط ويبرمج.

✓ صفات محلل النظم

حتى يتسنى لمحلل النظم أن ينجح في مهنته، فقد وجب عليه أن يتصف بصفات معينة، نتعرف عليها فيما يلي:

○ **خصائص شخصية**

تتمثل الخصائص الشخصية في الخصال التالية:

- التحلي بأخلاق فاضلة عند اتصاله بالعميل، وإلقاء الأسئلة عليه،
- قوة الملاحظة، وحسن الاستماع والاستنتاج،
- قدرة على نقل أفكاره إلى الآخرين، وتقبل أفكار غيره.

○ **خصائص فنية**

تتمثل الخصائص الفنية في الميزات التالية:

- خبرة واسعة عن الحواسيب الآلية، وأنظمتها، وبرمجياتها،
- خبرة في ميدان التطبيق،
- معرفة عامة بالعلوم الأخرى، مثل الرياضيات، والفيزياء، والإحصاء، والمحاسبة، والإدارة، واللغات ...

من هنا نستنتج أنه وجب على محلل النظم أن يكون متحصلا على شهادة جامعية عليا (بكالوريوس، هندسة) ويتمتع بخبرة لا تقل عن 3 سنوات.

❖ **مدير نظم المعلومات**

تتمثل وظيفة مدير نظم المعلومات في التخطيط لنظم المعلومات، وتنظيم العمل في الإدارة، وتكوين الإطارات البشرية والفنية التي يحتاجها العمل. وبالإضافة إلى الخبرة في مجال تقنيات الحاسوب ونظم المعلومات، يجب أن يتمتع صاحب هذا المنصب بمهارات إدارية تمكنه من قيادة مجموعة من المهنيين، والخبراء، والمختصين العاملين في الإدارة. ويفضل لمن يشغل هذا المنصب، أن يكون حاملا لشهادة جامعية تخصصية في مجال علوم وهندسة الحاسب الآلي، أو نظم المعلومات، مع دورات تدريبية في مجال علوم وهندسة الحاسب الآلي، أو نظم المعلومات، وفي مجال الإدارة العامة، وإدارة الأفراد، ومع خبرة عميقة في مجال عمل إدارة نظم المعلومات.

❖ مدير قاعدة البيانات

تبنى معظم نظم المعلومات حول قاعدة بيانات أساسية. تشمل مسؤوليات مدير قاعدة البيانات المجالات التالية :

- الإشراف المباشر على العمليات المتعلقة بنظام إدارة قواعد البيانات،

- إنشاء قاموس البيانات يشمل جميع البيانات التي يتعامل بها أفراد المؤسسة،

- تنسيق عمليات تجميع وحفظ بيانات المستخدمين،

- تصميم وسائل حماية استخدام قاعدة البيانات،

ويجب أن يتمتع مدير قاعدة البيانات بخبرة تقنية عميقة، وعادة يكون حاملا لشهادة جامعية في مجال إدارة قواعد البيانات مع خبرة طويلة في العمل.

محلل النظم وأنواع اتصالاته مع الجهة المستفيدة.

يبلور المخطط التالي (الشكل 5-1) أنواع الاتصالات بين المستخدم، والإداري، ومحلل النظم. سنقوم فيما يلي بتفسير الأنشطة الواردة في هذا الشكل.

❖ تحديد احتياجات المستفيدين.

تتقدم الجهة المستفيدة إلى إدارة تطوير نظم المعلومات (سواء كانت داخلية أو خارجية) بطلب البـدء فـي دراسة، لإنشاء أو تطوير نظام المعلومات لغرض معالجة بعض المشاكل التي تواجهها هذه الجهة، وكذلك لتحقيق (بعض أو كل) الأهداف التالية :

- خفض التكاليف،

- الرفع من سرعة معالجة البيانات واسترجاعها،

- رفع مستوى الأداء في العمل والزيادة في التحكم و الرقابة،

- توفير عوامل سرية المعلومات،

- التكامل بين مختلف وحدات المؤسسة.

يبلور **نموذج بدء مشروع** تطوير نظام المعلومات (الشكل 5-2) طبيعة حاجيات الجهة المستفيدة. ويعتبـر هذا النموذج عقدا بين محلل النظم والجهة المستفيدة. إذا كانت هذه المعلومات كاملة، فإنه بإمكان محلل

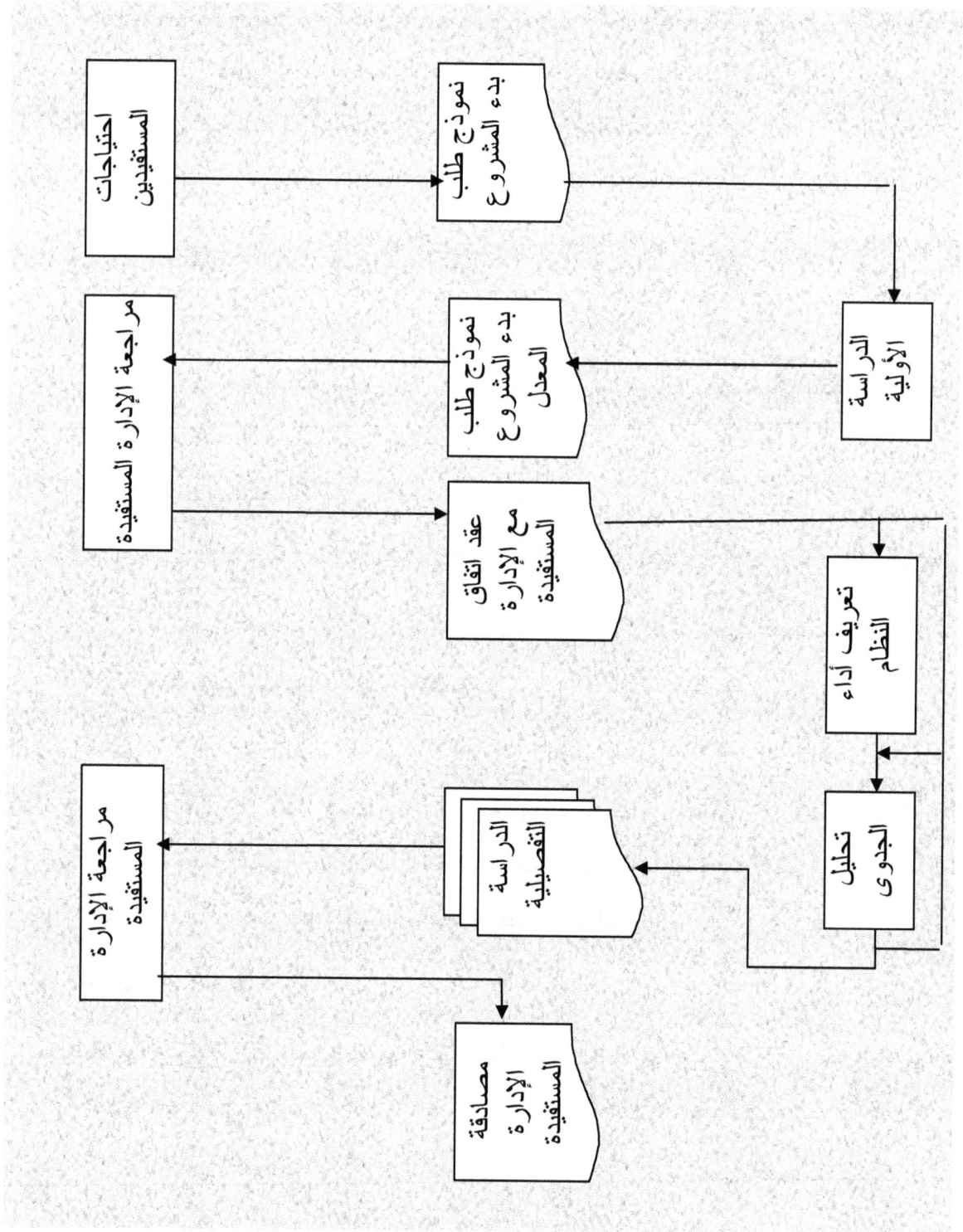

الشكل 1.5 : أنواع الاتصالات بين المستخدم والإداري ومحلل النظم.

النظم البدء في مرحلة تحليل النظام. لكن في أغلب الأحيان، تكون الجهة المستفيدة غير قادرة على بلـورة حاجياتها أو توفير المعلومات الكافية. لذلك وجب على محلل النظم القيام بدراسة أولية، تهدف إلى تحديـد المشكلة، وتوفير المعلومات اللازمة قبل إبرام الاتفاق مع الجهة المستفيدة.

❖ الدراسة الأولية .

يتولى محلل النظم في هذه المرحلة، فهم المسألة والمعطيات المقدمة من قبل الجهة المسـتفيدة وتـشمل هذه المرحلة الأنشطة التالية :

- تحديد المشكلة وذلك بالقيام بدراسة ميدانية بالتعاون مع الجهة المستفيدة (دراسة الهيكل التنظيمـي للجهة المستفيدة وخرائط سير المستندات)،
- تحليل البيانات المجمعة لقياس أهداف الجهة المستفيدة،
- إعادة صياغة نموذج بدء المشروع حسب المفاهيم والحقائق والأهداف الجديدة التي توصل إليهـا محلل النظم.

❖ مراجعة الجهة المستفيدة لإبرام العقد.

تقدّم إدارة تطوير نظم المعلومات، بعد دراسة أولية، إلى الإدارة المسؤولة في الجهة المسـتفيدة، نمـوذج طلب بدء المشروع المعدل مشفوعا بالوثائق اللازمة، وذلك لهدف مراجعتها، وإجراء التعديلات اللازمـة (إن وجدت). وإثر ذلك، يتولى محلل النظم (بالتنسيق مع الجهة المستفيدة) إنشاء الصيغة النهائية لنمـوذج بدء المشروع. بعد ذلك، تعتبر هذه الصيغة النهائية عقدا يربط الطرفين.

❖ تعريف أداء النظام.

تتم العمليات التالية خلال مرحلة تعريف أداء النظام:
- تحديد القيود على النظام،
- ترتيب أهداف النظام حسب الأولوية،
- توصيف البيانات الصادرة حسب حاجة الجهة المستفيدة.

❖ دراسة الجدوى.

تشتمل دراسة الجدوى التي يقوم بها مجموعة من المختصين (فريق تحليل النظم) على الأنشطة التالية :

طلب بدء مشروع

اسم الجهة المستفيدة :

اسم المشروع :

طبيعة المشروع : ☐ جديد   ☐ تعديل

معوقات النظام القائم :

الأهداف المتوقعة :

المزايا المتوقعة :

الاعتمادات

الإدارة المستفيدة

إدارة تطوير النظم

الشكل 2.5: نموذج بدء المشروع.

- تقدير وجود أو غياب أسباب قوية فنية، وتنظيمية، واقتصادية، لاستبدال النظام القديم بالجديد المقترح،
- التأكد من مدى تقبل النظام الجديد من الجهة المستفيدة،
- تحديد ما إذا كان العائد من النظام الجديد المقترح يبرر تكاليف إنشائه،
- إعداد توصيف للأجهزة التي ستستخدم في النظام الحديث كأساس لاختيار الأجهزة والبرامج الجاهزة المناسبة، والمفاضلة بين عروض الشركات المختلفة لتوريدها،
- المرونة في وضع التغيير.

❖ **إعداد خطة للدراسة التفصيلية.**

تشتمل هذه الخطة على:

- نموذج طلب بدء المشروع المعدل طبقا للأهداف المحددة من طرف محلل النظم ومتطلبات المشروع،
- خطة زمنية لإنشاء المشروع (شكل 3.5)،

ترفق إلى هذه المستندات كل النماذج التي رافقت مرحلة الدراسة الأولية لتسهيل مهمة اتخاذ القرار من طرف إدارة الجهة المستفيدة.

❖ **مراجعة الجهة المستفيدة لتقرير مرحلة الدراسة.**

تتمثل مراجعة الجهة المستفيدة في عرض التقرير السابق على إدارة الجهة المستفيدة التي تتولى إعطاء موافقتها أو عدم الموافقة، أو طلب تعديلات على الاقتراحات المقدمة. في حالة الموافقة، تقع المصادقة على الأهداف المقترحة، ويكون ذلك بمثابة عقد نهائي بين الجهة المستفيدة ومحلل النظم.

الأدوات المستخدمة من طرف محلل النظم

يستخدم محلل النظم العديد من أدوات النظم لإثبات ما تحصل عليه من معلومات، نخص بالذكر منها :

- الجداول الإحصائية،
- مخططات سير النشاطات اليدوية أو الآلية في النظام القائم،

- الهيكل التنظيمي للمؤسسة الذي يبرز مواقع عمال المؤسسة التابعين لأعمال النظام القائم والذي هو قيد الدراسة،

- المسجل لتسجيل المقابلات الشخصية،

- جدول تعريفي بأفراد الجهة المستفيدة (الاسم، القسم، الهاتف، المؤهل الدراسي، الخطة الوظيفيـة، ...)،

النشاط	المدة بالأسابيع								
	20	18	14	12	10	8	6	4	2
مرحلة الدراسة التفصيلية									
تعريف أداء النظام									
دراسة الجدوى									
إعداد تقرير عن الدراسة التفصيلية									
مراجعة الجهة المستفيدة									

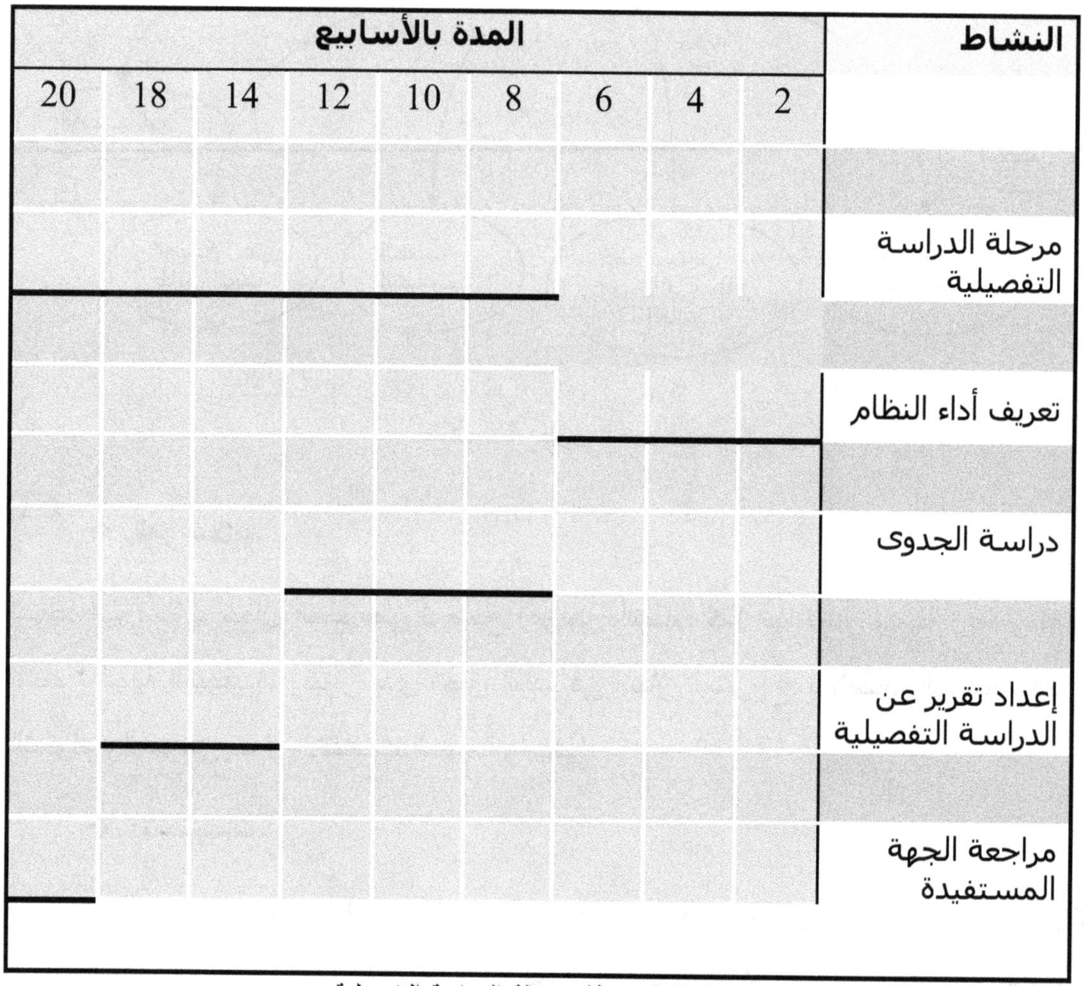

الشكل 3.5: خطة مرحلة الدراسة التفصيلية.

طرق الحصول على المعلومات.

يستخدم محلل النظم عدة طرق للحصول على المعلومات، نوضحها أولا في الشكل 4.5 ، ثم نتطرق بعـد ذلك إلى تفسير كل واحدة منها بالتفصيل:

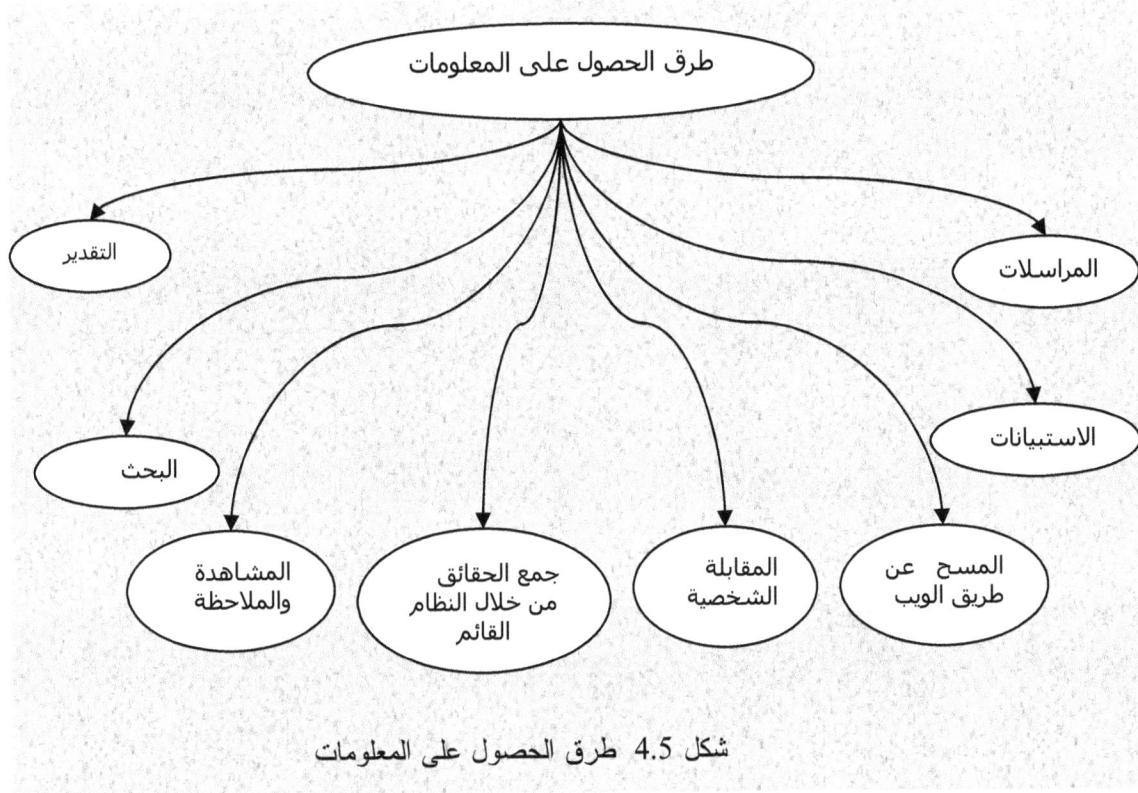

شكل 4.5 طرق الحصول على المعلومات

❖ **المراسلات.**

تساعد المراسلات محلل النظم على توضيح أغراض النظام. كما أنها تعتبر وسيلة ربط ومتابعة بين محلل النظم والجهة المستفيدة، وتبرز مدى تحقق التقدم في إنجاز المشروع. بالإضافة إلى ذلك، فإنها ترفع كــل الشكوك والغموض حول الاتفاقيات المبرمة وآجالها.

❖ **الاستبيانات.**

تعتبر الاستبيانة مجموعة من الأسئلة تهدف إلى توضيح نقائص عناصر النظام القديم، ومــا ينتظــر مــن النظام الجديد لإصلاحها. ومن أهم ميزات استخدام الاستبيانات، إبداء الرأي بكل حريــة ودون قيــود أو ضغوط نفسية.

تستخدم الاستبيانة في إحدى الحالات التالية :

- جمع المعلومات من عدد كبير من الأفراد،

- جمع المعلومات من أطراف متباعدة،
- جمع معلومات دقيقة ومختصرة،
- تمهيد أو استكمال للمقابلات الشخصية.

يوجد نوعان من الاستبيانات :

الاستبيانات المفتوحة:

تحتوي هذه الاستبيانات على أسئلة تتمثل إجابتها في إبداء وجهات نظر مثل : ما رأيك في النظام القائم ؟

الاستبيانات المغلقة:

تحتوي هذه الاستبيانات على أسئلة ذات إجابات محددة، ويتولى المجيب اختيار إحداها دون إبداء أي رأي. توضع في الاستبيانات المغلقة أسئلة يجاب عليها بنعم أو بلا. تعطى إجابات متعددة، ويختار المجيب منها ما هو مناسب.

ملاحظات:

- يمكن دمج الاستبيانات المفتوحة والمغلقة في استبيانة واحدة.
- تستخدم الاستبيانة المغلقة عندما يكون محلل النظم ملمّا بالموضوع، ويبحث عن مصادقة المستخدمين وآرائهم حول مقترحاته. أما الاستبيانة المفتوحة، فإنها تستخدم لفهم المشكل وذلك بطرح أسئلة عامة وإعطاء الحرية للمستفيد للتعبير عن آرائه.

✓ **تخطيط الاستبيانات وتصميمها**

توفر عمليات المسح طريقة لدراسة الظروف الاجتماعية, والعلاقات، والسلوك. يجب أن يعرف الباحث الاجتماعي أن عمليات المسح تعتبر طريقة, وأسلوبا هاما ومفيدا للغاية في اكتشاف المجال, وفي التجميع المباشر وغير المباشر للمعطيات المتعلقة بالموضوع الذي هو قيد الدراسة. ذلك أن عمليات المسح تسمح بالتركيز على المشكلة، كما تعطي مقترحا لمجموعة من النقاط التي تتطلب مزيدا من التعقب والدراسة.

✓ **التدابير المتبعة عند استخدام الاستبيانات:**

يجب على محلل النظم أن يجد إجابة عن النقاط التالية عند تحضير الاستبيانات:

- مجموعة الأسئلة التي سيتم طرحها،
- الأشخاص الذين ستطرح عليهم الأسئلة وعددهم،

- o طريقة طرح الأسئلة،
- o طريقة استخدام الاستبيانات ومكان توزيعها والظروف الزمنية التي ستجرى فيها،
- o طريقة عملية عد وتسجيل المعطيات.

✓ **مراحل معالجة الاستبيان**

تشمل معالجة الاستبيان مجموعة من المراحل، نتولى سردها فيما يلي:

أ. تخطيط البحث المعتمد على الاستبيان

عند إجراء هذا التخطيط، وجب القيام بالإجراءات التالية:

- تقرير ماهية المعطيات المراد جمعها؛
- أخذ إيجابيات وسلبيات أسلوب الاستبيان في جمع المعطيات بعين الاعتبار؛
- أخذ إمكانية تطبيق أسلوب الاستبيان على السكان، أو على العينة بعين الاعتبار؛
- تحديد نوعية الاستبيان المراد استخدامه؛
- تحديد طريقة التوزيع والإكمال، مثال: بريدياً, أو هاتفياً, أو شخصياً, أو الكترونياً كالبريد الإلكتروني أو على الشبكة العنكبوتيّة؛
- تحديد مواعيد إنجاز العمل.

ب. اختيار العينة

تجرى العمليات التالية أثناء عملية اختيار الفئة التي سيتم تسليمها الاستبيان:

- تحديد السكان المراد طرح الأسئلة عليهم؛
- تحديد نمط وحجم العيّنة المراد استطلاعها (لا يؤدي استخدام عيّنات كبيرة بالضرورة إلى تفادي الانحياز)؛
- إنشاء قاعدة معطيات تزوّد بالأسماء أوعناوين البريد الإلكتروني.

ج. تصميم الاستبيان

تخضع عملية تصميم الاستبيان إلى الإجراءات التالية:

- وضع الأسئلة وتنظيمها وفق ترتيب منطقي, والقيام بأية عمليات تجميع أو تنظيم ممكنة لتسهيل إتمام الاستبيان؛

- كتابة العنوان, والمقدمة، والعناوين الفرعية لكل مجموعة من الأسئلة؛
- إضافة تعليمات حول كيفية إتمام الاستبيان؛
- توضيح في نهاية الاستبيان الإجراءات المتبعة عند الإجابة على الاستبيان؛
- يتوجب تحضير واختبار الملفات المطلوبة حين استخدام الوسائل الإلكترونية؛
- تجربة الاستبيان على مجموعة صغيرة من المستجوبين؛
- مراجعة الردود، والتحقق من أنها تتماشى مع الغرض من الأسئلة الموضوعة، وتحديد الزمن المطلوب لإتمام الاستبيان.

د. إدارة الاستبيان والإشراف عليه

تخضع عملية تصميم الاستبيان إلى القيام بالإجراءات التالية:

- كتابة رسالة مرفقة للاستبيان توضح هدفه؛
- طباعة وثائق تدعو لموافقة الأفراد على تعبئة الاستبيان إذا دعت الحاجة لذلك؛
- توزيع الاستبيانات (إذا أرسلت بالبريد، يجب أن يتم هذا الإرسال دون جلب الانتباه)؛
- يتوجب دراسة ما إذا كان هناك حاجة لتضمين جوائز أو مكافآت رمزية مع الاستبيان؛
- إذا تطلب الأمر إدارة الاستبيانات بصورة شخصية, فينبغي تحضير تعليمات مكتوبة تساعد الأشخاص الذين سيتولون إجراء المقابلات.

ملاحظة

إذا اتضح أثناء إجراء الاستبيان، رفض بعض الأفراد الذين تم الاتصال بهم تعبئة الاستبيان، فإنه يفضل الاتصال بهم للحصول على استفسارات حول طبيعة انحيازهم.

أنماط الأسئلة

تطرح الأسئلة بطرق مختلفة، نذكر من أهمها ما يلي :

- أسئلة من نوع "نعم" أو "لا"؛ والتي قد تترافق أحيانا مع خيار "ربما" أو خيار "لا أعرف"؛
- أسئلة اختيارية؛ والتي تتضمن إما اختيار جواب واحد أو عدة أجوبة ممكنة؛
- الأسئلة التقييمية ذات المقاييس المختلفة؛ حيث ينبغي الأخذ بعين الاعتبار عدد النقاط من كل مقياس، وخاصة فيما إذا كان يحتوي نقطة وسطية؛

- الأسئلة المجمعة؛
- الأسئلة التي تتطلب كتابة نص حر.

أنواع الأسئلة

تنقسم الأسئلة إلى نوعين أساسيين، وهما: الأسئلة المغلقة والأسئلة المفتوحة.

- **السؤال المغلق**

هو السؤال الذي ينحصر جوابه ضمن مجال محدد من الإجابات المتوقعة, كأسئلة "نعم" أو "لا"، وأسئلة المعدل التقييمية.

- **السؤال المفتوح**

يشجع السؤال المفتوح الأشخاص الذين سيجيبون على الاستبيان على إضافة آرائهم الخاصة, ومشاعرهم، ومواقفهم. نتيجة لذلك، يتمكن القائمون على الاستبيان من استخدامها في إثراء المعطيات النوعية.

وقد اعتبر الأستاذ "فاولار" (باحث تقليدي في مجال المسح والاستبيان) أن الأسئلة المغلقة تنتج "معطيات أفضل" من الأسئلة المفتوحة. كما أنه نوه بالفائدة الكبرى للأسئلة ذات الإجابة التي تتطلب كتابة نص.

مزايا الأسئلة المفتوحة

- تتيح الأسئلة المفتوحة للباحثين فرصة الحصول على أجوبة غير متوقعة.
- تصف بعمق أكبر وجهات النظر الحقيقية للأشخاص الذين يجيبون على الاستبيان.

✓ **إرشادات وتوجيهات عامة لتصميم الاستبيانات**

يجب اتباع الإجراءات التالية عند تصميم الاستبيانات:

- اختصار الاستبيانات وأسئلتها قدر الإمكان؛
- استخدام اللغة البسيطة السائدة في المحيط الذي سوف يجرى فيه الاستبيان؛
- تجنب استخدام المصطلحات المعقدة وغير المتداولة عند المجموعة؛
- استخدام أشكال بسيطة للردود، مثل "نعم" أو "لا", والخيارات المتعددة؛
- تضمين خيار "ربّما" أو "لا أعرف" في الأماكن الملائمة؛
- تجنب طرح الأسئلة الشخصية؛

○ تجنب طرح الأسئلة المرشدة نحو إجابة معينة؛

○ تجنب طرح الأسئلة التي تتطلب إجراء حسابات ذهنية، أو التي تعتمد على ذاكرة المستجيب؛

○ طرح سؤال واحد فقط في الفقرة؛

○ تجنب جعل صفحة الاستبيانات تبدو فوضوية، أو غير منتظمة؛

○ ترك مساحة كافية للإجابة ووضع الملاحظات الشخصية؛

○ طرح الأسئلة وفق ترتيب منطقي معين؛

○ توضيح مكان وزمان إعادة الاستبيان.

❖ **المسح عن طريق الشبكة العنكبوتيّة**

تعتبر عملية استخدام الشبكة العنكبوتيّة في الاستطلاع والمسح أكثر استخداماً، خاصة مع ارتفاع معدلات استخدام الانترنت، حيث تؤمن عمليات المسح هذه فوائد هامة جدا للباحثين. لكن ينبغي أخذ الإيجابيات والسلبيات بعين الاعتبار قبل تحديد الطريقة التي سيتم استخدامها.

✓ **إيجابيات المسح عن طريق الشبكة العنكبوتيّة**

○ تحصيل المعطيات بشكل آلي؛

○ الحصول على التقارير والمخططات الفورية؛

هذا وقد لاحظ الباحثون ورود إجابات أكثر أهمية على الأسئلة ذات النهاية المفتوحة.

✓ **النقاط التي ينبغي أخذها بعين الاعتبار عند المسح عن طريق الشبكة العنكبوتيّة**

تؤخذ بعين الاعتبار النقاط التالية عند المسح عن طريق الشبكة العنكبوتيّة:

▪ هل لدى أفراد العينة التي سيتم مسحها إمكانية الدخول إلى الانترنت؟

▪ هل يتمتع الأفراد الذين سيستجيبون للاستبيان بمستوى كافٍ من المهارة لإتمام الاستبيان؟

▪ ما هي المعدات والبرمجيات التي سيستخدمها الأفراد الذين سيستجيبون للاستبيان وسيجيبون عن الأسئلة؟

هذا ولا يجب التعجب إذا كانت معدلات الإجابة منخفضة، فهذا أمر شائع!

✓ مواطن القوة ونقاط الضعف في طرق الاستطلاع والمسح بواسطة الشبكة العنكبوتيّة

يلخص الجدول التالي (شكل 5.5) مواطن القوة ونقاط الضعف في طرق الاستطلاع والمسح عن طريق الشبكة العنكبوتيّة:

الاستطلاع والمسح عن طريق الشبكة العنكبوتيّة	
مواطن القوة	**نقاط الضعف**
إمكانية جمع فعال للمعطيات من عدد كبير من الأفراد.	قد تكون المادة التي تم جمعها سطحية، فالاستبيانات معيارية لحد كبير, وهذا يؤدي إلى تجاوز العديد من الفروق الهامة.
السماح بإجراء مقارنات دقيقة بين الإجابات المختلفة للأفراد المستجوبين.	قد تكون الإجابات هي ما يتظاهر الناس بالاعتقاد به، أكثر منها ما يعتقدون به حقاً.

شكل 5.5: مواطن القوة ونقاط الضعف في طرق الاستطلاع والمسح عن طريق الشبكة العنكبوتيّة

❖ المقابلة الشخصية

المقابلة الشخصية – هي حوار بين طرفين (محلل النظم والجهة المستفيدة)، تهدف إلى تزويد محلل النظم بالحقائق من منبعها، فيزيد بذلك التأكد من صحتها.

من مزايا المقابلات الشخصية إتاحة الفرصة للمستفيدين للتحدث بكل حرية ودون قيود، مما يمكّن محلل النظم من استنباط بعض المعلومات التي لم يخطط للحصول عليها مسبقا.

تعتبر المقابلة الشخصية من أصعب الطرق للحصول على المعلومات، نظرا لارتباطها بعوامل نفسية يصعب التمكن منها. لذلك وجب توفر الشروط التالية لإنجاح المقابلة:

- التخطيط المسبق للمقابلة وذلك باتخاذ الإجراءات التالية:
  - اختيار الأشخاص ومعرفتهم،
  - تحديد هدف المقابلة وتوقيتها ومكانها،
  - التحضير المسبق للأسئلة وإعدادها بعناية.
- الحفاظ على أخلاقيات إجراء المقابلة ومن أهمها :

- التواجد في الموعد والمكان المحدد،

- لباقة في طرح الأسئلة،

- حسن الاستماع،

- عدم التدخل في خصوصيات الشركة الخارجة عن موضوع دراسة النظام.

❖ المشاهدة والملاحظة

تبني المشاهدة والملاحظة بالارتكاز على المثل القائل : "المشاهدة خير دليل والرؤيا خير برهان". لــذلك، يقوم المحلل بزيارة ميدانية إلى المؤسسة، حيث يقف فيها كمراقب ومشاهد لأعمال النظام القائم. بإمكانــه الاستعانة بأحد مختصي النظام القائم، للحصول على بعض الإيضاحات. يرتكز نجاح هذا الأسلوب علــى مدى خبرة محلل نظم المعلومات ودقة ملاحظته.

❖ جمع الحقائق من خلال وثائق النظام القائم

ترتكز هذه الطريقة على مرحلة التوثيق التي أبرزنا أهميتها سابقا في دورة حياة النظام، حيث يمكن لمحلل النظم الإطلاع على وثائق النظام القائم، ودراستها لتحديد النواقص والسلبيات، والإبقــاء علــى الجوانــب الإيجابية من هذا النظام.

❖ البحث

يستخدم البحث لإيجاد حلول جديدة وطرق مستحدثة في تحليل النظم، وكذلك لإدخــال المـستجدات فــي مجالات معدات الحاسب الآلي والبرمجيات المتعلقة بالنظام المطلوب القيام به.

❖ التقدير

في حالة تعذر الحصول على البيانات بطريقة مباشرة، يلجأ عندئذ المحلل إلى أسلوب التقدير الإحـصائي للحصول على حقائق تخص طبيعة أعمال النظام القائم.

ينجز التقدير باستخدام علوم الإحصاء أو بعض البرمجيات المتخصصة في هذا المجال.

نتطرق الآن إلى هذه الوسيلة الأخيرة، للتعرف على طرق استخداماتها. لكن قبل ذلك، نتعرف على بعض أنواع الإحصائيات.

بعد تجميع المعطيات، تأتي مرحلة تحليلها. يصبح بالإمكان حينئذ، جدولة هذه المعطيات, وتلخيصها، وتحويلها إلى مخططات. بالإضافة إلى ذلك، يمكن تصنيف المعطيات النوعية ومراجعتها للتوصل إلى نقاط مشتركة. هذا، وينبغي قبل البدء في تحليل المعطيات، معرفة الفرق بين الإحصائيات ذات المعاملات والإحصائيات منعدمة المعاملات (التي ليس لها معاملات).

✓ **إحصائيات ذات المعاملات**

تفترض الإحصائيات ذات المعاملات أن التوزيع المدروس هو توزيع طبيعي (يعني هذا أنه عند رسمه بيانياً، يأخذ شكل منحنى بشكل جرس)، وأن العينة تمثّل التعداد المدروس. ويمكن أن تكون هذه الإحصائيات وحيدة المتحول (لها متحول واحد) أو متعددة المتحولات (لها عدة متحولات). فمثلاً, إذا أخذنا 100 عينة عشوائية تتألف كل منها من 100 فرد بالغ من ضمن مجموعة عامة من السكان, وقمنا من ثم بحساب متوسط أطوال كل عينة, فسنجد أن توزيع متوسط الأطوال عبر العينات غالباً ما يكون توزيعاً طبيعياً.

✓ **إحصائيات منعدمة المعاملات**

تم تطوير الإحصائيات التي ليس لها معاملات لكي تستخدم في الحالات التي لا يعرف فيها الباحثون العناصر أو المعاملات الخاصة باهتمام السكان (ومن هنا جاء المصطلح ليس لها معاملات). لا تعتمد هذه الأساليب على توزيع السكان، كما أنها لا تعتمد على تقديرات المعاملات المختلفة (كالمتوسط، أو الانحراف المعياري).

الأدوات البرمجية البسيطة للتقدير وتحليل المعطيات

تتألف مرحلة التحليل من الخطوات التالية:

- التخطيط لمشروع تحليل المعطيات؛
- تجميع المعطيات؛
- تحليل المعطيات.

هناك مجموعة من البرمجيات التي تساعد في عملية تحليل المعطيات، نعرض بإيجاز ثلاثة منها:

- الجداول الرقمية في برنامج إكسيل لمعالجة الجداول الإلكترونية.

- برنامج SPSS
- برنامج منظّم الجداول الصغير

استخدام الجداول الرقمية في عمليات التحليل الإحصائية

يعتبر برنامج معالجة الجداول الإلكترونية (إكسيل) من أكثر برامج الجداول الرقمية استخداماً. تتمثّل إحدى ميزاته الهامة في توفره على معظم الحواسيب الشخصية. إلا أنه يجب الأخذ بعين الاعتبار أن الجداول الرقمية محدودة في مجال التحليل الإحصائي. فمثلاً, هناك نقص في بعض العمليات، كالرسوم الصندوقية, والرسوم البيانية النسيجية الحقيقية، والإحصائيات التي ليس لها معاملات.

يعتبر الرسم الصندوقي من أهم وأقوى الرسوم الإحصائية وتأتي أهميته من حيث أنه يعطي معلومات كاملة عن الخصائص المهمذة للبيانات بعد ترتيبها تصاعديّا.

نقوم فيما يلي بعرض موجز لميزات التحليل الإحصائية الأساسية التي يتمتع بها برنامج إكسيل:

التعامل مع المعطيات

إن السبب الرئيسي لاستخدام إكسيل في الأعمال الإحصائية، هو سهولة إدخال المعطيات وتعديلها فيه، بل ويمكن جلب المعطيات بسهولة من التطبيقات والبرامج الأخرى.

هذا، ويعتبر إكسيل جيداً في التعامل مع قوائم المعطيات, فمثلاً, يمكن عرض نتائج مسح معين على شكل جداول ورسومات بيانية. بالإضافة إلى ذلك، يمكن إيجاد الإحصائيات الملخصة للمعطيات، كالمتوسط, والحد الأدنى، والحد الأعلى، والانحراف المعياري. كما يمكن استخدام أدوات الفرز لعرض المعطيات التي تحقق معايير محددة. بالإضافة إلى ذلك، يمكن استخدام عدة وريقات عمل مع بعضها البعض ضمن مصنفات إكسيل, مما يمكّن من توليد جداول رقمية ثلاثية الأبعاد. كما يمكن تخزين عدة مجموعات من المعطيات في وريقات منفصلة في نفس مصنف العمل, بالإضافة إلى المخططات والجداول.

من الميزات الأخرى، تزاجد الجداول المحورية، والأدوات المساعدة في توليد المخططات التي تساعد في توليد جداول الإحصائيات الملخصة والمخططات، والتي تقسم حسب العوامل المختلفة ذات الصلة, والتي يمكنها أن تشكل أساس التقارير النصية. يمكن تجربة المعطيات الزمنية، وخطوط التوجيه بيانياً مع التوابع الخطية, والتوابع كثيرة الحدود, والتوابع اللوغاريتمية, والتوابع الأسّية، والتوابع متغيرة المعدل.

❖ المخططات البيانية

يتمتع إكسيل باحتوائه على مجال واسع من المخططات, على أنه لا يمكن تنفيذ بعض المخططات الإحصائية، كالرسوم الصندوقية. يمكن رسم الرسوم البيانية النسيجية فقط على فترات متساوية الصفوف، وتوضع حدود الصفوف عند النقاط الوسطى، إلا أنه يتوفر خيار الرسم البياني الخطي لوصل النقاط ببعضها بمنحنيات ناعمة. ترتبط المعطيات والمخططات ببعضها البعض، مما يساعد على تغيير المخططات بشكل ديناميكي عند حدوث أي تغيير في المعطيات الأصلية.

❖ التوابع

تتوافر في برنامج إكسيل العديد من التوابع الإحصائية, وتتضمن مجموعة التوابع هذه جميع توابع الإحصاءات الوصفية وبعض التوابع الأقل استعمالاً.

ليس هناك من حاجة لتذكر أسماء وصيغ هذه التوابع، فأدوات المساعدة الخاصة بالتوابع تقوم بطلب مختلف المعاملات، وتقوم بعد ذلك بتنفيذ التابع المطلوب على الخلايا التي تم انتقاؤها.

❖ البرمجيات المساعدة

يتضمن برنامج إكسيل عددا كبيرا من البرمجيات المساعدة، ويمكن استخدام بعض هذه الأدوات لتحليل المعطيات، مثل المتصرّف في التقرير والمحلل. إلا أن هناك بعض النقاط السلبية في هذه البرمجيات المساعدة. تمتلك الجداول الرقمية فائدتين من أهم فوائدها:

◊ القدرة على فحص الخلية ومعرفة الصيغة التي ولدتها،

◊ تحديث الخلايا والمخططات بشكل آلي عند حدوث أي تغيير في المعطيات.

عند استخدام البرمجيات المساعدة, تبقى الفوائد والميزات متوافرة، إلا أن هذا الاستخدام يؤدي إلى توليد صادر لا يستند إلى الصيغ، وبالتالي لا يتوفر أي دليل أو مؤشر حول كيفية حسابه.

❖ التأييد البرمجي

تساعد أداة التعليمات "مساعدة" على البحث عن موضوع معين، فإذا لم يتم حل المشكلة بواسطة هذه الأداة، فقد تتوفر المزيد من التعليمات المساعدة في قاعدة المعرفة, والتي هي بمثابة قاعدة معطيات ضخمة تحوي

ملاحظات مفيدة. تعد هذه الأداة مفيدة للغاية، ويمكن الوصول إليها والحصول على المعلومات منها على موقع ميكروسوفت على الشبكة العنكبوتيّة.

❖ برنامج التحليل الإحصائي للعلوم الاجتماعية (الحزم الإحصائية في العلوم الاجتماعية)

يعتبر برنامج التحليل الإحصائي للعلوم الاجتماعية برنامجاً خاصاً لتحليل المعطيات. يستخدم هذا البرنامج مجموعة من الوحدات البرمجية. تكمن المشكلة في تكلفته، حيث يتوجب شراء كل وحدة بمفردها. هناك وحدات برمجية لكل مراحل عملية المعالجة والمتمثلة في الآتي:

- التخطيط للمشروع؛
- تجميع المعطيات؛
- الدخول إلى المعطيات؛
- تحضير المعطيات وإدارتها؛
- تحليل المعطيات؛
- إصدار التقارير ونشرها.

تستخدم كل مرحلة من مراحل عملية المعالجة وحدات برمجية من حزم برنامج التحليل الإحصائي للعلوم الاجتماعية، مضافة ومتكاملة مع بعضها البعض. نسوق في الشكل 6.5 ملخصا عن الوحدات المستخدمة في مرحلة التحليل.

❖ برنامج منظم الجداول الصغير

كما هو الحال في معظم البرمجيات المثيلة، فإن متطلبات برنامج منظم الجداول الصغير تزداد مع كل إصدار جديد. يعمل هذا البرنامج مع كافة نظم تشغيل النوافذ:

يوفر برنامج منظم الجداول الصغير واجهة أكثر شبهاً ببرامج الجداول الرقمية. فمثلاً, أصبح بالإمكان الآن إدخال الأعمدة وتحريكها. هذا، ويتأيد منظم الجداول الصغير الآن باستخدام مرسم "الاتصال المفتوح بقواعد المعطيات" الذي يسمح باسترجاع المعطيات مباشرة من قواعد المعطيات، مثل أكسس وبرادوكس.

الوحدة	الوظيفة
التخطيط	تحديد الحجم الصحيح لعينات المعطيات المختارة من طرف المستخدم باستخدام الوحدة البرمجية "قوة عينة" أو تحديد ما يفضله المستخدم باستخدام الوحدة SPSS Conjoint.
تجميع المعطيات	توليد واجهات الاستخدام، والاستبيانات التفاعلية وذلك باستخدام "دخول البيانات"
الدخول إلى المعطيات	الدخول إلى المعطيات باستخدام دليل قاعدة المعطيات ودليل النصوص
تحضير المعطيات وإدارتها	تنسيق المعطيات وتجهيزها بوساطة محرر المعطيات وتحويل المعطيات ونقلها بوساطة دليل البنية.
تحليل المعطيات	تسمح لكم أدوات التحليل بتوصيف المعطيات الخاصة بكم, والتنبؤ بالخرج الرقمي, والتجزئة، والتصنيف، وذلك بهدف تحديد المجموعات والتنبؤ بمعطيات المتسلسلة الزمنية.
إصدار التقارير	إخراج النتائج على شكل جدول, كما أنه يتم توليد التقارير باستخدام معطيات البرنامج وكاتب التقارير.
مرحلة النشر	نشر النتائج باستخدام خادم الشبكة العنكبوتيّة للمشاهد الذكي.

شكل 6.5: أهم الوحدات المستخدمة في مرحلة التحليل

✓ الميزات الإحصائية لبرنامج منظم الجداول الصغير

فيما يلي بعض الميزات الإحصائية الهامة التي يتضمنها برنامج منظم الجداول الصغير:

- التحليلات الوصفية؛
- فواصل الثقة, اختبارات t أحادية وثنائية العينة, واختبارات t المزدوجة؛
- التقديرات واختبارات واحدة أو اثنتين من مشاكل النسب؛
- العلاقات التبادلية والتبادل المساعد؛
- اختبار الطبيعية؛
- اختبار الفروق المتساوية.
- الرسوم البيانية الآلية مع العديد من التوابع الإحصائية؛
- الانكفاء المنطقي؛
- تحليل التطابق؛

- الانكفاء كثير الحدود، وملائمة المنحنيات؛
- تحليل الوثوقية وقابلية الاستمرار.

✓ **المخططات البيانية الإحصائية لبرنامج منظم الجداول الصغير**

توفر العديد من تحاليل برنامج منظم الجداول الصغير الإحصائية عدة خيارات لتوليد الرسومات البيانية آلياً. وأبرز الأنواع هي الرسوم المبعثرة, والرسوم الصندوقية, والرسوم النقطية, والرسوم البيانية النسيجية, والمخططات, ورسوم المتسلسلات الزمنية, والرسوم البيانية ثلاثية الأبعاد. إضافة إلى ذلك، هناك العديد من الرسوم البيانية الخاصة. وبمجرد أن يتم وضع الرسوم البيانية، يصبح بالإمكان تعديلها بسهولة ومن ثم تخزينها كصورة رقمية بعدد من الأنساق، مثل: TIFF و JPEG و PNG و BMP.

هناك مزايا أخرى لبرنامج منظم الجداول الصغير، نذكر منها الآتي:

- التحكم في الإجرائيات الإحصائية؛
- تحليل نظم القياس؛
- تصميم التجارب؛
- تحليل الوثوقية وقابلية الاستمرار؛
- حجم وقوة العينة؛
- التحليل متعدد المتغيرات؛
- المتسلسلات الزمنية والتنبؤ؛
- الإحصائيات التي ليس لها معاملات.

6 محلل النظم والتحكم في المشروع ومراقبته

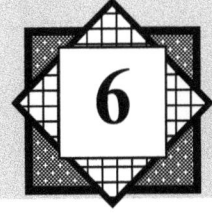

يهدف هذا الفصل إلى التعرف على:

- مفهوم إدارة المشروع، عرض وجدولة خطة المشروع،
- مخططات جانت البيانية (إيجابياتها وسلبياتها)، تعقب النظام بواسطتها،
- المخطط الشبكي،
- التحليل الشبكي وتقييم المشاريع ومختلف طرقه،
- قواعد الرسم الشبكي،
- طريقة المسار الحرج (ميزاتها، إيجابياتها وسلبياتها)،
- تحديد الأوقات المتعلقة بالأنشطة والأحداث (الوقت المبكر، وقت الانتهاء المتأخر، وقت الانتهاء المبكر، وقت البدء المتأخر، الوقت الفائض)
- تحديد المسار الحرج،
- مخططات بارت البيانية (ميزاتها، إيجابياتها وسلبياتها)،
- طريقة بارت،
- ملاءة الوقت والتكلفة (طرق تعجيل تنفيذ المشروع)،
- الأدوات البرمجية لإدارة المشروع وأنواعها.

تمهيد.

يعتمد نجاح دراسة المشروع على:

- طريقة الإدارة،
- الرقابة،
- المراجعة،
- معرفة مدى تقدمه في مرحلة الإنجاز.

نسلط في هذا الفصل الأضواء على هذه العمليات والأدوات المستخدمة لتنفيذها.

بعد القيام بدراسة المشروع وتحديد مجموعة الأنشطة اللازمة، وتسلسلها وتتابعها المنطقي لإنجازها، تأتي عملية إعداد خريطة تعكس كل هذه العمليات. بالإضافة إلى ذلك، تعتبر عملية مراجعة وتقييم مدى تقدم المشروع، من العمليات المهمة التي تساعد على إدارة المشروع على مستوى التخطيط، ورقابة أداء الأنشطة المختلفة، والمطالب بإنجازها بغية إنهاء المشروع.

لرسم الخريطة، وتنفيذ عملية المراجعة، يستخدم <u>**التحليل الشبكي**</u>. تستخدم طريقتان للتحليل الشبكي وهما:

- <u>طريقة المسار الحرج</u> ويرمز إليها بـ CPM.
- <u>طريقة مراجعة وتقييم البرامج</u> ويرمز إليها بـ PERT.

سوف نتطرق إلى هاتين الطريقتين لاحقا، ونبدأ هذه الوحدة بعموميات حول إدارة المشاريع، وعرض وجدولة خطته، والأدوات المستخدمة لذلك. نتطرق إثر ذلك، إلى المفاهيم العامة المرتبطة بالتحليل الشبكي، ونتناول بعد ذلك الطريقتين CPM و PERT لتدقيق خصوصيات كل منهما، ثم نعطي أمثلة تطبيقية عامة حولها.

مفهوم إدارة المشروع.

يعرّف مفهوم <u>إدارة المشاريع</u> بأنه إتمام تطوير نظام معلوماتي رئيسي من قبل فريق عمل، يرأسه مدير مشروع، بالاستناد إلى **خطة مشروع** مسبقة، تم ضبطها أثناء مرحلة البحث والتحقيق من دورة حياة النظام. تقتضي هذه الخطة أن يلبي المشروع الأهداف التي صمم من أجلها، وينتهي في الوقت المحدد وحسب الميزانية المحددة.

تتضمن خطة المشروع العناصر التالية :

- وصف الوظائف المطلوبة وتحديد المسؤوليات لكل منها،
- تحديد تاريخ بداية ونهاية المشروع حسب جدول التنفيذ،
- تحديد النقاط التدقيقية لتطوير المشروع،
- تحديد ميزانية المشروع،
- تحديد الطاقة البشرية.

عرض وجدولة خطة المشروع.

تستخدم أغلب مشاريع نظم المعلومات أساليب إدارة وأدوات متنوعة لعرض وجدولة خطة المشروع وتوثيقه، نذكر من أهمها الآتي:

- استخدام استمارة "**طلب تعديل**"، ينتج عنها تقارير متخصصة تضمن ترخيص ومتابعة مشاريع تطوير النظم،

- استخدام الميزانيات المالية والعملية التي تعتبر أداة تخطيط قصيرة المدى ووسيلة مراقبة ومتابعة،

- استخدام برمجيات إدارة مشاريع نظم المعلومات مثل MANAGE/1 وهو جزء من نظام أسلوب تطوير النظم FOUNDATION ويقوم بإعداد التقارير ومتابعة المشاريع.

- استخدام وثائق تخطيط.

الجدير بالذكر أن الوسيلة الأخيرة (استخدام وثائق تخطيط) تنقسم في حد ذاتها إلى نوعين أساسيين:

- تقارير نصية،
- تقارير رسومية.

نتعرف الآن على هذين النوعين من التقارير.

التقارير النصية

تستخدم التقارير النصية لمساعدة محلل النظم أو مدير إدارة المشروع على توضيح توزيع الموارد على مختلف أنشطة المشروع، ونوعية تعقيد المشروع، وتوزيع تكاليف مراقبة المشروع. يبين الشكل 1.6 مثالا لتقرير نصي يوضح كل أنشطة المشروع التابعة لمرحلة الدراسة التفصيلية، ومدة إنجازها، وجدول بداية ونهاية كل نشاط من هذه الأنشطة (استخدمنا في هذا المثال الأسبوع كوحدة قياس).

يمكن إنجاز هذا التقرير النصي باستخدام برنامج ميكروسوفت بروجكت المتوفر في نظام تشغيل النوافذ.

إلى	من	الأمد	النشاط
2007/2/09	2007/1/20	3 أسابيع	تعريف أداء النظام
2007/3/02	2007/2/10	3 أسابيع	دراسة الجدوى
2007/3/16	2007/3/03	أسبوعان	إعداد تقرير عن الدراسة التفصيلية
2007/3/30	2007/3/17	أسبوع واحد	مراجعة الجهة المستفيدة

شكل1.6: مثال لتقرير نصي لمرحلة الدراسة التفصيلية

التقارير الرسومية

تعتبر التقارير الرسومية أكثر شيوعا من التقارير النصية، وتتمثل في استخدام مخططات تساعد على تنفيذ خطة المشاريع، ومراقبة الأداء. تنقسم هذه المخططات إلى الأنواع التالية:

- مخططات جانت التي تضبط الوقت المسموح به لتحقيق متطلبات عملية تطوير النظام،

- المخططات الشبكية،

- طرق التحليل الشبكي CPM وPERT واللتان تمكنان من تطوير مخطط شبكة للفعاليات المطلوبة خلال تطبيق مشروع.

نتطرق الآن إلى تفسير هذه الطرق والخرائط.

مخططات جانت البيانية

تعتبرّ مخططات جانت إحدى أدوات تخطيط المشاريع، حيث تظهر المهام بـشكل بيـاني (شــكل 2.6)، كالتقويم مثلاً. هذا، وتعتبر مخططات جانت نمطا من أنماط خطوط الزمن، أو الجداول الزمنية التي تأخـذ بعين الاعتبار جميع المهام المراد إنجازها في المشروع. وقد سميت هذه المخططات كناية للعــالم هنــري جانت الذي طورها في أواخر القرن التاسع عشر. تبيّن هذه المخططات متى تبدأ المهام، ومتى تنتهي، كما تظهر فعاليات المشروع بشكل أشرطة تتناسب أطوالها مع مدة الفعالية، وترتبط بالإطار الزمني مباشرة. تحتل كل مهمة في مخطط جانت سطرا واحدا، وتظهر التواريخ في الأعلــى كالأيــام، أو الأســابيع، أو

الأشهر، وذلك حسب المدة الإجمالية التي سوف يستغرقها المشروع. يتم تمثيل الوقت المتوقع لكل مهمة بشريط أفقي، حيث تمثل نهايته اليسرى البداية المتوقعة للمهمة، في حين تمثل نهايته اليمنى التاريخ المتوقع لإتمام المهمة.

النشاط	الأمد	من	إلى	ترقيم الأسابيع								
				1	2	3	4	5	6	7	8	9
تعريف أداء النظام	3 أسابيع	2007/1/20	2007/2/09									
دراسة الجدوى	3 أسابيع	2007/2/10	2007/3/02									
إعداد تقرير عن الدراسة التفصيلية	أسبوعان	2007/3/03	2007/3/16									
مراجعة الجهة المستفيدة	أسبوع واحد	2007/3/17	2007/3/30									

شكل 2.6: مثال لمخطط جانت لمرحلة الدراسة التفصيلية

تسهل مخططات جانت معرفة كيفية تداخل الفعاليات أو حدوثها على التوازي، ومعرفة حالة كل فعالية في أية لحظة. تظهر معالم المشروع بشكل مثلثات مقلوبة أو معينات، ويجب أن يكون لكل مرحلة من المشروع معلم واحد على الأقل. توفر المعالم نقاطا يمكن مراجعة تقدم المشروع عندها. كما يمكن عند الحاجة إجراء تعديلات على جدول المشروع الزمني أو موارده، وذلك للحفاظ على تقدم المشروع.

تتمتع مخططات جانت بالوضوح وسهولة الفهم. كما أنها أيضا سهلة البناء، وتعد أكثر الأدوات شيوعاً بين مديري المشاريع في كافة المشاريع، باستثناء تلك المعقدة منها. تولّد الحزم البرمجية مثل ميكروسوفت بروجاكت مخططات جانت والتي يمكنها أن تكون معقدة للغاية، وتظهر بوضوح العلاقات الاتكالية بين الفعاليات.

يمكن أن تكون العلاقات الاتكالية من النوعين التاليين:

- البداية إلى النهاية: لا يمكن البدء بالفعالية لغاية انتهاء الفعاليات المرتبطة بها.
- البداية إلى البداية: لا يمكن البدء بالفعالية لغاية بدء الفعالية المرتبطة بها. ويمكن أن تتداخل الفعاليات أيضاً؛ ويدعى هذا بزمن التقديم.

وفي بعض الأحيان، لا يمكن للفعالية أن تبدأ بعد انتهاء الفعالية المتعلقة بها مباشرة؛ فغالباً ما يحدث هذا بسبب الفعاليات والموارد الخارجية بالنسبة للمشروع، كالتأخر في تسليم البضائع أو المواد. يدعى هذا بزمن التأخير.

تعقب تقدم النظام باستخدام مخططات جانت

يمكن تعقب التقدم بسهولة باستخدام مخططات جانت. ومع تقدم المشروع، يتم تحديث مخططات جانت وذلك بتظليل الأشرطة لتبلغ الطول المتناسب مع كمية العمل المنجز ضمن الفعالية. ويمكّن هذا من مقارنة التقدم الفعلي مع الجدول الزمني المخطط له. يعطي الخط العمودي على امتداد المخطط والذي يشير إلى التاريخ الحالي، صورة عن حالة المشروع. توضع الفعاليات المنجزة إلى يسار الخط، ويجب أن تكون ملونة بالكامل. أما الفعاليات التي لم تبدأ بعد، فتوضع إلى يمين الخط.
تكمن المشكلة في أن مخططات جانت لا تظهر التسلسل المنطقي للأنشطة، بل تقتصر على توضيح بدايتها ونهايتها. هذه السلبية تجعل استخدامها مقتصرا فقط على:

- ◊ المشاريع البسيطة،
- ◊ بعض الأجزاء لمشاريع كبيرة،
- ◊ توضيح الأنشطة المرتبطة بعملية معينة،
- ◊ متابعة تواريخ إنجاز الأنشطة ومقارنتها بالتواريخ المخططة لها.

إيجابيات وسلبيات مخططات جانت

نلخص في الشكل 3.6 أهم إيجابيات وسلبيات مخططات جانت.

المخطط الشبكي

يوضح المخطط الشبكي تسلسل الأنشطة، حيث يربط كل نشاط بسابقه (ماعدا النشاط الأول) ولاحقه ماعدا النشاط الأخير). يوضّح الشكل 5.6 مثالا لمخطط شبكي لنفس الأنشطة التي احتوتها التقارير النصية ومخطط جانت الموضحان سابقا.

الإيجابيات	السلبيات
سهولة الرسم	لا تحدد المسارات الحرجة بشكل واضح
سهولة الفهم	يمكن إهمال المهام الأكثر أهمية
توضح المدة الزمنية للمهمة	لا تظهر التسلسل المنطقي للأنشطة
تبين علاقة المهمة الاتكالية	يقتصر استخدامها على المشاريع البسيطة وما ذكر سابقا
تتوافق مع أزمنة التقديم والتأخير	
يمكنها تعقب تقدم المشروع	
سهولة التعديل والصيانة	
تأييدها برمجيات إدارة المشاريع	
أكثر الطرق استخداماً	

شكل 3.6: إيجابيات وسلبيات مخططات جانت

وحتى تتضح الأمور لدى القارئ، فقد قمنا بتحليل بسيط لمخططات جانت والمخططات الشبكية، وجمعنا الفروق الرئيسية بينهما في الشكل 4.6.

مخططات جانت	مخططات شبكية
تظهر مرئيا مدة إنجاز الأنشطة.	تظهر مرئيا تسلسل تبعية الأنشطة.
تظهر مرئيا الأنشطة المتداخلة أو المتتابعة.	تظهر مرئيا الأنشطة التي تنجز بالتوازي.
يمكن لبعض خرائط جانت أن تظهر الفترات الزمنية السلبية (غياب أنشطة).	تظهر الفترات الزمنية السلبية عدديا في مستطيلات الأنشطة.

شكل 4.6: الفروق بين خريطة جانت والخريطة الشبكية

تعريف أداء النظام	دراسة الجدوى
من : 2007/1/20	من : 2007/2/10
إلى : 2007/2/9	إلى : 2007/3/2

مراجعة الجهة المستفيدة	إعداد تقرير عن الدراسة التفصيلية
من: 2007/3/17	من: 2007/3/3
إلى: 2007/3/30	إلى: 2007/3/16

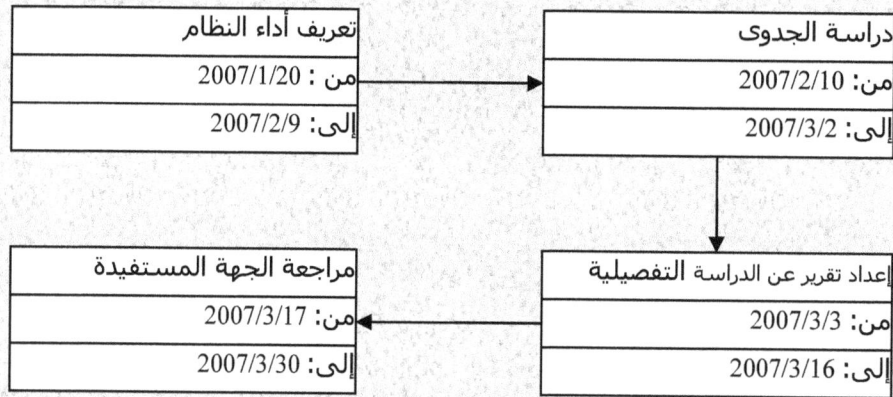

شكل 5.6: مثال لخريطة شبكية لمرحلة الدراسة التفصيلية

نتطرق الآن إلى التعرف على أدوات التحليل الشبكي نظرا للأهمية والمرونة التي يكتسبها.

التحليل الشبكي وتقييم المشاريع.

يعتبر التحليل الشبكي الأداة الفعالة التي تساعد إدارة المشروع على التخطيط ورقابة أداء الأنشطة المختلفة. تستخدم طريقتان أساسيتان في التحليل الشبكي وتقييم المشاريع:

○ طريقة المسار الحرج،

○ طريقة تقنية مراجعة وتقويم البرامج.

يرجع تاريخ ظهور التحليل الشبكي إلى سنة 1957 عندما قامت شركة "ريمنغ-تن رند" بتطوير طريقة المسار الحرج للتخطيط ورقابة برامج صيانة مشروعات المصانع الكيميائية، والتي يرمز إليها اختصارا بــ CPM (سبأم). وفي سنة 1958، قام سلاح البحرية الأمريكي بتطوير "أسلوب مراجعة وتقويم البرامج" وذلك للتخطيط ورقابة برامج الصواريخ، ويعرف اختصارا بــ PERT (بارت).

أهداف برنامجي سبأم وبارت

يهدف هذان البرنامجان إلى تحقيق المهام التالية:

■ تحديد مجموعة من الأنشطة المستقلة والاعتمادية في المشروع،

- تحديد الأنشطة السابقة لكل الأنشطة المكونة للمشروع،

- تحديد ميعاد البدء والانتهاء من كل نشاط،

- توزيع الموارد المتاحة، حسب الأهمية، على الأنشطة المختلفة بطرق فعالة،

- مراقبة تنفيذ أنشطة المشروع المختلفة، وتحديد مدى توافقها مع الخطة الزمنية المرسومة،

- اتخاذ الإجراءات اللازمة لمعالجة ما قد يسفر عنه التطبيق العملي من تأخر في تنفيذ بعض الأنشطة عن المواعيد المحددة لها،

- تحقيق الأهداف بأقل تكلفة وأعلى أداء.

مفاهيم أساسية في التحليل الشبكي.

تستخدم نفس المفاهيم والمصطلحات في الأسلوبين **سبم وبارت**، ولكنهما يختلفان فقط في طريقة تقدير الزمن المتوقع لإنجاز أنشطة المشروع، حيث تعتمد طريقة بارت على قيم احتمالية عند تقدير أزمنة الأنشطة بينما تعتمد طريقة سبم على قيم حتمية (شكل 7.6).

الطريقة		
CPM	PERT	
حتمية	احتمالية	القيم المعتمدة في طريقة تقدير الزمن المتوقع لإنجاز أنشطة المشروع

شكل 7.6 : مقارنة بين طريقتي CPM و PERT في نوع القيم المعتمدة في تقدير أزمنة الأنشطة

نتطرق الآن إلى إعطاء بعض المفاهيم.

- **المشروع**: هو عبارة عن سلسلة من الأنشطة والأحداث المترابطة والمطلوب تنفيذها على أساس منطقي ووفق ترتيب زمني معين.

- **الحدث**: نقطة زمنية تمثل بداية أو نهاية نشاط معين، ويمثل بدائرة مرقمة بثابت عددي صحيح موجب، لا يمثل أي قيمة زمنية. يمكن أن يكون الحدث :

  - **حدثا بسيطا** ويقصد به الحدث الذي يفصل بين نشاطين، وليس حدث عقدة أو انبثاق (شكل 8.6 –أ).

- **حدث عقدة** (التقاء) ويقصد به نقطة اكتمال أكثر من نشاط (شكل 8.6 –ب).

- **حدث انبثاق** ويقصد به حدث البدء لاثنين أو أكثر من الأنشطة (شكل 8.6 –ج).

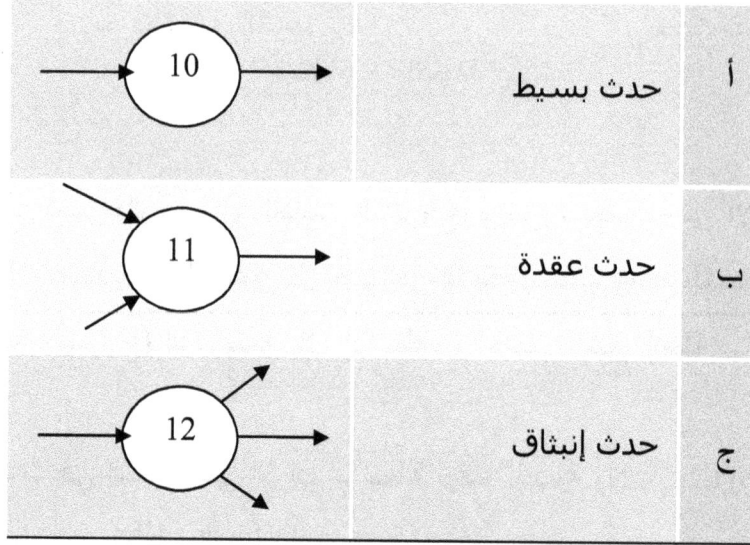

حدث بسيط	(10)	أ
حدث عقدة	(11)	ب
حدث إنبثاق	(12)	ج

شكل 8.6: أنواع الأحداث

- **النشاط:** هو الجهد اللازم لإنجاز حدث، أو أي عملية، أو خطوة تتطلب استنفاذ مورد من الموارد الاقتصادية (العمل، الزمن، النقود، ...) لإكمال جزء معين من المشروع. عادة ما يقاس هذا الجهد بالزمن، ويمثل بسهم ذي اتجاه واحد فقط، يبين اتجاه سير التنفيذ من نقطة بداية النشاط إلى نقطة نهاية النشاط، كما هو مبين في الشكل 6-9. علما بأنه عندما يربط كل نشاط حدثين i و j ، فلا بد أن يتحقق الشرط $j > i$. نرمز إلى النشاط عادة بحرف لاتيني، أو بالحدثين نهاية وبداية النشاط موضوعين بين قوسين. وتنقسم الأنشطة إلى النوعين التاليين:

الأنشطة الحرجة: هي الأنشطة التي تؤدي إلى تأخير وقت انتهاء المشروع بسبب حصول تأخير في وقت بدايتها، لأي ظرف من الظروف غير المتوقعة.

الأنشطة غير الحرجة : هي خلاف ذلك (خلاف الأنشطة الحرجة)، ويعني هذا الأنشطة العادية.

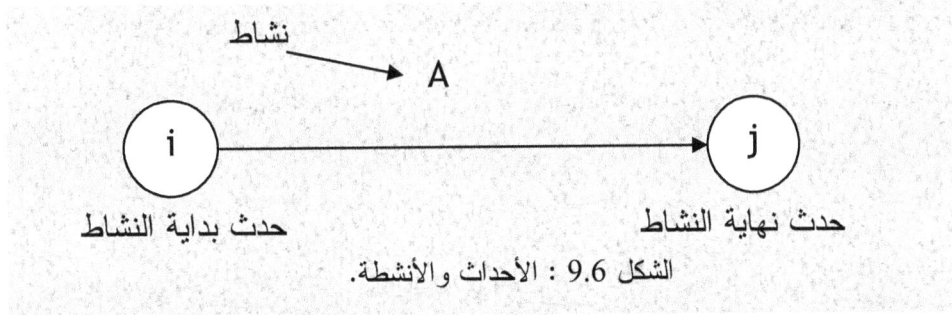

الشكل 9.6 : الأحداث والأنشطة.

- **الشبكة:** هي تعبير بالرسم لكل متطلبات المشروع، و تبرز مجموعة من الأحداث والأنشطة المتسلسلة، والعلاقات الاعتمادية بينها. يسبق كل حدث في الشبكة بنشاط، ويتبع بنشاط آخر، ما عدا الحدث الأول (نقطة بداية المشروع) الذي يسبق كل الأنشطة، والحدث الأخير (نقطة نهاية المشروع) الذي لا يتولد منه نشاط.

ترقم الأحداث في الشبكة على التوالي بواسطة أرقام طبيعية (1,2, ..., N)، بدءا من يسار الشبكة وفي اتجاه يمينها، ومن الأعلى إلى الأسفل.

مثال:

بالارتكاز على جدول المعلومات المبين في الشكل 10.6، فإنه بإمكاننا بناء الخريطة الشبكية التي تمثل هذه الأنشطة (الشكل 11.6).

الأحداث	النشاط	نوع النشاط
2-1	A	تصميم البيانات الصادرة
3-1	B	تصميم البيانات الواردة
3-2	C	تصميم الملفات
4-2	D	تصميم العمليات
4-3	E	البرمجة

الشكل 10.6 : مثال 1 لجدول أحداث وأنشطة.

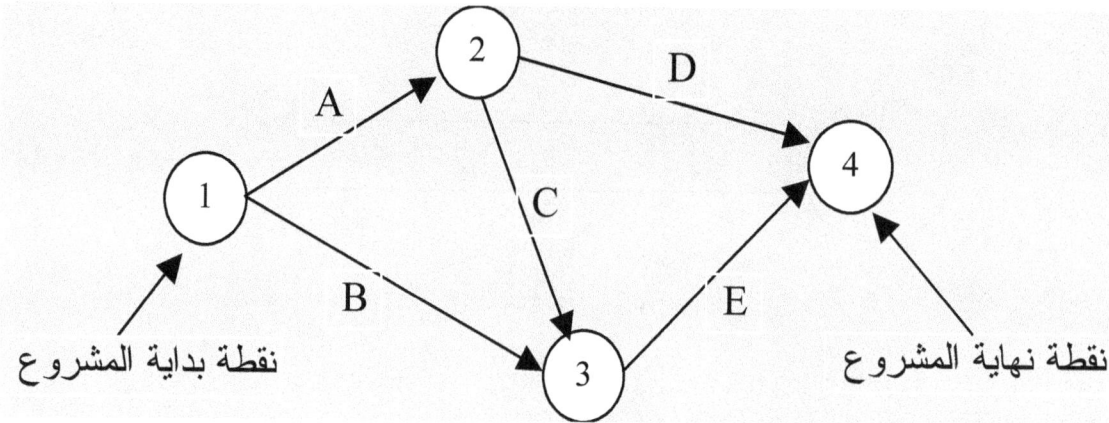

شكل 11.6 : الخريطة الشبكية للمثال 1.

القواعد الخاصة بالرسم الشبكي.

يخضع رسم الخريطة الشبكية إلى مجموعة من القواعد، نذكر من أهمها ما يلي:

○ تسجل كل النشاطات التابعة للمشروع، ويمثل كل نشاط بسهم واحد دون أن يعكس طوله وقت أداء النشاط (يعين بداية الحدث ونهاية الحدث لكل نشاط)،

○ يكتب رمز النشاط بأسفل السهم وزمن إنجازه فوق السهم،

○ يعين لكل نشاط النشاط أو الأنشطة التي تليه،

○ لا يجوز اشتراك نشاطين مختلفين في نفس <u>حدث البداية</u> <u>وحدث النهاية</u> معا (الشكل 6-12-أ)، ولكن بإمكانهما المشاركة إما في بداية حدث معين، أو في نهايته فقط. ولمعالجة هذا الوضع، تستخدم <u>الأنشطة الوهمية</u>.

يعرف النشاط الوهمي بأنه نشاط خيالي، لا يستغرق أي وقت لإنجازه، ويعبر عنه في الشبكة بسهم متقطع (الشكل 6-12-ب).

(أ)

نشاط وهمي

(ب)

الشكل 12.6 : الأنشطة الوهمية.

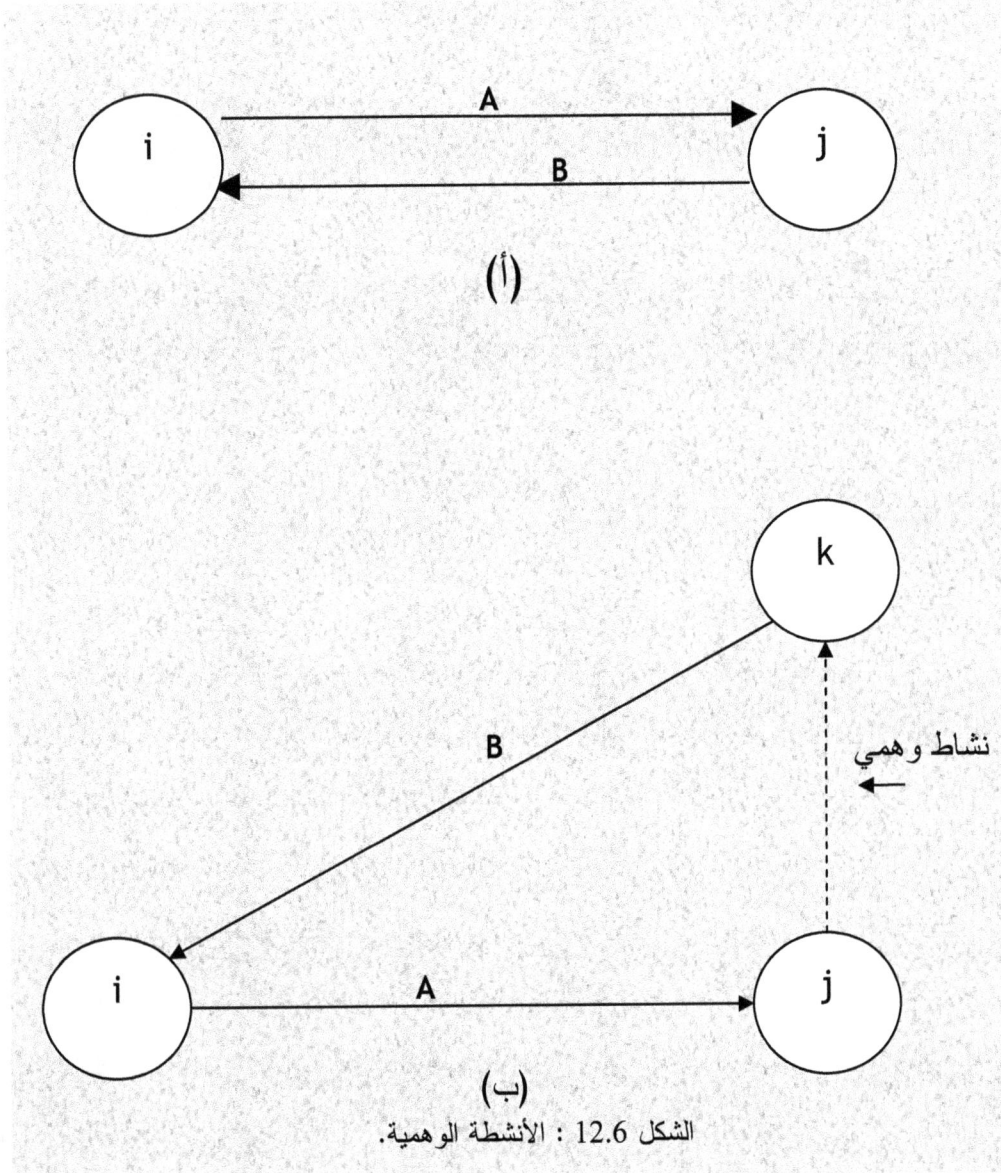

طرق التحليل الشبكي وتقييم المشاريع

نتعرف أولا على طريقة المسار الحرج، ثم نتطرق بعد ذلك إلى طريقة بارت.

طريقة المسار الحرج.

تم تطوير طريقة المسار الحرج على يد شركة دي بن الأميريكية العملاقة. ترتكز طريقة المسار الحرج على الموازنة بين كلفة المشروع وزمن الإنجاز الكلي. ويكون من الممكن في بعض الأحيان تقصير مدة

المشروع بزيادة ميزانية المشروع.

يفترض أسلوب المسار الحرج إمكانية تحديد الأوقات الضرورية لإنجاز كل نشاط بطريقة حتمية. ويعرف لذلك الزمن المتوقع لإنجاز أي نشاط كمتوسط الزمن اللازم لإنجاز هذا النشاط في الظروف العادية، دون احتمال حدوث تعديل في أوقات هذه الأنشطة أثناء التنفيذ.

ميزات تحليل المسار الحرج

يتصف تحليل المسار الحرج ببعض الميزات، نسوقها في الشكل 14.6.

إيجابيات وسلبيات تحليل المسار الحرج

يمتلك تحليل المسار الحرج إيجابيات ولكنه للأسف لا يخلو من سلبيات. جمعنا مجموعة هذه الإيجابيات والسلبيات في الشكل 13.6.

المسار الحرج	
السلبيات	**الإيجابيات**
وجوب امتلاك معلومات واضحة ودقيقة.	سهولة مراقبة وإدارة <u>التدفق النقدي</u>.
وجوب امتلاك خبرة وقدرة في الإدارة إلى جانب طاقم عمل متمرس.	ترفيع فاعلية استخدام الموارد البشرية والمادية في المتغير الزمني.
تقتصر الفوائد على العمليات غير المعقدة وقليلة العدد نسبيا.	تحسين الفاعلية واقتصاد في ثمن استخدام الموارد.

الشكل 13.6 : إيجابيات وسلبيات المسار الحرج

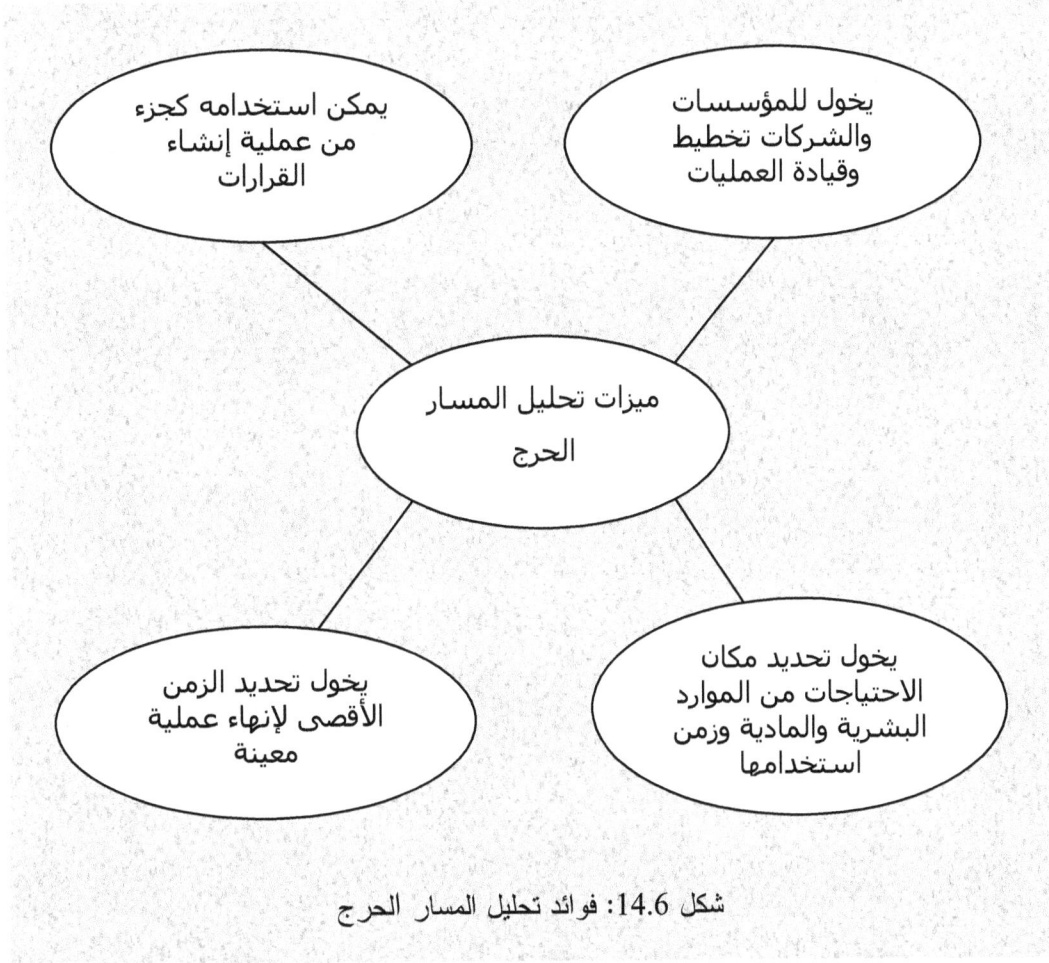

شكل 14.6: فوائد تحليل المسار الحرج

تعتمد طريقة المسار الحرج على تحديد الأوقات المبينة في الشكل 15.6.

أوقات طريقة المسار الحرج

الوقت	الرمز
وقت البدء المبكر	ES_i
وقت الانتهاء المتأخر	LC_i
وقت البدء المتأخر	$EC(i,j)$
الوقت الفائض	-

الشكل 15.6 : أوقات طريقة المسار الحرج

سوف نتعرض في الفقرات التالية إلى التعرف على هذه الأوقات وطريقة احتسابها. وحتى يتسنى التعرف بيسر على وقت البدء المبكر، ووقت الانتهاء المتأخر عند كل حدث، فقد تم تقسيم دائرة الحدث إلى ثلاثة أقسام كما في الشكل 16.6.

تحديد الأوقات المتعلقة بالأنشطة والأحداث.

طريقة احتساب وقت البدء المبكر.

وقت البدء المبكر (ويسمى كذلك أبكر وقت) ويرمز إليه بـ ES_i، هو أبكر وقت لابتداء الأنشطة المنبثقة من الحدث i حسب الظروف العادية، ودون مخالفة متطلبات الأنشطة السابقة والمباشرة لها. ويعرف كذلك باسم "الوقت المبكر لتحقق الحدث i".

يتكون هذا الوقت من مجموع الأوقات المتوقعة للنشاطات المحتملة على أطول مسار يوصل إلى الحدث. وهو الوقت الذي لا يمكن أن يبدأ النشاط قبله، نظرا لارتباطه بالأنشطة السابقة. و يعتبر لذلك أبكر وقت يبدأ فيه النشاط.

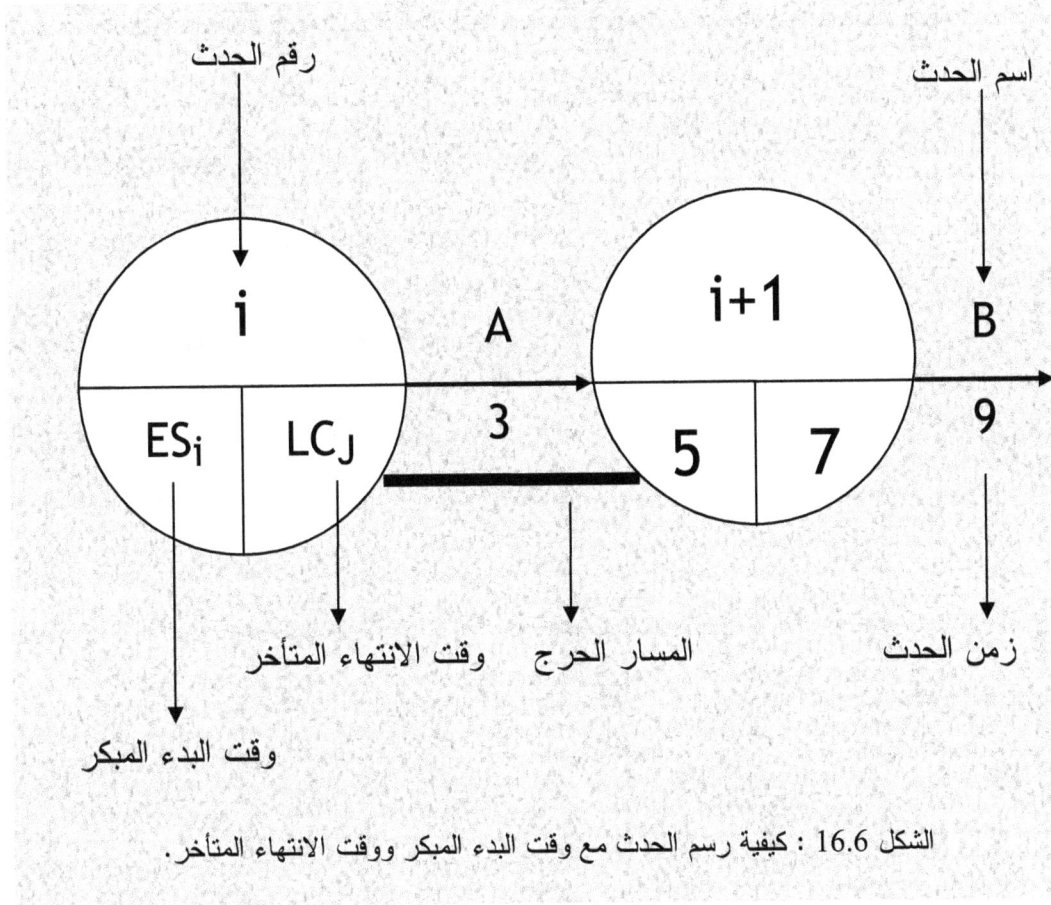

الشكل 16.6 : كيفية رسم الحدث مع وقت البدء المبكر ووقت الانتهاء المتأخر .

يتم احتساب وقت البدء المبكر حسب عدد الأنشطة التي تربط بين حدثين :

إذا وجد نشاط واحد بين حدثين متتاليين (الشكل 17.6)، فإن وقت البدء المبكر يحتسب كالتالي:

$$ES(j) = ES(i) + t(i, j)$$

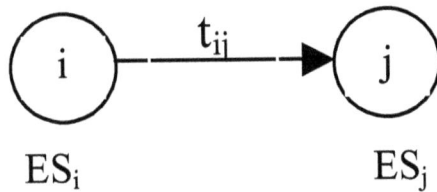

الشكل 17.6 : وقت البدء المبكر في مسار واحد .

أما في حالة وجود أكثر من مسار يؤدي إلى الحدث، أي أن الحدث هو حدث عقدة أو حدث التقاء، فإنه يتم احتساب وقت البدء المبكر حسب القانون التالي :

$$ES(j) = \underset{i \in PRED(j)}{Max} \{ES(i) + t(i, j)\}$$

حيث PRED(j) – مجموعة الأحداث التي تبدأ منها الأنشطة السابقة للأنشطة التي تبدأ من الحدث j.

لاحتساب وقت البدء المبكر للأنشطة المكونة لمشروع، نبدأ من أول الخريطة الشبكية (الحدث 1) والذي نسند إليه قيمة صفر (ES(1) = 0) . نأخذ بعد ذلك الأنشطة حسب ترتيبها واحدة واحدة، ونحتسب لكل واحدة منها وقت البدء المبكر.

تمرين 1 :

انطلاقا من جدول المعلومات التالي (الشكل 6-18)، نريد احتساب أبكر وقت للحدث 14.

i	الأحداث	النشاط	مدة النشاط	ES_i
5	14-5	A	6	4
8	14-8	B	4	7
9	14-9	C	3	6

الشكل 18.6 : جدول أحداث وأنشطة.

الحل

لحساب قيمة أبكر وقت للحدث 14 يجب إيجاد أبكر وقت لنهاية الأنشطة المتجهة للحدث 14.. لذلك نطبق القانون التالي:

$$ES(14) = \underset{i \in \{5,8,9\}}{Max} \{ES(i) + t(i,14)\}$$

$$ES(14) = Max\{ES(5) + t(5,14); ES(8) + t(8,14); ES(9) + t(9,14)\}$$

$$ES(14) = Max\{4 + 6; 7 + 4; 6 + 3\} = Max\{10; 11; 9\} = 11$$

يتضح من النتيجة، أن النشاطات المنبثقة من الحدث 14 لا يمكن أن تبدأ قبل 11 وحدة زمنية (الشكل 19.6).

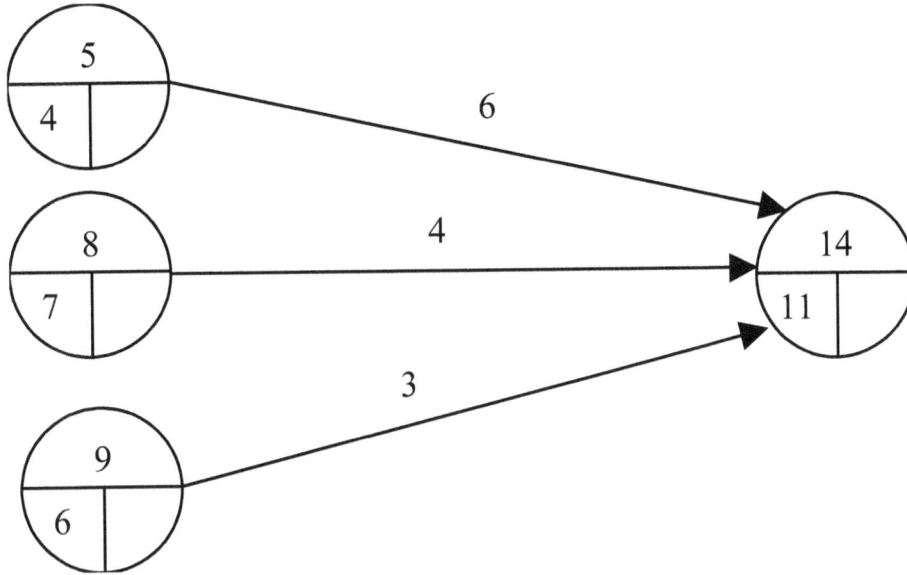

الشكل 19.6 : الخريطة الشبكية للتمرين 1.

وقت الانتهاء المتأخر.

وقت الانتهاء المتأخر (ويسمى كذلك آخر وقت)، ويرمز إليه بــ LC_i ، هو الوقت المتأخر لتحقيق الحدث i، أي آخر وقت يمكن أن تبدأ فيه الأنشطة المنبثقة من الحدث i. فهو إذن، الوقت الذي يجب أن لا يتأخر عنه بداية النشاط (لابد أن يبدأ النشاط قبل ذلك الوقت).

يتم احتساب وقت الانتهاء المتأخر حسب عدد الأنشطة التي تربط بين حدثين :

- إذا وجد نشاط واحد بين حدثين متتاليين (الشكل 6-20)، فإن وقت الانتهاء المتأخر يحتسب كالتالي :

$$LC(i) = LC(j) - t(i, j)$$

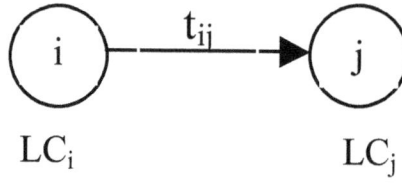

الشكل 20.6 : وقت الانتهاء المتأخر في مسار واحد.

– أما في حالة وجود حدث انبثاق، فإن احتساب وقت الانتهاء المتأخر يكون حسب القانون التالي :

$$LC(i) = \min_{j \in SUCC(i)} \{LC(j) - t(i, j)\}$$

حيث (SUCC(i) - مجموعة الأحداث المنبثقة من الحدث i.

ملاحظة :

لحساب وقت الانتهاء المتأخر، نبدأ من نهاية الشبكة، ونسير في الاتجاه العكسي حتى نصل إلى أول نشاط في الشبكة، علما بأن البدء المبكر، ووقت الانتهاء المتأخر متساويان بالنسبة لحدث نهاية المشروع ES(n) = LC(n).

تمرين 2:

نريد احتساب وقت الانتهاء المتأخر للحدث 17 اعتمادا على الخريطة الشبكية في الشكل 21.6.

الحل

نحتسب لذلك آخر الأوقات لبداية الأنشطة المنبثقة من الحدث 17 وهي الأحداث 20، و24، و29 كالآتي :

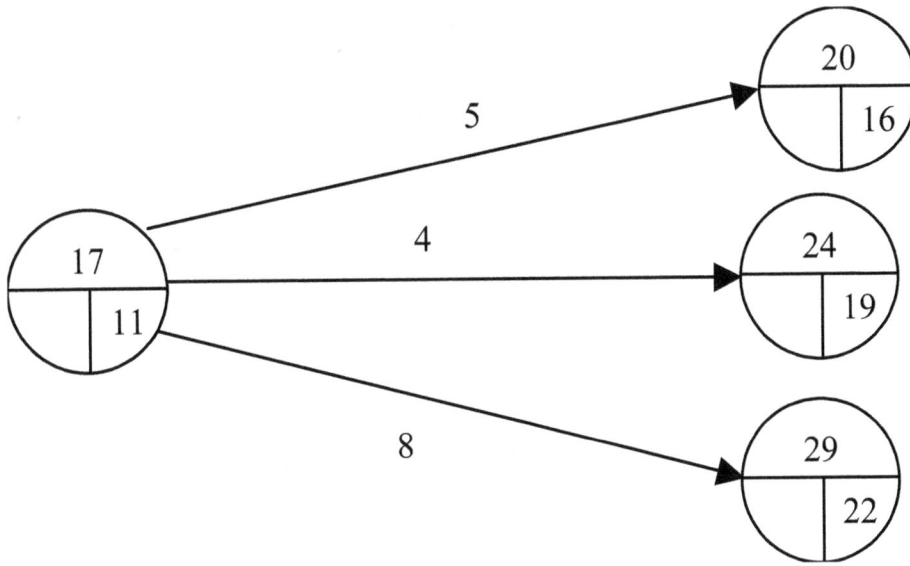

الشكل 21.6 : احتساب وقت الانتهاء المتأخر.

$$LC(17) = \underset{j \in \{20,24,29\}}{Min} \{LC(j) - t(17, j)\}$$

$$LC(17) = Min\{LC(20) - t(17,20); LC(24) - t(17,24); LC(29) - t(17,29)\}$$

$$LC(17) = Min\{16 - 5; 19 - 4; 22 - 8\} = Min\{11; 15; 14\} = 11$$

لا يجب أن يتعدى نشاط الحدث 17 إحدى عشر (11) وحدة زمنية، ويعتبر بذلك هذا الوقت، آخر وقت يمكن أن تبدأ فيه الأنشطة المنبثقة من الحدث 17.

وقت الانتهاء المبكر.

يرمز إلى وقت الانتهاء المبكر بـ (EC(i,j)، وهو أبكر وقت يمكن أن ينتهي فيه النشاط (i,j) ويحسب رياضيا بالطريقة التالية :

$$EC(i, j) = ES(i) + t(i, j)$$

وقت البدء المتأخر.

يرمز إلى وقت البدء المتأخر بـ (LS(i,j) وهو آخر وقت يمكن أن يبدأ فيه النشاط (i,j) دون أن

يؤدي ذلك إلى تأخير نهاية المشروع، ويحسب رياضيا كالآتي :

$$LS(i, j) = LC(j) - t(i, j)$$

الوقت الفائض.

الوقت الفائض– هو أقصى فترة زمنية يمكن أن يؤخر بها النشاط إلى ما بعد وقت البدء المبكر، بدون أن يؤدي ذلك إلى تأخير وقت اكتمال المشروع.

ينقسم الوقت الفائض إلى نوعين :

- <u>**الوقت الفائض الكلي**</u> ويرمز إليه بـ TF ، ويحتسب حسب القاعدة التالية :

$$TF(i, j) = LS(i, j) - ES(i)$$

- <u>**الوقت الفائض الحر**</u> ويرمز إليه بـ FF ، ويحتسب حسب القاعدة التالية :

$$FF(i, j) = ES(j) - ES(i) - t(i, j)$$

تحديد المسار الحرج.

<u>المسار الحرج</u> ويرمز إليه بـ CP، وهو المسار الذي يستغرق أطول وقت زمني من بين المسارات التي تربط سلسلة النشاطات الحرجة ما بين حدث البداية وحدث النهاية، ويحسب بجمع أوقات النشاطات الحرجة لكل المسارات المحتملة.

يسمى النشاط (i,j) نشاطا حرجا إذا تحققت فيه الشروط التالية :

$$ES(i) = LC(i)$$

$$ES(j) = LC(j)$$

$$ES(j) - ES(i) = LC(j) - LC(i) = t(i, j)$$

وبتعبير آخر، فإن النشاط الحرج هو ذلك الذي ينتج عنه قيمة صفرية للوقت الفائض الكلي والوقت الفائض الحر.

إلى حد الآن تعرفنا على مفاهيم مختلفة للنشاط الحرج، ولضمان الاستفادة منها، جمعناها في الجدول التالي:

عبارات متكافئة لمفهوم النشاط الحرج		
النشاط الحرج هو الذي يؤدي إلى تأخير وقت انتهاء المشروع بسبب حصول تأخير في وقت بدايته لأي ظرف من الظروف غير المتوقعة.	النشاط الحرج هو الذي ينتج عنه قيمة صفرية للوقت الفائض الكلي والوقت الفائض الحر.	يسمى النشاط (i,j) نشاطا حرجا، إذا تحققت فيه الشروط التالية: $ES(i) = LC(i)$ $ES(j) = LC(j)$ $ES(j) - ES(i) = LC(j) - LC(i) = t(i, j)$

تمرين 3 (طريقة احتساب الأزمنة).

انطلاقا من الخريطة الشبكية المبينة في الشكل 6-22، نريد استخدام طريقة المسار الحرج CPM ، لاحتساب وإنجاز ما يلي:

◊ إيجاد وقت البدء المبكر،

◊ إيجاد وقت الانتهاء المتأخر عند كل حدث،

◊ توضيح الأوقات السابق احتسابها على الخريطة الشبكية.

◊ إبراز الأنشطة الحرجة وتبيينها على الخريطة الشبكية بخط غليظ حتى نتعرف على المسار الحرج.

الحل :

نطبق خوارزمية حساب وقت البدء المبكر (الأحداث هنا مرقمة مسبقا) :

تحسب أوقات البدء المبكر لكل حدث كالآتي :

$ES(1) = 0$

$ES(2) = ES(1) + t(1,2) = 0 + 4 = 4$.

$ES(3) = \max\{ES(1) + t(1,3) , ES(2) + t(2,3)\} = \max\{4 + 1, 0+3\} = \max\{5 , 3\} = 5$.

$ES(4) = ES(1)+t(1,4) = 0+4 = 4$.

$ES(5) = \max\{ES(2) + t(2,5) , ES(3) + t(3,5)\} = \max\{4+7, 5+4\} = \max\{11 , 9\} = 11$

$ES(6) = \max\{ES(4) + t(4,6) , ES(5) + t(5,6)\} = \max\{4+2, 11+1\} = \max\{6 , 12\} = 12$

$ES(7) = \max\{ES(2) + t(2,7) , ES(5) + t(5,7), ES(6) + t(6,7)\} = \max\{4+8, 11+3, 12+4\} = 16$

يحسب وقت الانتهاء المتأخر لكل حدث كالآتي :

$LC(7) = 16$

$LC(6) = LC(7) - t(6,7) = 16-4 = 12$.

$LC(5) = \min\{ LC(7) - t(5,7) , L(6) - t(5,6) \} = \min\{ 16-3 , 12-1 \} = \min\{ 13 , 11 \} = 11$

$LC(4) = LC(6) - t(4,6) = 12 - 2 = 10$.

$LC(3) = LC(5) - t(3,5) = 11 - 4 = 7$.

$LC(2) = \min\{LC(7)- t(2,7) , LC(5)-t(2,5) , LC(3) - t(2,3)\} = \min \{ 16 -8 , 11-7 , 7-1 \}$

$= \min \{8, 4 , 6\} = 4$

$LC(1) = \min\{ LC(4)- t(1,4) , LC(3)-t(1,3) , LC(2) - t(1,3)\} = \min \{ 10 -4 , 7-3 , 4-4 \}$

$= \min \{6 , 4 , 0 \} = 0$

بالارتكاز على هذه النتائج، يتضح أن المشروع لا يجب أن يبدأ قبل 16 من وحـــدات الـــزمن. ويوضـــح الشكل 6-23 هذه القيم على الخريطة الشبكية.

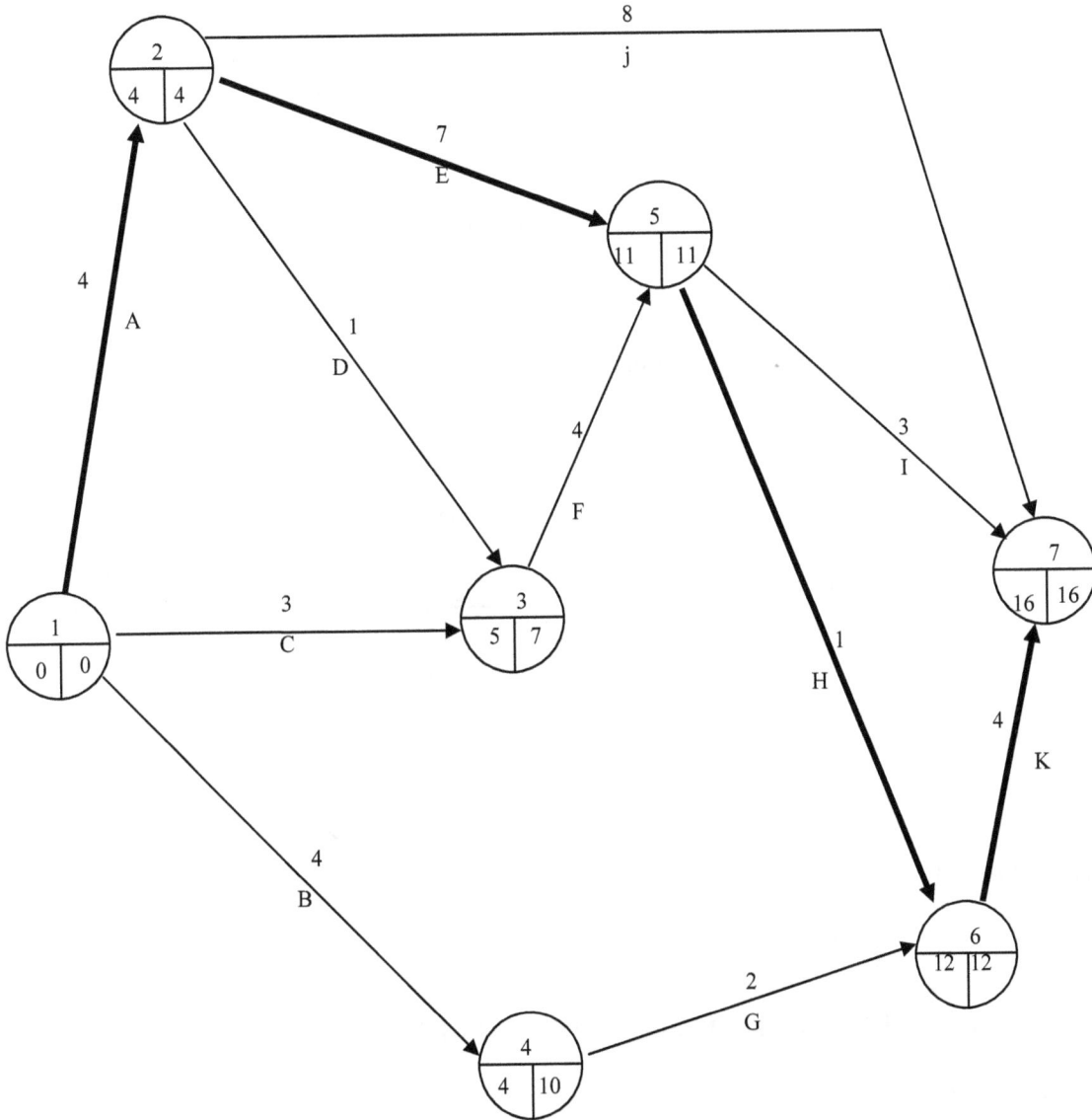

الشكل 23.6 : الخريطة الشبكية مع المسار الحرج.

ولتحديد المسار الحرج في الخريطة الشبكية، صممنا الجدول المبين في الشكل 24-6. يحتوي هذا الجدول على نتائج الوقت الفائض الكلي، والوقت الفائض الحر لأنشطة التخطيط الـشبكي التابعـة للـشكل 23-6. نستخلص من هذا الجدول الأنشطة الحرجة، وهي التي يتساوى فيها كل من الوقت الفائض الكلي والوقـت

الفائض الحر صفرا.

ملاحظة	الوقت الفائض الحر	الوقت الفائض	النشاط (i,j)
نشاط حرج	0=4-0-4	0=4-0-4	(2,1)
	2=3-0-5	4=3-0-7	(3,1)
	0=4-0-4	6=4-0-10	(4,1)
	0=1-4-5	2=1-4-7	(3,2)
نشاط حرج	0=7-4-11	0=7-4-11	(5,2)
	4=8-4-16	4=8-4-16	(7,2)
	2=4-5-11	2=4-5-11	(5,3)
	6=2-4-12	6=2-4-12	(6,4)
نشاط حرج	0=1-11-12	0=1-11-12	(6,5)
	2=3-11-16	2=3-11-16	(7,5)
نشاط حرج	0=4-12-16	0=4-12-16	(7,6)

الشكل 24.6 : جدول الوقت الفائض الكلي والوقت الفائض.

يضم الشكل 6-23 المسار الحرج بالخط الغليظ حسب النتائج المبينة في الجدول (الشكل 6-24).
ويساوي طول المسار : 4+1+7+4 = 16، ويعتبر أطول مسار تحتويه الخريطة الشبكية.
نتعرف الآن على مثال آخر.

تمرين 4 (الرسم الشبكي واحتساب الأزمنة)

يمثل الجدول التالي (شكل 6-25) البيانات الخاصة بإحدى الشركات. ارسم المخطط الشبكي لهذه البيانات، علما بأن المشروع ينتهي بانتهاء الأنشطة H و K و I.

النشاط	النشاطات السابقة	الزمن المتوقع لإنجازه
A	-	2
B	-	3
C	A	2
D	B	3
E	B	2
F	E, D	7
G	C, D	3
H	E, D	5
I	F, G	6
K	C, D	2

الشكل 25.6 : معطيات خريطة شبكية.

الحل

يمثل الشكل 6-26 الخريطة الشبكية للمشروع وقد برز به النشاط الوهمي S_1 الذي اضطررنا لإضافته لأن النشاط F لا يمكن أن يبدأ إلا بعد انتهاء النشاطين D و E. كما يبين الشكل 6-26 وقت البدء المبكر ووقت الانتهاء المتأخر للأحداث.

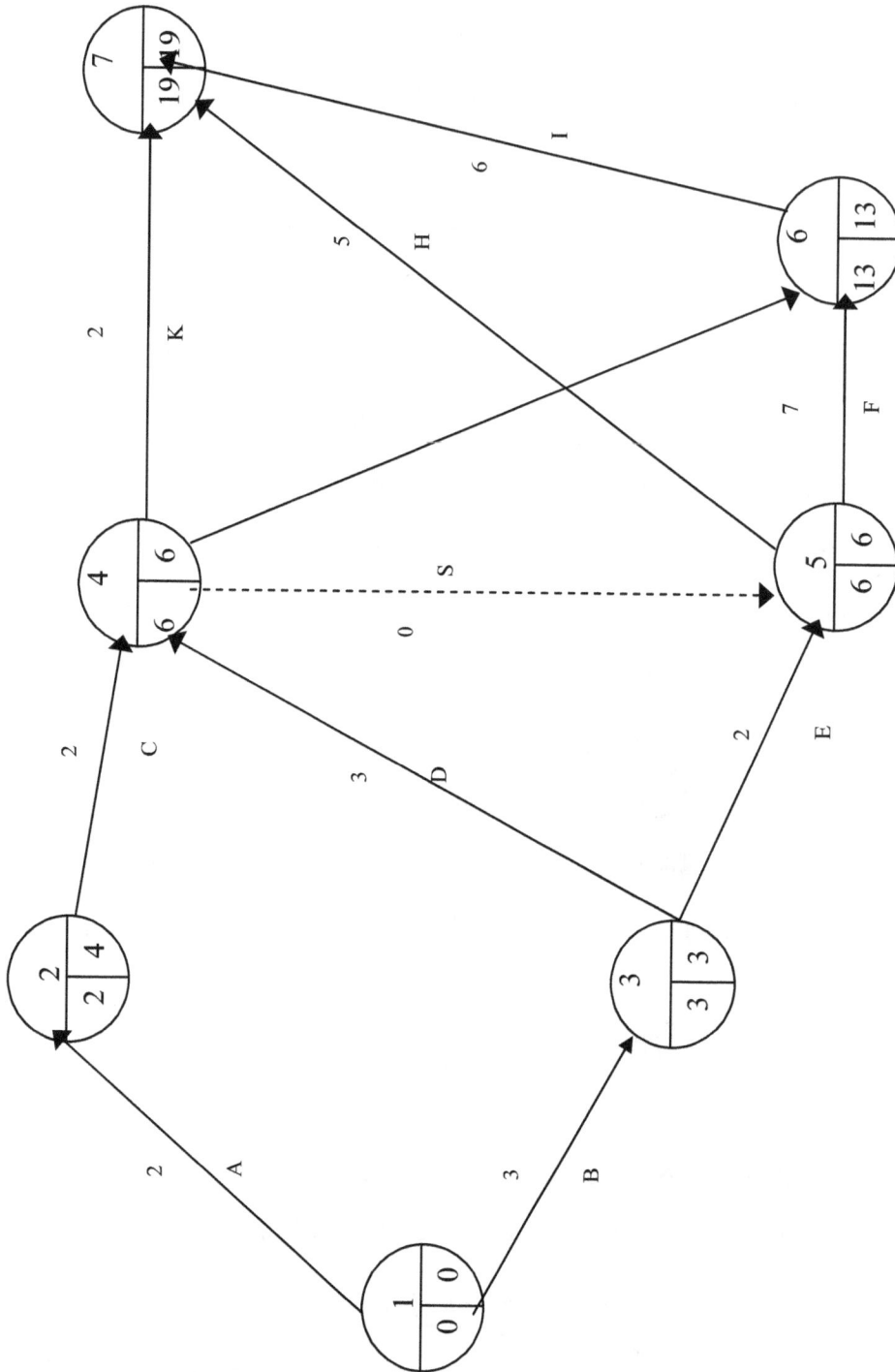

الشكل 26.6 : الخريطة الشبكية للجدول 6-25

مخططات بارت البيانية

تعتبر مخططات بارت البيانية طريقة بديلة لعرض معلومات المشروع. وكلمة بـارت هـي الاختصـار للترجمة الإنجليزية "تقنية تقييم ومراجعة البرامج"، وتعرض هذه الطريقة المشروع كشبكة من الأحداث أو الفعاليات.

تأخذ مخططات بارت المهام من مخططات جانت وتعرضها في شكل مخطط تدفقي، حيث يحدد محوره الأفقي الفترات الزمنية. ويتم تمثيل الفعاليات بصناديق تظهر اسم المهمة، ورقمها، ومدتها الزمنية، وتاريخي البدء والانتهاء. يمكن دمج الصناديق بخطوط تدل على العلاقة بين الفعاليات.

يظهر مخطط بارت تدفق المشروع، ويسهل تحديد المسارات الحرجة، والمهام ذات الزمن البطيء. يـتم رسم مخططات بارت على ورقة مسطرة. يمكن أن يكون مخطط بارت لمشروع كبير ضخما جدا، ولذلك فإنه غالباً ما يتم تجزئة المشروع الضخم إلى أجزاء صغيرة، حيث يرسم مخطط بارت لكل جزء منها.

تم تطوير تقنية بارت على يد قوى البحرية الأمريكية نافي، وكان ذلك لوضع خطة لإطلاق برنامج صواريخ بولاريس العابرة للقارات، والتحكم بها. لقد كان التركيز على إنهاء البرنامج في أقصر مدة ممكنة. إن الميزة الأساسية لتقنية بارت، هي القدرة على التعامل مع الفعاليات ذات المدد غير المحددة. يمكن أن يكون لكل فعالية زمن إنجاز أكثر احتمالا، بالإضافة إلى المدة العظمى والمدة الصغرى.

طورت شركات البرمجيات التجارية حديثا برمجيات لإدارة المشاريع، حيث دمجت بين طريقتي بـارت والمسار الحرج، وبإمكان هذه البرمجيات أن تدير مهام ذات زمن إنجاز غير محدد، وتوازن بـين زمـن إنجاز المشروع وبين كلفته.

مميزات مخططات بارت البيانية

تمتلك مخططات بارت البيانية عدة مميزات خاصة على خريطة جانت، نلخصها في النقاط التالية:

○ يمكن استخدام أوقات الأنشطة كوسيلة في تحديد المهام لفريق المشروع،

○ يمكن تعديل الخريطة حتى يتسنى بلورة التغييرات المقترحة في الجدول،

○ يمكن استخدامها في محاكاة تهدف إلى محاولة تقصير المسار الحرج، ونتيجة لذلك تقصير الوقـت الضروري لإتمام المشروع بأكمله،

○ تخول التركيز على المناطق الخطرة في الجدولة، وتقدير الوقت الإجمـالي الـضروري لإتمـام

النظام.

إيجابيات وسلبيات مخططات بارت البيانية

لقد جمعنا أهم إيجابيات وسلبيات مخططات بارت البيانية في الشكل 27.6.

السلبيات	الإيجابيات
	سهلة الفهم
قد تؤدي إلى تأكيد مفرط للمهام الحرجة على حساب باقي المهام	تبين علاقة المهمة الاتكالية
تعاني من صعوبات في أزمنة التقديم والتأخير	يمكنها تعقب تقدم المشروع
لا تستخدم كثيراً في الحياة العملية	تؤيدها برمجيات إدارة المشاريع
	تبين المسارات الحرجة
	تناسب عدداً كبيراً من المشاريع المتنوعة

شكل27.6: إيجابيات وسلبيات مخططات بارت

طريقة بارت.

لقد افترضنا في أسلوب المسار الحرج أن مدير المشروع يستطيع تحديد الزمن المتوقع لإنجاز كل نشاط بصفة حتمية. لكن من الناحية الواقعية، يعتبر هذا التحديد صعبا لبعض أنواع المشاريع وخاصة النشاطات الجديدة التي لا تتوفر فيها بيانات تاريخية. ونتيجة لذلك، فإن مديري المشاريع يصبحون غير متأكدين من أوقات الأنشطة. لحل هذه المشكلة، تم اقتراح أسلوب بارت لكي يتفادى هذا النقص، وذلك بأن يفترض أن الأوقات الخاصة بإنجاز النشاطات معرفة بشكل احتمالي. ولهدف تحديد الزمن المتوقع لإنجاز كل نشاط، فقد تم تحديد ثلاث تقديرات زمنية للنشاط وهي الآتية:

- **الزمن التفاؤلي**: وهو الزمن الذي يحتاجه نشاط ما إذا ما سار كل شيء على ما يرام، ويرمز إليه بـ a.

- **الزمن الأكثر احتمالا**: وهو الزمن الأكثر واقعية لإنجاز النشاط. ويمكن الحصول عليه إذا ما تم

تكرار القيام بنفس العمل عددا كبيرا من المرات، وتحت ظروف مماثلة. ويرمز إليه ب m.

- **الزمن التشاؤمي:** وهو الزمن الذي يحتاجه نشاط مع افتراض حدوث ظروف غير ملائمة تماما، من حيث عدم توفر الإمكانيات، وانخفاض الكفاءة التي يتم بها التنفيذ، بحيث يكون احتمال انتهاء النشاط في زمن أطول من ذلك، ولا يزيد عن 1%. ويرمز إليه بالرمز b.

ويعتبر أفضل توزيع احتمالي يمكن أن يمثل هذه التقديرات الثلاثة، هو توزيع بيتا، والذي بموجبه يمكن احتساب متوسط الوقت المتوقع لإنجاز أي نشاط بالمعادلة الرياضية التالية :

$$t_{ij} = \frac{\frac{a+b}{2} + 2m}{3} = \frac{a+4m+b}{6}$$

ولحساب تشتت التباين V لتقدير الزمن المتوقع، نستخدم المعادلة الرياضية التالية :

$$V = (\frac{b-a}{6})^2$$

بما أن طريقة بارت تتصف بالطابع الإحتمالي، فإنها تستخدم قيما احتمالية أخرى لمعرفة احتمال إنهاء نشاط معين، أو مشروع في فترة زمنية محددة T. ونتبع لذلك الخطوات التالية :

أ‌– نحتسب الزمن المتوقع لإنجاز كل نشاط في المشروع كما بيّنا ذلك سابقا.

ب‌– نحدد الزمن المتوقع، وكذلك المسار الحرج لإنجاز المشروع كله (نرمز إليه بـ E).

ج‌– نحتسب التباين V_k للنشاطات الحرجة في المشروع، كما بيّنا ذلك سابقا.

د‌– نحتسب التباين الكلي للمشروع الذي يحسب كالآتي:

$$\delta^2 = \sum_k V_k$$

هـ– نحتسب الانحراف المعياري للمشروع :

$$S = \sqrt{\delta^2}$$

و- نحتسب احتمالية إنهاء المشروع :

$$P = \Phi(\frac{T-E}{S})$$

ز- ومن جدول المساحات لمنحنى التوزيع الطبيعي المعياري، نجد القيمة المناظرة والتي تساوي P.

مثال تطبيقي.

نفترض أن مدير مشروع معين قدّر a و b و m لإنجاز أنشطة المشروع، وفق المعلومات المبينة في الشكل 6-28 . تبين الأعمدة الأخيرة حساب الوقت المتوقع لإنجاز كل نشاط وتباينه.

النشاط (i,j)	الأنشطة	a	b	m	T_{ij}	V_{ij}
A = (1,2)	-	1	3	2	2	0.11
B =(2,3)	A	2	6	4	4	0.44
C = (2,4)	A	1	3	2	2	0.11
D = (3,5)	B	2	4	3	3	0.11
E = (4,5)	C	3	5	4	4	0.11
F = (5,6)	D, E	2	4	3	3	0.11

الشكل 28.6 : حساب الوقت المتوقع لإنجاز كل نشاط ومقدار تشتت التباين.

يبين الشكل 6-29 الخريطة الشبكية للمشروع وقد حملت عليها أوقات البدء المبكر والانتهاء المتأخر والمسار الحرج بخط غليظ والمتمثل في الأنشطة A و B و D و F.

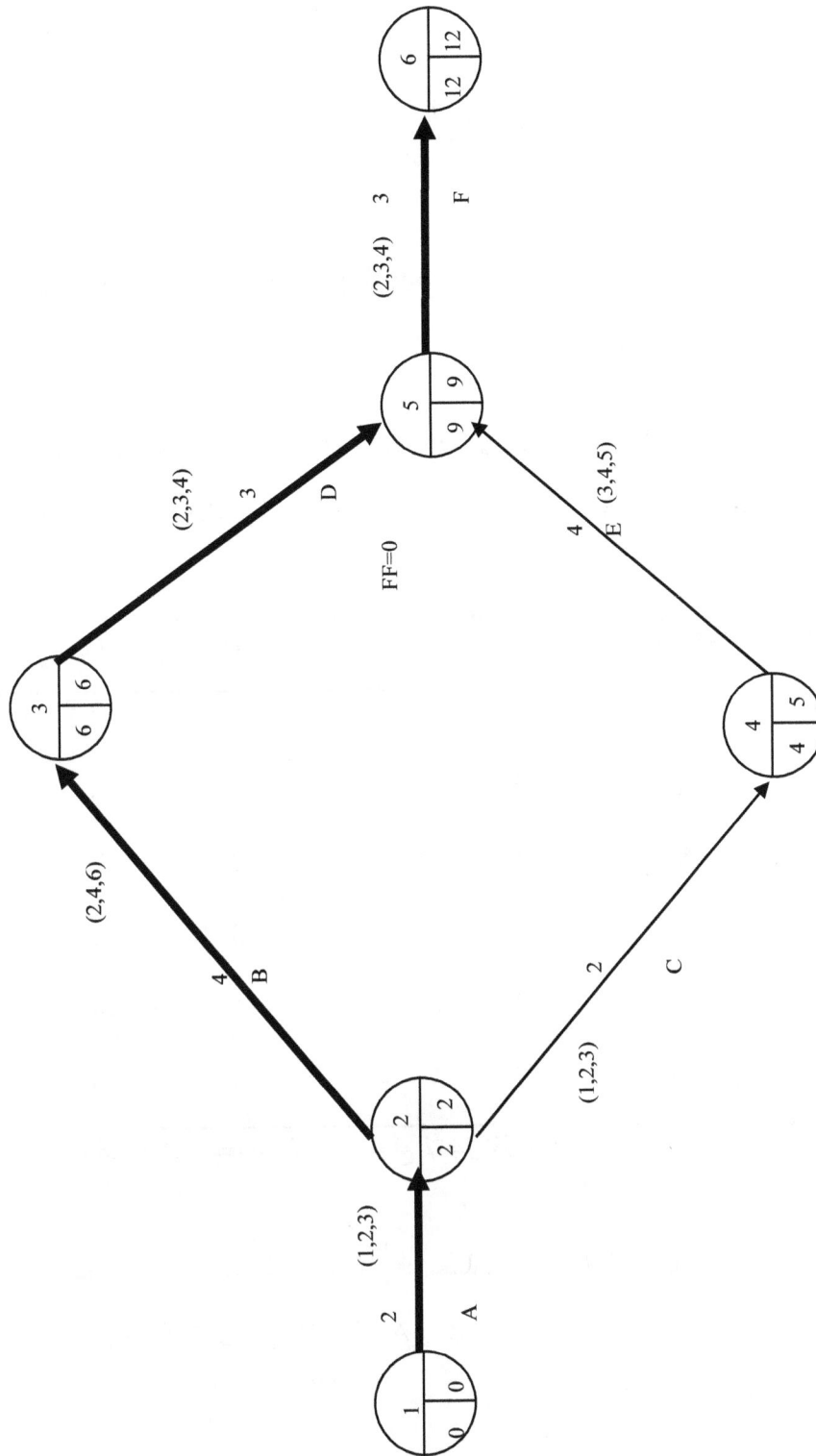

الشكل 29.6 : الخريطة الشبكية للجدول 28-6.

نريد الآن احتساب ما يلي:

- تباين المشروع الكلي،

- الزمن المتوقع لإنجاز المشروع E،

- الانحراف المعياري S،

- احتمال إنهاء المشروع في 10 أسابيع،

- احتمال إنهاء المشروع في 14 أسابيع،

- ما هو الحد الأقصى الممكن للتفاوض على إمكانية تنفيذه في حدوده، بالشكل الذي يزيد احتمال تحقق ذلك 95% ؟

الحل

○ نحتسب تباين المشروع الكلي كالآتي:

$$\delta^2 = \sum_k V_k = V_{12} + V_{23} + V_{34} + V_{45} = 0.11 + 0.44 + 0.11 + 0.11 = 0.77$$

○ الزمن المتوقع لإنجاز المشروع E يساوي:

$$E = 2 + 4 + 3 + 3 = 12$$

○ الانحراف المعياري S يساوي:

$$S = \sqrt{0.77} = 0.88$$

○ احتمال إنهاء المشروع في 10 أسابيع يحسب على النحو التالي :

$$P = \Phi(\frac{T-E}{S}) = \Phi(\frac{10-12}{0.88}) = \Phi(\frac{-2}{0.88}) = \Phi(-2.27) =$$

$$= 1 - \Phi(2.27) = 1 - 0.9967 = 0.0033 = 0.33\%$$

○ احتمال إنهاء المشروع في 14 أسبوع يحسب كالآتي :

$$P = \Phi(\frac{T - E}{S}) = \Phi(\frac{14 - 12}{0.88}) = \Phi(\frac{2}{0.88}) = \Phi(2.27) = 0.9967 = 99.67\%$$

- الحد الأقصى الممكن للتفاوض على إمكانية تنفيذه في حدوده، بالشكل الذي يزيد احتمال تحقق ذلك 95% ، يعني أن المطلوب هو تحديد T بحيث :

$$P(T \leq E) \geq 95\%$$

علما وأن القيمة المقابلة لـ 95% هي 1.65 وبالتالي فإن :

$$P = \Phi(\frac{T - E}{S}) = \Phi(\frac{T - 12}{0.88}) = \Phi(1.65)$$

$$\Rightarrow \frac{T - 12}{0.88} = 1.65 \Rightarrow T = 1.65 x 0.88 + 12 = 13.452$$

ملاءمة الوقت والتكلفة.

تعرضنا في الفقرات السابقة إلى حساب الوقت المتوقع لإنجاز المشروع، والمبني على الأوقات المتوقعة لإنجاز الأنشطة المختلفة للمشروع. يمكن عندئذ طرح السؤالين التاليين:

- هل يمكن إنجاز المشروع في وقت أقل ؟
- وما الذي يترتب على ذلك ؟.

والجواب على ذلك: نعم يمكن إنجاز المشروع في وقت أقل، ويترتب عنه تطبيق إحدى العمليات التالية:

- تعيين واستخدام أفراد إضافيين،
- تشغيل الأفراد وقتا إضافيا،
- شراء آلات ومعدات أكثر عددا، أو أحسن أداء لمساعدة الأفراد على إنجاز المشروع في وقت أقل.

تسمى هذه العملية (أي عملية من العمليات المذكورة سابقا) بعملية تعجيل تنفيذ المشروع. ويتطلب تنفيذ المشروع في وقت أقصر من الفترة المحددة زيادة في التكلفة والتي تشتمل على:

- التكاليف المباشرة: وتتمثل في تكلفة المواد الخام (الأجهزة)، والعمالة المباشرة لإنجاز المشروع والتي تؤخذ بعين الاعتبار عند دراسة تكلفة كل نشاط.

– التكاليف غير المباشرة: وتتمثل في تكاليف الإشراف، ومصاريف الإدارة وغرامات التأخير في الإنجاز والتي تؤخذ بعين الاعتبار في مرحلة التحليل النهائية للمشروع.

يمثل الشكل 6-30 العلاقة بين التكلفة وزمن الإنجاز حيث :

– C_c : تكلفة التعجيل، ويقصد بها أدنى تكلفة مباشرة متوقعة لإنجاز وقت لازم لإتمام النشاط في أقل زمن.

– T_c : زمن التعجيل، ويقصد به أقل وقت لازم لإتمام النشاط.

– C_n : التكلفة العادية وهي أقل تكلفة مباشرة ممكنة تلزم لإتمام النشاط في الظروف العادية.

– T_n : الوقت العادي، ويقصد به الزمن المقدر لإنجاز النشاط في الظروف العادية.

– ميل تكلفة النشاط k ويمثل التكلفة الإضافية اللازمة لتوفير وحدة زمنية واحدة (أسبوع مثلا) من فترة إنجاز النشاط، ويحسب بالعلاقة الرياضية التالية :

$$Slope = \frac{C_c - C_n}{T_n - T_c}$$

وتفترض هذه العلاقة وجود علاقة خطية بين التكلفة وزمن الإنجاز، وهو تقريب معقول لميل التكلفة الفعلية. وفي حالة عدم إمكانية التعبير عن التكلفة في شكل خط مستقيم، فإنه بالإمكان التعبير عن التكلفة في شكل مجموعة من العلاقات الخطية المتقطعة .

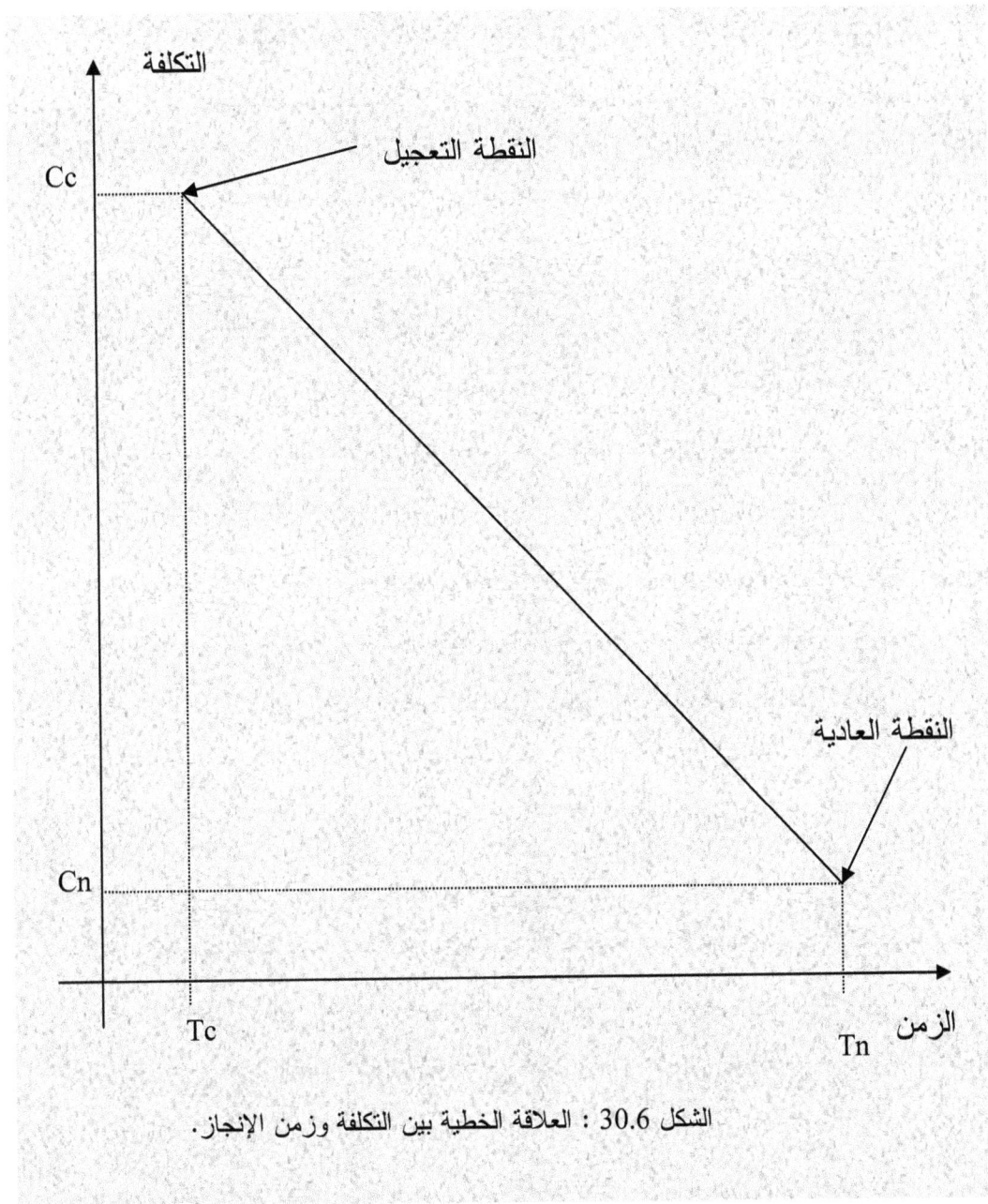

الشكل 30.6 : العلاقة الخطية بين التكلفة وزمن الإنجاز.

بناءا على العلاقة بين التكلفة ووقت الإنجاز لكل الأنشطة المكونة للمشروع، فإنه يمكننا تـصميم برنامج يقلل من زمن الإنجاز إلى أدنى وقت، وبأقل تكلفة مباشرة ممكنة. ومما هـو جـدير بالـذكر، أن الأنشطة الحرجة هي التي يمكن فقط عن طريق تخفيض زمن إنجازها، تخفيض زمن إنجـاز المـشروع ككل. ونلاحظ في هذا الصدد، أن المسار الحرج يمكن أن يتغير بعد التعجيل.

نورد في ما يلي المثال التالي لتوضيح خطوات التعجيل في زمن إنجاز المشروع.

مثال

نفترض أن أحد المشروعات يتكون من مجموعة الأنـشطة التاليـة : A و B و C و D و E و F وفـق المعلومات المبينة في الشكل 6-32 ، حيث الوقت العادي ووقت التعجيل والتكلفة للوقت العـادي ووقـت التعجيل مبينة في الجدول شكل 6-31 .

النشاط	العادي		التعجيل	
	الوقت	التكلفة	الوقت	التكلفة
A	8	100	6	200
B	4	150	2	350
C	5	100	1	200
D	2	50	1	90
E	3	80	1	100
F	10	100	5	400
المجموع	-	580	-	1340

الشكل 31.6 : تكلفة وأزمنة تعجيل أنشطة المشروع.

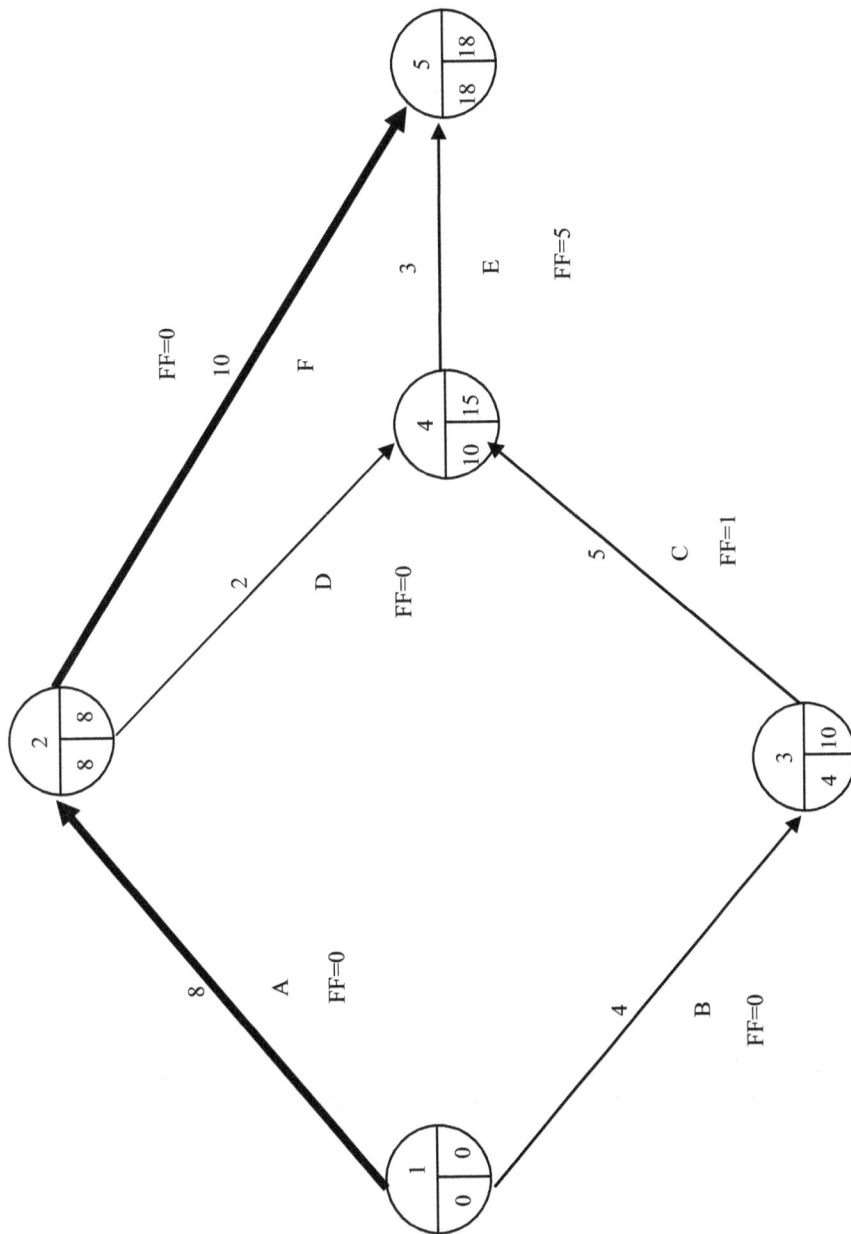

الشكل 32.6: الخريطة الشبكية للمشروع مع الوقت الفائض الكلي

بتطبيق القاعدة :

$$Slope = \frac{\Delta C}{\Delta T}$$

نجد القيم المبينة في الجدول (الشكل 6-33) كميل التكلفة الإضافية مقابل أسبوع من النشاط :

النشاط	Slope
A	50
B	100
C	25
D	40
E	10
F	60

الشكل 33.6 : جدول ميل التكلفة الإضافية مقابل أسبوع من النشاط

المطلوب

المطلوب تحديد أقصر وقت ممكن لإنجاز المشروع وبأقل زيادة في التكاليف.

الحل الأول : المسار الحرج في الشبكة.
نحدد المسار الحرج من الشكل 6-32 وهو A-F ووقت إنجاز المشروع هو 18 أسبوعا وتكلفة إنجازه 580.

الحل الثاني : تعجيل النشاط A.
تتم المقارنة بين التكاليف الإضافية التي تنتج من تعجيل المشروع مدة أسبوع واحد في إتمام الأنشطة الحرجة، وعلى أساسها يتم اختيار النشاط الذي تكون فيه تكاليف التعجيل (ميل التكلفة الإضافية مقابل أسبوع من النشاط) أقل ما يمكن. وبتطبيق ذلك، نقارن بين النشاطين A و F، فإننا نجد أن التكاليف الإضافية الخاصة بالتعجيل أسبوعا واحدا، هي على الترتيب 50 و 60 وبالتالي يتم اختيار النشاط ذي التكاليف الإضافية الأقل وهو النشاط A.

أقصى زمن يمكن تقصير النشاط به هو أسبوعان (الوقت العادي – الوقت المعجل) وبالتالي نقصر مدة

نشاط A بأسبوعين. نتحصل عندئذ على النتائج التالية :

- مدة إنجاز المشروع ككل تساوي 16 أسبوع.

- تكلفة المشروع = التكلفة الأساسية + تكلفة تعجيل بأسبوعين للنشاط A

$$= 580 + 2 \text{ x } 50 = 680.$$

ثم نعيد رسم الشبكة فنتحصل على الشكل 6-34.

الحل الثالث : تعجيل النشاط F.

نلاحظ أن المسار الحرج بعد التعجيل الأول ما زال نفسه وهو A-F، ووقت إنجاز المشروع هو 16 أسبوعا، وتكلفة إنجازه 680. كما نلاحظ من التعجيل السابق، أننا قد قصرنا زمن النشاط A إلى الحد الأقصى الممكن، وبالتالي نختار النشاط F لتعجيل زمن إنجازه. وأقصى زمن لتعجيل النشاط F هو الفرق بين الوقت العادي لإنجازه والوقت المعجل، ويساوي : 10-5=5.

ولكون الحد الأقصى لوقت الفائض الحر للنشاط (4,5) يساوي 4، فإن الحد الأقصى للتعجيل يساوي 4 أسابيع. ومن هنا نستنتج أن وقت إنجاز المشروع بعد التعجيل يصبح 12 أسبوعا بدلا من 16. أما تكلفة إنجاز المشروع فتزداد بـ 240 (240 =60 x 4)، فتصبح تساوي 680+240=920. ويمكن إذن إعادة رسم الخريطة الشبكية لتفضي إلى الشكل 6-35.

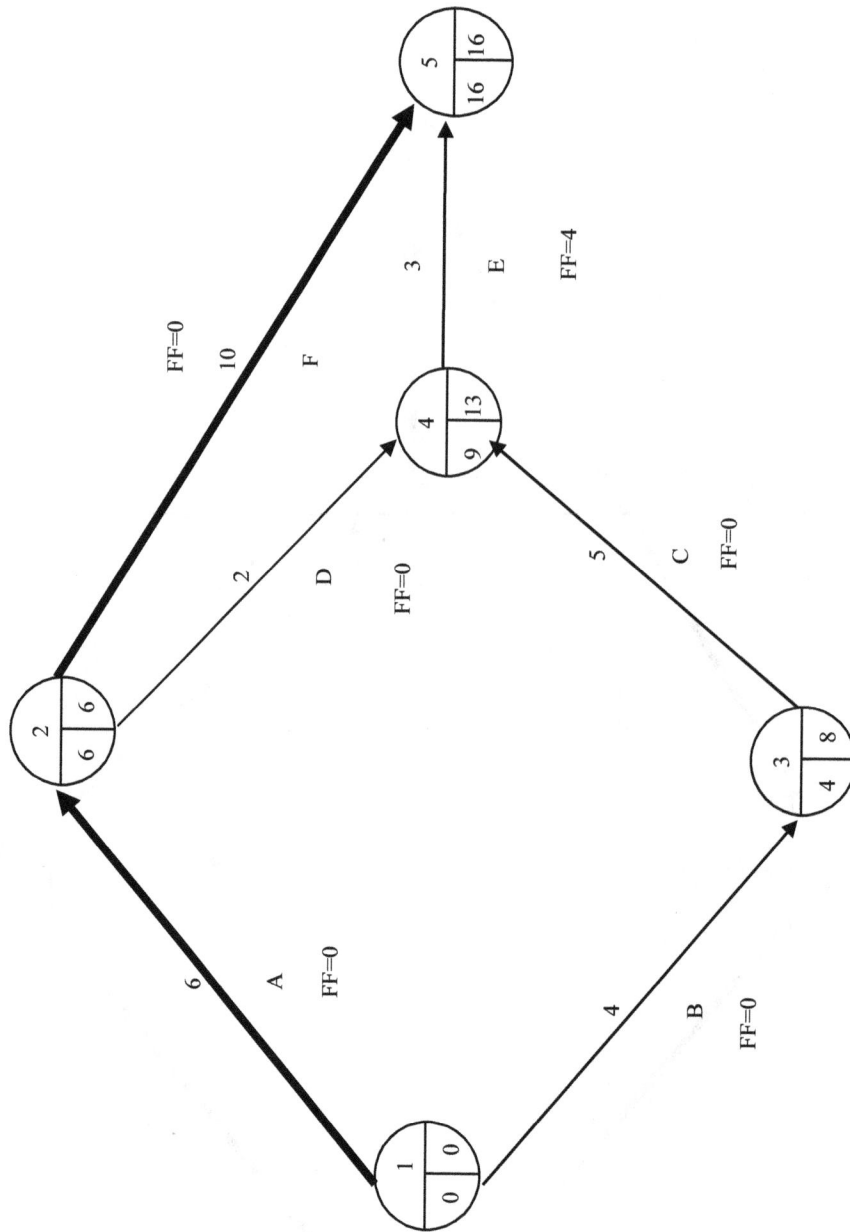

الشكل 34.6: الخريطة الشبكية للمشروع بعد التعجيل الأول

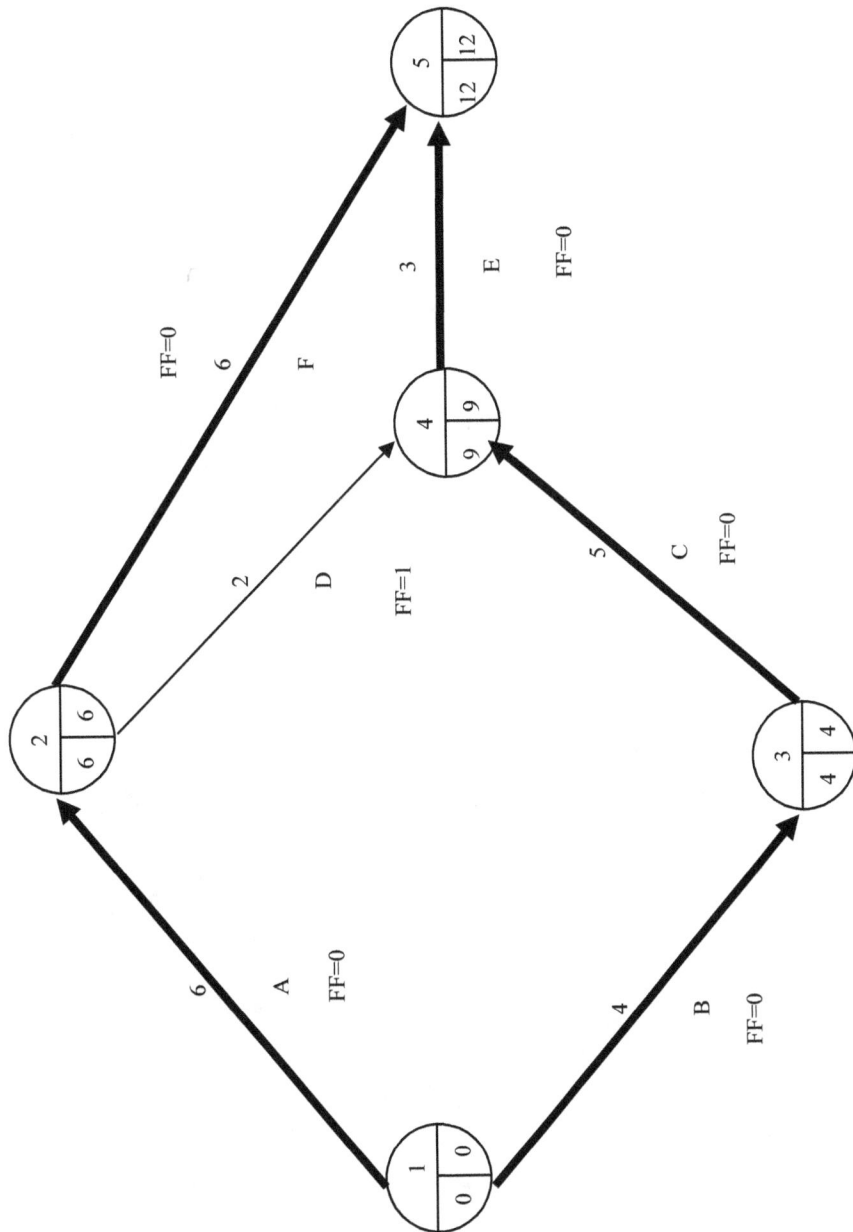

الشكل 35.6: الخريطة الشبكية للمشروع بعد التعجيل الثاني

الحل الرابع : تعجيل النشاطين E و F.

أصبح لدينا بعد التعجيل السابق مساران حرجان :

- الأول : هو A-F، ووقت إنجاز المشروع هو 12 أسبوعا،

- الثاني : هو B-C-E، ومقداره أيضا 12 أسبوعا.

وبالتالي فإن تعجيل المشروع يكون بتقصير زمن كل من هذين المسارين في نفس الوقت. في المسار الأول يمكن تقصير زمن النشاط F بأسبوع واحد. أما في المسار الثاني فيمكن تطبيق مبدأ المقارنة، فنجد أن النشاط الذي يحقق أقل تكلفة إضافية هو النشاط E. وبما أن أقصى فترة زمنية لتقصير هذا النشاط يساوي أسبوعين، فإن الحد الأقصى لزمن تعجيل المسارين هو أسبوع واحد. لذلك، تصبح مدة إنجاز المشروع 11 أسبوعا، وتكلفته تساوي : 920 + 60 + 15 = 995. وبموجب هذا التعجيل، يمكن إنجاز المشروع حسب الخريطة الشبكية المبينة في الشكل 36.6.

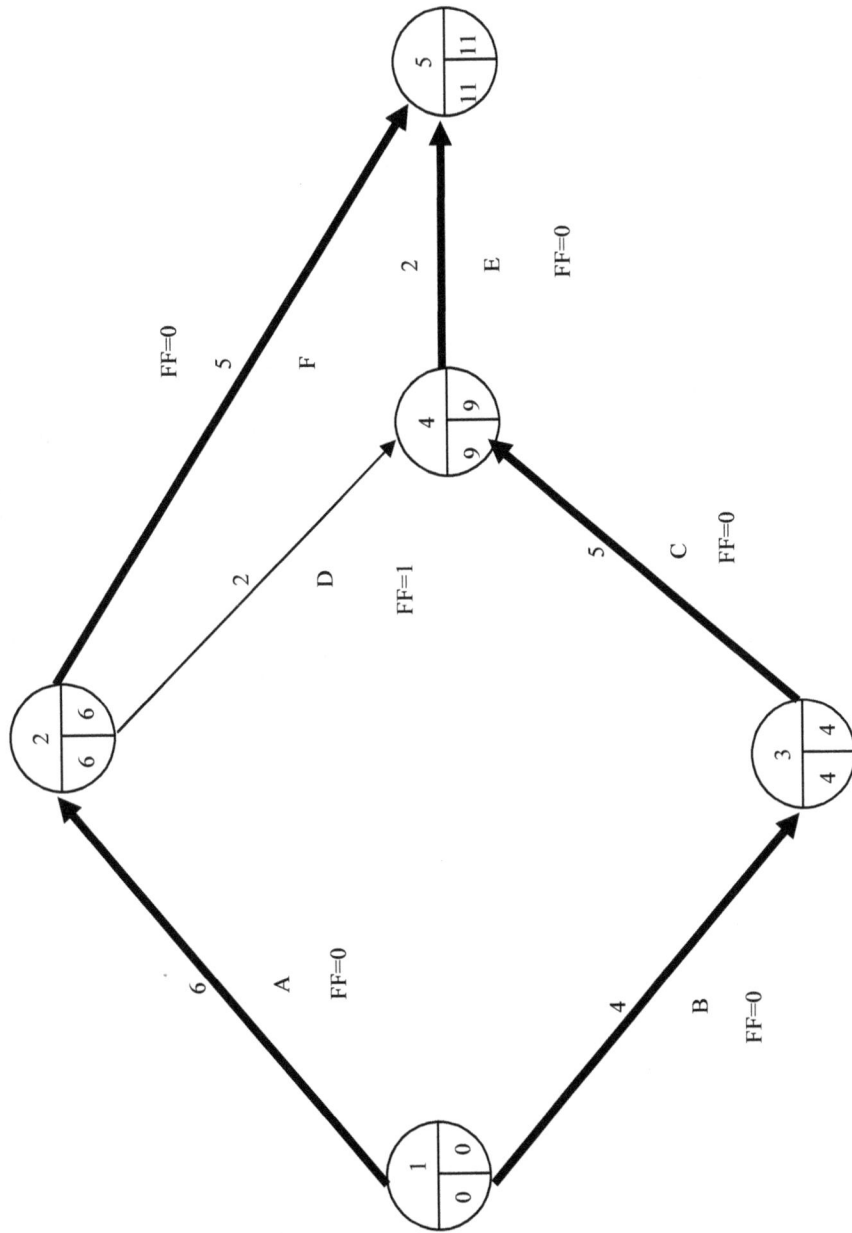

الشكل 36.6: الخريطة الشبكية للمشروع بعد التعجيل الثالث

الأدوات البرمجية المتقدمة لإدارة المشاريع

تبسط برمجيات إدارة المشاريع مهام التخطيط، وجدولة، وإدارة المشاريع إلى حد كبير. تتمثل وظائف برمجيات إدارة المشاريع في تحقيق المهام التالية:

- تدير بنية العمل المصنّفة؛
- تبني التبعيات بين المهام؛
- تسمح بأزمان التقديم والتأخر؛
- تحدد المعالم أو الأحداث الهامة؛
- تسجل وتنظم مهام وموارد المشروع؛
- توفر المخططات والتقارير للمساعدة في تخطيط المشاريع والتحكم بها؛
- تحدد المهام على المسار الحرج؛
- تسهل مراقبة المشاريع؛
- تمكّن من إجراء التغييرات بسهولة كبيرة؛
- تسجل التقدم المنجز في مختلف الفعاليات.

أنواع برمجيات إدارة المشاريع

تم تصميم بعض برمجيات إدارة المشاريع للتعامل مع البيئات التي تحوي مشروعا كبيرا واحدا فقط، والتي تتمتع بالعديد من الميزات وبكلفة عالية، في حين تم تصميم بعضها الآخر للتعامل مع المشاريع الأصغر وبكلفة أقل.

إن أحد النظم الشائعة في الولايات المتحدة هو برنامج ميكروسوفت بروجكت، والذي يكمّل حزمة برمجيات أوفيس التطبيقية وبرنامج سوبر بروجكت من شركة كومبيوتر أسسوسيت. كما تتوفر العديد من حزم البرمجيات الأخرى.

إذا لا تمتلك الشركة نظاما مفضّلا لديها، فسوف يحتاج مدير المشروع لتقييم هذه النظم لتحديد إلى أي حد تحققت متطلبات المشروع. إضافة إلى ذلك، سيبقى مدير المشروع بحاجة لتحديد التبعيات بين المهام، وتقدير الزمن اللازم للمهام المختلفة.

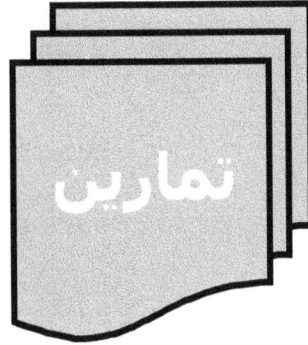

تمارين

1. اذكر الطريقتين المستخدمتين في التحليل الشبكي وبين الفرق أو الفروق بينها.
2. عرف معنى إدارة المشروع ومحتويات خطته.
3. اذكر الأدوات المستخدمة في إدارة المشروع.
4. حدد أهداف البرنامجين CPM و PERT.
5. حدد معنى المسار الحرج (Critical Path).
6. انطلاقا من الخريطة الشبكية المبينة في الشكل 6-37، نريد استخدام طريقة المسار الحرج CPM لإيجاد وقت البدء المبكر ووقت الانتهاء المتأخر عند كل حدث مع توضيح ذلك على الخريطة الشبكية. حدد بعد ذلك الأنشطة الحرجة وبين ذلك على الخريطة الشبكية بخط غليظ (المسار الحرج).

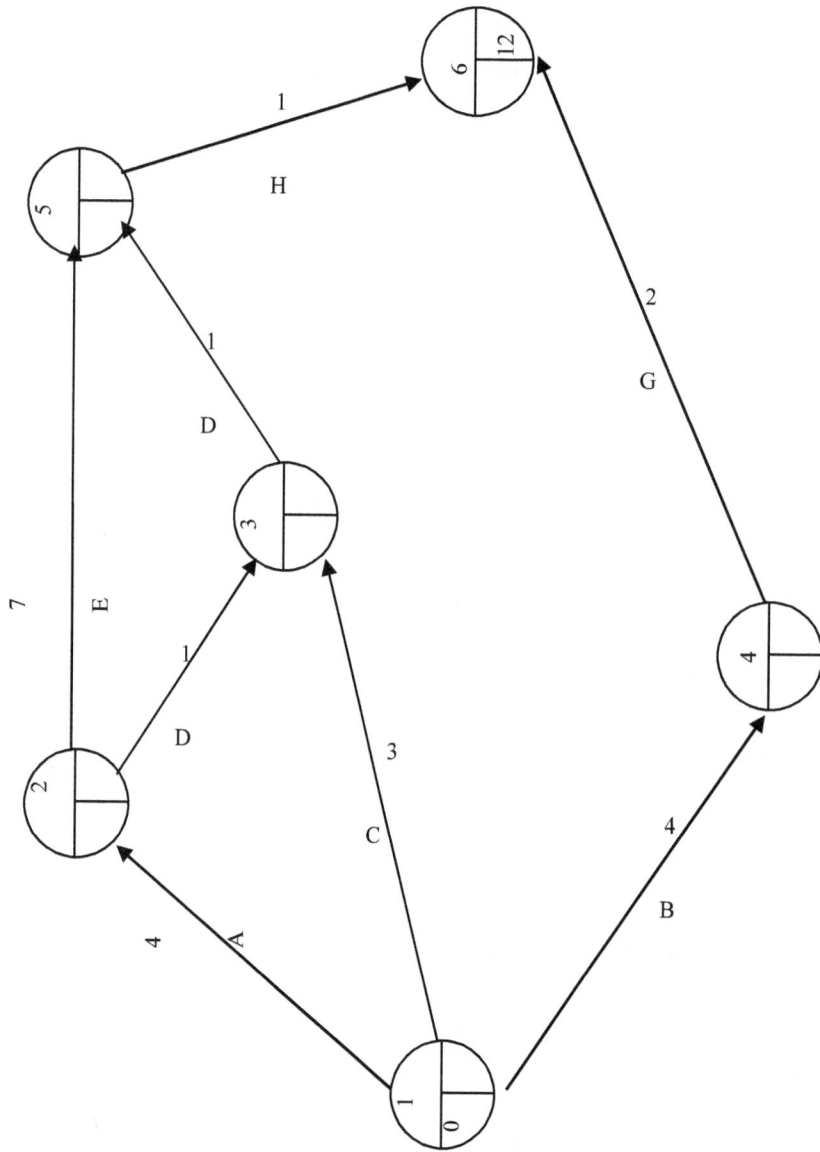

الشكل 37.6 : تمرين

7 | مدير المؤسسة وإدارة المشروع

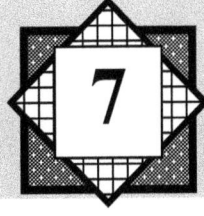

يهدف هذا الفصل إلى التعرف على:

○ مدير المؤسسة ووظائفه،

○ فريق المشروع ووظائفه،

○ التخطيط للمشروع (التخطيط المسبق، تحديد الميزانية)

○ متطلبات المشروع،

○ تحديد أهداف المشروع وجدولة الأعمال،

○ تحديد احتياجات المشروع وتقييمها،

○ التخطيط لتوحيد الأنظمة،

○ تحديد الأولويات.

تمهيد

تخضع إدارة المشروع إلى مجموعة تضم عدة أعضاء يختلفون في الوظائف. تضم هذه المجموعة:

• مدير المؤسسة

• أعضاء المشروع

• موظفو المؤسسة

نتعرف ضمن هذا الفصل على هذه المجموعة ومختلف وظائف أعضائها.

مدير المؤسسة

يتمثل دور مدير المؤسسة بصفة عامة، في وضع معايير لقياس التقدم نحو إنجاز أهداف معينة. كما يلعب مدير المؤسسة دور التنسيق بين مختلف موظفي المؤسسة.

يتضح جليا إذن، أن مدير المؤسسة ليس بالشخص الذي ينجز العمل، وإنما هو المسؤول على تحديد العمل الذي يجب أن ينجز، ومتى وأين ينجز، وإلى أي غرض ينجز.

بالارتكاز على النظريات التقليدية التي تعرّف <u>الإدارة</u>، فإن إدارة الأعمال تعني المجهود المبذول لتحقيق أهداف أعمال، من خلال القيادة، والتخطيط، والتنظيم، والتحكم، والرقابة. بالتخطيط، يضع مدير المؤسسة أهداف المؤسسة، ويحدد مهام الموظفين لتحقيق هذه الأهداف. وبالتنظيم، تحدد الموارد البشريّة والماديّة لإنجاز هذه المهام. تتمثّل القيادة في تحفيز الموظفين على أداء عملهم على أحسن وجه. أما التحكم والرقابة فإنهما يتمثلان في توجيه الأعمال وتصحيحها كلما دعت الحاجة إلى ذلك.

موظفو المؤسسة

لا يجب التوقع أن جميع موظفي المؤسسة سوف يتقبلون بسهولة التحوّل إلى نظام جديد، خاصة القدامى منهم. بالإضافة إلى هذه الفئة (فئة الموظفين القدامى)، نجد فئة أخرى، تجد متعة في استخدام الفأرة ذات الأصابع المزدوجة والواجهات الرسومية، غير مكترثة بمردود هذه التقنية الجديدة على المؤسسة. لذلك وجب التوفيق بين هذين الفئتين وترغيبهم في استخدام التقنيات الجديدة.

أعضاء المشروع

يتكون أعضاء المشروع من:

- مدير مشروع،
- فريق المشروع.

نتعرف الآن على وظيفة كل واحد من هؤلاء الأعضاء.

وظائف مدير المشروع

تتمثّل وظائف مدير المشروع في إنجاز مهام نذكر من أهمها ما يلي:

- تحديد الهدف والغرض من المشروع، وتعيين الحدود (تحديد القيم القصوى لأهم المتغيرات كالتكلفة ومدة الإنجاز،....).

- تحديد التوقعات حول ما الذي سوف ينجز وما الذي سوف لن ينجز من المشروع. تخول هذه العملية تجنب عواقب المفاجآت، التي يمكن أن تحصل عند انتهاء الفترة الزمنية المخصصة لنهاية المشروع.
- وضع مخطط عام لكل مراحل المشروع، ومخطط آخر منفصل يحتوي على تفاصيل كل مرحلة من مراحل المشروع. يجب التفطن إلى أن التفاصيل المخططة يمكنها أن تتغير بمجرّد الانتهاء من إنجاز تفاصيل سابقة. لذلك فإنه يتم تخطيط تفاصيل المراحل مع تقدم المشروع. يجب تحديد الإجابة عن الأسئلة التي تبدأ بالأدوات المبينة في الشكل 1.7 لكل مرحلة من مراحل المشروع:

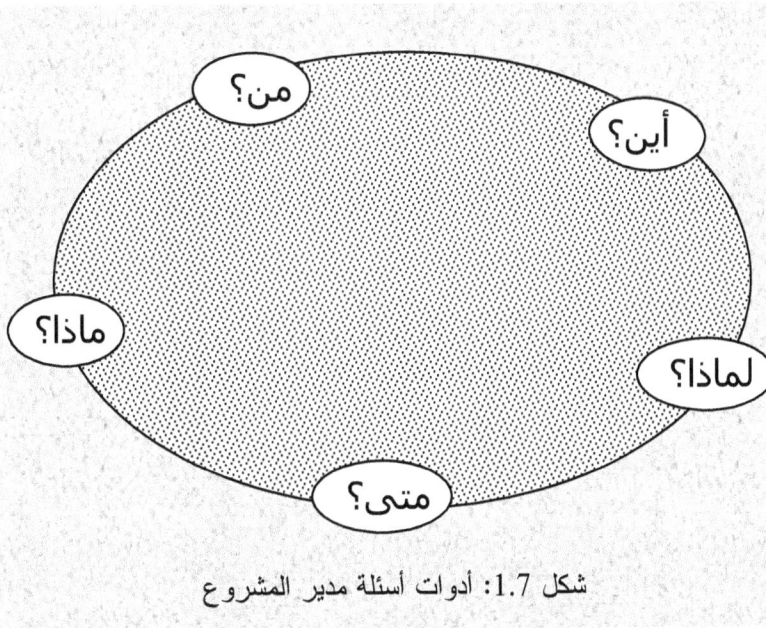

شكل 1.7: أدوات أسئلة مدير المشروع

- وضع تقييم للمتغيرات التالية:
  - الوقت اللازم لإتمام المشروع،
  - الموارد الضرورية لتحقيق المشروع،
  - مستوى المشاركة لكل فرد يمسه النظام الجديد.

يجب الأخذ بعين الاعتبار، أنه من الممكن أن يتطلب المشروع أكثر وقتا وموارداً مما خطط له.

- تكريس أفراد المؤسسة المنتدبين للمشروع لخدمة المشروع فقط. يعني هذا أنه وجب إعفاءهم من المهام التي عهدت لهم سابق في المؤسسة، إلى أن ينتهي إنجاز المشروع.

فريق المشروع

يجب على مدير المؤسسة أن يحسن اختيار فريق المشروع، بالارتكاز على مدى خبرة كل فرد من الفريق وتفانيه في العمل. لا يجب أن يرتكز الاختيار على رخص يد العاملة، أو توفرها في المؤسسة. يجب على مدير المؤسسة أن يعطي لنفسه الوقت الكافي لاختيار هذا الفريق، ولا يستعجل أبدا في اختيار كل فرد من أفراده. في أغلب الأحيان، يستحسن أن تعطى مسؤولية الإشراف على المشروع لفريق من خارج المؤسسة.

وظائف فريق المشروع

تتمثل الوظيفة الرئيسية لفريق المشروع، في دراسة التقنية والمعلومات المستخدمة داخل المؤسسة. يضاف إلى ذلك المهام التالية:

- تشغيل النظام الجديد على المعدات المستخدمة من قبل، والمتواجدة في المؤسسة. لهذا الغرض وجب تفحص إمكانية توافق النظام مع التقنية القديمة المستخدمة. لهذا الغرض، وفي حالة عدم التوافق، فقد يستوجب الأمر دفع مصاريف إضافية غالبا ما تكون بسيطة.

- إمكانية تغيير المعدات المتواجدة في المؤسسة بمعدات حديثة. إذا وصل فريق المشروع إلى هذا القرار، فليعلم جيدا أنه هذا الوقت المناسب لهذا التغيير، الذي يندرج ضمن مجموعة أخرى من التغييرات داخل المؤسسة. لكن لا يجب أن تسبق هذه العملية في أي حال من الأحوال عملية اختيار برمجيات النظام الجديد.

- تشغيل البرمجيات الجديدة وسط مزيج من المعدات القديمة والحديثة.

- تفحص وثائق النظام الحالي، ذلك أن برمجيات النظام الجديد لن تحل كل مشاكل المؤسسة، إلا إذا حددت هذه المشاكل وظهرت جليا للعيان. ليس هذا فقط، بل وجب حل هذه المشاكل قبل اختيار النظام الجديد.

مراحل إدارة المشروع من طرف مدير المؤسسة

تمر إدارة المشروع من طرف مدير المؤسسة بأهم المراحل التالية (شكل 2.7):

الموافقة على إدارة المشروع

يجب على مدير المؤسسة أن يتأكد أن لفريق المشروع سيطرة وقدرة في إدارة المشروع، وأن موظفي المؤسسة شاعرون بذلك. كما وجب أن يعاين مدير المشروع أعمال الفريق. في حالة رضاه عن الفريق، وجب عليه أن يظهر له تأييده وموافقته على هذه الأعمال، وذلك حتى يتشجع الفريق، ويمضي قدما في دراسة المشروع. إنه لمن المهم جدا أن يصل خبر الموافقة إلى موظفي المؤسسة.

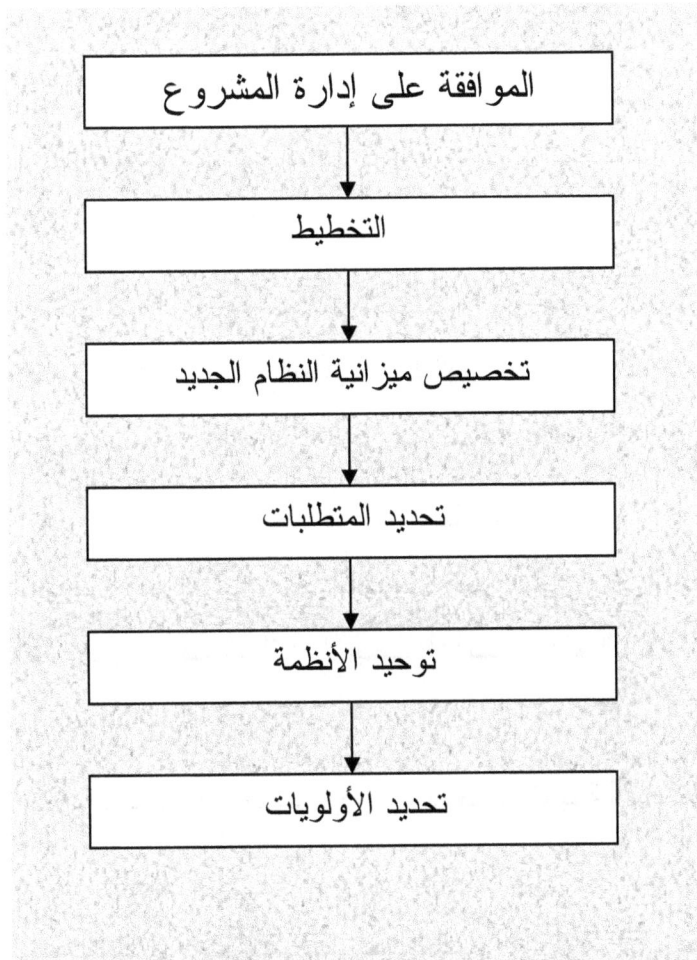

```
┌─────────────────────────────────┐
│   الموافقة على إدارة المشروع      │
└─────────────────────────────────┘
                │
                ▼
┌─────────────────────────────────┐
│           التخطيط                │
└─────────────────────────────────┘
                │
                ▼
┌─────────────────────────────────┐
│   تخصيص ميزانية النظام الجديد     │
└─────────────────────────────────┘
                │
                ▼
┌─────────────────────────────────┐
│        تحديد المتطلبات            │
└─────────────────────────────────┘
                │
                ▼
┌─────────────────────────────────┐
│         توحيد الأنظمة             │
└─────────────────────────────────┘
                │
                ▼
┌─────────────────────────────────┐
│        تحديد الأولويات            │
└─────────────────────────────────┘
```

شكل 2.7 : مراحل إدارة المشروع من طرف مدير المؤسسة

التخطيــط

في هذه المرحلة، وجب على مدير المؤسسة أن يحدد مكان تواجده في النظام القديم، والمكان الذي يصبو إلى تحقيقه في النظام الجديد. وبقدر ما يركز تفكيره على هذه النقطة، بقدر ما يحقق التقدم المرجو. يساعده هذا التفكير على تحديد الأمور التالية:

- تحديد فريق عمل ينكب على دراسة المشروع،
- تحديد متطلبات المشروع الجديد،
- اختيار البرمجيات ومعدات الحاسب الآلي ،
- تدريب موظفي المؤسسة على استخدام النظام الجديد،
- إجراء بعض الاختبارات المتوازنة على النظام القديم، ثم على نظام جديد مشابه (حتى لو أمكن في مؤسسة مشابهة)، ثم التحقق من أن النتائج المتحصل عليها متساوية باستخدام نفس أسلوب المعالجة،
- تحويل النظام القديم للبيانات وتحميله على النظام الجديد،
- إعادة توزيع المعدات والبرمجيات القديمة إذا هي مازالت صالحة للنظام الجديد.

ملاحظات

○ يجب على مدير المؤسسة أن يحدد أفراد الموظفين الذين سوف ينجزون الأعمال الجديدة والتي سوف يوفرها النظام الجديد. كما وجب عليه أن يقيم الفوائد المرجوة من هذه الأعمال الجديدة. بالإضافة إلى ذلك، وجب معرفة طريقة قياس هذه الفوائد حتى يستطيع معرفة مردود النظام الجديد.

○ ليس بالضرورة تعيين جهاز حاسب آلي لكل موظف، حيث أنه بالإمكان مقاسمة جهاز واحد بين اثنين على الأقل من الموظفين، حسب جدول عمل عادل. ومن جهة أخرى، فإنه لا يجب التقصير في توفير المعدات الحديثة في المؤسسة، خاصة إذا تواجد عدد من الموظفين المتمتعين بخبرة لا بأس بها. خلاصة القول، يجب توفير توازن بين كل ذلك.

تخصيص ميزانية النظام الجديد

يجب على مدير المؤسسة الأخذ بعين الاعتبار ما يلي عند تخصيص الميزانية الجديدة:

- يجب أن يكون واقعيا عند تحديد الميزانية، وذلك حتى يكون تخطيطه للنظام الجديد محكما.

- يجب الأخذ بعين الاعتبار أن هناك أشياء أخرى لم تأخذ بعين الاعتبار لعدم إدراكها أو جهلها.

- يجب أن يكون جاهزا لمصاريف لم يخطط لها.

- يجب أن يكون واقعيا، ولا يغض الطرف على بعض الأمور المكلفة، لأنه لا مناص منها، وسوف تظهر له على الساحة من جديد، ويمكن أن تتبعها مشاكل ناتجة عن إهمالها.

يجب على مدير المؤسسة الأخذ بعين الاعتبار عند تخصيص الميزانية الجديدة، أنه هناك مصاريف مخفية:

○ وقت، أناس، موارد. هناك وقت مخصص لإعداد طاقم المشروع، وهذا الوقت له ثمن،

○ تموين،

○ طرفيات مثل الطابعات والماسح الضوئي،...

يضاف إلى كل ذلك مصارف مخصصة لأعمال الصيانة، ومتابعة تنصيب النظام الجديد واستخدامه، والتي نذكر منها الآتي:

- معدات،

- برمجيات،

- تطوير شبكة الحاسب الآلي ،

- صيانة الشبكة، والمعدات، والبرمجيات، وأعمال المتابعة،

- تغيير البيانات،

- الدورات التدريبية.

إن المصاريف التابعة لاقتناء معدات وبرمجيات متطورة ليس لها فائدة إذا وقعت بين أيادي طاقم غير متمرس. لذلك وجب إعطاء الدورات التدريبية حقها في الميزانية، ولا يجب في أي حال من الأحوال الاستهانة بها. تخول هذه الدورات التدريبية إعطاء الإمكانية للطاقم المتدرب القدرة على الصيانة، والتأييد، والمتابعة.

نقصد بالصيانة هنا، تحديد المشاكل التي قد تظهر عند استخدام النظام الجديد وتحديثه، نظرا للتطوير الذي يظهر على المنتجات، والتقدم التقني بصفة عامة.

نقصد بالتأييد الوقوف على تحديد طبيعة المشكلة، والمساعدة في إرجاع النظام إلى التشغيل. يجب على هذه المساعدة أن تشمل كل المستويات.

الجدير بالذكر، أن تجزئة المشروع إلى مشاريع فرعية، تسهل عملية إعداد الميزانية، وتجعل الإجراءات المتخذة أقرب ما يمكن إلى الواقعية.

تحديد المتطلبات

تتم عملية تحديد المتطلبات وفق الخطوات المبينة في الشكل 3.7.
والآن نتطرق إلى تفسير هذه الخطوات:

◊ **تحديد أهداف المشروع وجدولة الأعمال**

إن تغيير النظام القديم بآخر جديد مزود بمعدات وبرمجيات جديدة، سيكون مكلفا، وسيتطلب أكثر وقتا، وسوف يكون له الأثر الكبير على تنفيذ مختلف أعمال المؤسسة. وقد يكون هذا غائبا عن تصورات مدير المؤسسة.

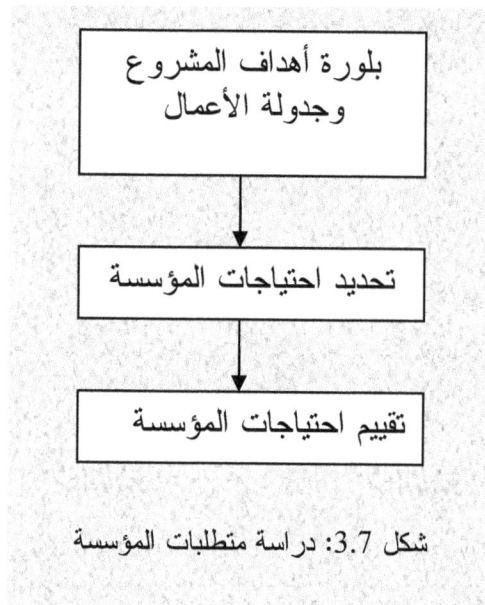

```
┌─────────────────────────┐
│   بلورة أهداف المشروع    │
│     وجدولة الأعمال       │
└─────────────────────────┘
            │
            ▼
┌─────────────────────────┐
│   تحديد احتياجات المؤسسة   │
└─────────────────────────┘
            │
            ▼
┌─────────────────────────┐
│   تقييم احتياجات المؤسسة   │
└─────────────────────────┘
```

شكل 3.7: دراسة متطلبات المؤسسة

يجب الاتصاف بالواقعية عند تقييم المعطيات التالية:

- حجم المشروع،

- قيمة المصاريف اللازمة للقيام بالمشروع وإنجازه على الوجه الأكمل،

- الوقت اللازم للقيام بالمشروع وإنجازه على الوجه الأكمل،

- مدى تأثير التحويل من النظام القديم إلى النظام الجديد على إنجاز الأعمال بالمؤسسة.

◊ **تحديد الاحتياجات**

إن أفضل طريقة لتحديد الاحتياجات هي القيام بالعمليات التالية:

- تصفح كل المعلومات الموجودة في وثائق النظام،

- معرفة حالة المعلومات في النظام الحالي،

- معرفة نقاط القوة والضعف في سير المعلومات داخل المؤسسة،

- استغلال الخبرة السابقة،

- أخذ الشيء الجيد من النظام القديم، ووضع تصور لما تريده المؤسسة أن يكون مشابها له في النظام الجديد،

- تحديد ما تكرهه المؤسسة في النظام القديم، ووضع تصور للتغييرات التي يجب أن يتضمنها النظام الجديد.

- بناء النظام الجديد على نقاط قوة النظام القديم، وجعله يكاد يخلو أو خاليا تماما من نقاط الضعف التي شملها النظام القديم.

◊ **تقييم احتياجات المؤسسة**

عند تحديد متطلبات المؤسسة، وجب على مديرها تحديد ما يلي:

- ما هي الأعمال التي يجب تغييرها: هل هي تدفق الأعمال، أم البرمجيات، أم الإجراءات؟

- ما هو الطاقم الذي سيتولى إجراء التغييرات؟

- ما هي قيمة الإمكانيات المادية، والزمنية المتوفرة لدى المؤسسة لتنصيب النظام الجديد؟

مهما كان حجم المؤسسة، فإنه وجب الأخذ بعين الاعتبار هذه التساؤلات. يرجع ذلك إلى عدة أسباب، نذكر منها أن تنصيب معدات وبرمجيات جديدة، وشبكات حديثة بالمؤسسة، سوف يغير نمط العمل بالمؤسسة

كليا، حتى ولو لم يتم أخذ ذلك في الحسبان. أما إذا تواصل العمل بنفس الطريقة عند تنصيب النظام الجديد، ولكن بطريقة أسرع، فإن مدير المؤسسة لن يجني شيئا من ثمار مصاريفه وأتعابه من تنصيب المعدات الحديثة. فالفائدة الحقيقية من التقدم التقني، هي إعطاء طاقم المؤسسة إمكانية إنجاز ما تعذر إنجازه في النظام القديم.

يجب على مدير المؤسسة طرح الأسئلة التالية على نفسه عند تحديد احتياجات النظام الجديد:

- ماذا ينتظر موظفو المؤسسة من النظام الجديد؟

- هل أن النظام الحالي يستجيب للحاجيات الحالية للمؤسسة؟

- ما هي الأعمال التي يقوم بها كل موظف بالمؤسسة؟ وكيف يقوم بها؟

- كيف هي حالة إنجاز الأعمال؟ وكيف تقاس هذه الحالة؟

- كيف بإمكانك أن تعرف حاليا إن كانت المؤسسة ناجحة أم لا؟

- ما هي العوامل الحرجة في نجاح المؤسسة؟

- من هم موظفو المؤسسة الذين يتحكمون في هذه العوامل؟ هل هناك مساهمة من خارج المؤسسة؟

- هل أن تطوير المعدات والبرمجيات سوف يزيد من نجاح المؤسسة؟ كيف بإمكانك أن تعرف ذلك؟

- ما قيمة التكلفة والفوائد الحاصلة من تطوير المعدات والبرمجيات؟

- هل أن موظفي المؤسسة قادرون على استخدام التقنية الجديدة؟

- كم عدد الدورات التدريبية التي ستخصص للموظفين؟

- هل بالإمكان تنظيم عدد كاف من الدورات التدريبية التي تخول للموظفين أن يحسنوا استخدام التقنية الحديثة؟

- هل بالإمكان تغيير الموظفين الذين لا يمكنهم التأقلم مع النظام الجديد بآخرين أكثر خبرة؟

- ما هي استعداداتك وقدراتك لصرف الأموال من أجل إحداث تغييرات في النظام القديم لهدف الحصول على نظام حاسوبي فعّال؟

- من الذي سوف يترأس إدارة المشروع من ضمن موظفي المؤسسة؟

- ما هي المتطلبات لتحويل البيانات وأساليب المعالجة إلى النظام الجديد؟ هل هذا مجدي أم من الأفضل البدء من الصفر؟

- هل من الضروري توفير حاسب آلي لكل مكتب؟

تخول الإجابة على هذه الأسئلة معرفة الأماكن التي يجب التركيز عليها إثر عملية اختيار النظام. بالإضافة إلى هذا، فإن لعملية تفحص النظام القديم فائدة كبيرة، حيث أنها تخول اكتشاف أماكن الخور ونقاط الضعف.

التخطيط لتوحيد الأنظمة

يرتكز تأبيل المؤسسة أساسا على تأبيل كل أقسام المؤسسة. ليس هذا فقط، إذ أن التخطيط لتأبيل كل قسم يتم داخل نظام متكامل، يربط كل الأقسام ببعضها البعض. إذا لم تؤخذ هذه المسألة بعين الاعتبار، وتم تأبيل الأقسام بطريقة مستقلة، دون الأخذ بعين الاعتبار علاقات الأقسام ببعضها البعض، فإن الزمن طال أم قصر، فإنه سوف يتم اللجوء إلى النظر من جديد في تأبيل الأقسام في ظل نظام متكامل، يأخذ بعين الاعتبار علاقات الأقسام ببعضها البعض.

في هذه المرحلة، يجب الاجتماع بكل أعضاء المؤسسة الذين لهم علاقة بإدارة المعلومات داخل المؤسسة. يجب تخطيط طرق تدفق البيانات التابعة لمختلف المعاملات التي يتشارك في إنجازها كل أقسام المؤسسة. كما وجب توثيق كل المعلومات من أجل تحديد ماذا وجب على النظام أن يفعل. بالإضافة إلى ذلك، وجب تحديد البيانات الواردة المطلوبة، والبيانات الصادرة المتحصل عليها عند المعالجة.

تحديد الأولويات

يجب تحديد الأولويات في قائمة الوظائف التي يجب أن تتم داخل كل قسم من أقسام المؤسسة. تخول هذه العملية تجهيز التوثيق بالمعلومات اللازمة، من أجل توفير نظام جديد يوفر أغلب الوظائف المهمة داخل كل أقسام المؤسسة. إذا تطلب الأمر حذف بعض الوظائف من القائمة لأي سبب من الأسباب، فإنه لا يجب التنازل إلا على الوظائف المرتّبة في أسفل قائمة الأولويات، ولا يجب في أي حال من الأحوال التنازل على الوظائف التي رصدت في أول قائمة الأولويات.

البـــــــاب الثـــــــــالث

- التخطيط
- **التحليل**
- التصميم
- التنصيب
- المتابعة

هيكلة متطلبات عمليات النظام	الفصل الثامن	خرائط التدفـق
	الفصل التاسع	خرائط تدفـق البيانات
	الفصل العاشر	خرائط تدفق البيانات المنطقية
	الفصل الحادي عشر	خرائط تدفق البيانات المادية
	الفصل الثاني عشر	نمذجة الأحداث وخرائط تدفق البيانات
	الفصل الثالث عشر	تقسيم خرائط تدفق البيانات
	الفصل الرابع عشر	قاموس البيانات
هيكلة متطلبات منطق النظام	الفصل الخامس عشر	مقدمة في نظرية اتخاذ القرارات وبعض المكونات الشرطية والتكرارية
	الفصل السادس عشر	توصيف المعاملات
	الفصل السابع عشر	تنظيم متطلبات منطق النظام
هيكلة متطلبات بيانات النظام	الفصل الثامن عشر	مقدمة في هيكلة متطلبات بيانات النظام
	الفصل التاسع عشر	مقدمة في نمذجة الكينونة والعلاقة

	8
خرائط التدفق	

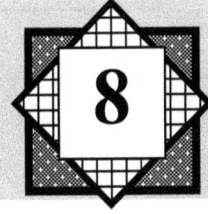

يهدف هذا الفصل إلى التعرف على:

○ مفهوم التحليل والمراحل الأساسية التي يمر بها،

○ التعرف على عمليات التحليل،

○ طرق الوصول إلى البديل المناسب لنظام قديم،

○ خرائط التدفق وأنواعها المختلفة،

○ التعرف على أمثلة وتمارين مرتبطة برسم هذه الخرائط،

○ دراسة ملخصة لمختلف أنواع خرائط التدفق.

تمهيد

يمر التحليل بثلاث مراحل أساسية (شكل 1.8):

● هيكلة متطلبات عمليات النظام

حيث نتعرف في هذه المرحلة على استخدام أدوات التحليل التالية:

○ خرائط التدفـــــق،

○ خرائط تدفـــق البيانات،

○ خرائط تدفـق البيانات المنطقية،

○ خرائط تدفق البيانات المادية،

○ نمذجة الأحداث وخرائط تدفـق البيانات،

○ تقسيم خرائط تدفـق البيانات،

○ قاموس البيانات.

● هيكلة متطلبات منطق النظام

حيث يتم في هذه المرحلة توصيف المعاملات والقرارات المهيكلة.

- هيكلة متطلبات بيانات النظام

يتم في هذه المرحلة نمذجة الكينونة والعلاقة.

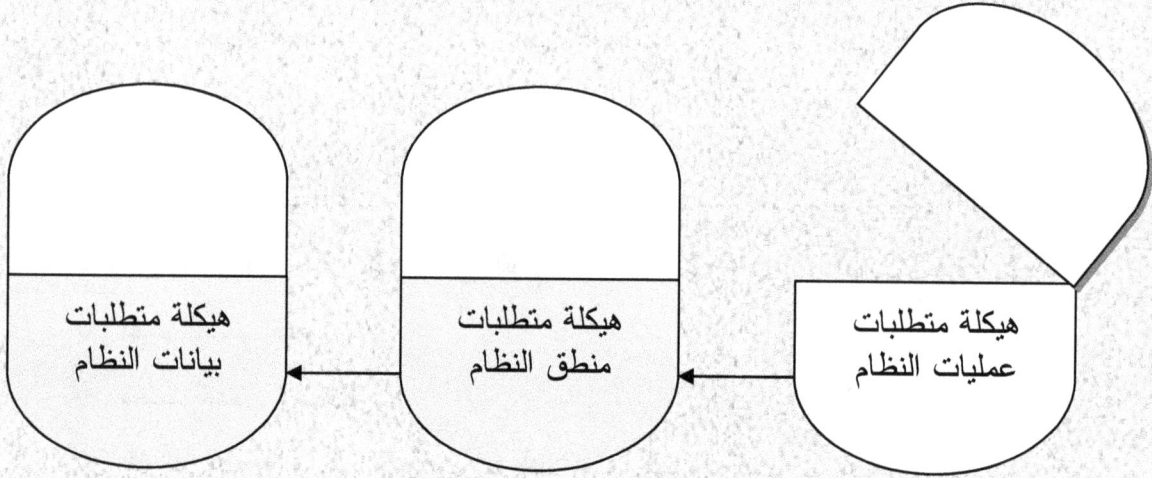

شكل 1.8: مراحل تحليل النظام (التطرق إلى دراسة هيكلة متطلبات عمليات النظام)

نتعرف خلال دراسة هذا الفصل على خرائط تدفق البيانات، أما الأدوات الأخرى فإننا نتطرق إليها في الفصول اللاحقة. لكن قبل ذلك، رأينا أنه من الأفضل أن نتعرف على مفهوم التحليل ومختلف عملياته.

مقدمة في التحليل.

التحليل عملية مهمة تتبع الدراسة الأولية والتفصيلية وتسبق التصميم. وهي عملية منطقية لا تتمثل في إيجاد حلول لمشكلة قائمة، وإنما تحدد الإجراءات اللازمة لحل هذه المشكلة.

تختلف وتتنوع طرق التحليل وأدواته، ولكن رغم ذلك، فإن عملية التحليل تستوجب أن تتوفر في هذه الطرق أركان أساسية لاكتمال هذه العملية.

نتعرف خلال دراسة هذا الفصل على الإجابة عن التساؤلات التالية:

◊ ما هي الأركان الأساسية للتحليل؟

◊ ما هي الأدوات المستخدمة في عملية تحليل نظم المعلومات؟

تتمثل عملية تحليل نظم المعلومات في تنفيذ إحدى العمليات التالية:

◊ إنشاء أو تعديل نظام،

◊ إلغاء نظام يدوي واستبداله بنظام يعمل بالحاسب الآلي،

◊ تحليل نظام قائم، وتصميم نظام جديد وتنفيذه وتقييمه، لتوفير المعلومات اللازمة لاتخـــاذ القرارات.

نتعرف الآن على مختلف عمليات التحليل.

عمليات التحليل.

تساعد عمليات التحليل محلل النظم على القيام بالأعمال الآتية والتي نرتّبها كالآتي:

◊ تقييم النظام القائم،

◊ تحديد البدائل المختلفة،

◊ اقتراح البديل المناسب كنظام جديد (بالارتكاز على العمليتين السابقتين).

نتعرف الآن على كيفية الوصول إلى هذا البديل المناسب.

✓ **طرق الوصول إلى البديل المناسب**

للوصول إلى البديل المناسب، يجدر القيام بعمليات التحليل التالية:

○ **تحليل هيكل المؤسسة**

يرتكز محلل النظم على الهيكل التنظيمي للمؤسسة لدراسة سبب تواجد قسم أو دائرة ما، ومدى قدرة هـــذا القسم أو الإدارة على تحقيق الأهداف المناطة بعهدته. نتيجة لهذه الدراسة، يتمكن محلل النظم من اكتشاف الإجراءات المتكررة، أو المزدوجة، أو الوظائف غير الضرورية. كما تمكنه هذه الدراسة من التوصل إلى إحدى النتائج التالية:

◊ إنشاء قسم جديد،

◊ حذف قسم،

◊ تعديل وظائف قسم معين.

○ **تحليل الأهداف والنتائج**

يرتكز المحلل على النتائج المحققة من قبل النظام ليقارنها بالأهداف التي رسمت له. نتيجة لذلك، يتعرف المحلل على مدى تحقيق الأهداف أو الفشل في تحقيقها، والبحث عن أسباب هذا الفشل. بالإضافة إلى ذلك، يبحث المحلل عن موقع الخلل الذي يعرقل تحقيق هذه الأهداف، ثم يعطي الحلول البديلة لمعالجة المشاكل حتى يتسنى تحقيق هذه الأهداف.

○ **تحليل الأداء**

يقصد بأداء النظام مدى الكفاءة التي يشتغل بها النظام. يتم في هذه العملية مقارنة النتائج المتحصل عليها مع النتائج المتوقعة، طبقا للإجراءات المستخدمة، وذلك حتى يتم تحديد مصادر الخلل والأخطاء إن وجدت.

○ **تحليل البيانات الواردة والبيانات الصادرة**

تستخرج في هذه العملية قائمتان في البيانات الواردة والبيانات الصادرة، ثم تنفذ العمليات التالية:

◊ مقارنة هاتين القائمتين لإبراز مدى العلاقة بينهما،

◊ تحديد المعلومات الزائدة أو المزدوجة في كل من هاتين القائمتين،

◊ تحديد البيانات الصادرة المستخدمة كبيانات واردة (**الإفادة المرتدّة**) لنفس القطاع أو لقطاعات أخرى.

○ **تحليل الإجراءات**

من خلال قائمة إجراءات النظام، يقع البحث عن احتمال وجود إجراءات متكررة لإزالتها. نتعرف الآن على خرائط التدفق كإحدى أدوات التحليل.

خرائط التدفق.

خرائط التدفق– هي تمثيل بياني، يستخدم مجموعة من الرموز البيانية الاصطلاحية، ويوضح إحدى الأشياء التالية :

▪ الخطوات المنطقية المتبعة لحل مسألة،

- حركة تشغيل البيانات في النظام،

- اتجاه تدفق المعلومات أو الوثائق داخل المؤسسة،

- اتجاه سير المعلومات خلال تنفيذ عملية معينة في النظام.

فوائد خرائط التدفق.

نذكر من أهم فوائد خرائط التدفق ما يلي :

- تيسير فهم حركة المعلومات بين مكونات النظام،

- سهولة توصيل وتوضيح المعلومات لمن يهمه الأمر،

- توضيح العلاقات المنطقية لعمليات النظام،

- تحليل الإجراءات بمرونة وبساطة، وذلك باكتشاف العمليات المتكررة ومواقع الاختناق في النظام،

- مرونة تطوير النظام.

أنواع خرائط التدفق.

تصنف خرائط التدفق حسب أهم الأنواع التالية :

◊ خرائط سير البرامج (خرائط سير العمليات)،

◊ خرائط حركة المعلومات في النظام،

◊ خرائط عمليات النظام،

◊ خرائط تحليل الإجراءات (خرائط تدفق الإجراءات).

نتعرف الآن على كل نوع من هذه الخرائط.

○ <u>**خرائط سير البرامج**</u>

وتدعى أيضا خرائط سير العمليات. تعكس خرائط سير البرامج الخطوات المنطقية والتسلسل المطلوب لعمليات النظام.

يبين الشكل 2.8 مجموعة الرموز المستخدمة في هذه الخرائط.

وللتوضيح سوف نسوق التمرين التالي:

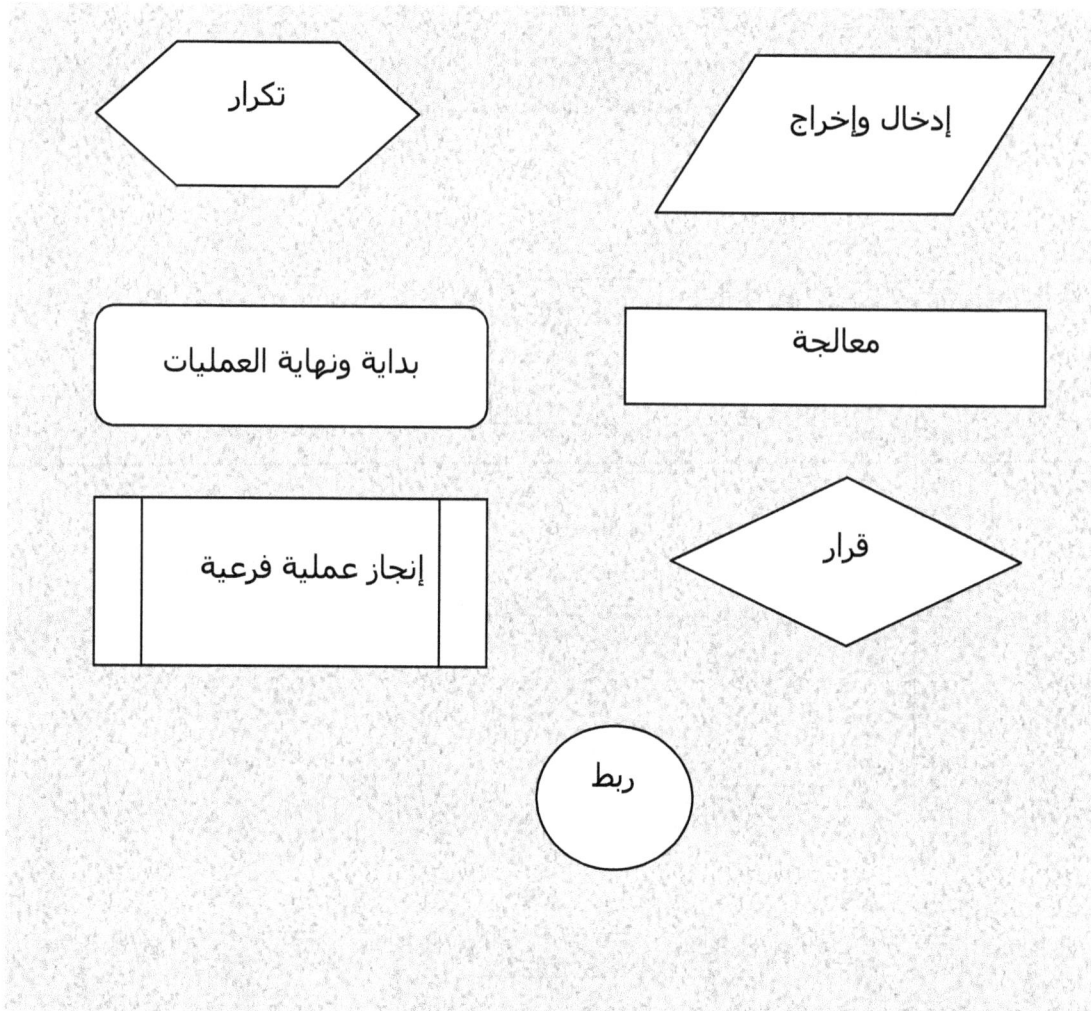

تكرار

إدخال وإخراج

بداية ونهاية العمليات

معالجة

إنجاز عملية فرعية

قرار

ربط

✓ **تمرين**

نريد حساب المعدل الفصلي لكل طالب ينتمي إلى مجموعة معينة. نقصد بالمعدل الفصلي ذلك المعدل الذي يتحصل عليه الطالب بعد أن أجرى اختبارات أعمال الفصل (الاختبارات التي تتم خلال الفصل الدراسي) والاختبارات الفصلية (الاختبارات النهائية التي تجرى في نهاية الفصل الدراسي). ونقصد بالفصل نصف سنة دراسية.

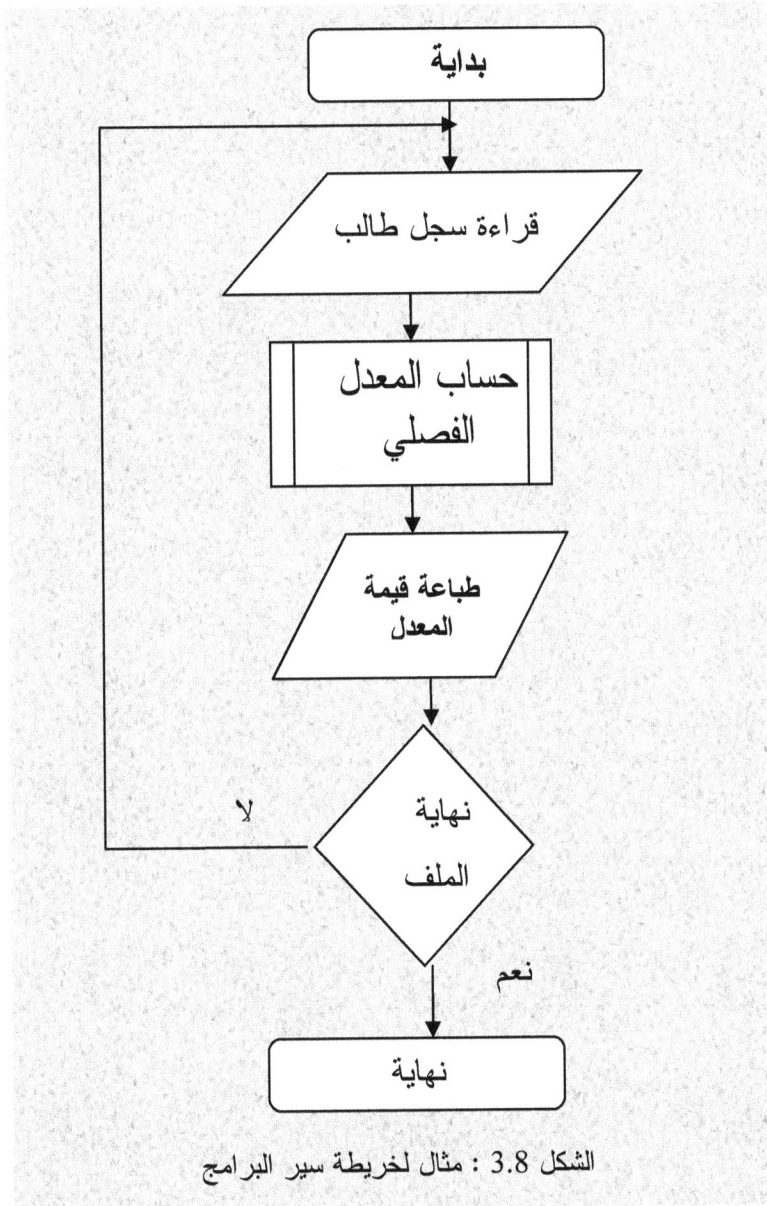

الشكل 3.8 : مثال لخريطة سير البرامج

الحل

في البداية، انطلاقا من ملف يضم نتائج طلاب ينتمون إلى مجموعة معينة، تتم قراءة سجل طالب معين. يحسب لهذا الطالب معدله الفصلي، ومباشرة بعد ذلك يطبع هذا الناتج ويتم الانتقال إلى إيجاد معدل الطالب الموالي. إثر ذلك، وجب التأكد هل أننا وصلنا إلى نهاية الملف، يعني هل أننا حسبنا معدلات كل طلاب

المجموعة؟ إذا تم ذلك، تنتهي عملية حساب معدلات المجموعة، وإلا فإن العملية تكرر للطالب المـوالي، وهكذا دواليك. في الشكل 3.8 رسمنا خريطة سير البرامج (خريطة سير العمليات) لحل هذه المسألة.

- **خرائط حركة المعلومات في النظام**

تستخدم خرائط حركة المعلومات في النظام لتحديد اتجاه حركة المعلومات داخل أقسام المؤسـسة وتحديـد بيانات النظام الواردة، وتتبع مسارها حتى تفضي إلى بيانات صادرة.

تنقسم الرموز المستخدمة في هذا النوع من الخرائط إلى :

- الرموز الخاصة بأساليب التخزين والاتصال بين الأجهزة ويمثل الشكل 4.8 هذه الرموز.
- الرموز الخاصة بالإدخال والإخراج ويمثل الشكل 5.8 هذه الرموز.

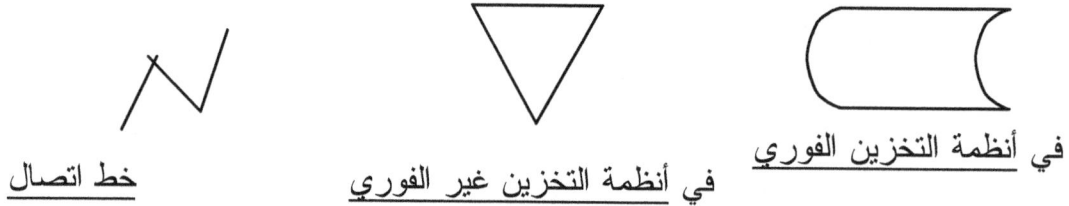

في أنظمة التخزين الفوري
في أنظمة التخزين غير الفوري
خط اتصال

الشكل 4.8 : الرموز البيانية الخاصة بخرائط عمليات النظام : أساليب التخزين والاتصال بين الأجهزة.

ملاحظة

- لا تتطرق خرائط حركة المعلومات إلى بسط العمليات التي تنفذ، بل يختصر دورها فـي تحديـد مسار المستندات داخل النظام. لذلك، تعتمد هذه الخرائط على الرموز البيانية التابعـة للمـستندات وشاشات العرض.
- تهدف خرائط حركة المعلومات إلى تحديد مصادر البيانات الواردة، ومواقع معالجتها، والجهـات التي تتقبلها، ومواقع تخزينها، حيث تساعد هذه الخرائط محلل النظم على تحقيق الأهداف التالية:
  - ◊ توضيح العلاقات الوظيفية داخل المؤسسة،

◊ تشخيص طبيعة المشاكل المتواجدة في نظام العمل بالمؤسسة، ويعتبر هذا تمهيدا لإجراءات التحليل (مرحلة الدراسة).

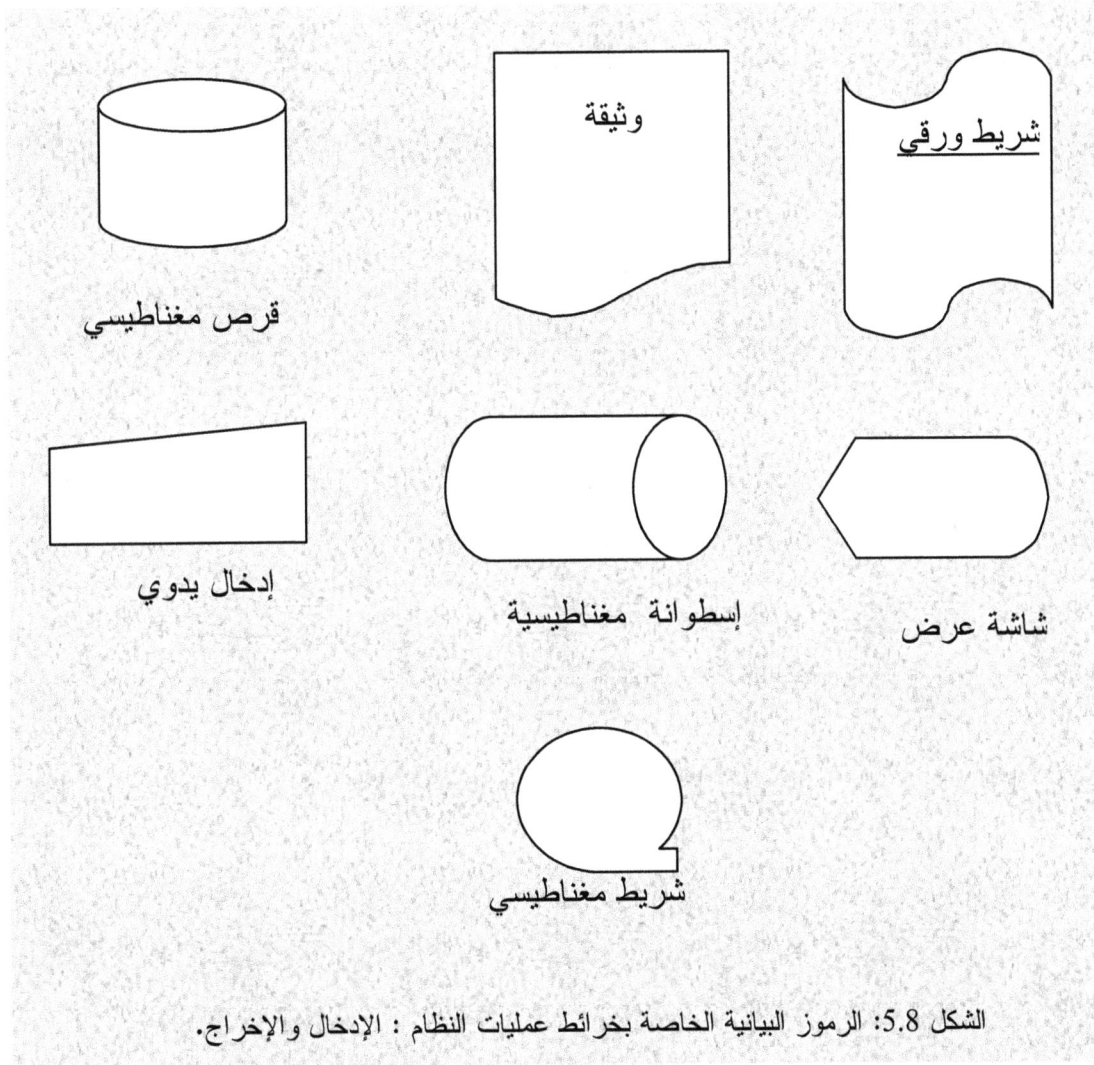

الشكل 5.8: الرموز البيانية الخاصة بخرائط عمليات النظام : الإدخال والإخراج.

نسوق الآن التمرين التالي لتوضيح استخدام خريطة حركة المعلومات.

تمرين

يتولى الطالب في نهاية كل فصل دراسي تعبئة بطاقة تسجيل المقررات (في 3 نسخ) بواسطة مشرفه التعليمي. ترسل هذه البطاقة بعد توقيع الطالب والمشرف التعليمي إلى مكتب القبول والتسجيل الذي يتولى

إدخال بيانات البطاقة في الحاسب الآلي، ويتأكد من عدم وجود أخطاء، ثم يوقع ويحتفظ بنسخة، ويتسلم المشرف التعليمي والطالب النسختين الباقيتين. ارسم خريطة حركة المعلومات لهذه العملية.

الحل

يبين الشكل 6.8 خريطة حركة المعلومات لعملية تسجيل المقررات.

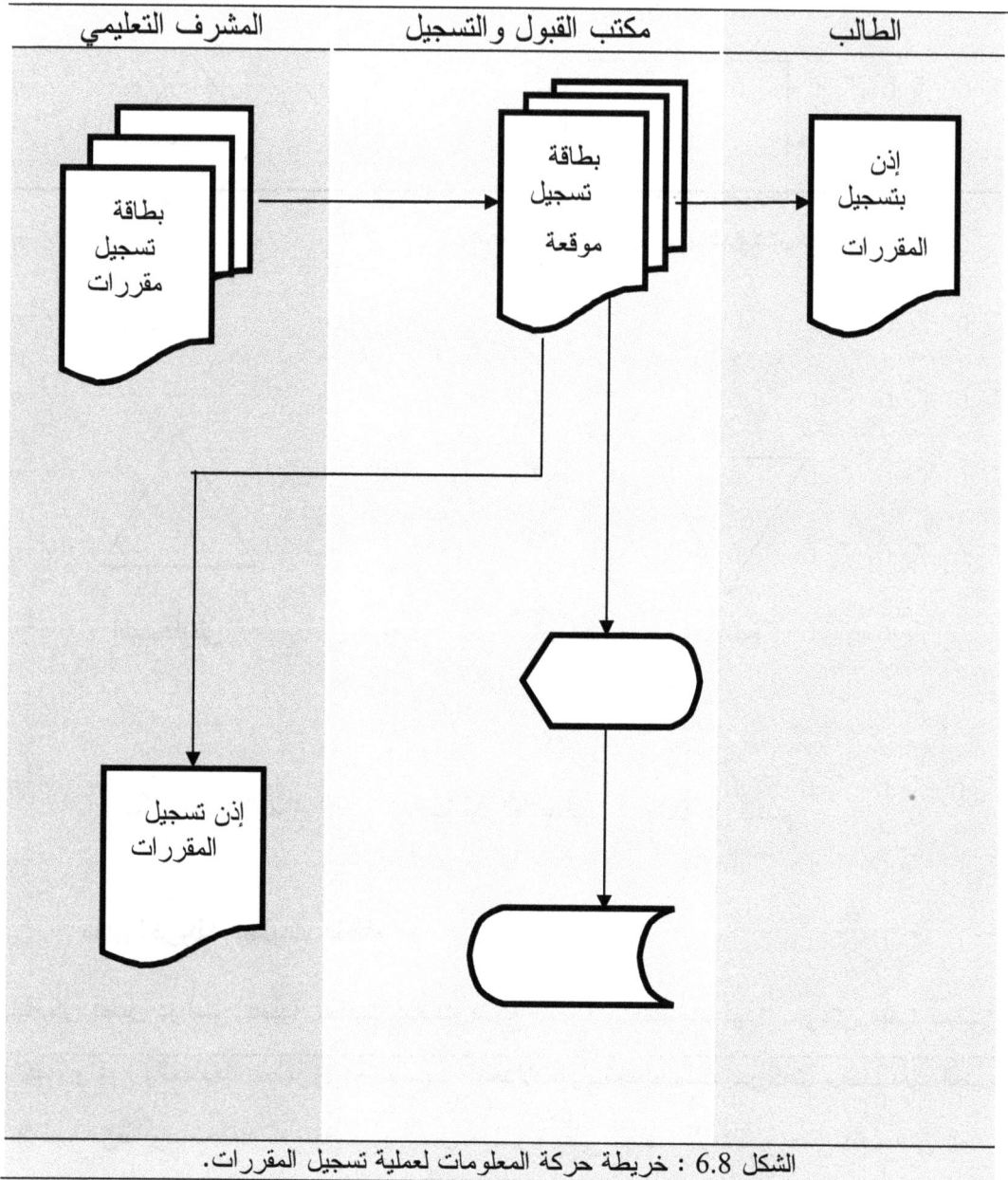

الطالب
مكتب القبول والتسجيل
المشرف التعليمي
بطاقة تسجيل مقررات
بطاقة تسجيل موقعة
إذن بتسجيل المقررات
إذن تسجيل المقررات

الشكل 6.8 : خريطة حركة المعلومات لعملية تسجيل المقررات.

○ **خرائط عمليات النظام**

تعكس هذه الخرائط للمحلل **تطبيقات معالجة البيانات** التي تفضي إلى بيانات صادرة (نتائج)، دون التطرق الدقيق إلى كيفية المعالجة. يمثل الشكل 7.8 الرموز المستخدمة في هذا النوع من الخرائط.

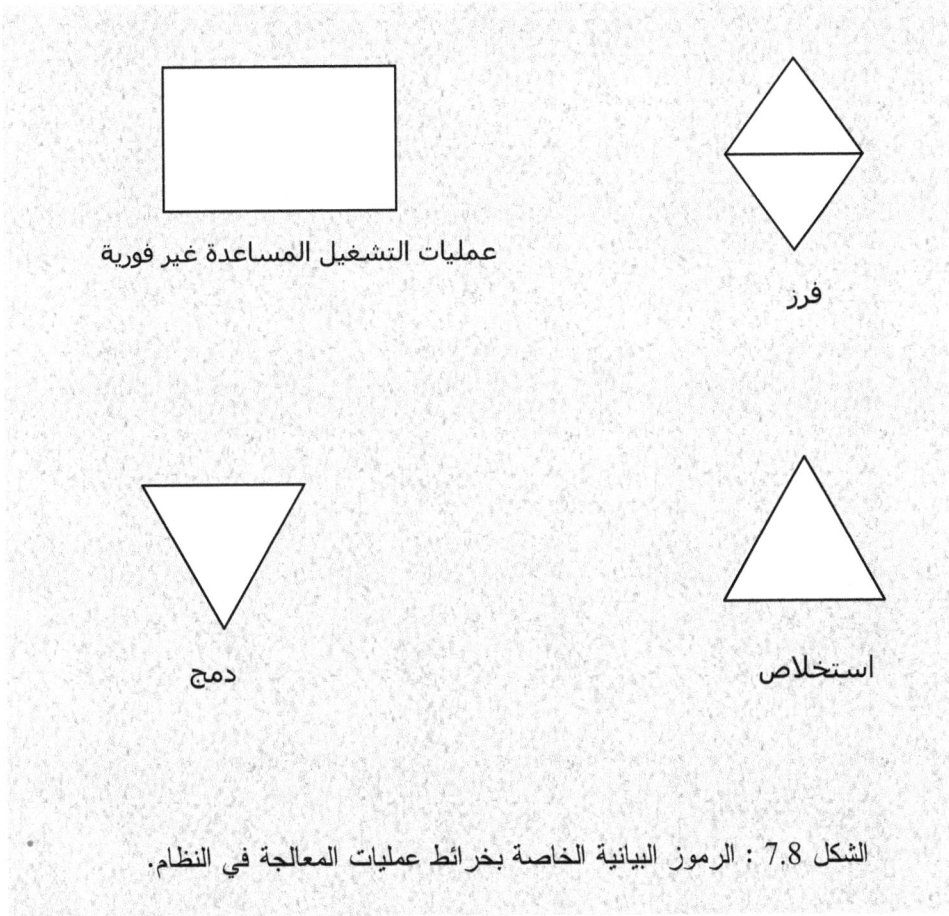

عمليات التشغيل المساعدة غير فورية

فرز

دمج

استخلاص

الشكل 7.8 : الرموز البيانية الخاصة بخرائط عمليات المعالجة في النظام.

✓ **مثال لخريطة عمليات النظام**

تتم في نهاية كل فصل دراسي عملية تحديث بيانات نتائج الطلاب. نستخدم لهذا الغرض ملف أساسي قديم لنتائج الطلاب، ونقوم بالعمليات الضرورية لحساب المعدلات باستخدام ملف حركات معدلات الطلاب. يعتبر هذا الملف مؤقتا ونستخدمه كوسيط بدل العمل مباشرة على الملف الأساسي حتى نتفادى المشاكل

التي يمكن أن تحدث عليه والتي يمكن أن تؤدي إلى إتلافه. نستخدم بعد ذلك برنامجا يتولى تحديث الملف الأساسي. يوضح الشكل 8.8 خريطة عمليات النظام لهذه المسألة.

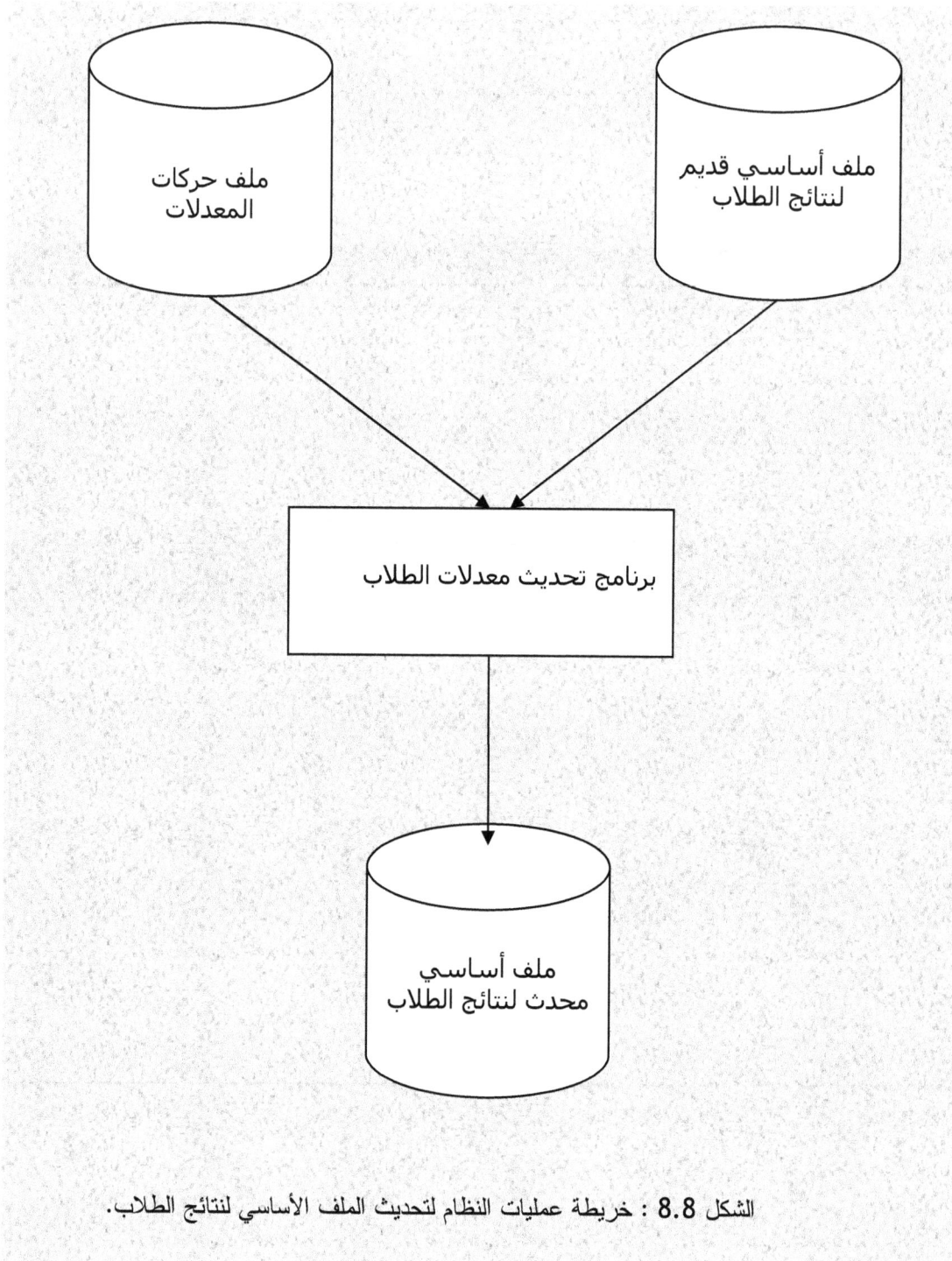

الشكل 8.8 : خريطة عمليات النظام لتحديث الملف الأساسي لنتائج الطلاب.

- **خرائط تحليل الإجراءات**

تسمى خرائط تحليل الإجراءات أيضا خرائط تدفق الإجراءات. ويستخدم هذا النوع من الخرائط لوصف سير العمليات دون التطرق إلى ذكر الأشخاص المنفذين لهذه العمليات.

يمثل الشكل 9.8 الرموز الخاصة بهذا النوع من الخرائط.

مثال :

عند استرجاع الكتب إلى المكتبة، يتولى المسؤول التثبت من إمكانية حصول تأخير في عملية إرجاع الكتب. إذا تبين له أن الطالب تأخر عن استرجاع كتاب في التاريخ المحدد، وجب على هذا الطالب دفع غرامة معينة. يبين الشكل 10.8 خريطة الإجراءات لهذه العملية.

ملاحظات :

- هناك خرائط تستخدم كأدوات تقليدية مثل خرائط جانت وأخرى تدعى الخرائط التنظيمية.
- هناك أساليب مختلفة لرسم خرائط تحليل الإجراءات ومن أشهرها نذكر أسلوب جمعية المهندسين الميكانيكيين الأمريكية.

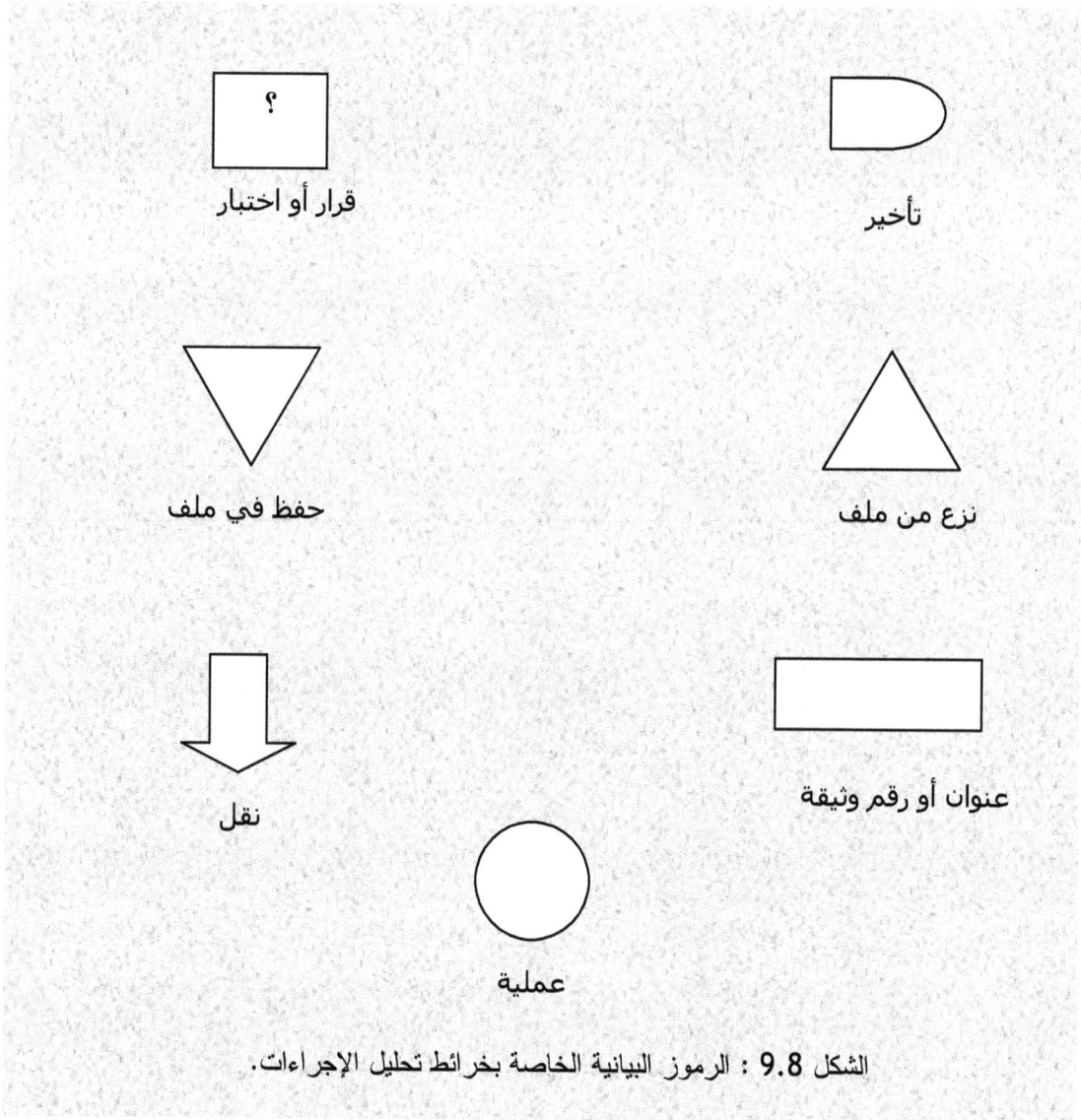

الشكل 9.8 : الرموز البيانية الخاصة بخرائط تحليل الإجراءات.

ملاحظة

بالإضافة إلى استخدامات خرائط التدفق كأدوات تحليل النظام، فإنها تستخدم كذلك لتوثيق النظام الحـالي حيث أنها تركز على كيفية تشغيل وتخزين وتحويل البيانات.

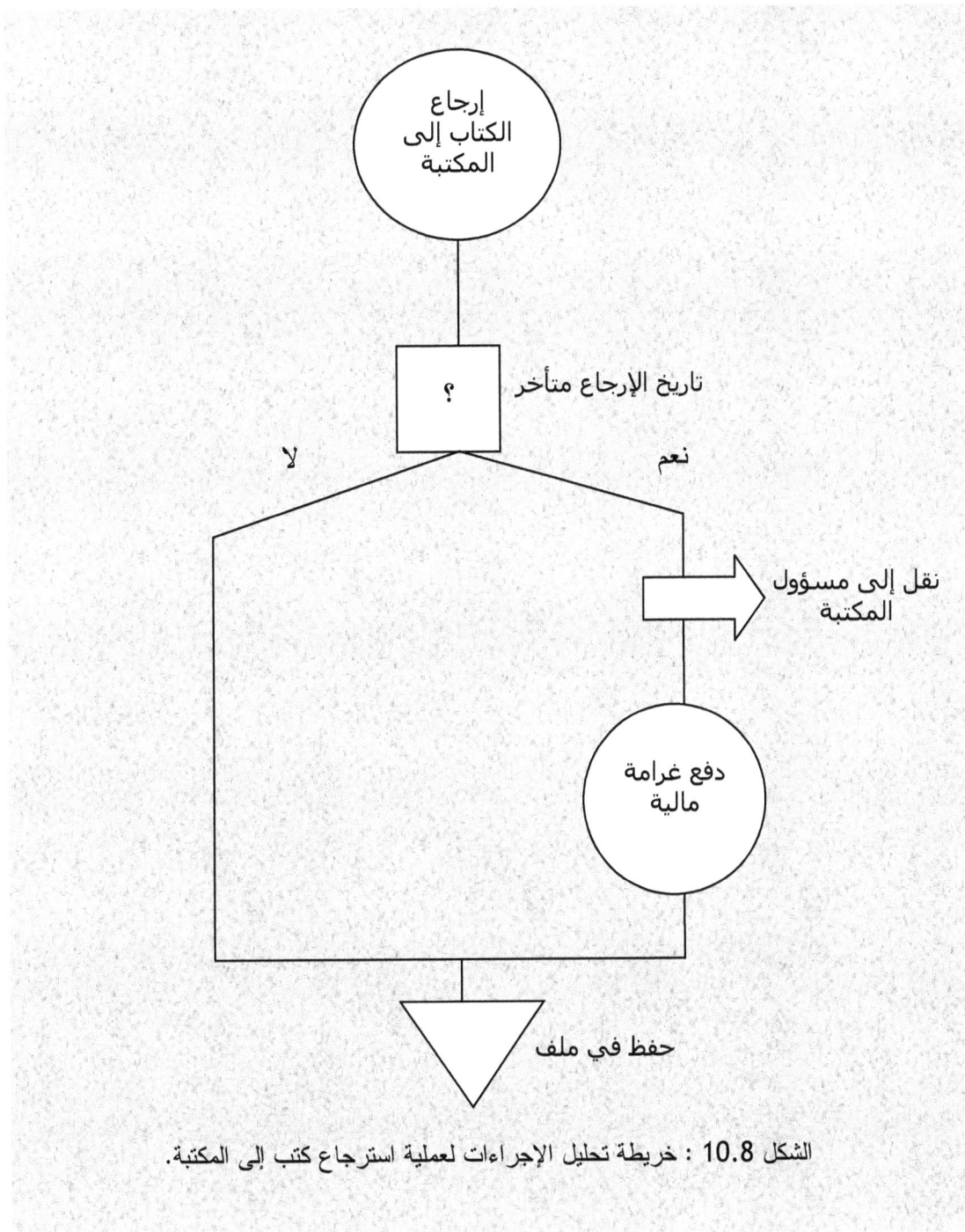

الشكل 10.8 : خريطة تحليل الإجراءات لعملية استرجاع كتب إلى المكتبة.

دراسة ملخصة لخرائط التدفق

بعد التعرف على مختلف أنواع الخرائط، أردنا أن نجمع في الشكل 11.8، وظيفة كل خريطة والخاصية التي تمتاز بها كل خريطة.

نوع الخريطة	وظيفة الخريطة	خاصية الخريطة
خريطة سير البرامج	تعكس خرائط سير البرامج الخطوات المنطقية والتسلسل المطلوب لعمليات النظام.	
خريطة حركة المعلومات	تستخدم خرائط حركة المعلومات في النظام لتحديد اتجاه حركة المعلومات داخل أقسام المؤسسة وتحديد بيانات النظام الواردة، وتتبع مسارها حتى تفضي إلى بيانات صادرة.	لا تتطرق خرائط حركة المعلومات إلى بسط العمليات التي تنفذ، بل يختصر دورها في تحديد مسار المستندات داخل النظام تهدف خرائط حركة المعلومات إلى تحديد مصادر البيانات الواردة، ومواقع معالجتها، والجهات التي تتقبلها، ومواقع تخزينها،
خريطة عمليات النظام	تعكس هذه الخرائط للمحلل تطبيقات معالجة البيانات التي تفضي إلى بيانات صادرة (نتائج)،	لا تتطرق هذه الخريطة إلى كيفية المعالجة الدقيقة للبيانات.
خريطة تحليل الإجراءات	يستخدم هذا النوع من الخرائط لوصف سير العمليات.	لا تتطرق هذه الخريطة إلى ذكر الأشخاص المنفذين للعمليات.

شكل 11.8: أنواع خرائط التدفق ووظائفها وخاصياتها

مقارنة بين خرائط عمليات النظام وخرائط سير البرامج

قمنا بمقارنة بين خرائط عمليات النظام وخرائط سير البرامج، وأدرجنا نتائج الفروق الرئيسية في الشكل .12.8

خرائط عمليات النظام	خرائط سير البرامج
تعتبر مختصرة ومجملة.	تبين العمليات بطريقة دقيقة ومفصلة.
تركز على البيانات الواردة والصادرة والملفات.	تركز على العمليات وخطواتها المنطقية.

شكل 12.8: مقارنة بين خرائط عمليات النظام وخرائط سير البرامج

9 خرائط تدفق البيانات

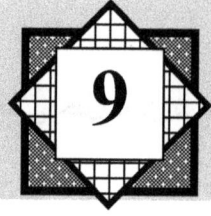

يهدف هذا الفصل إلى التعرف على:

- مفهوم خرائط تدفق البيانات و إيجابياتها وأنواعها وقواعد رسمها،
- الفروق بين خرائط التدفق وخرائط تدفق البيانات،
- مراحل إنشاء خرائط تدفق البيانات والقواعد المتبعة عند رسمها،
- رسم الخريطة البيئية للنظام،
- طرق رسم الخريطة الصفر،
- رسم الخريطة الخالفة وتحقيق التوازن فيها،
- القواعد الأولية لرسم الخريطة الخالفة،
- تمرين يوضح رسم الخريطة البيئية والخريطة الصفر والخريطة الخالفة،
- نماذج للأخطاء الشائعة في رسم خرائط تدفق البيانات وطرق تصحيحها.

قبل البدء في موضوع خرائط تدفق البيانات، نعرّف بعض المصطلحات التي سوف نستخدمها بكثرة في هذا الفصل وفي فصول لاحقة.

❖ بعض التعاريف

- **الحقل**

الحقل – هو العمود الموجود في الجدول، وهو يملك إسما يتواجد في رأس هذا العمود. يجب تحديد لكل حقل نوع البيانات فيه ومواصفاتها، إضافةً إلى خصائص الحقل نفسه.

- **السجل**

يتألف السجل من عدد محدد من الحقول مرتبطة بحدث معين، أو عنصر معين، أو شخص معين.

- **جدول بيانات**

يحتوي جدول البيانات على مجموعة صفوف وأعمدة. يحتوي كل عمود على حقل يبين نوع المعلومة التي يحتوي عليها هذا العمود. يحتوي كل صف من صفوف الجدول على سجل. تعتبر الجداول الهيكل الـذي تنشأ على أسسه قاعدة البيانات ويتضمن خصائصها و مواصفاتها.

- **الاستعلام**

الاستعلام – هو جدول جزئي من المعلومات المستخرجة من جدول واحد أو أكثر.

- **النموذج**

النموذج – هو واجهة محددة تستعرض بيانات السجل الواحد، تصمم بحيث تملك شكلا مريحا للمستخدم في عمليات إدخال البيانات، أو البحث عن البيانات، وبشكلٍ عام معالجة هذه البيانات التابعة سواءً لجـدول أو استعلام.

- **التقرير**

التقرير – هو النموذج الذي يعد لطباعة البيانات الموجودة في جدول أو استعلام واحد أو أكثر.

- **قاعدة بيانات**

قاعدة البيانات – هي ملف بيانات لها تصميم معين ومواصفات محددة تربطهـا علاقـة معينـة وتتقاسـم موضوعا واحدا. هذا الملف شامل و مبوب. تضم القاعدة مجموعة سجلات. يتكوّن السجلّ من مجموعـة حقول. تستخدم قاعدة البيانات في الجداول أو في الاستعلامات، وتدار بصفة عامة بواسطة نماذج، وعلى أساسها تستخرج التقارير.

المفتاح – هو عبارة عن أحد عناصر (حقول) السجل ويستخدم لتعريف السجل.

المفتاح الأساسي (الأولي) – هو مفتاح يستخدم كمعرّف وحيد للسجل، ويضمن بذلك لكل سجل معين معرّفا فرديا، وتأييد العلاقات بين الجداول.

نتعرّف الآن على خرائط تدفق البيانات.

❖ خرائط تدفق البيانات.

خرائط تدفق البيانات – هي خرائط تمكّن من توصيف أعمال النظام بواسطة رسم معـاملات البيانـات والتدفقات.

تعطي خرائط تدفق البيانات المحلل حرية التصور والتركيب، بحيث يمكنه استخدام مجموعة من خـرائط تدفق البيانات لتمثيل وتحليل إجراءات دقيقة داخل نظم كبيرة.

عندما يحاول محلل النظم فهم متطلبات المستخدمين على مستوى المعلومات، فإنه وجب عليه تصور وفهم كيفية تدفق البيانات وتنقلها داخل المؤسسة. بالإضافة إلى ذلك، فهو مضطر إلى فهم مختلـف المعـاملات والتحويلات التي تمر بها البيانات، ومن ثم يمكنه تحديد البيانات الصادرة.

تستخدم الاستبيانات والبحث عن البيانات لوصف النظام لفظيا. تأتي بعدها خرائط تدفق البيانات مكمّلة لها لتعطي تصورا مرئيا يبلور بطريقة جيدة المعلومات المستخدمة في النظام. يوضح تصور تدفق البيانـات منطق عمل النظام.

❖ إيجابيات تصور تدفق البيانات.

يتمتع تصور تدفق البيانات بإيجابيات كثيرة بالمقارنة بالوصف اللفظي لطريقة تدفق البيانات داخل النظام. نسرد الآن البعض من هذه الإيجابيات:

- حرية الاتصال والإطلاع المبكر على التنصيب الفني للنظام.
- الفهم المعمق والدقيق للعلاقات المتبادلة بين النظام ومختلف أنظمته الفرعية.
- توصيل معرفة النظام الحالي للمستخدمين بالمؤسسة، وذلك بواسطة خرائط تدفق البيانات.
- تحليل النظام المقترح لمعرفة ما إذا تم تعريف البيانات اللازمة والمعاملات.

نتطرق الآن إلى تفسير كل إيجابية على حدة.

❖ حرية الاتصال المبكر بالتنصيب الفني للنظام

تكمن الإيجابية الكبرى في استخدامات خرائط تدفق البيانات في حرية بسط مفاهيم النظام، المتواجدة (هـذه الحرية) في استخدام أربعة رموز فقط. الجدير بالذكر أن هذه الرمـوز الأربعـة لا تربطهـا أي علاقـة بالجانب المادي لعملية تنصيب النظام. فبالرغم من أن محلل النظم قد يدعوه الأمر إلـى توضـيح مكـان

تخزين البيانات في نقطة معينة من النظام، فإن تصور تدفق البيانات لا يفرض عليه تحديد وسائط التخزين، مما يجعله يتعامل مع مفاهيم مختلفة لتدفق البيانات، بدون أن يرغم على وجوب تحديد تحقيقاتها الفنية.

❖ **فهم العلاقة بين النظام وأنظمته الفرعية**

تخول خرائط تدفق البيانات فهم النظام وعلاقته بمختلف أنظمته الفرعية. إن التفريق بين النظام والبيئة التي يتواجد فيها بواسطة رسم حدود هذا النظام أمر مهم جدا، حيث يمكّن هذا الفهم من معرفة تركيبة النظام في حد ذاته ومن ثم اكتشاف فروعه.

❖ **توصيل معرفة النظام الحالي للمستخدمين**

يتمتع تصور تدفق البيانات بإيجابية إمكانية استخدامه كوسيلة ربط المحلل بالمستخدم، حيث يسلّم محلل النظم خرائط تدفق البيانات إلى المستخدم مستظهرا أنه عمل غير مكتمل، ويطالب المستخدم باستكماله. عندئذ يتدخل المستخدم فيدرج بعض التحويرات التي يراها ضرورية ومناسبة. يستغل محلل النظم هذه التحويرات، ويستثمرها في إدراج التعديلات اللازمة على أعماله.
الجدير بالذكر أن هذا التدخّل يتطلب من المستخدم أن يكون على درجة عالية من الخبرة والوعي الفني، بحيث يكون قادرا على فهم ما يلزم المؤسسة من جهة، وفهم رسم خرائط تدفق البيانات من جهة أخرى. لذلك، وجب تثقيف المستخدم وتحضيره فنّيا قبل إدماجه في هذه العملية.

❖ **تحليل النظام المقترح**

تتمثل إيجابية أخرى في استخدام خرائط تدفق البيانات في إعطاء المحلل إمكانية وصف كل عنصر مستخدم في الخريطة. تخول هذه الإيجابية تحقيق العمليات التالية:

- تضمن التحاليل المطبقة الحصول على كل البيانات الصادرة الضرورية، انطلاقا من البيانات الواردة،
- تعكس الخريطة العمل المنطقي للنظام.

تمثل هاتين الإيجابيتين مرحلة حاسمة في عمل المحلل، حيث أنها تمكّنه من العثور على الأخطاء ثم تصحيحها، وتعديل بعض الأشياء الأخرى، في هذه المرحلة المبكرة من دورة حياة النظام (مرحلة

التحليل). يعتبر التصحيح المبكر للأخطاء أقل تكلفة في مرحلة التحليل بالمقارنة من مراحل متقدمة أخرى كمرحلة التصميم أو التنصيب.

○ القواعد المتبعة عند رسم خرائط تدفق البيانات

يمكن بلورة نظام كامل وأنظمته الفرعية باستخدام أربعة رموز فقط نوضحها في الشكل 1.9. سنستخدم في هذا الكتاب الرموز التابعة لقاين وسارسن.

المعنى	مثال	الشكل		الحدث
		رموز ديماركو ويوردن	رموز قاين وسارسن	
معاملة تفسر أن بعض الأفعال أو مجموعة أفعال في طور التطبيق. ترقم المعاملة (مثلا 1) وتحمل اسما يعكس وظيفة المعاملة.	١ مقرر			معاملة
كينونة ترمز بواسطة الاسم إلى شخص أو مجموعة من الأشخاص، أو أي نظام في طور قبول أو توليد معلومات أو بيانات.	طالب			كينونة
اتجاه تدفق البيانات يظهر أنه توجد معلومات في طور التمرير إلى معاملة أو الخروج منها.	بيانات طالب ←	←	←	تدفق بيانات
يرمز مخزن البيانات إلى ملف يدوي أو حاسوبي تخزن فيه البيانات. لا تستخدم الملفات المؤقتة لخزن البيانات في خرائط تدفق البيانات.	D1 ملف طالب رئيسي			مخزن البيانات

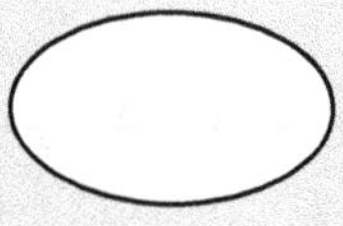

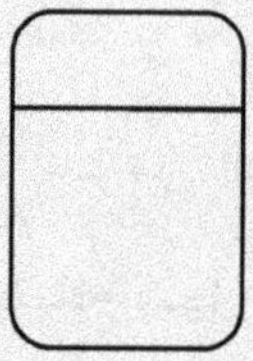

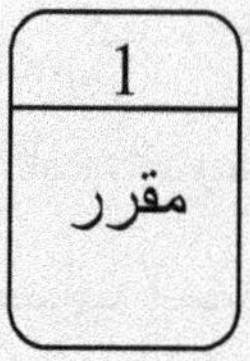

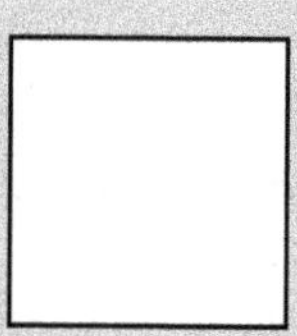

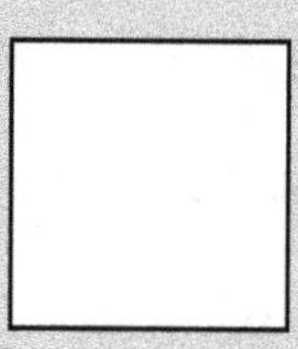

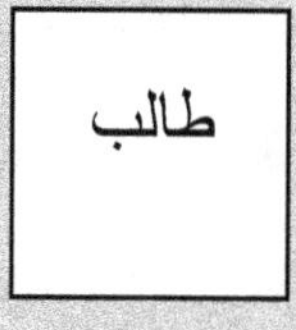

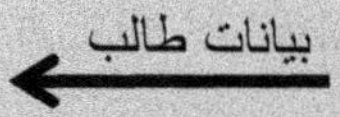

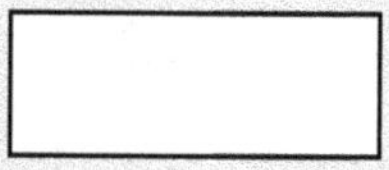

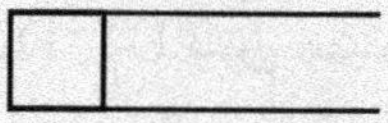

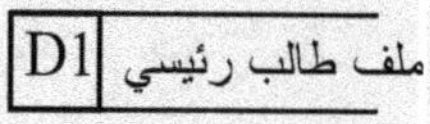

جدول 1.9: الرموز الأساسية الأربعة لخريطة تدفق لبيانات

يخضع رسم خرائط تدفق البيانات إلى القواعد التالية:

○ يجب أن يطلق على الكينونة تسمية. يمكن استخدام نفس الكينونة في أكثر من موقع فـي خريطـة تدفق البيانات وذلك حتى يتم تفادي تقاطع الأسهم.

○ يشير السهم إلى حركة البيانات وتنقلها من نقطة إلى أخرى، حيث يوجه السهم إلى جهة اسـتقبال البيانات. أما فيما يخص البيانات المتدفقة المتزامنة (المتولدة في نفس الوقت)، فإنه يمكن أن ترسم باستخدام أسهم متوازية. وبما أن السهم يرمز إلى بيانات تخص إنسانا أو موقعا أو شيئا معينا، فإنه وجب أن يرفق بتسمية.

○ يجب تسمية المعاملة باستخدام إحدى التشكيلات التالية:

● إسناد اسم يطلق على كل نظام يعكس عملا عالي المستوى: نظام حساب الرواتب، نظام مراقبة المخزون،...

● تسمية نظام فرعي كبير: نظام توليد التقارير،...

● بالنسبة للأعمال الدقيقة، يحبذ إعطاء اسم من النوع التالي: فحص حالة حساب العميل، تحضير كشف حساب المشتريات، إضافة سجل المخزون،...

○يجب إعطاء رقم وحيد إلى كل معاملة يوضح مستواها في الخريطة.

يرمز الرمز الرئيسي الأخير المستخدم في خريطة تدفق البيانات (شكل 1.9) إلى مخزن البيانات. تكتب العبارة المفسرة بين الخطين المتوازيين. يرفق رمز مخزن البيانات بترقيم للتفرقة بين مختلف المخـازن المتواجدة في خريطة تدفق البيانات. ترقم المخازن عادة بـ D1، D2, D3,...

الجدير بالذكر أن خريطة تدفق البيانات المنطقية (موضوع الفصل القادم) لا تفسر نوعية وحدات التخزين (قرص مرن، قرص صلب،...)، لذلك فإن الرمز يهدف إلى بيانات يمكن إضافتها أو سحبها.

يمكن أن يمثل مخزن البيانات خزنا يدويا كمركز أرشيف الملفات، أو تخزين ملفات حاسـوبية أو قواعـد بيانات يعطى لها اسم يرفق برقم مرجعي مثل ...,D1, D2 يبين مستواه في الخريطة. أما الملفات المؤقتـة كالأوراق المسودة، أو الملفات الحاسوبية المؤقتة، فإنها لا تدمج في خريطة تدفق البيانات.

○ **الفروق بين خرائط التدفق وخرائط تدفق البيانات**

نلخص مجموعة الفروق بين خريطتي التدفق وتدفق البيانات في الشكل 2.9.

○ مراحل إنشاء خرائط تدفق البيانات باستخدام المنهجية النازلة

تتطلب دراسة النظام رسم الأنواع التالية من خرائط تدفق البيانات (شكل 3.9):

خريطة التدفق	خريطة تدفق البيانات
تركز على تدفق مستندات أو سجلات البيانات.	تركز على تدفق البيانات وأحداث النظام.
تركز على التدفق المادي للبيانات.	تركز على التدفق المنطقي والمادي للبيانات.
تستخدم عددا كبيرا من الرموز مما يخولها إظهار أكثر تفاصيل مما تظهره خريطة تدفق البيانات.	تستخدم أربعة رموز فقط..
تظهر تتابع العمليات وتدفق البيانات وتوقيت الأحداث.	تفتقر إلى إظهار توقيت الأحداث.

شكل 2.9: الفروق بين خريطة التدفق وخريطة تدفق البيانات

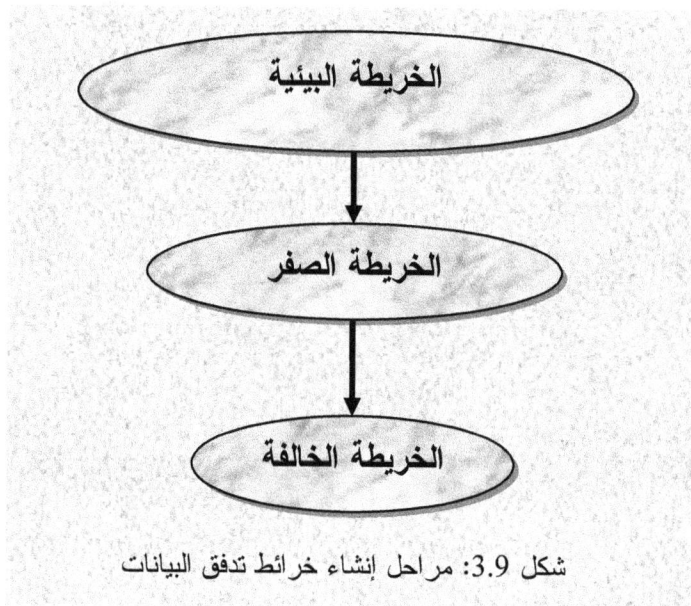

شكل 3.9: مراحل إنشاء خرائط تدفق البيانات

- الخريطة البيئية،
- الخريطة الصفر (خريطة الانطلاق)،
- الخريطة الخالفة.

نتعرف الآن على الخطوات التي ينتهجها محلل النظم في رسم هذه الخرائط بطريقة تدريجية وفق المنهجية النازلة:

أ‌– إنشاء قائمة الأعمال والأنشطة واستخدامها لتحديد ما يلي:

- الكينونات الخارجية،
- أسهم تدفق البيانات،
- المعاملات،
- مخزن البيانات.

ب‌– إنشاء الخريطة البيئية التي تظهر الكينونات الخارجية، وتدفق البيانات الـصادرة والـواردة مـن النظام. لا يجب إظهار أي أعمال دقيقة أو تخزين بيانات.

ج‌– رسم الخريطة الصفر التي تدخل في المستوى الموالي. في هذه الخريطة، وجب إظهار الأعمـال في طابع عام، ومن بينها العمليات المرتبطة بمخزن البيانات.

د‌– إنشاء الخريطة الخالفة لكل المعاملات المذكورة في الخريطة الصفر، وذلك عند اقتضاء الحاجة.

ه‌– فحص الخريطة من أجل إيجاد الأخطاء والتأكد من أن اللافتات التي أسندت إلى كل معاملة وتدفق بيانات لها معنى.

و‌– إنشاء خريطة تدفق البيانات المادية انطلاقا من خريطة تدفق البيانات المنطقية. يوضح المحلل في هذه الخريطة المعاملات اليدوية والآلية. كما وجب عليه وصـف الملفـات (التقـارير باسـتخدام مسميات). بالإضافة إلى ذلك، وجب توضيح متى تنتهي المعـاملات، ومتـى يمكـن أن تحـدث الأخطاء.

ز‌– فصل خريطة تدفق البيانات المادية بواسطة عزل بعض أجزائها أو تجميع البعض منهـا، وذلـك لهدف تيسير البرمجة والتنصيب.

يحتاج محلل النظم إلى وضع تصور لتدفق البيانات انطلاقا من منهجية التحليل النازلة. عند بدء خريطة تدفق البيانات، وجب حصر كل المعطيات المتجمعة عند محلل النظم في قائمة توزع على الأنواع الأربعة من الرموز المخصصة لخريطة تدفق البيانات (شكل 1.9). تخول هذه القائمة فيما بعد رسم حدود النظام الذي وجب توصيفه في مراحل لاحقة. مباشرة بعد إنهاء هذه القائمة، يشرع محلل النظم في رسم الخريطة البيئية.

نتعرف الآن على رسم الخريطة البيئية والخريطة الصفر والخريطة الخالفة بالتفصيل.

✧ رسم الخريطة البيئية للنظام

إن منهجية التحليل النازلة المستخدمة في رسم خريطة تدفق البيانات، تمهد لجعل الخرائط تتدرج من العموميات إلى الخاصيات. الجدير بالذكر، أنه رغم أن الخرائط العامة تخول لمحلل النظم أن يجمع التدفقات الرئيسية للبيانات، إلا أن عموميّتها تضع حدّا لفوائدها.

يجب على الخريطة البيئية أن تتّصف بالميزات التالية:

- تعطي فكرة شاملة عن النظام العام،
- تتضمن البيانات الرئيسية الواردة إلى النظام والصادرة منه.

تعتبر الخريطة البيئية أكثر الخرائط اتصافا بالعمومية، وتعطي رؤية "مكوكية" لتدفق البيانات في النظام. وفي نفس الوقت، تعتبر من أكثر الخرائط شمولية عن تركيبة النظام.

كما تحتل الخرائط البيئية أعلى مستوى في خرائط تدفق البيانات، وتشمل معاملة واحدة فقط تمثل النظام بأكمله. يسند إلى هذه المعاملة الترقيم صفر.

تظهر الخريطة البيئية كل الكينونات الخارجية، وأهم البيانات المتدفقة منها وإليها، والمتولّدة من نتائج المقابلات وعمليات التوثيق.

الجدير بالذكر أن الخريطة البيئية لا تحتوي على أي مخزن بيانات، وتعتبر سهلة الإنشاء.

✧ **رسم الخريطة الصفر**

تعتبر الخريطة الصفر "انفجارا" للخريطة البيئية، وبإمكانها أن تحتوي على 3 معاملات على الأقـل، وعلى 9 معاملات على الأكثر، وذلك حتى لا تصبح الخريطة متشعبة وغير مفهومة.

تعتبر الخريطة صفر إذن أكثر تفصيلا من الخريطة البيئية، حيث تبقى البيانات الواردة والبيانات الصادرة التي تضمنتها الخريطة البيئية على طبيعتها، أما المكونات المتبقية من الخريطة البيئية، فإنها "تفجر" علـى مجموعة من الأجزاء (حسب ما تقتضيه الحاجة)، حيث يحتوي كل جزء على مجموعة مـن المعـاملات يتراوح عددها بين 3 و 9 معاملات، وتتضمن مخازن البيانات، والمـستويات المتدنيـة الجديـدة لتـدفق البيانات.

إن مخزن البيانات الأساسية والمتمثلة أهمها في الملفات الرئيسية التابعة للنظام، وكذلك كـل الكينونـات الخارجية، مدمجة في الخريطة صفر. يبين الشكل 4.9 نموذجا لخريطة بيئية، بينمـا يبـين الـشكل 5.9 نموذجا لخريطة صفر.

ترقم كل معاملة بواسطة رقم طبيعي. يبدأ الترقيم عادة من الركن الأعلى الشمالي، ويتقـدم إلـى الـركن الأسفل اليميني. وبما أن خريطة تدفق البيانات تعتبر ذات بعدين، فإنه بالإمكان العمل في الخريطة انطلاقا من أي نقطة منها والتحرّك في كلتي الاتجاهين، سواء من بداية الخريطة إلى نهايتها، أو من نهايتها إلـى بدايتها.

إذا تشعبّت الأمور وصعب على محلل النظم إتمام رسم الخريطة، فإنه وجب عليه أن يأخـذ أي معاملـة خارجية أو كينونة خارجية أو مخزن بيانات، ويبدأ رسم اتجاه تدفق البيانات انطلاقا من هذه الكينونات أو المعاملات.

نتعرف الآن على هذه الطرق، مبتدئين سواء من بداية الخريطة أو من نهايتها.

◊ **رسم الخريطة الصفر ابتداء من جهة تدفق البيانات الواردة**

ابدأ من اتجاه تدفق البيانات المنطلق من كينونة. اطرح على نفسك السؤال التالي:

- ماذا يحصل للبيانات الواردة إلى النظام؟
- هل تعتبر البيانات واردة إلى مجموعة من المعاملات أم أن الغرض منها هو تخزينها.

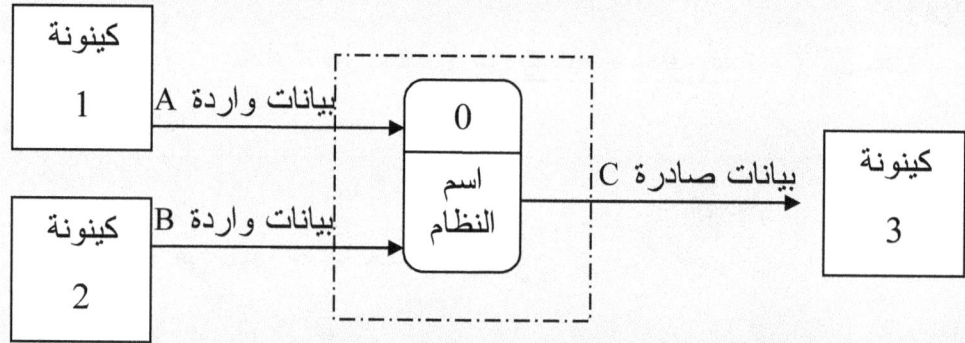

شكل 4.9: مثال عام لخريطة بيئية

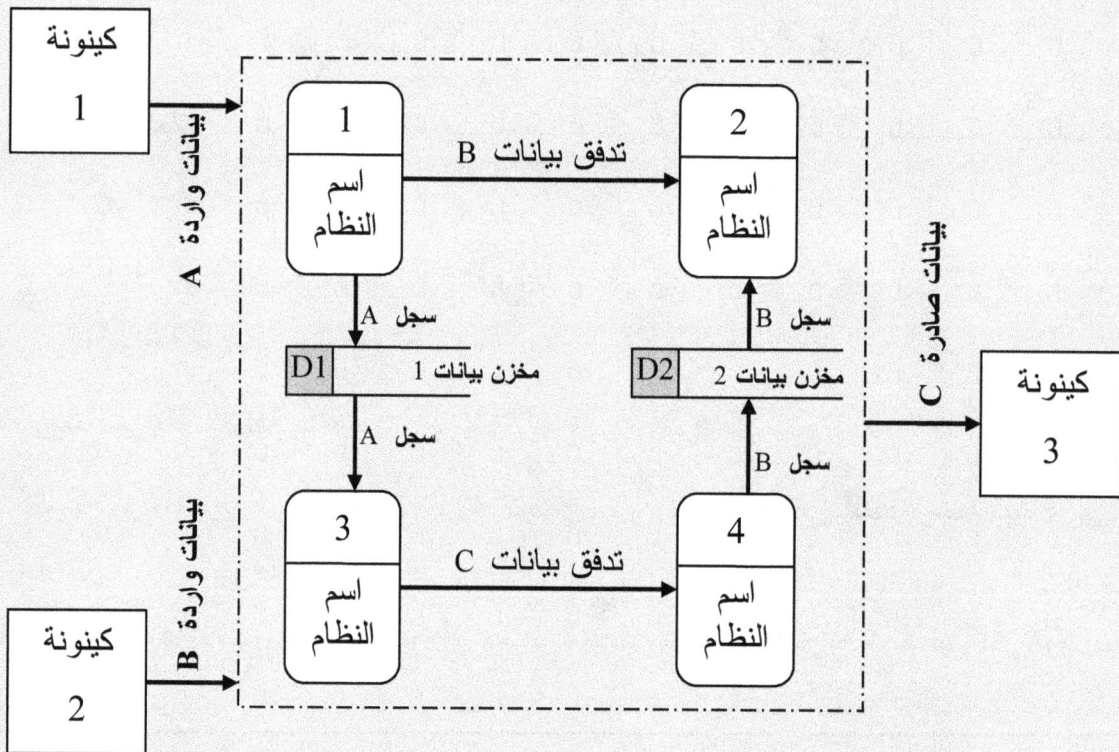

شكل 5.9 : الخريطة الصفر

◊ **رسم الخريطة الصفر رجوعا إلى الوراء وانطلاقا من تدفق "البيانات الصادرة"**

ابدأ من التدفق المنطلق من البيانات الصادرة ومنفذا العمليات التالية:

■ افحص حقول البيانات الصادرة (من ملف أو من تخطيط صحيفة الشاشة) لكل حقل من هذه الحقول ثم أجب عن الأسئلة التالية:

  ○ من أين أتت هذه الحقول؟

  ○ هل هي نتيجة عملية حسابية؟

  ○ هل هي مخزنة في ملف؟

■ تمعّن في اتجاه تدفق البيانات ثم استنتج هل هو متجه نحو مخزن البيانات أم أنه خارج منه؟ كما وجب طرح الأسئلة التالية:

  ○ ما هي المعاملات التي تستخدم هذه البيانات؟

  ○ ما هي المعاملات التي تودع البيانات في المخزن؟

■ حلل معاملة تم تعريفها بطريقة جيدة، وابحث عن البيانات الواردة التي تحتاجها والبيانات الصادرة التي تنتجها.

■ أوصل بعد ذلك هذه البيانات الواردة والبيانات الصادرة بالكينونات ومخازن البيانات الملائمة لها (الملائمة للبيانات الواردة والصادرة).

❖ **رسم الخريطة الخالفة**

قد تكون الخريطة البيئية معقدة نوعا ما، وقد تحتوي على بعض الغموض. لذلك وجب البحث عن طريقة لإيجاد حل لبعض ألغازها.

يأتي هذا الحل في وضع إمكانية تفجير أي معاملة معقدة تنتمي إلى الخريطة الصفر، لكي تولد خرائط خالفة تعطي المزيد من التفاصيل. تسمى الخريطة المتحصل عليها نتيجة انفجار معاملة من الخريطة صفر بــ " الخريطة الخالفة". كما تسمى المعاملة المفجرة بــ "المعاملة السالفة" .

لكن هذا لا يعني بتاتا أن كل المعاملات التي تضمها الخريطة الصفر قابلة للتفجير. إن إمكانية تفجير أي معاملة في هذه الخريطة مرتبطة بدرجة تعقيد المعاملة. إذا اتضح أن إحدى المعاملات لا يمكن تفجيرها، فإنه يطلق عليها تسمية "معاملة أولية".

✓ **تحقيق التوازن العمودي في الخريطة الخالفة**

إن القواعد الأساسية والأولية التي يجب اتباعها في رسم الخريطة الخالفة هي ما تسمى بتحقيق التوازن العمودي في هذه الخريطة، والذي يقتضي بموجبه تحقق القاعدة التالية:

لا يمكن للخريطة الخالفة أن تستقبل بيانات واردة، أو تولّد بيانات صادرة لم تستقبلها أو تولّدها المعاملة السالفة في الخريطة الصفر. يجب على كل تدفقات البيانات الواردة والبيانات الصادرة التابعة للمعاملة السالفة أن تتواجد في الخريطة الخالفة.

✓ **القواعد الأولية لرسم الخريطة الخالفة**

قبل الشروع في رسم الخريطة الخالفة، وجب الأخذ بعين الاعتبار القواعد الرئيسية التالية:

- لا يمكن للخريطة الخالفة أن تستقبل بيانات واردة لم تستقبلها المعاملة السالفة (في الخريطة الصفر).
- لا يمكن للخريطة الخالفة أن تفضي إلى بيانات صادرة لم تولدّها المعاملة السالفة.
- يجب على كل تدفقات البيانات الداخلة أو الخارجة من المعاملة السالفة أن تتبلور في الخريطة الخالفة.
- يعطى للخريطة الخالفة نفس الرقم الذي تحمله المعاملة المفجرة في الخريطة السالفة، فمثلا إذا فجرنا المعاملة 4 في الخريطة الصفر، فإن الخريطة الخالفة التي ستوضح المعاملة 4 المفجرة، سوف تحمل الرقم 4.
- ترقم المعاملات في الخريطة الخالفة باستخدام نفس رقم المعاملة السالفة في الخريطة الصفر ثم نضيف إلى هذا الرقم نقطة ثم رقما طبيعيا (1،2،3،4،...) يصعد حسب عدد المعاملات المتواجدة في الخريطة الخالفة. فمثلا لو أردنا تفجير المعاملة السالفة رقم 2 في الخريطة

صفر، فإنه في الخريطة الخالفة، سوف تصبح لدينا معاملات مرقمة كالتالي: **2.1** ، **2.2** ، **2.3** ، ...

تخول هذه القاعدة إنشاء مجموعة من الخرائط الخالفة على مستويات متعددة، ومرتبطة بعدد المعاملات السالفة المتواجدة في الخريطة الصفر. فلو افترضنا أن الخريطة الصفر تحتوي على 4 معاملات، فإنه بالإمكان وحسب الضرورة رسم 4 خرائط خالفة مرقمة من 1 إلى 4.

- بصفة عامة، لا تظهر الكينونات في الخرائط الخالفة المرسومة تحت الخريطة الصفر.
- إن تدفقات البيانات التابعة للمعاملة السالفة والتي تتجانس (التي تحمل نفس التسمية) مع تدفقات البيانات المتواجدة في الخريطة الخالفة تسمى "تدفقات بيانات الواجهة".
- إذا اتصلت المعاملة السالفة بمخزن بيانات، فإن الخريطة الخالفة لهذه المعاملة وجب عليها أن تحتوي على نفس مخزن البيانات. الجدير بالذكر، أنه بالإمكان أن تحتوي الخريطة الخالفة على مخزن بيانات غير موجود في المعاملة السالفة. هذا مرتبط بنوع المسألة التي هي قيد الدراسة.

✓ **مثال لرسم خريطة تدفق البيانات**

حتى يتسنى فهم خرائط تدفق البيانات، نسوق مثالا لنظام حساب المعدلات الفصلية والتراكمية لطلاب بإحدى الكليات. نقصد بالمعدلات الفصلية، تلك المعدلات التي تحسب وفقا لنتائج الامتحانات التي تجرى في آخر النصف الأول أو الثاني من السنة الدراسية. نعني بالمعدل التراكمي، ذلك المعدل الذي يحسب وفقا لنتائج الامتحانات الفصلية التي أجراها الطالب ابتدءا من أول فصل بدأه منذ دخوله الكلية وحتى الفصل الحالي.

الطالب الذي يدرس مقررا معينا، ويتعدى نصاب غيابه العدد الأقصى المسموح به من طرف النظام الإداري، فإنه يعتبر محروما من إجراء الامتحان الفصلي التابع إلى ذلك المقرر، ولذلك يبقى في نصابه ووجب عليه إجراءه في فصل لاحق. نتيجة لذلك، ترصد له ملاحظة "غير مكتمل" كنتيجة لامتحانه في ذلك المقرر.

نرسم الخريطة البيئية لهذا النظام (شكل 6.9) . إثر ذلك، نرسم الخريطة الصفر (شكل 7.9)، ثم الخريطة الخالفة (شكل 8.9) للمعاملة 2 التي يتمثل دورها في إيجاد قيمة المعدل الفصلي.

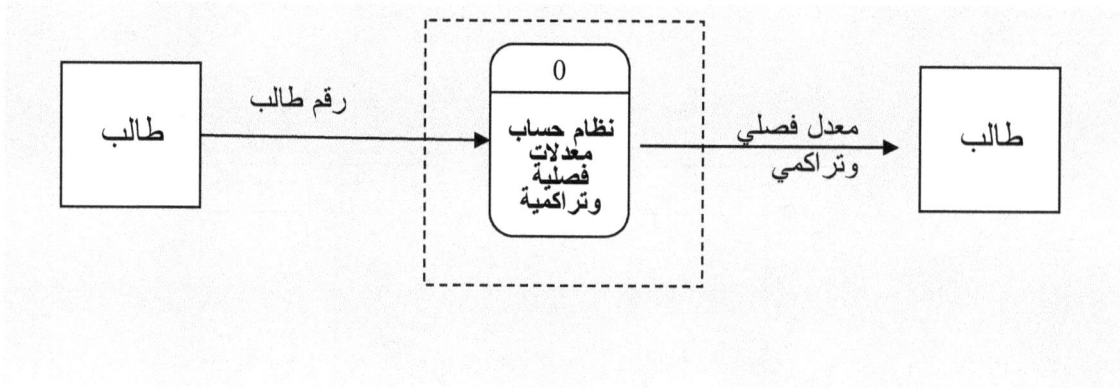

شكل 6.9: الخريطة البيئية لنظام حساب معدلات طالب

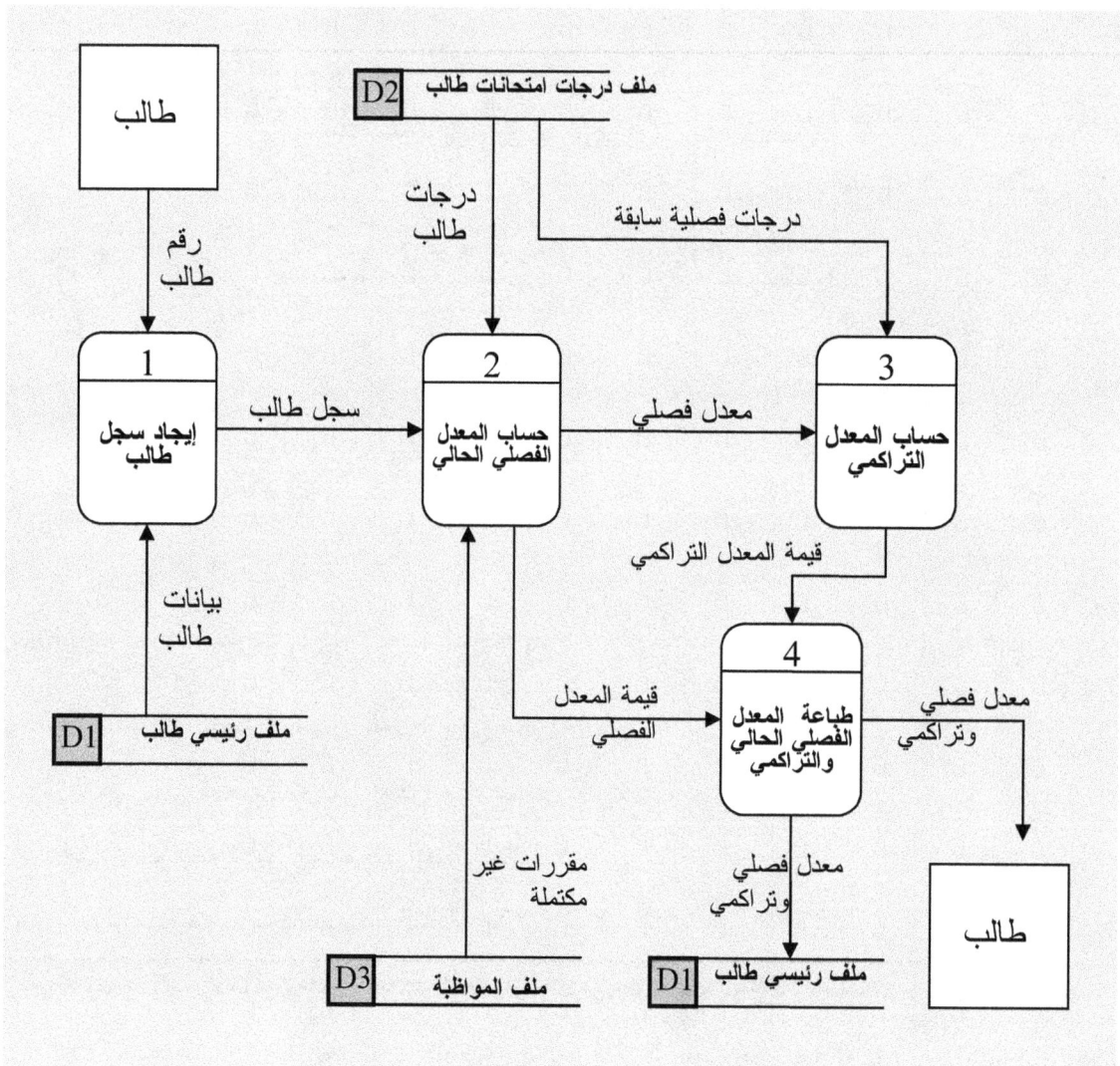

شكل 7.9: الخريطة صفر لمعاملة حساب معدلات طالب

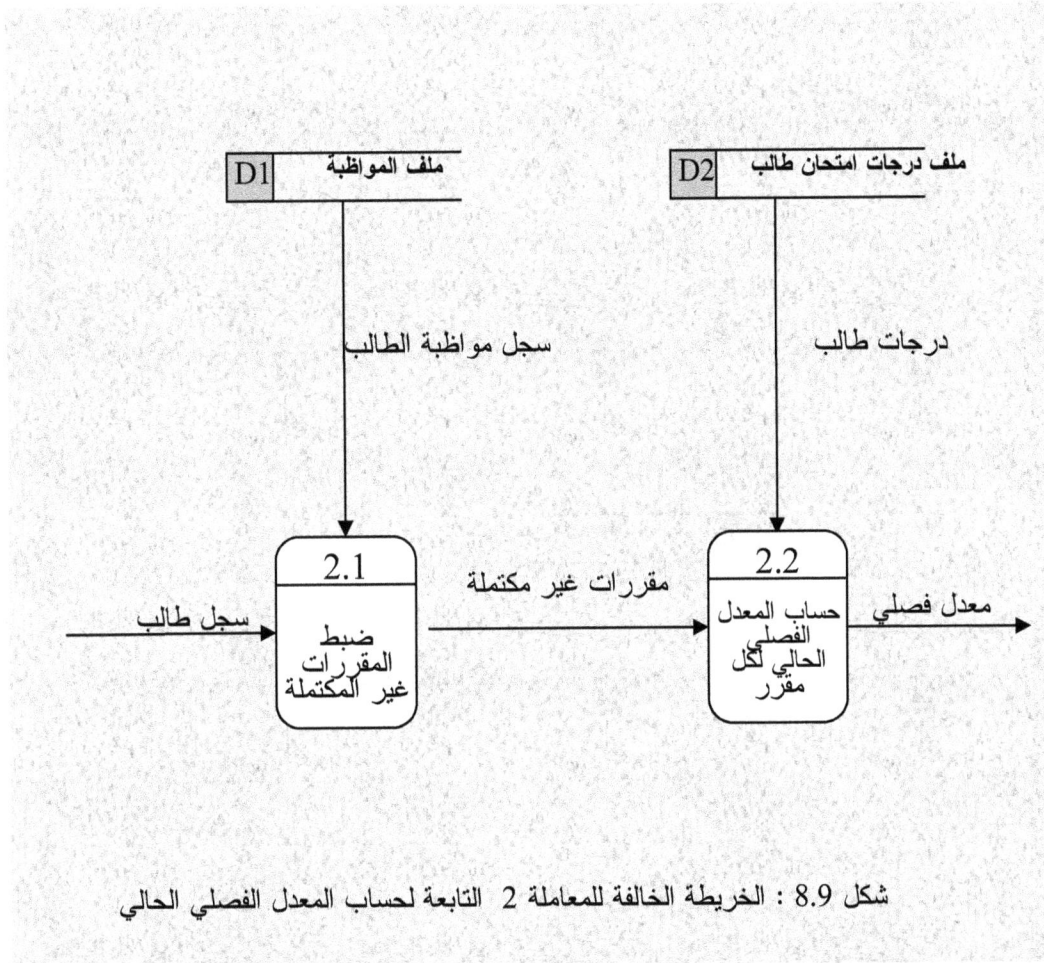

شكل 8.9 : الخريطة الخالفة للمعاملة 2 التابعة لحساب المعدل الفصلي الحالي

ملاحظة

قد يحصل لديك في بعض الأحيان غموض في معرفة الآتي:

○ ما هو عدد المعاملات التي يمكن وضعها في خريطة واحدة ؟

○ متى يستوجب الأمر إنشاء الخريطة الخالفة ؟

في هذه الحالة، نتوجه إليك بالنصيحة التالية:

○ افحص كل معاملة ثم احص عدد توصيلات تدفق البيانات الواردة والصادرة من المعاملة.

○ إذا اتضح لك أن هذا المجموع أكثر من أربع، فإن المعاملة مرشحة للانفجار وتكوين الخريطة الخالفة.

✓ **نماذج للأخطاء الشائعة في خرائط تدفق البيانات**

عند رسم خريطة تدفق البيانات، فإنه بالامكان أن تحصل أخطاء متعددة. يبين الشكلان 9.9 و 10.9 أهم هذه الأخطاء الشائعة وتصحيحها في عمود الصواب. سوف نقتصر على تفسير البعض منها نظرا لوضوح المتبقي منها. نتطرق بعد ذلك إلى تحديد بعض الأخطاء الأخرى ثم نتولى تصحيحها.

  ○ خطأ وضع الاتجاه الصحيح لتدفق البيانات

لا يمكن بتاتا لمعاملة أن تصب فيها فقط تدفقات أو أن تخرج منها فقط تدفقات (صف 1 و 2). ذلك أنه بصفة عامة تتلقى كل معاملة بيانات واردة ثم تحولها إلى بيانات الصادرة.

  ○ ربط مجموعة من الكينونات ببعضها البعض (صف 6)

يجب على كل كينونة أن تربط فقط معاملة واحدة.

  ○ ربط مجموعة من مخزن بيانات ببعضها البعض (صف 3)

كل مخزن بيانات لا تتلقى تدفق بيانات إلا من معاملات فقط.

  ○ وضع الترقيم أو المسميات الخاطئة في الخريطة

وجب منح اسم لكل تدفق بيانات. كما أن كل معاملة تسمى باسم النظام الذي تعالجه، أو يعطى لها اسم من النوع "فعل أمر ومفعول به"، مثل : احسب الراتب، اطبع المجموع،...

  ○ دمج أكثر من 9 معاملات في خريطة واحدة.

يسبب العدد الكبير من المعاملات المتواجدة في خريطة واحدة في تعقيدها وجعلها صعبة الفهم. إذا اتضح أن طبيعة المسألة تتطلب أكثر من 9 معاملات، فإنه وجب تجميع بعض المعاملات التي تتشارك في العمل في نظام فرعي واحد ووضعها في الخريطة الخالفة.

  ○ السهو عن وضع خط تدفق بيانات يربط المعاملة،

  ○ إنشاء خريطة غير متوازنة.

يجب على الخريطة الخالفة أن تحتوي على نفس تدفقات البيانات الواردة والبيانات الصادرة. تكمن الحالة الاستثنائية الوحيدة في دمج خط البيانات الصادرة لتدفق بيانات الأخطاء، التي توضع في الخريطة الخالفة.

م	الخطأ	الصواب
1	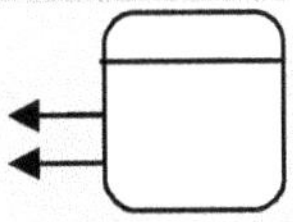	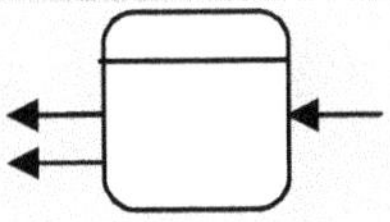
2	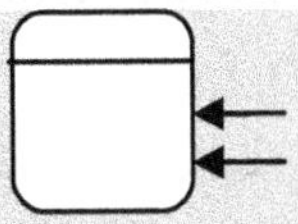	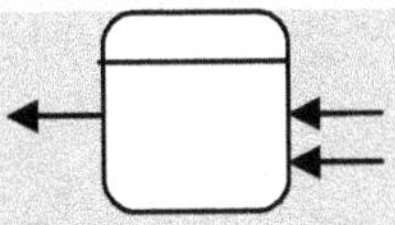
3	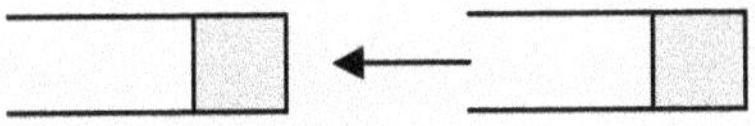	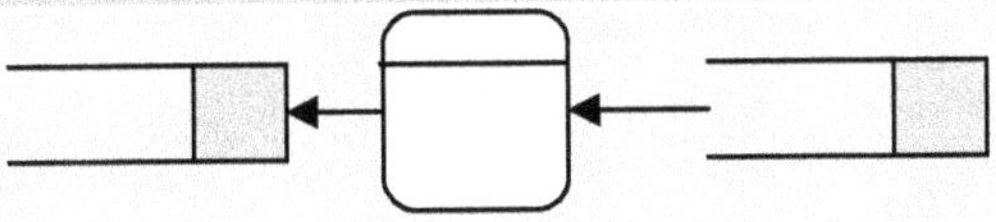
4	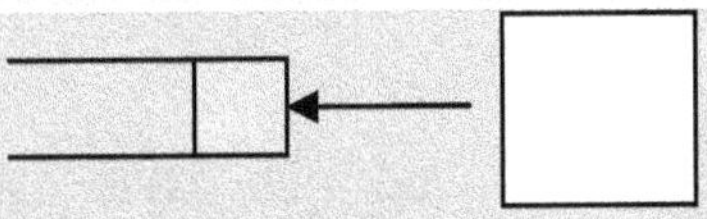	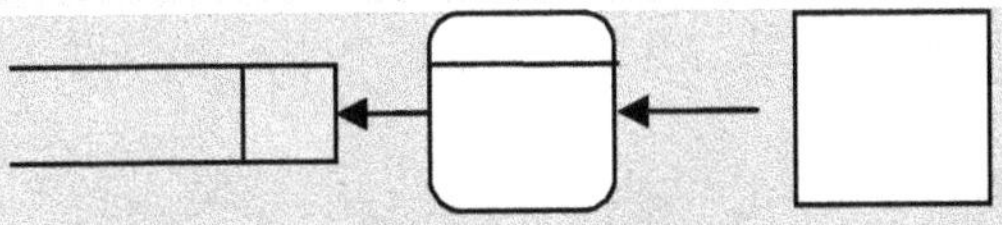
5	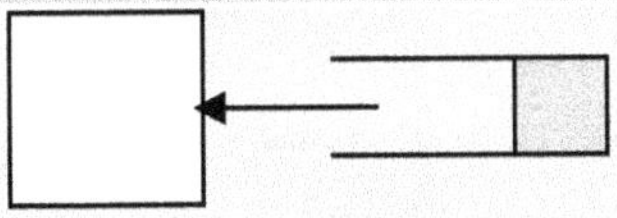	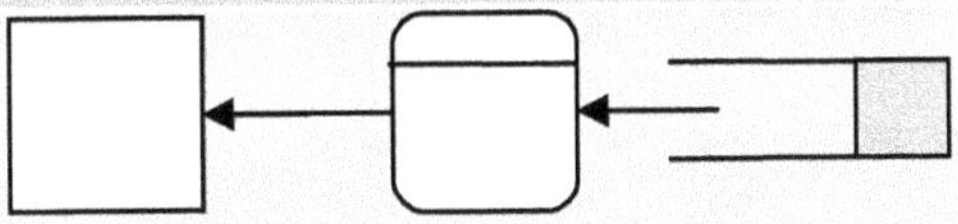

شكل 9.9 : بعض الأخطاء الشائعة في رسم خرائط تدفق البيانات وتصحيحها

م	الخطأ	الصواب
6	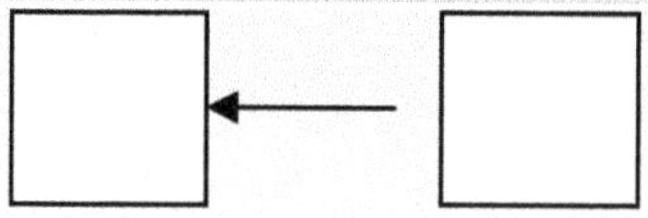	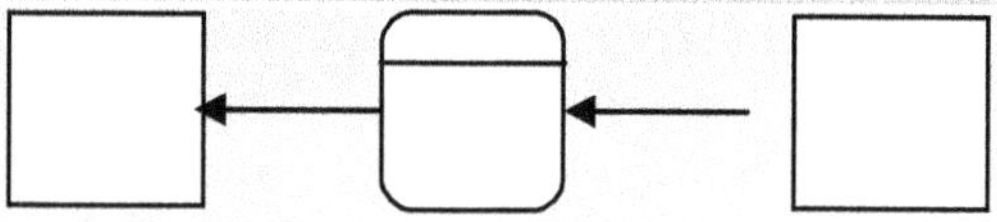
7	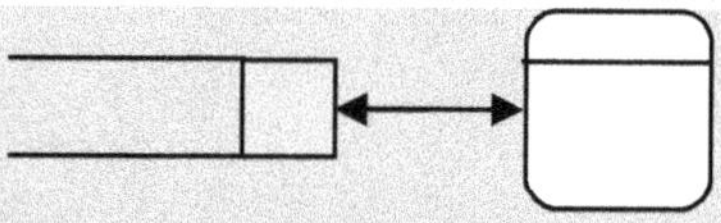	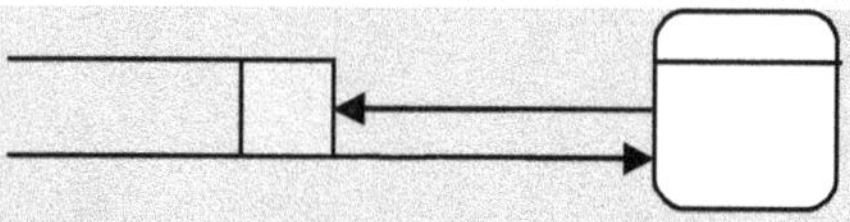
8	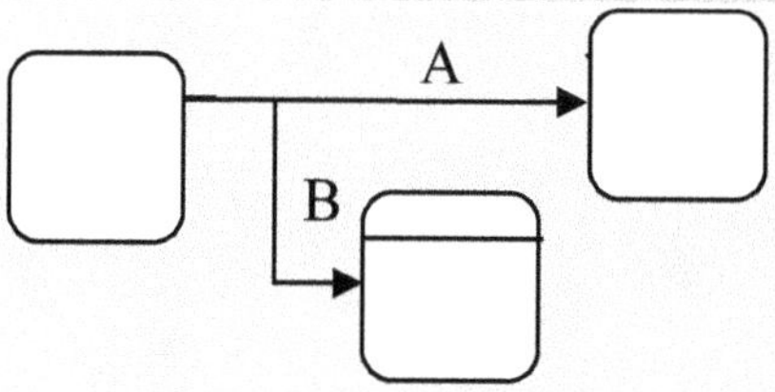	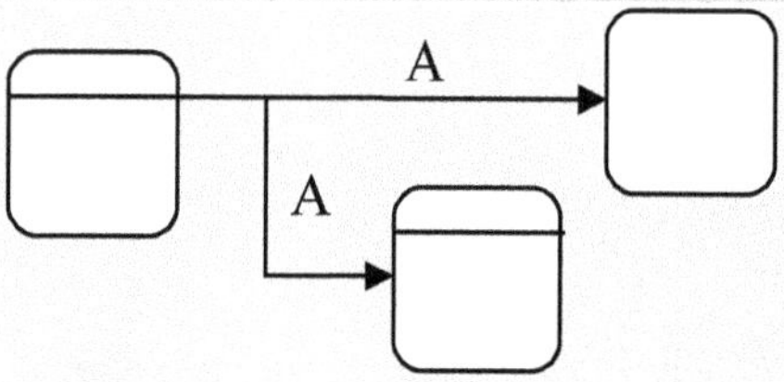
9	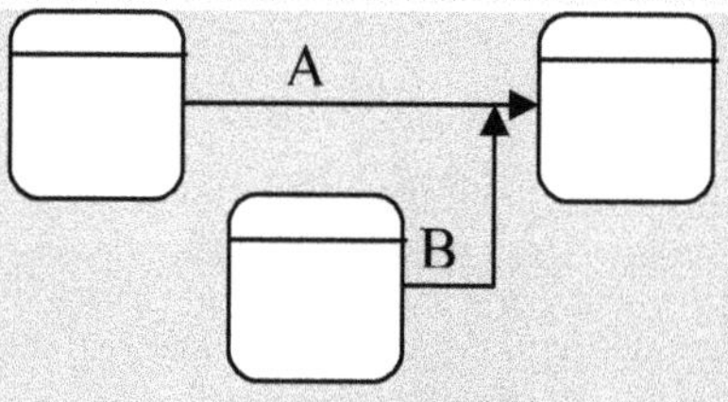	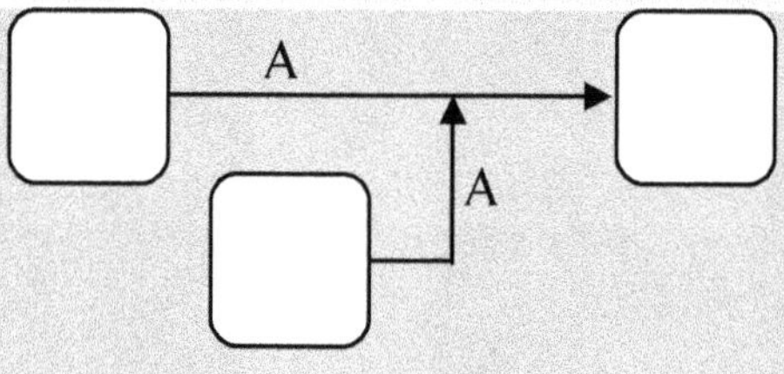
10	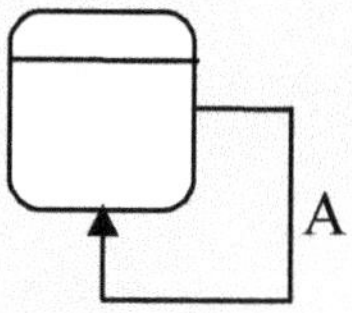	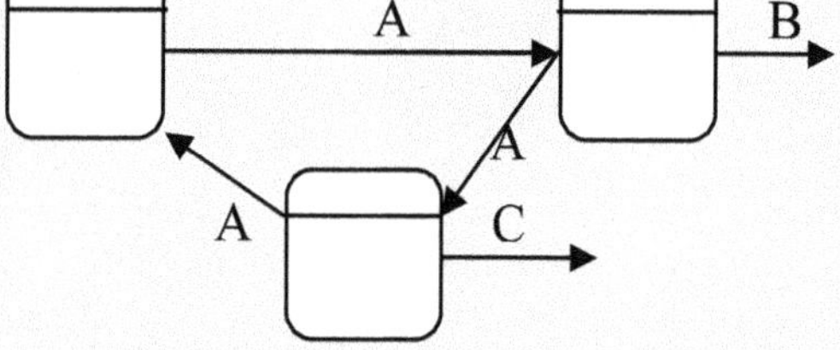

شكل 10.9 : بعض الأخطاء الشائعة في رسم خرائط تدفق البيانات وتصحيحها

✓ **أنواع خرائط تدفق البيانات**

تتواجد خرائط تدفق البيانات في نوعين اثنين:

- خرائط تدفق بيانات منطقية،
- خرائط تدفق بيانات مادية.

نتعرف بالتفصيل على هذين النوعين في الفصلين اللاحقين.

10 خرائط تدفق البيانات المنطقية

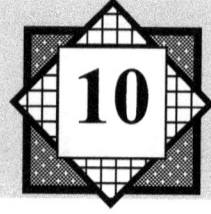

يهدف هذا الفصل إلى التعرف على:

- مفهوم خريطة تدفق البيانات،
- الطريقة المثالية للتحليل،
- طريقة الحصول على خريطة تدفق البيانات المنطقية للنظام الجديد،
- إيجابيات رسم خريطة تدفق البيانات،
- رسم خريطة تدفق البيانات لمسألة.

مفهوم خرائط تدفق البيانات المنطقية.

خريطة تدفق البيانات المنطقية أو الخريطة المنطقية لتدفق البيانات– هي خريطة تركّز على الأعمال وكيفية سيرها. تتمثل خاصيتها في:

- عدم اهتمامها بالطريقة التي سيبنى بها النظام،
- اهتمامها بوصف:
  - الأحداث والأعمال المتواجدة على ساحة دراسة النظام،
  - البيانات الواردة اللازمة، والبيانات الصادرة المتولّدة من طرف كل حدث.

- **الطريقة المثالية للتحليل**

إن الطريقة المثلى التي يمكن للمحلل أن يتوخّاها عند تحليل النظام الحالي، هي انتهاج المراحل التالية (شكل 1.10):

- رسم الخريطة المنطقية لتدفق البيانات لهذا النظام،

○ إضافة المستجدات التي تساهم في الاستجابة إلى متطلبات النظام الجديد. يتحصل المحلل بهذه الطريقة على خريطة تدفق البيانات المنطقية المقترحة للنظام الجديد.

○ تدرس بعد ذلك أفضل الطرق لتنصيب النظام الجديد، وذلك بواسطة رسم <u>خرائط تدفق البيانات المادية</u> التي ستكون موضوع الفصل التالي.

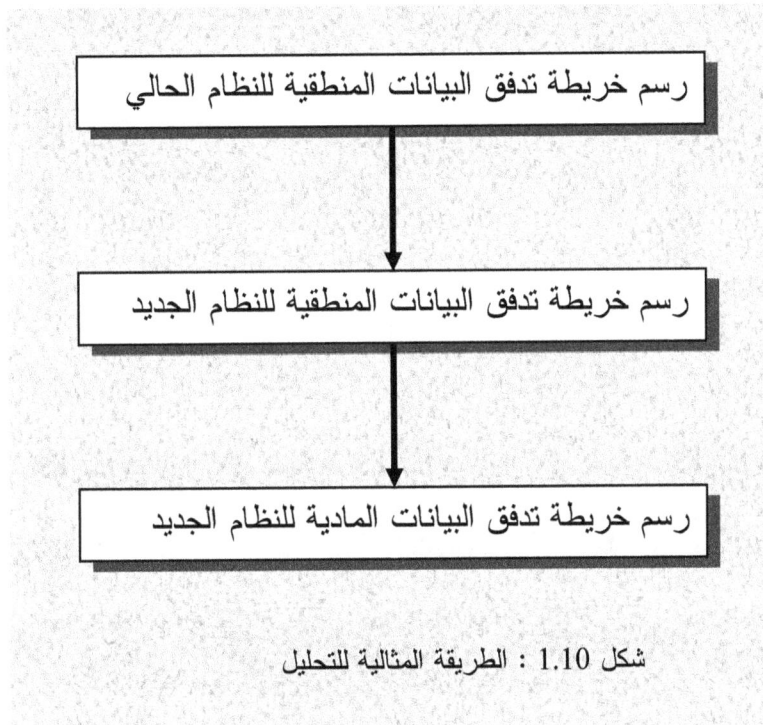

شكل 1.10 : الطريقة المثالية للتحليل

تعطي خرائط تدفق البيانات المنطقية للنظام الحالي فكرة واضحة عن كيفية اشتغال النظام الحالي، وتعتبر في حد ذاتها نقطة انطلاق موفقة لرسم خريطة تدفق البيانات المنطقية للنظام المقترح بطريقة تدريجية. لكن للأسف فإنه غالبا ما يهمل محلل النظم هذه الخطوات والوقت اللازم لها، ويتجه مباشرة إلى رسم خريطة تدفق البيانات المنطقية للنظام الجديد.

○ **طريقة الحصول على خريطة تدفق البيانات المنطقية للنظام الجديد**

عند رسم خريطة تدفق البيانات المنطقية للنظام الحالي، فمن بين المهام التي ينجزها محلل النظم، نذكر الآتي:

- يحذف المعاملات التي لم تعد صالحة للنظام الجديد،
- يضيف إلى هذه الخريطة التطورات الجديدة المتمثلة في :
  - الأنشطة،
  - البيانات الصادرة والبيانات الواردة،
  - مخازن البيانات.

وهكذا يضمن محلل النظم بهذه الطريقة الحفاظ على العناصر المهمة التي احتواها النظام القديم، ويدمجها في النظام الجديد. يتحصل بذلك على خريطة تدفق البيانات المنطقية للنظام الجديد. بالإضافة إلى ذلك فإن استخدام النموذج المنطقي للنظام القديم يساعد على الانتقال التدريجي إلى تصميم النظام الجديد. بمجرد أن يجهز النموذج المنطقي للنظام الجديد، فإنه يمكن استخدامه لإنشاء الخريطة المادية للنظام الجديد (شكل 1.10).

- **إيجابيات رسم خريطة تدفق البيانات المنطقية**

يشمل رسم خريطة تدفق البيانات المنطقية الإيجابيات التالية:

- توفير اتصال جيد بالمستخدمين،
- توفير نظم أكثر استقرارا،
- تفسير وتوضيح جيد لمختلف أعمال النظام،
- ضمان مرونة وصيانة سهلة،
- حذف الفوائض من الأعمال،
- تحضير أرضية لرسم خريطة تدفق البيانات المادية بكل سهولة.

نتطرق الآن إلى تفسير كل إيجابية من هذه الإيجابيات على حدة.

◊ **توفير اتصال جيد بالمستخدمين**

بما أن خريطة تدفق البيانات المنطقية تركز على مختلف أنشطة النظام، فإنها تعتبر سهلة الفهم لدى مستخدمي النظام. تخول هذه السهولة جعل مستخدمي النظام متفاعلين أكثر مع الأنشطة الأساسية للنظام، والمتطلبات الأساسية لكل نشاط من هذه الأنشطة.

◊ **توفير نظم أكثر استقرارا**

تعتبر النظم المرتكزة على خرائط تدفق البيانات المنطقية أكثر استقرارا من غيرها، ويرجع ذلك للأسباب التالية:

- ترتكز هذه النظم على أحداث أعمال النظام،
- لا ترتكز هذه النظم على تقنية أو تكنولوجيا خاصة أو طريقة تنصيب معينة، ذلك أن هذه التقنيات وطرق التنصيب تتطور مع التطور التقني وتطور نظم المعلومات.
- لا تهتم هذه النظم بالوسائل المادية والمعدات التي تخول إنجاز الأعمال في النظام والتي هي كذلك تتطور باستمرار.

◊ **تفسير وتوضيح جيد لمختلف أعمال النظام**

تركّز خرائط تدفق البيانات المنطقية على أعمال النظام، ولذلك فهي تساعد محلل النظم على تحقيق الأهداف التالية:

- فهم هذه الأعمال التي هي في حد ذاتها موضوع الدراسة والتحليل،
- فهم تطبيق إجراءات النظام،
- تحديد النتائج المنتظرة من تنفيذ عملية معينة.

◊ **مرونة الأداء وسهولة الصيانة**

إن النظام الذي يرتكز على خرائط تدفق البيانات المنطقية، يتمتع بوظائف ثابتة وغير معرضة لتغيرات متعددة، لذلك فهو يمتاز بالمرونة في الأداء وسهولة الصيانة.

◊ **حذف الفوائض من الأعمال**

يساعد فحص خريطة تدفق البيانات المنطقية المحلل على إنشاء أفضل نظام، وذلك بواسطة:

- التخلص من فوائض بعض الإجراءات والزيادات في بعض الأعمال التي ليس لها أي فائدة،
- التخلص من الطرق التي ليس لها أي فاعلية،

- التخلص من الإجراءات المتكررة.

كل هذا من شأنه أن يسهل إنشاء النظام. تعزز هذه السهولة بعدم تواجد مخازن بيانات في الخريطة، باستثناء الملفات الرئيسية أو قواعد بيانات.

تمرين 1

ارسم خريطة تدفق البيانات المنطقية للنظام التالي:

يتقدم زبون إلى إحدى المحلات التجارية، حيث يبتاع بعض المشتريات، ثم يتقدم إلى مكان الدفع ليعرض مشترياته، فيتسلم كشف حساب، ثم يدفع المبلغ.

الحل

حل التمرين موضح في الشكل 2.10.

◊ تتولى المعاملة 1 التعرف على البضاعة المشتراة.

◊ تتولى المعاملة 2 البحث بعد ذلك في الملف الرئيسي للأسعار عن سعر البضاعة.

◊ تقوم المعاملة 3 بإيجاد مجموع المشتريات.

◊ تتولى المعاملة 4 بعد ذلك إصدار كشف حساب يسلم إلى الزبون، ويتولى هذا الأخير دفع المبلغ.

ملاحظة

كما هو واضح، فإن خريطة تدفق البيانات المنطقية لا تتطرق إلى التنصيب المادي لمختلف الأنشطة.

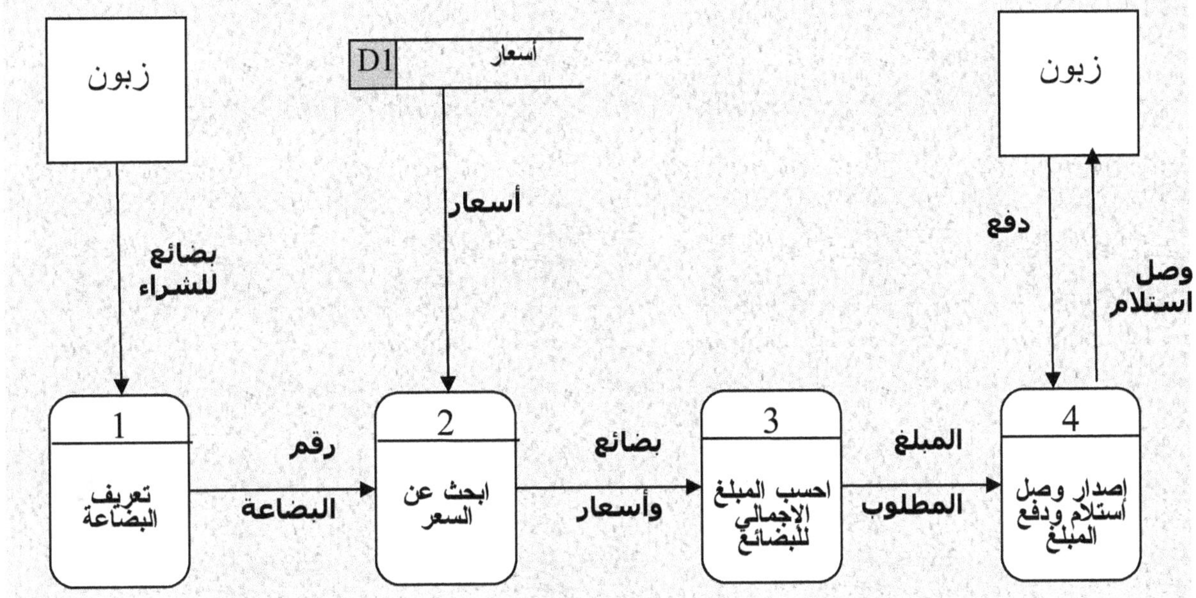

شكل 2.10: خريطة تدفق البيانات المنطقية لنظام التسوق

11 خرائط تدفق البيانات المادية

يهدف هذا الفصل إلى التعرف على:

- مفهوم خريطة تدفق البيانات المادية،
- مقارنة بين خريطتي تدفق البيانات المادية والمنطقية،
- رسم خريطة تدفق البيانات المادية،
- إيجابيات خريطة تدفق البيانات المادية،
- محتويات خريطة تدفق البيانات المادية،
- رسم خريطة تدفق البيانات المادية لمسألة.

مفهوم خرائط تدفق البيانات المادية.

خريطة تدفق البيانات المادية أو الخريطة المادية لتدفق البيانات هي خريطة تظهر كيفية تنصيب النظام، بالإضافة إلى تحديد المعدات والبرمجيات والملفات وكذلك الموظفين الذين لهم صلة بالنظام.

لكن السؤال الذي يتبادر إلى الذهن، هو معرفة الفروق بين الخريطة المنطقية (التي درسناها في الفصل السابق) والخريطة المادية. نتعرف على هذه الفروق الآن.

- **الفروق بين خريطتي تدفق البيانات المادية والمنطقية**

نلخص هذه الفروق في الشكل 1.11.

- **رسم خرائط تدفق البيانات المادية**

بمجرد إنهاء رسم خريطة تدفق البيانات المنطقية للنظام الجديد، والتثبت من صحتها، يشرع محلل النظم في رسم خريطة تدفق البيانات المادية لهذا النظام الجديد. تخول هذه الطريقة إظهار كيفية بناء النظام وتنصيبه.

الحدث	الخريطة المنطقية	الخريطة المادية
ماذا تظهر الخريطة؟	كيفية سير الأعمال	كيفية تنصيب النظام لاحقا
ماذا تمثل المعاملات؟	الأنشطة والأعمال.	البرامج، والوحدات البرمجية، والإجراءات اليدوية.
ماذا تمثل مخازن البيانات؟	حزمة بيانات بغض النظر عن طريقة أو كيفية تخزينها.	الملفات وقواعد البيانات والملفات اليدوية.
أنواع مخازن البيانات	تظهر مخزن البيانات التي تمثل حزمة بيانات دائمة.	الملفات الرئيسية، والملفات الوقتية، والمعاملات التي تعمل في وقتين مختلفين تربط بمخزن بيانات.
نظام التحكم	تظهر أعمال التحكم	○ تظهر التحكم في صحة البيانات المدخلة، ○ الحصول على سجل ضبط الحالة، ○ ضمان إنهاء معاملة بنجاح، ○ أمن النظام.

شكل 1.11 : مقارنة بين الخريطتين المنطقية والمادية لتدفق البيانات

- **إيجابيات خرائط تدفق البيانات المادية**

تتمتع خريطة تدفق البيانات المادية بعدد من الإيجابيات، نلخصها في النقاط التالية:

- إظهار ماهي المعاملات اليدوية وما هي المعاملات الآلية،
- توصيف المعاملات بأكثر تفصيل من الخريطة المنطقية لتدفق البيانات،
- ترتيب المعاملات التي تتطلب الإنجاز وفق تتابع معين،
- تعريف ملفات مخازن البيانات المؤقتة،
- تحديد أسماء الملفات،
- إضافة أساليب التحكم والسيطرة للتأكد من تنفيذ المعاملات بطريقة صحيحة.

محتويات خريطة تدفق البيانات المادية

تتكون خريطة تدفق البيانات المادية من عدة أعمال ومعاملات، نعددها كالآتي:

- المعاملات اليدوية،
- معاملات السجلات: إضافة، حذف، تغيير، تصفح،...
- معاملات التحقق لضمان بيانات واردة دقيقة،
- ترتيب المعاملات بطريقة تتابعية لإعادة تنظيم السجلات،
- معاملات توليد البيانات الصادرة الوحيدة لكل نظام،
- مخازن البيانات الوسيطة أو المؤقتة،
- الأسماء الحقيقية للملفات المستخدمة لخزن البيانات،
- أساليب التحكم لإظهار إتمام تنفيذ المعاملات بنجاح، أو شروط إظهار الأخطاء.

نشرع الآن في تفسير مختلف هذه النقاط المذكورة.

◊ المعاملات اليدوية

المعاملات اليدوية، هي تلك المعاملات التي ينجزها الإنسان دون تدخل الآلة، وإذا استخدمت هذه الآلة فإن استخدامها ينحصر في نطاق ضيق جيدا.

نذكر من بين المعاملات اليدوية، فحص النماذج (كنماذج إدخال وعرض البيانات في الحاسب الآلي،...).

◊ المعاملات المطبقة على السجلات

إن كل ملف رئيسي مرتبط بإحدى عمليات إدارة الملفات التي تنفذ على سجلاته كعمليات الإضافة، أو الحذف، أو التغيير أوالتصفح. تستخدم لهذا الغرض المصفوفة كرود لعمليات الإضافة، أو القراءة، أو التحديث، أو الحذف، حيت تتولى تحديد تنفيذ هذه العمليات باستخدام أحد الحروف التالية أو بعضها أو كلها (C, R, U, D). يفسر الشكل 2.11 مثالا لهذه الاستخدامات.

الحدث	العملية
إنشاء سجل طالب	C
قراءة بيانات طالب	R
تحديث بيانات طالب	U
تغيير بيانات طالب	RU
حذف بيانات طالب	D

شكل 2.11 : استخدامات المصفوفة كرود لإدارة سجلات الطلاب

◊ **معاملات التحقق لضمان بيانات واردة دقيقة**

تتطلب عملية إدخال البيانات كثيرا من عمليات التحقق لتفادي تزويد قاعدة البيانات ببيانات خاطئة، يمكن أن تنعكس سلبا في الحصول على تقارير خاطئة. لتجنب مثل هذه المشاكل، فقد وجب إدراج معاملات تخص التحقق من صحة ودقة البيانات الواردة. الجدير بالذكر، أن عمليات التحقق تكوّن حوالي 50 إلى 90% من محتوى مجموع أوامر البرنامج المعد لمعالجة البيانات.

◊ <u>**معاملات الترتيب**</u>

يندرج عدد كبير من المعاملات المرتبطة بعمليات <u>الفرز</u> و<u>الدمج</u> في عمليات فرز سجلات قاعدة البيانات، لهدف تيسير عمليات البحث والرفع من فاعليتها. تتواجد معاملات الترتيب ضمن معاملات خريطة تدفق البيانات المادية.

◊ **معاملات توليد بيانات الصادرة**

تحتاج خريطة تدفق البيانات المادية إلى معاملات توليد بيانات صادرة منفردة لكل نظام، وذلك لأن كـل تقرير أو عرض صحيفة شاشة يستوجب استخدام معاملة منفصلة لإنتاجه.

◊ **مخازن البيانات الوسيطة أو المؤقتة**

تستخدم خريطة تدفق البيانات المادية مخازن بيانات وسيطة (مؤقتة)، تتمثل عادة في ملفـات رئيسـية أو جداول لقواعد بيانات مؤقتة. تستخدم هذه الجداول أو الملفات لربط معاملتين تتفاعلان في أوقات مختلفة.

نفترض مثلا برنامجا لإدارة غياب الطلاب. يتولى موظف تسجيل غياب الطلاب يوميا، ثم يخزنه في قاعدة بيانات غياب الطلاب. يمكن استخدام هذه البيانات المخزّنة لاستخراج تقرير يـومي، كمـا يمكـن تخزينها في ملف شهري (أو في ملف سنوي) لاستخراج تقرير شهري (أو سـنوي) عـن حالـة غيـاب الطلاب.

◊ **الأسماء الحقيقية للملفات المستخدمة لتمثيل مخازن البيانات**

يتمثّل جزء من خريطة تدفق البيانات المادية في مخازن البيانات المادية، التـي يـشار إليهـا بواسـطة المسميات الحقيقية لهذه الملفات أو قواعد البيانات، مثل "الملف الرئيسي للطالب"، بخلاف تسمية "طالـب" المستخدمة في خريطة تدفق البيانات المنطقية.

يمكن أن ترفق هذه المسميات الحقيقية بتوصيف يتمثّل في عدد السجلات وخاصيات مفتاحية أخرى.

◊ **التحكم في إظهار إتمام تنفيذ المعاملات بنجاح**

تندرج عمليات السيطرة والتحكم المدمجة في خريطة تدفق البيانات المادية في إطار التأكد من أن الملفـات المولّدة من معاملة معينة، قد وقع تمريرها بطريقة صحيحة إلى المعاملة اللاحقة. نذكر على سبيل المثـال الإعلان "سجل غير موجود" الذي يظهر عندما يدخل المستخدم بواسطة لوحة المفاتيح رقم طالـب غيـر موجود، ويريد الحصول على بيانات ذلك الطالب، أو عندما يبحث البرنامج عـن طالـب يحمـل الـرقم المدخل، ثم يتضح أنه غير مخزن في قاعدة البيانات. في الحالة العكسية (رقم الطالـب موجـود)، تطبـع المعلومة على الشاشة، مثلا "سجل موجود"، أو تحمّل بيانات ذلك الطالب مباشرة على الشاشة.

تمرين 1

نبسط في هذا التمرين نفس المعطيات التي ذكرناها في تمرين1 الذي تطرقنا إليه في الفصل السابق (شكل 2.10)، والذي تمحور حول رسم خريطة تدفق البيانات المنطقية. المطلوب الآن هو رسم خريطة تـدفق البيانات المادية لنفس النظام.

يتجلى رسم خريطة تدفق البيانات المادية للنظام في الشكل 3.11.

كما يتضح جليا في خريطة تدفق البيانات المادية، فقد استخدمنا لقراءة سعر البضاعة <u>شفرة أعمدة</u>، التـي هي عبارة عن رسومات أعمدة مطبوعة، يمكن قراءتها بواسطة ماسح ضوئي، والمتمثلة في مثالنـا فـي <u>شفرة المنتج الشاملة</u> الموجودة على العناصر المباعة في المحلات التجارية.

لقد وضحنا أن المعاملتين 1 و4 تنفذان يدويا (تمرير البضاعة على الماسح الضوئي، دفع المبلغ).

كما يتضح جليا من الخريطة، فقد استخدمنا ملفا رئيسيا مؤقتا لحساب المجموع الجزئـي، الـذي يتزايـد بمجرد أن تم إيجاد سعر بضاعة (تم إقتناءها) من مجموعة البضائع. بالإضافة إلى ذلك، فقد وضّـحنا أن دفع المبلغ يمكن أن يتم إما نقدا، أو بواسطة شيك، أو بواسطة البطاقة البنكية.

إذا قارنا خريطة تدفق البيانات المنطقية (شكل 2.10) بخريطة تدفق البيانات المادية الحالية (شــكل 3.11)، فإنه يتبين لنا جليا، أن هذه الأخيرة تظهر المزيد من التفاصيل، خاصة المادية منها.

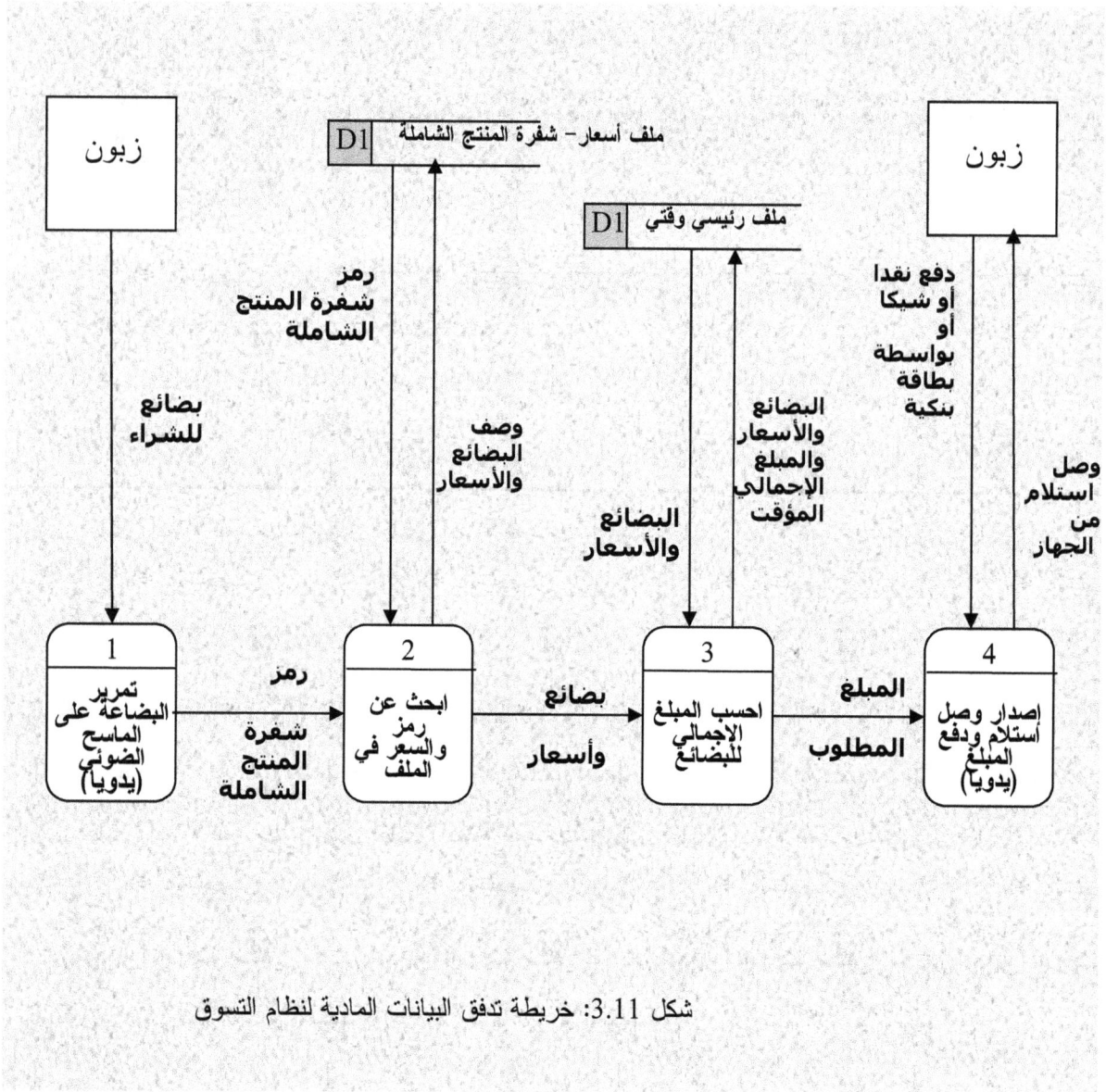

شكل 3.11: خريطة تدفق البيانات المادية لنظام التسوق

12 نمذجة الأحداث وخرائط تدفق البيانات

يهدف هذا الفصل إلى التعرف على:

- مفهوم الأحداث، أنواعها وأمثلة عنها،
- جدول أحداث النظام،
- نمذجة أحداث النظام،
- طريقة رسم الخريطة الصفر المرتكزة على الأحداث.

تمهيد

هناك طريقة أخرى لإنشاء خرائط تدفق البيانات المادية. تتمثّل هذه الطريقة في إنشاء خريطة تدفق بيانات بسيطة لكل حدث منفرد في النظام. تجمّع بعد ذلك كل الخرائط المتحصّل عليها لتكوّن فيما بعد خريطة تدفق بيانات متكاملة.

نتعرّف في هذا الفصل على هذه الطريقة لإنشاء خرائط تدفق البيانات المادية مركّزة على الأحداث. لكن قبل ذلك، رأينا أنه من البديهيّ إعطاء فكرة عن مفهوم الحدث وأنواعه.

✸ الحدث

نقصد بالحدث هنا، عمليّة إدخال في النظام، تتمّ في مكان وزمن محدّد.

- تدفع الأحداث النظام إلى تنفيذ عمل محدّد، وتلعب دور زناد النظام.
- يدفع الزناد الأنشطة والمعاملات إلى بدء العمل.
- تستخدم هذه الأنشطة والمعاملات البيانات الواردة، التي تولّد البيانات الصادرة بعد المعالجة.

✓ **مثال عن الأحداث**

لإعطاء فكرة عن الحدث، نسوق مثالا لشخص يريد شراء كتاب عن طريق الإنترنت. يدخل الشخص على صفحة الشبكة العنكبوتيّة. يضغط على أيقونة الأمازون (حدث). تنشط صفحة الشبكة العنكبوتيّة التابعة لموقع الأمازون (حدث). وهكذا تنشط المعاملات المرتبطة بكل صفحة ويب تظهر على الشاشة، وتنشط معها مخازن البيانات المرتبطة بها.

✓ **أنواع الأحداث**

تنقسم الأحداث إلى نوعين أساسيين:

- أحداث خارجية،
- أحداث مؤقتة.

نعرّف الآن هذه الأحداث:

◊ **الأحداث الخارجية**

الأحداث الخارجية – هي تلك الأحداث التي تقع خارج النظام، والتي تولّدها كينونة خارجية.

◊ **الأحداث المؤقتة**

الأحداث المؤقتة – هي تلك الأحداث التي تقع في وقت محدد، مثل إرسال كشف حساب الهاتف الشهري.

✵ **جدول أحداث النظام**

بصفة عامة، يمكن تلخيص كل حدث من أحداث النظام في جدول يسمى جدول أحدث النظام. ولتوضيح هذا الجدول، نقترح التمرين التالي.

تمرين 1

في نهاية كل فصل دراسي، وبعد إجراء الامتحانات، يمكن للطالب الاطلاع على نتائج امتحاناته، حيث توفر له الجامعة هذه الفرصة انطلاقا من موقعها المعروض على الإنترنت.

يدخل الطالب كلمة المرور ثم رقمه، وبعد التثبت من صحتهما تظهر صفحة موقع الجامعة. ينشّط الطالب عنوان نتائج الامتحانات، فتظهر الصفحة الخاصة بها. يدخل الطالب رقمه ورقم الفصل الدراسي (إذا هو

مثلا في المستوى الثالث، ويعني هذا أنه دخل إلى الجامعة منذ سنة ونصف، فإنه يدخل الـرقم 3). يـتم البحث عن سجله، وإثر ذلك، يتم تحميل نتيجة امتحاناته مرفقة بمعدله الفصلي.

المطلوب: ارسم جدول أحداث النظام لهذه العملية.

الحل

جدول أحداث النظام مبلور في الشكل 1.12.

الحدث	المصدر	المثير	النشاط	الردّ	مكان الوصول
يدخل الطالب كلمة المرور ورقمه	الطالب	كلمة المرور	التثبت من كلمة المرور. إرسال الصفحة الرئيسية لموقع الجامعة.	الصفحة الرئيسية لموقع الجامعة	الطالب
ينشط الطالب عنوان نتائج الامتحانات	الطالب	رقم طالب + فصل دراسي	البحث عن سجل الطالب	صفحة نتيجة امتحانات الطالب	الطالب

شكل 1.12 : جدول أحداث النظام لعملية استظهار الطالب لنتائج الامتحانات

✱ نمذجة أحداث النظام

لو ركزنا الانتباه، فإننا نلاحظ نمذجة متبلورة في الآتي:

- ✓ لو استثنينا عمود الأحداث، فإننا نلاحظ أن جدول أحداث النظام يضم أعمدة تحتوي على عناصر متواجدة في خريطة تدفق البيانات. ومثالا لهذه العناصر، نذكر الكينونة الخارجية المتمثلة في العمودين "مصدر" و"مكان الوصول".
- ✓ يمثل كل صف من صفوف الجدول الذي عرضناه في الشكل 1.12 جزءا من خريطة تدفق البيانات. يمثّل كل جزء من هذه الأجزاء حدثا منفردا في خريطة تدفق البيانات، مرفقا بخطوط تدفق البيانات، وبمخازن البيانات، وبالكينونات الخارجية المتفاعلة مع المعاملة.
- ✓ إذا قمنا بتجميع كل الأجزاء، فإننا سوف نتحصل على الخريطة الصفر. إذا اتضح أن الجدول يحتوي على أكثر من 7 أجزاء (صفوف)، فإنه وجب تجميع بعض هذه الأجزاء لكي تشكل

أنظمة فرعية. في هذه الحالة، يتحول عمود "الزناد" إلى "تدفق بيانات واردة"، وعمود "الردّ" إلى "تدفق بيانات صادرة"، ويتحول "النشاط" إلى "معاملة". يوجز الشكل 2.12 هذا التقابل.

	عنوان عمود جدول أحداث النظام		
	الزّناد	الردّ	النشاط
التقابل في الخريطة الصفر	تدفق بيانات واردة	تدفق بيانات صادرة	معاملة

شكل 2.12 : التقابل بين مكونات جدول أحداث النظام والخريطة الصفر

يجب على محلل النظم تحديد مخزن البيانات الذي تتطلّبه المعاملة، وذلك بفحص تدفقات البيانات الواردة والصادرة.

تمرين 2

بالارتكاز عل جدول أحداث النظام لعملية استظهار الطالب لنتائج الامتحانات (شكل 1.12)، ارسم أجزاء الخريطة الصفر المناسبة لكل صف من صفي هذا الجدول.

الحل

يترجم الشكل 3.12 (أ) الصف الأول من جدول الأحداث (شكل 1.12). كما يترجم الشكل 3.12 (ب) الصف الثاني من جدول الأحداث.

أما الشكل 3.12 (ج) فإنه يمثل الخريطة الصفر التي تحصلنا عليها بواسطة دمج الخريطتين السابقتين المعروضتين في الشكلين السابقين (شكل 3.12 (أ) وشكل 3.12 (ب)) .

✸ **إيجابيات رسم خرائط تدفق البيانات المركزة على الأحداث**

يتسم رسم خرائط تدفق البيانات بالارتكاز على مجموعة من أحداث النظام بالإيجابيات التالية:

- يوفر للمستخدمين فرصة التعرف على الأحداث التي تقع في مجال أعمالهم.
- يمكّن المستخدمين من معرفة كيف أن الأحداث بإمكانها أن تسوق إلى أنشطة أخرى.

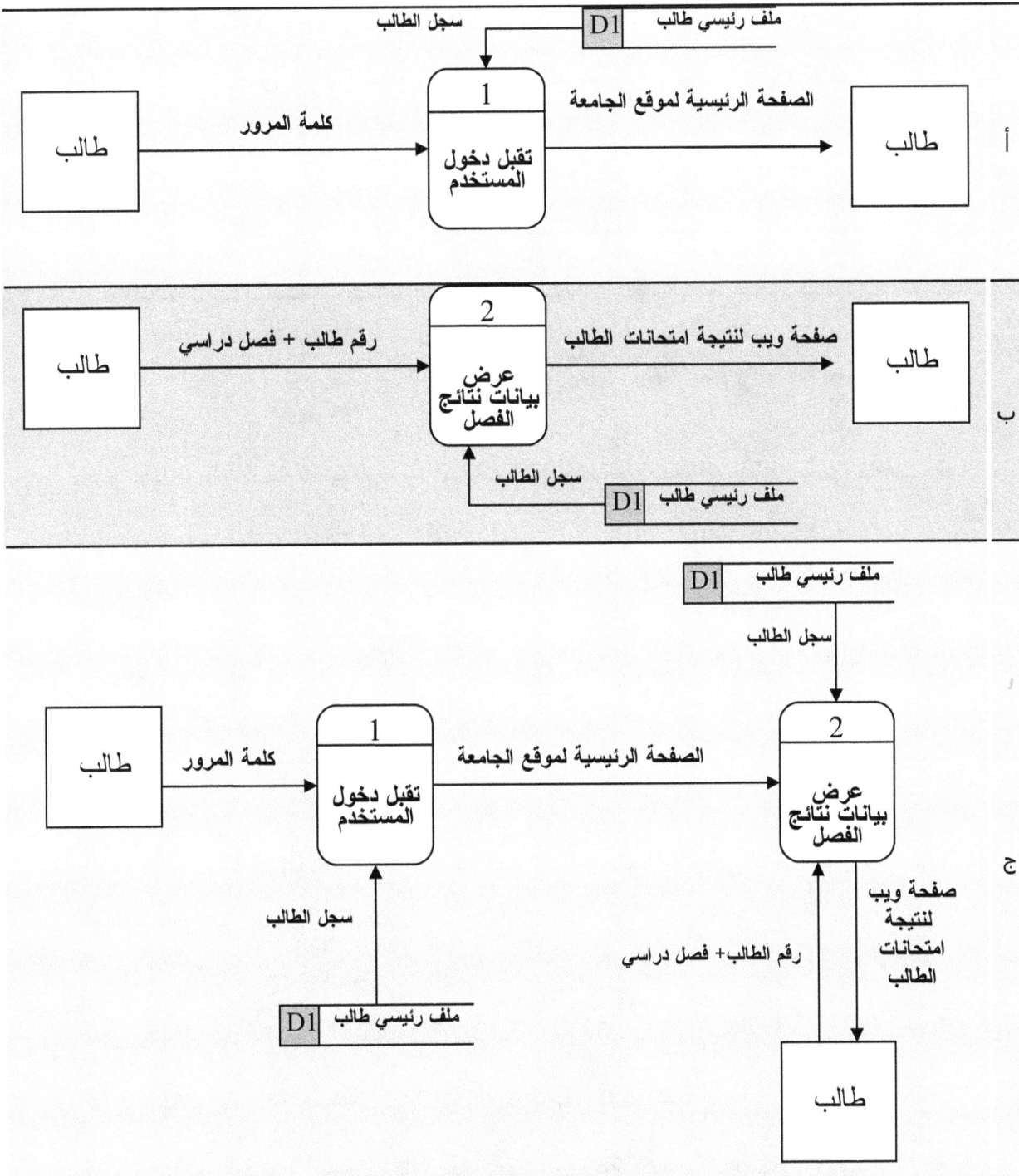

أ‌- خريطة تدفق البيانات للصف الأول من جدول الأحداث الموضح في الشكل 1.12
ب‌- خريطة تدفق البيانات للصف الثاني من جدول الأحداث الموضح في الشكل 1.12
ج‌- الخريطة الصفر لجدول الأحداث الموضح في الشكل 1.12 بأكمله (دمج أ وب).
شكل 3.12: الخريطة الصفر لعملية استظهار الطالب لنتائج الامتحانات

13 تجزئة خريطة تدفق البيانات

يهدف هذا الفصل إلى التعرف على:

- أنواع المعاملات،
- أنواع أنظمة إنجاز المعاملات الآلية،
- تجزئة خريطة تدفق البيانات،
- الأسباب الدافعة إلى تجزئة خريطة تدفق البيانات وتفسيرها،
- مثال تطبيقي تجزئة خريطة تدفق البيانات المادية.

تمهيد

نواصل موضوع هيكلة متطلبات عمليات النظام لنتعرّف خلال دراسة هذا الفصل على طريقة تجزئة خريطة تدفق البيانات. لكن قبل ذلك، لنتعرف أوّلا على أنواع المعاملات:

✷ أنواع المعاملات

تتكون خريطة تدفق البيانات من مجموعة من المعاملات. إذا ركّزنا على طريقة إنجاز هذه المعاملات، فإنه يتبن لنا أنه بالإمكان تقسيم هذه المعاملات على نوعين أساسيين:

- معاملات يدوية،
- معاملات آلية.

نتعرف الآن على هذين النوعين من المعاملات.

◊ **معاملات يدوية**

المعاملات اليدوية هي التي تنجز بواسطة التدخل البشري عوض الحاسب الآلي. مـن بـين المعاملات اليدوية، نذكر مثلا تمرير البضاعة على الماسح الضوئي لقراءة سعرها بواسطة شفرة أعمدة. كما نـذكر تعبئة نماذج إدخال البيانات، لاستخدامها فيما بعد عند إدخال هذه البيانات في الحاسب الآلي.

◊ **معاملات آلية**

المعاملات الآلية هي تلك المعاملات التي تستخدم تقنيات الحاسب الآلي لإنجاز الأعمال. يمكن أن يتـدخل البشر أثناء إنجاز المعاملات الآلية، ولكن يبقى ذلك في نطاق ضيق جدا، مثل التثبت من البيانات الـواردة قبل إرسالها إلى المعالجة.

✓ **أنواع أنظمة إنجاز المعاملات الآلية**

يمكن أن تنجز المعاملات الآلية حسب خطة النظام، في أحد النظامين التاليين:

○ نظام الدفعة،
○ نظام الوقت الحقيقي، والذي يسمى كذلك النظام الفوري،.

نتعرف الآن على هذين النظامين.

▫ **معاملات منجزة في نظام الدفعة**

لمعرفة إن كان العمل منجزا في نظام الدفعة أو في الوقت الحقيقي، فإنه وجب تفحص تـدفقات البيانـات الواردة والصادرة التابعة للمعاملة. إذا اتضح أن هذه التدفقات متكوّنة بأكملها من معلومات مخزّنة ومتولّدة من الحاسب الآلي، فهي بالتالي لا تتطلّب تدخل البشر، فيمكن القول إذن أن المعاملة من نوع الدفعة. إن استخدام الملف الرئيسي لإنجاز تقرير يعتبر مثالا لمعاملة تنجز في نظام الدفعة. يستخدم نظام الدفعة لمعالجة حجم وافر من البيانات.

▫ **معاملات منجزة في نظام الوقت الحقيقي**

تنجز كل معاملة جارية في نظام الوقت الحقيقي بصورة فردية. ترتبط المعاملات الفورية عادة بالأعمـال التي تتّسم بعدم كثافة البيانات، أو بالاستعلامات القصيرة.

كمثال للمعاملات الفورية، نذكر موظف بنك يتعامل هاتفيا مباشرة مع الزبون الذي يطلب منه استفسارا حول رصيده البنكي.

✸ تجزئة خريطة تدفق البيانات

بعد إنهاء رسم خريطة تدفق البيانات والتثبت من صحتها، تأتي عملية تحليلها للتفكير في طريقة تجزئتها. تتمثل تجزئة خريطة تدفق البيانات في فحص الخريطة، وتنفيذ إحدى أو كلا العمليتين التاليتين:

- تجميع المعاملات من النوع التالي:
  - المعاملات التي تنجز في نفس الوقت،
  - المعاملات التي تتشابه في النوعية (يدوية أو آلية).
- فصل المعاملات عن بعضها وهي التي تنتمي إلى النوعين التاليين:
  - المعاملات التي تنجز في أوقات متفاوتة،
  - المعاملات التي تختلف في النوعية (يدوية أو آلية)

تجمّع مجموعة الإجراءات الآلية لكي تكتب البرامج المناسبة لها باستخدام لغات البرمجة. يستخدم سطر متقطع يحيط بالمعاملة إذا اتسمت العملية بفصل المعاملة عن بقية المعاملات الأخرى. كما يستخدم سطر متقطع لتجميع مجموعة المعاملات التي وجب وضعها في برنامج واحد.

✓ الأسباب الدافعة إلى تجزئة خريطة تدفق البيانات

من أهم الأسباب الدافعة إلى تجزئة خريطة تدفق البيانات، نذكر الآتي:

- مجموعة مختلفة من المستخدمين،
- نوع توقيت إنجاز المعاملات،
- إنجاز أعمال متشابهة،
- الفاعلية،
- صحة البيانات وتناسقها،
- توفير الأمن.

نفسر الآن هذه الأسباب بالتفصيل.

❖ **مجموعة مختلفة من مستخدمين**

إذا اتضح أن مجموعة من المعاملات تطبق من طرف مجموعات مختلفة من المستخدمين، وبصفة عامــة في أماكن مختلفة من المؤسسة، فإنه وجب تفريق هذه المعاملات على برامج حاسوبية مختلفة. ولتوضيـح هذه المسألة، نسوق المثال التالي:

مثال 1

يتقدم زبون إلى مؤسسة لشراء بعض البضائع.

✓ يتقدم هذا الزبون أولا إلى مكتب الاستقبال، حيث يملي طلبياته على موظـف الاسـتقبال. يستخدم موظف الاستقبال جهاز الحاسب الآلي للتثبت من توفر هذه الطلبيات. إذا اتضـح أنها موجودة، فإنه يستخرج للزبون كشف حساب، ويوجهه إلى مكان الدفع.

✓ يدفع الزبون المبلغ في شباك الدفع، ثم يتسلم منه وثيقة استلام المبلغ.

✓ يتوجه بعد ذلك إلى مكان المخزون، حيث يسلم المسؤول نسخة من استلام المبلغ. يـسلم مسؤول المخزون الأغراض إلى الزبون، ويتولى البرنامج المنصب في جهـازه تحديـث المخزون.

يتضح من هذا المثال أن المستخدمين يستخدمون شاشات مختلفة، حيث يستخدم بعضها لتنفيـذ عمليـات، وأخرى لتسليم المبالغ، وأخرى لتحديث المخزون. نتيجة لذلك، فإنه وجب تفريق هذه المعاملات علـى برامج حاسوبية مختلفة.

❖ **نوع توقيت إنجاز المعاملات**

يجب على المحلل تفحص تطبيق المعاملات. إذا اتضح له أن معاملتين تطبقان في أوقات مختلفة، فإنـه لا يمكن جمعهما في برنامج واحد.

مثال 2

في المثال السابق (المثال1) نلاحظ أن المعاملة المرتبطة بإصدار كشف حساب لا تتم إلا بعد إتمام المعاملة المرتبطة بالتثبت في توفر البضاعة التي طلبها الزبون. يتضح من هنا جليا أن المعاملتين ليستا متزامنتين، بل أنهما تنفذان في أوقات مختلفة، ولذلك وجب وضعهما في برنامجين مستقلين.

❖ **إنجاز أعمال متشابهة**

إذا اتضح لمحلل النظم أن معاملتين من نظام الدفعة تنجزان نفس الأعمال، عندئذ يمكن جمعهما في برنامج واحد. لتوضيح ذلك، نسوق المثال التالي:

مثال 3

يتسلم الطالب في نهاية الفصل الدراسي (نصف سنة دراسية) نتيجة معدله الفصلي والتراكمي. يتمثل المعدل الفصلي في حساب معدل الطالب في كل المقررات التي درسها خلال الفصل (معاملة 1). أما المعدل التراكمي فهو يتمثل في حساب معدل الطالب منذ أول فصل دراسي إلى حد الفصل الحالي (معاملة 2). يمكن دمج هاتين المعاملتين (1 و2) في برنامج واحد يفضي إلى نتيجة المعدلين.

❖ **الفاعلية**

هناك مجموعة من المعاملات ذات نظام الدفعة التي يستحسن دمجها في برنامج واحد، لهدف توفير معالجة أكثر فاعلية.

فمثلا لو افترضنا أن مجموعة من التقارير تستخدم ملفات لبيانات واردة مكثفة، فإنه من الأفضل جمعها في برنامج واحد، مما يمكّننا من تقليص المدة الزمنية التي يستهلكها المعالج لمعالجة هذا الكم الهائل من البيانات.

❖ **صحة البيانات وتناسقها**

يمكن دمج بعض المعاملات في برنامج واحد من أجل ضمان صحة وتناسق البيانات. لتوضيح ذلك، نسوق المثال التالي:

مثال 4

في نهاية كل شهر، يمكن حساب عدد ساعات غياب الطلاب عن كل مقرر من مقررات الفصل الدراسـي (معاملة أولى). وفي نفس الوقت يحتاج الأمر إلى دمج هذه الإحصائيات في تقارير شهرية، تـرفـع إلـى المشرفين التعليميين، حتى يتخذوا الإجراءات اللازمة مع الطلاب ذوي الغيابات المكثفة (معاملة ثانية).

نفترض الآن وقوع الأحداث التالية:

○ هاتان المعاملتان (معاملة أولى وثانية) مستقلتان، ونقصد بذلك أنه لكل معاملة برنامج خاص بهـا ينفذ كل واحد باستقلالية تامة عن البرنامج الآخر.

○ أرسلت الإدارة التقارير إلى المشرفين التعليميين،

○ بعد ذلك (بعد ساعات من تنفيذ المعاملة الثانية)، قامت الإدارة بتحديث قواعد بيانات الغياب وفـق مستجدات أخرى (فمثلا قدّم بعض الطلاب إلى الإدارة أعذارا طبية، فألغت هذه الأخيرة غيابهم).

يتضح جليا إذن أنه إثر التحديث الأخير الذي قامت به الإدارة، فإن التقارير التـي أرسلتها سـابقا إلـى المشرفين التعليميين أصبحت غير صحيحة، وغير متطابقة مع قواعد البيانات الحالية. مـن هنـا يتّضـح وجوب دمج المعاملتين (الأولى والثانية) معا في برنامج واحد لتفادي أخطـاء اختـلاف البيانـات وعـدم تناسقها.

❖ توفير الأمن

يستوجب الأمر في بعض الأحيان تجزئة المعاملات على برامج مختلفة لتحقيق الأمن. لتوضـيح ذلـك، نسوق المثال التالي:

مثال 5

نفترض أن إدارة إحدى الكليات تنجز المعاملتين المختلفتين التاليتين:

○ تتمثل المعاملة الأولى في إدخال بيانات طالب جديد،

○ تتمثل المعاملة الثانية في إدخال درجات امتحانات الطلاب.

يمكن أن تسند المعاملة الأولى إلى أي موظف ينتمي إلى الإدارة، وذلك لبساطتها. بينما تتسـم المعامـلة الثانية بالسرية والثقة التامة، ولذلك فإن إنجازها يقتصر على بعض الموظفين فقط، الذين يتسلّمون كلمـات

المرور الضرورية، ولا يحق لهم إفشاؤها إلى الآخرين. يتضح من هنا، أن تجزئة المعاملتين على برنامجين مستقلين، ضروري لتحقيق الأمن.

لإعطاء فكرة حول تجزئة خريطة تدفق البيانات، نسوق المثال التالي:

مثال 5 (تجزئة خريطة تدفق البيانات المادية)

نسوق تمرين 1 الذي تطرقنا إليه في الفصل 11 والذي تمخضت عنه الخريطة المادية التي وضحناها في الشكل 3.11 .

قمنا بتجزئة خريطة تدفق البيانات المادية. نتيجة التجزئة متبلورة في الشكل 1.13. نلاحظ أن المعاملتين 1 و 4 تنجزان يدويًا، ولذلك يجب أن تكونا منفصلتين. يمكن دمج المعاملتين 2 و3 في برنامج واحد، وذلك لتزامنهما في الإنجاز، حيث يتم البحث عن سعر البضاعة، وعند وجوده يضاف إلى المجموع المؤقت. بالإضافة إلى ذلك، فإن المعاملتين 2 و3 تعتبران من نظام الدفعة، حيث أن البيانات الواردة والصادرة منها تعتبر حاسوبية.

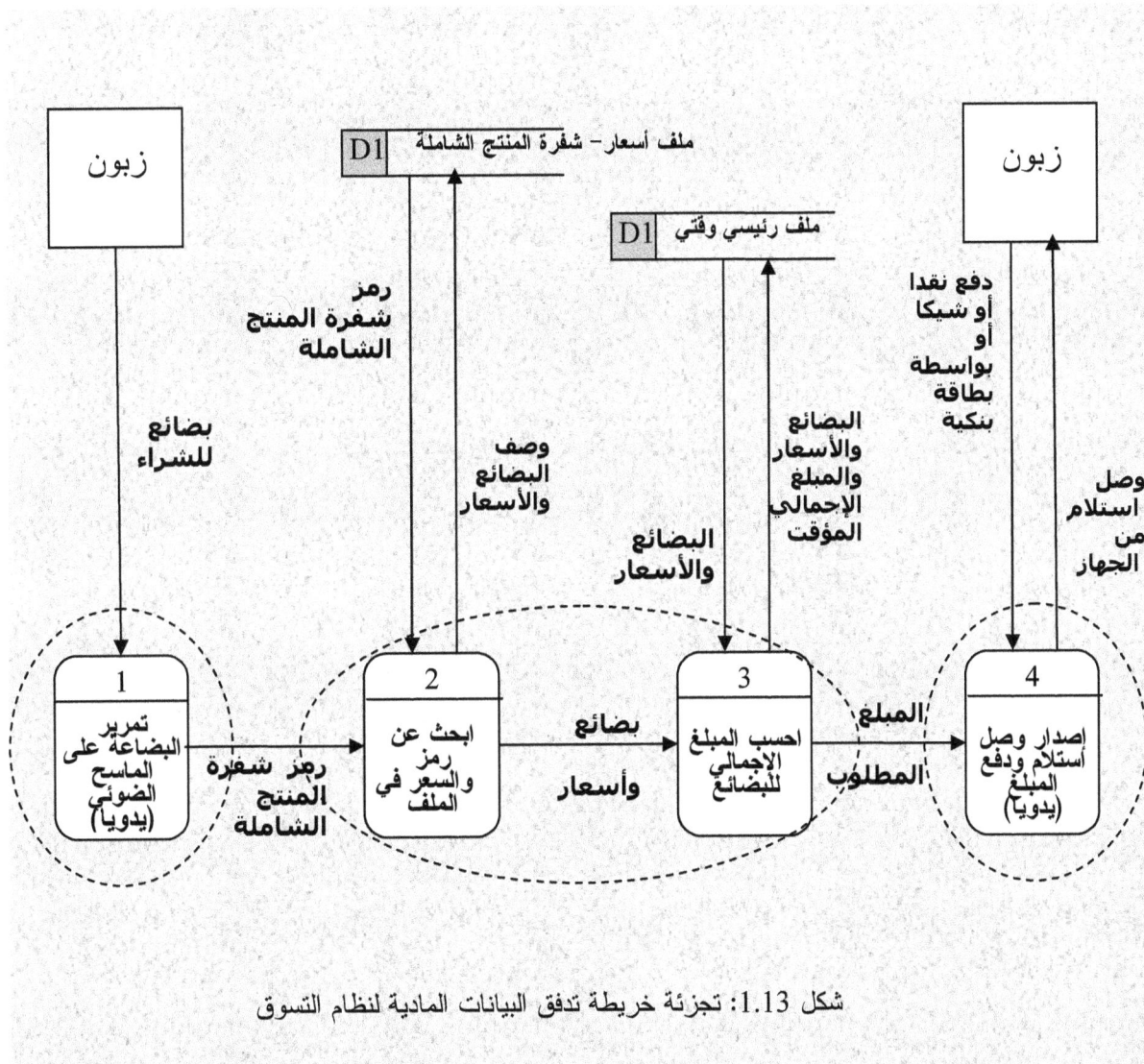

شكل 1.13: تجزئة خريطة تدفق البيانات المادية لنظام التسوق

14 قاموس البيانات

يهدف هذا الفصل إلى التعرف على:

- قاموس البيانات، أدوات إنشائه، فوائد استخدامه، موضوعاته،
- تعريف تدفقات البيانات، وصف تركيبة البيانات،
- إيجابيات الطريقة الجبرية لوصف تركيبة البيانات،
- الرموز المستخدمة في العبارات الجبرية لوصف تركيبة البيانات،
- تعريف عناصر البيانات، تعريف مخزن البيانات، وصف مخزن البيانات،
- إنشاء مخازن البيانات، تحليل البيانات الواردة والصادرة،
- إنشاء قاموس البيانات، استخدامات قاموس البيانات، نموذج قاموس بيانات،
- الترميز، تعريف الترميز،خواص الترميز، مزايا الترميز، ميادين استخدام الترميز،
- أنواع نظم ترميز قيم البيانات الشائعة،
- الترميز المتسلسل البسيط، مزايا استخدام الترميز المتسلسل البسيط،
- الترميز الحزمي المتسلسل، الترميز التصنيفي، الترميز ذو الرقم المعنوي،
- ترميز الاختصارات،
- طرق اختبار صحة الترميز،
- رقم التحقق وبعض خوارزمياته.

تمهيد

بعد أن أتم محلل النظم رسم مختلف مستويات خرائط تدفق البيانات (الخريطة البيئية، الخريطة الصفر، الخرائط الخالفة) والتثبت من صحتها، فإنه سوف يستخدمها بعد ذلك لتوثيق البيانات التابعة للمعاملات، والتدفقات، ومخازن البيانات، والتراكيب والعناصر. يولّد هذا التوثيق قاموس البيانات التابع للنظام. لذلك، نتعرف الآن على كيفية إنشاء قاموس البيانات، الذي يأتي متمّما هيكلة متطلبات عمليات النظام.

قاموس البيانات.

قاموس البيانات – هو ملف يظم كل مفردات البيانات المستخدمة في النظام، مرتبة ترتيبا منطقيا (هجائيا مثلا)، ومعرّفة وموصوفة. يعتبر قاموس البيانات مرجعا يمكن استخدامه في جميع أطوار حياة النظام، يفسر معنى المفردات (البيانات)، وحجمها، ومفهومها، ومصدرها، واستخداماتها، والعمليات التي تتم عليها. لذلك، يجب على المحلل أن يحكم تنظيم قاموس البيانات، ويحرص على تحديثه (إضافة، حذف، تعديل، ...).

يعتبر قاموس البيانات نموذجا من التطبيقات الخاصة بالقواميس التي يستخدمها الطلاب والأساتذة وغيرهم، للتعرف على معاني المفردات اللغوية أو ترجمتها بمختلف اللغات الحية.

عند تخزين الملفات التي ننشئها بواسطة البرمجيات الجاهزة أو لغات البرمجة، فإننا نحرص على إعطاء مسمّيات لهذه الملفات تعكس موضوعاتها، مما يسهل الرجوع إليها عند الحاجة. لذلك، فإننا نتّبع نفس الفكرة عند إنشاء قاموس البيانات، والمتمثلة في حسن اختيار مسمّيات مفردات مكوّنات النظام.

ملاحظة

يستخدم قاموس البيانات في أغلب مراحل حياة تطوير النظام، وما يأتي بعدها. تعتبر خرائط تدفق البيانات نقطة انطلاق رئيسية، وركيزة أساسية في عملية إنشاء قاموس البيانات.

❖ أدوات إنشاء قاموس البيانات

يبدأ محلل النظم إنشاء قاموس البيانات بالتدرج، ويحرص على تطويره باستمرار أثناء مختلف مراحل النظام. يمكن إنشاء هذا القاموس باستخدام إحدى الوسائل التالية:

○ تلقائيا باستخدام أدوات المساعد الحاسوبي في هندسة البرمجيات،

إن قواميس البيانات الآلية، التي تعتبر جزءا من أدوات المساعد الحاسوبي في هندسة البرمجيات، تمتلك قيمة كبيرة، وذلك لما تتمتع به من إمكانيات كبيرة في إنجاز عمليات متطورة، مثل إجراء الفهرسة، والمرور عبر عناصر البيانات، وإجراء التغييرات اللازمة في مختلف البرامج التي تتقاسم عناصر مشتركة.

لو افترضنا أن محلل النظم أجبر على تحديث حقل من حقول قاعدة بيانات معينة كان قد صممها سابقا، فإنه ليس مضطرا لتصفح كل البرامج التي استخدمت ذلك الحقل الذي قام بتحديثه مؤخرا، والقيام بالتحديث اللازم في كل الأماكن التي استخدمت ذلك الحقل، وإنما تتولى أدوات المساعد الحاسوبي في هندسة البرمجيات إنجاز هذه المهمة الشاقة، حيث تبحث عن ذلك الحقل في كل البرامج التي استخدمته، ثم تقوم بتحديثه. تسهّل هذه الميزة عملية البرمجة، وتجعلها مريحة ومرنة.

يتضح من هنا جليا أن قواميس البيانات الآلية، تستخدم في النظم الكبيرة التي تنتج آلاف عناصر البيانات، والتي تتطلّب التبويب والفهرسة.

○ يدويا باستخدام بطاقات الفهرس مثلا،

○ خليطا (تلقائيا ويدويا)

❖ **فوائد استخدام قاموس البيانات**

من فوائد إنشاء قاموس البيانات، نذكر الآتي:

○ فهم النماذج المستخدمة في النظام (نماذج إدخال وعرض البيانات)،

○ تسهيل الوصول إلى المعلومات،

○ تيسير فهم الخرائط،

○ التوثيق،

○ حذف تضخم البيانات (تجنب أكثر من اسم واحد لعنصر بيانات واحد)،

○ التثبت والتأكد من أن خريطة تدفق البيانات كاملة ودقيقة،

○ إعطاء نقطة الانطلاق لإنشاء نماذج صحيفة الشاشات والتقارير.

○ إيجاد محتوى البيانات المخزنة في الملفات.

ملاحظة

يجب على محلل النظم أن يحكم تنظيم قاموس البيانات ويحرص على تحديثه (إضافة بيانات جديدة، حذف، تغيير، تعديل).

❖ موضوعات قاموس البيانات

يرتكز قاموس البيانات على توصيف المحتويات التالية التي تشكل مكوّناته الأساسية:

- تدفق البيانات،
- تركيبة البيانات،
- عناصر البيانات،
- مخازن البيانات.

نتعرف الآن بالتفصيل على كل هذه المحتويات.

- **تعريف تدفقات البيانات**

تأتي عملية تحديد تدفقات البيانات وتعريفها، بصفة عامة، في المرحلة الأولى من عمليات إنشاء قاموس البيانات. لقد تحصلنا على البيانات الواردة والصادرة التابعة للنظام، كنتيجة لعمليات المقابلات، والملاحظات، وتحليل وثائق النظام وغير ذلك.

يجب إعطاء توصيف تدفقات البيانات الواردة والصادرة الأولوية عند بداية إنشاء قاموس البيانات. يعني هذا أن توصيف هذه الأنواع من التدفقات، يجب أن ينجز في المقام الأول. يرجع ذلك أساسا إلى ما تشكّله هذه الأنواع من التدفقات من أهمية كبرى حيث أنها تمثّل الواجهة البشرية، وتتبعها التدفقات الوسيطة التي تربط مختلف المعاملات، والتدفقات الصادرة من مخازن البيانات والواردة إليها. يوضح الشكل 1.14 مختلف أنواع هذه التدفقات.

يتم توصيف تفاصيل كل تدفق من تدفقات البيانات باستخدام عناصر، التي تسمى في بعض الأحيان حقولا، أو تركيبة بيانات أو مجموعة عناصر.

يبين الشكل 2.14 طريقة وصف تدفق بيانات، أما الشكل 3.14، فإنه يتطرق إلى نموذج وصف تدفق البيانات.

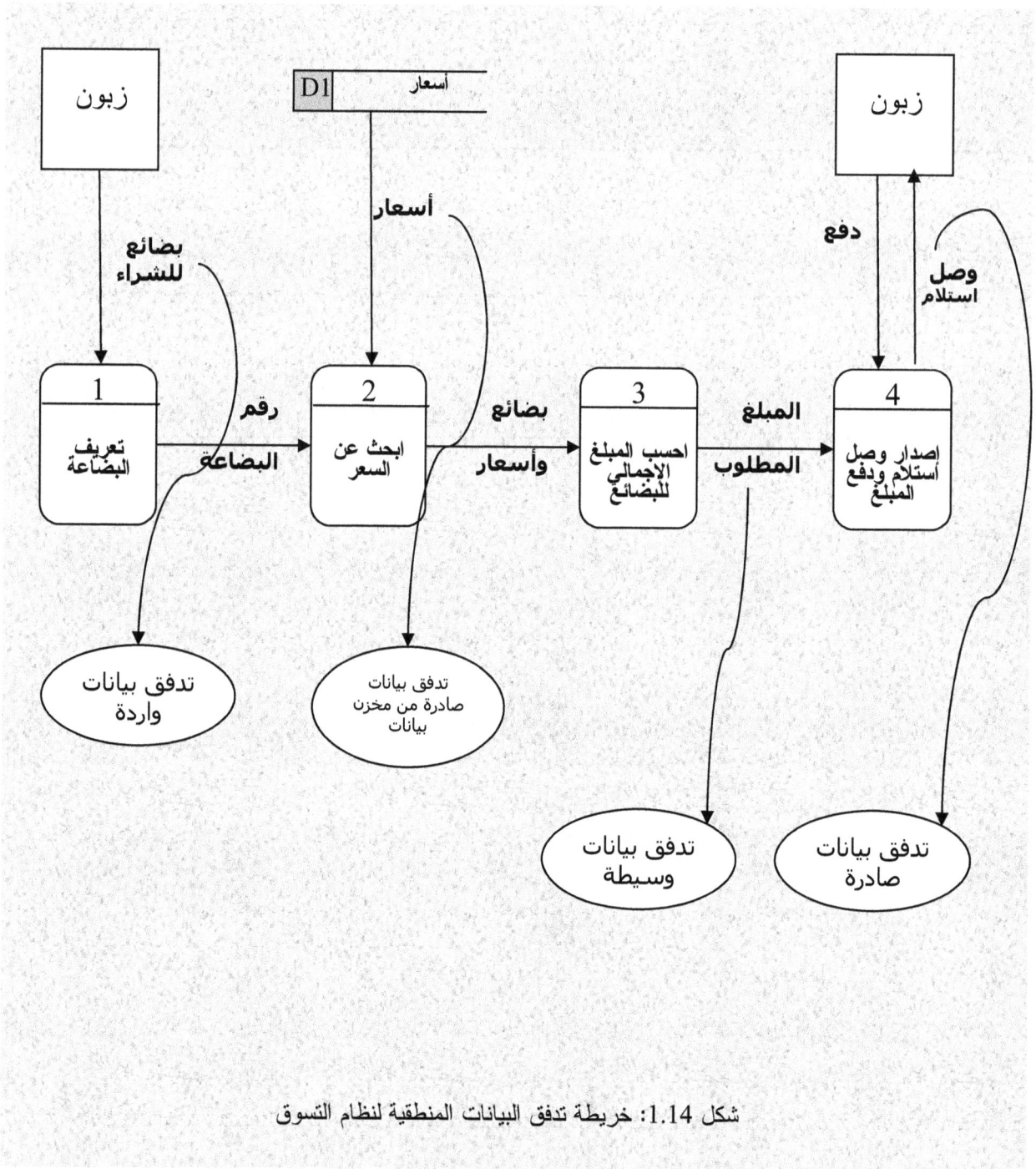

شكل 1.14: خريطة تدفق البيانات المنطقية لنظام التسوق

المفردة	توضيح معنى المفردة
رقم تعريفي	هو رقم يستخدم لترقيم نموذج وصف البيانات. يعتبر هذا الترقيم خياريا.
اسم وصفي وحيد لتدفق البيانات	يوضع هذا الاسم في النص الذي يرفق فوق السهم، ويستخدم في كل التوصيفات التي تخص هذا التدفق.
وصف	وصف عام لتدفق البيانات.
مصدر تدفق البيانات	يمكن لهذا المصدر أن يكون كينونة خارجية، أو معاملة، أو تدفق بيانات صادر من مخزن بيانات.
مكان وصول تدفق البيانات	تحديد المعاملة أو مخزن البيانات أو الكينونة التي ينتهي عندها سهم تدفق البيانات.
تحديد نوع تدفق البيانات	يمكن أن يكون تدفق البيانات من الأنواع التالية: داخلي، ملف، شاشة، تقرير، نموذج. وجب تحديد هل أن التسمية المتواجدة فوق سهم تدفق البيانات تعبّر عن سجل وارد أم صادر من ملف، أم أنها تخص سجلا يحتوي على نموذج، أو تقرير، أو شاشة. إذا اتضح أن التدفق يعبّر على بيانات مستخدمة بين معاملات فإنه يسمى "داخليا".
اسم تركيبة البيانات المرافقة لتدفق البيانات	يصف العناصر التي يحملها تدفق البيانات والتي يتراوح عددها بين واحد وأكثر.
وحدة قياس حجم/زمن	يمكن أن تقاس البيانات بعدد السجلات في اليوم أو أي وحدة قياس زمن أخرى.
مساحة للملاحظات	تخصص هذه المساحة للإدلاء بأي ملاحظات تشمل تدفق البيانات المحدد.

شكل 2.14: جدول تعريف تدفق بيانات

نموذج وصف تدفق البيانات	
رقم تعريفي:	
المسمى :	
الوصف :	
المصدر:	مكان الوصول: ....
نوع تدفق البيانات	
☐ ملف ☐ شاشة ☐ تقرير ☐ نموذج ☐ داخلي	
تركيبة البيانات المتنقلة مع التدفق	حجم/زمن : ..../.......
....	
ملاحظات	

شكل 3.14: نموذج وصف تدفق البيانات

□ **وصف تركيبة البيانات**

توصف تركيبة البيانات عادة باستخدام العبارات الجبرية. تعطي هذه الطريقة فكرة لمحلل النظم حول العناصر التي تكوّن تركيبة البيانات، والمشفوعة بالمعلومات حول هذه العناصر.

✓ **إيجابيات الطريقة الجبرية لوصف تركيبة البيانات**

تساعد طريقة استخدام العبارات الجبرية (لوصف تركيبة البيانات) محلل النظم على:

○ ضبط وجود مجموعة بيانات متكررة داخل التراكيب،

○ ضبط وجود عنصرين متزامنين من المفروض أن لا يتواجدا معا في نفس الوقت.

✓ **الرموز المستخدمة في العبارات الجبرية لوصف تركيبة البيانات**

تستخدم الرموز المبلورة في الشكل 4.14 في قاموس تركيبة البيانات.

الرمز	معنى الرمز
=	متكون من
+	و
{ مركب } أقصى أدنى	مركّب متكرر عددا من المرات لا يقل عن أدنى ولا يتعدى أقصى. يمكن للمركّب أن يحتوي على عنصر واحد فقط أو أكثر.
[خيار 1 خيار 2 خيار 3 ....]	يمكن أن ينفذ إلا خيار واحد فقط من بين مجموعة خيارات. (خيار1، خيار2، خيار3،.....)
(مركّب)	مركّب خياري، ويمكن أن يكون شاشة إدخال بيانات، فراغات، حقول عددية صفرية،....

شكل 4.14 : الرموز المستخدمة في العبارات الجبرية لوصف تركيبة بيانات

أمثلة لوصف تركيبة البيانات

لفهم الشكل 4.14، نسوق الأمثلة التالية:

مثال 1

نفترض أن عنوان الطالب يتكون من تركيبة البيانات (العناصر) التالية:

عنوان-طالب = رقم_بيت + اسم_شارع + رمز_البريد + اسم_المدينة + رمز_البلد + اسم_البلد

مثال 2

إذا اشتغل موظف تابع لشؤون الطلاب بإدارة الكلية، فإنه عادة ما يتعامل مع بيانات طـلاب الكليـة. إذا اشتغل هذا الموظف على برنامج إدارة بيانات الطلاب فإنه حتما سوف يتطرق إلى إنجاز إحدى العمليات التالية في وقت معين: إضافة سجل طالب جديد، أو تغيير محتوى سجل طالب. وقد يشمل هـذا التغييـر عنوان الطالب مثلا، أو حذف سجل طالب، لأنه غادر الكلية لأسباب معينة. لذلك، فإنه يمكن أن نعـرض عملية تحديث بيانات الطالب حسب الطريقة التالية:

$$\text{تحديث-بيانات-طالب} = \begin{bmatrix} \text{إضافة} & \text{سجل} & \text{طالب} \\ \text{تغيير} & \text{سجل} & \text{طالب} \\ \text{حذف} & \text{سجل} & \text{طالب} \end{bmatrix}$$

في هذه المصفوفة ذكرنا العمليّات التالية: إضافة، أو تغيير، أو حذف سجل طالب.

مثال 3

نفترض الآن مثالا آخر، ويتمثّل في أن موظف شؤون الطلاب بإحدى الكليات، عهدت إليه مهمة إدخـال درجات الامتحانات التي أجريت في آخر الفصل الدراسي. نفترض أن الموظف يدخل رقم الطالـب، ثـم اسمه، ثم مستواه الدراسي، وبعد ذلك وجب عليه إدخال درجات اختبارات هذا الطالب التي لا يقل عددها عن اختبار واحد، ولا تتعدى عشرة اختبارات. لذلك، فإنه يمكن أن نعرض عملية كشف بيانات الطالـب حسب الطريقة التالية:

$$\text{كشف-درجات-طالب} = \text{رقم\_طالب} + \text{اسم\_طالب} + \text{مستوى} + \{ \text{درجة} - \text{مقر} \}_1^{10}$$

▫ تعريف عناصر البيانات

عنصر البيانات – هو ذلك العنصر الذي لا ينقسم إلى عناصر بيانات أخرى. يجب على كل عنصر بيانات أن يعرّف مرة واحدة في قاموس البيانات.

يوضّح قاموس البيانات كل مفردة من مفرداته :

✓ اسم المفردة

يستخدم للتعبير عن عنصر (حقل البيانات)، ويستخدم لاحقا عند البرمجة. يجب حسـن اختيـار الأسـماء ومعرفات البيانات بحيث وجب عليها أن تعكس معنى ما تحتويه.

✓ تعريف المفردة

يشمل تعريف المفردة تحديد حجمها ونوعها. ويستخدم عادة حرف A للدلالـة علـى الحقـول النصـية، والرمز N أو 9 للدلالة على الحقول العددية، ...

✔ **مصدر المفردة**

توجد بصفة عامة ثلاثة مصادر للبيانات وهي :

○ **بيانات واردة**

في هذه الحالة وجب تحديد <u>قاعدة التحقق</u> كتحديد مجال المفردة. مثلا يجب أن لا يتعدى رمز الحالة الاجتماعية 4 (أعزب : 1، متزوج : 2، مطلق : 3، أرمل : 4). في نظام مكتبة يجب تحديد عدد الكتب المستعارة حسب المستعير (طالب، عضو هيئة التدريس، ...)،

○ **جداول**

تعرّف الجداول ومحتوياتها وتخزّن على قرص. يمكن الرجوع إليها لاحقا عن طريق برامج معينة، واستخدام بعض بيانات الجدول لتصبح بيانات واردة. نورد مثلا لذلك جدولا يحتوي على قيمة المجموع الفصلي لمقرر معين حيث يحسب على أساسه المعدل الفصلي، والتقدير لذلك المقرر.

○ **بينات مشتقّة**

يمكن أن تكون المفردة نتيجة لعملية معالجة وفي هذه الحالة يجب تحديد نوع المعالجة.

مثال 4

نفترض أن قيمة كشف حساب شهري لاستهلاك المياه تحسب حسب الطريقة التالية :

قيمة الاستهلاك الحالية = حجم المياه المستهلكة x سعر الجالون الواحد

المبلغ المطلوب = قيمة الاستهلاك الحالية + إجمالي المستحقات السابقة

تعتبر قيمة الاستهلاك الحالية والمبلغ المطلوب مفردتان مشتقتان.

✔ **مكان استخدام المفردة**

يتم تحديد القسم أو الدائرة والشخص أو الأشخاص الذين يستخدمون هذه المفردة، مع توضيح العمليات التي تطبق عليها. تستخدم مثلا إدارة شؤون الموظفين حقل البيانات "الدرجة الوظيفية" لمعرفة مدة الإجازة التي يستحقها كل موظف.

✓ **تحديث المفردة**

يفترض أن يحدد المحلل توقيت عملية تحديث البيانات، وكيفية تنفيذ هذا التحديث.

✓ **وسط تخزين المفردة**

إذا تطلبت المفردة تخزينا، فإنه يجب تحديد اسم الملف (الجدول)، ونوع وسط التخزين (قرص، أسطوانة، ...).

يمكن استخدام نماذج أخرى لهذا التعريف. يوضح الشكل 5.14 مثالا لهذا النموذج.

▫ **تعريف مخزن البيانات**

مخزن البيانات هو عبارة عن ملف. بالإضافة إلى معنى الملف المستخدم في الحاسب الآلي، فإن الملف يمكن أن يشير كذلك إلى نوع وسط تخزين البيانات بطريقة مرتبة، ونذكر منها صناديق بطاقات الفهرس، والمفكرات، وصناديق الأرشيف التي تستخدم في مكاتب الشركات والمؤسسات.

بصفة عامة، يعتبر مخزن البيانات عنصرا مركّبا ويحتوي على مجموعة من السجلات، حيث يحتوي كل سجل على مجموعة من الحقول.

مثال

نفترض المثال التالي لتعريف مخزن بيانات موظف بإحدى المؤسسات.

ملف-موظف = {سجل-موظف}

سجل-موظف = رقم-موظف + اسم-موظف + عنوان-موظف + هاتف-موظف

عنوان-موظف = رقم-بيت + موظف -منطقة + موظف-مدينة

وضعنا سطرا تحت رقم-موظف وذلك لنشير أنه مفتاح أولي، حيث يمكننا بواسطته الاتصال بالسجل.

اتبعنا هنا طريقة أعلى – أسفل لتعريف مخزن بيانات موظف.

نموذج وصف عنصر بيانات

رقم تعريفي	
اسم	
وصف	

خصائص العنصر

الطول	
تشكيل البيانات الواردة	
تشكيل البيانات الصادرة	
القيمة الافتراضية	

☐ متصل ☐ متقطع

☐ حرفي ☐ رقمي ☐ حرفي- رقمي ☐ تاريخ ☐ أساسي ☐ مشتق

خاصيات التحقق

متصل		متقطع	
الحد الأعلى	________	القيمة	المعنى
الحد الأدنى	________	________	________
		________	________

الملاحظات

____

____

____

شكل 5.14: نموذج وصف عنصر بيانات

✓ وصف مخزن البيانات

يتم وصف مخزن البيانات باستخدام البيانات التالية:

■ **رقم تعريفي** - يستخدم هذا الرقم لترقيم مخازن البيانات، مما يساعد محلل النظم على تجنب البيانات الزائدة أثناء إنشاء خرائط تدفق البيانات. ومثال لهذا الترقيم D1، ولنفترض أنه يخص ترقيم ملف رئيسي لطالب بالكلية.

■ اسم مخزن البيانات: ويعتبر وحيدا ومفيدا، بحيث يعطي وصفا وفكرة عن هذا المخزن مثل ملف-رئيسي-زبون.

■ اسم بديل لمخزن البيانات: مثل زبون-ملف-رئيسي ، حريف-ملف-رئيسي.

■ وصف موجز لمخزن البيانات.

■ نوع الملف: حيث بإمكان الملف أن يكون حاسوبيا أو يدويا.

■ إذا اعتبر الملف حاسوبيا، فإن تشكيل الملف يرمز إلى أن الملف هو قاعدة بيانات (جدول بيانات).

■ العدد الأقصى، ومعدل السجلات في الملف، وكذلك نسبة نموّه السنوي. تهدف هذه المعلومة إلى مساعدة محلل النظم على التوقع بالسعة الضرورية للقرص الصلب للنظام، مما يساعده على تحديد مواصفات مشتريات معدات النظام.

■ اسم مجموعة البيانات التي تخص اسم الملف إذا تمت تسميته في بداية عملية التحليل (أو التصميم)، كما يمكن ترك مكان التسمية فارغا.

■ يجب على تركيبة البيانات أن تستخدم تسمية متواجدة في قاموس البيانات، وتتولى توفير ربط العناصر في مخزن البيانات. كما يمكن وصف عناصر البيانات في نموذج وصف مخزن البيانات، أو في شاشة أدوات المساعد الحاسوبي في هندسة البرمجيات التابعة لمخزن البيانات. يجب على المفاتيح الأساسية (الأولية) والثانوية أن تكون عناصرا (أو خليطا من العناصر) متواجدة داخل تركيبة البيانات.

■ تحتوي الملاحظات على معلومات لم يتسن وضعها في الخانات السابقة، ويمكن أن تخص عمليات التحديث، أو زمن النسخ المدمج الاحتياطي، أو الأمن، أو اعتبارات أخرى.

نموذج وصف مخزن بيانات

رقم تعريفي _____

اسم _____

اسم بديل _____

وصف _____

مواصفات مخزن البيانات

نوع الملف	☐ حاسوبي	☐ يدوي

بنية الملف ☐ قاعدة بيانات ☐ مفهرس ☐ تتابعي ☐ مباشر

حجم السجل (حروف) _____ حجم المقطع (البلوك) _____

عدد السجلات _____ العدد الأقصى _____ دل السجلات _____

نسبة النمو السنوية _____ %

اسم مجموعة البيانات _____

رقم النسخة _____

تركيبة البيانات _____

المفتاح الأساسي _____

مفاتيح ثانوية _____

_____

_____

ملاحظات

_____

_____

_____

شكل 6.14: نموذج وصف مخزن بيانات

✓ إنشاء مخازن البيانات

يندرج إنشاء مخازن البيانات ضمن مجموعة عمليات إنشاء قاموس البيانات. يمكن القول أنه إلى حد الآن، حددنا تدفقات البيانات الصادرة من معاملة، أو التدفقات الوسيطة التي تربط معاملة بأخرى. يتم توصيف مثل هذه المعلومات في تركيبة البيانات. بما أن المعلومة يمكنها أن تخزن في أماكن مختلفة، فإنه نتيجة لذلك يمكن أن تختلف مخازن البيانات.

لو دققنا النظر في تدفقات البيانات، لوجدنا أنها عبارة عن بيانات حيويّة، بينما تحتوي مخازن البيانات على بيانات ثابتة. توجد بصفة عامة بيانات أساسية وأخرى مشتقة.

○ البيانات الأساسية

هي البيانات التي تنتمي إلى مخازن البيانات.

○ البيانات المشتقة

هي البيانات التي نتحصل عليها نتيجة لتنفيذ عمليات حسابية، أو نتيجة معالجة بصفة عامة، انطلاقا من البيانات الأساسية.

قاعدة

لا تخزن البيانات المشتقة في مخازن البيانات، طالما أنه الحصول عليها نتيجة لمعالجة البيانات الأساسية.

إذا تم إنشاء مخزن بيانات لغرض الحصول على تقرير معين، أو صحيفة شاشة، فإنه يطلق على التقرير أو الشاشة تسمية "مشاهد المستخدم"، (جمع مشهد) لأنها تمثل الطريقة التي من خلالها يستطيع المستخدم رؤية المعلومات.

❖ تحليل البيانات الواردة والصادرة

يعتبر تحليل البيانات الواردة والصادرة من الخطوات المهمة في تحديد، وتصنيف تدفقات البيانات الواردة، والصادرة من النظام.

يبلور الشكل 7.14 هذا التحليل. وبما أن نموذجي البيانات الواردة والصادرة متشابهان، ويختلفان فقط في نوع الوسط، وحتى لا نكرّر نموذجا آخرا للبيانات الصادرة، فقد وضعنا بين قوسين نوع وسطها.

يمكن إضافة أعمدة أخرى إلى النموذج توضح العناصر المتكررة، والعناصر الإجبارية، والعناصر التي لا تتزامن مع عناصر أخرى.

إن العناصر التي تتبع مجموعة معينة، أو التي تشترك مع عدة عناصر أخرى في عدة تركيبات، توضع مع بعضها في سجل مركّب.

نموذج مواصفات بيانات واردة (بيانات صادرة)

وسط البيانات الواردة : شاشة ☐ قرص ☐ ماسح ضوئي ☐ غير ذلك ☐

(وسط البيانات الصادرة: ☐ تقرير ☐ شاشة ☐ قرص ☐ غير ذلك ....)

رمز الحقل	حجم الحقل	نوع الحقل	شكل الحقل
رقم الموظف	7	رقمي (N)	9999999
اسم الموظف	40	حرفي (A)	X(40)
المستوى التعليمي	10	حرفي (A)	X(10)
الحالة الاجتماعية	1	حرفي (A)	X(1)
وظيفة	30	حرفي (A)	X(30)

ملاحظات :

شكل 7.14 : نموذج مواصفات بيانات واردة وبيانات صادرة

❖ إنشاء قاموس البيانات

كما ذكرنا سابقا، فإن بيانات القاموس تنشأ إما في طور إنشاء خرائط تدفق البيانات أو بعد إتمامها. يخول استخدام العبارات الجبرية والسجلات التركيبية لمحلل النظم تكوين قاموس البيانات، وخرائط تدفق البيانات. يمكن للمحلل أن يستخدم لهذا الغرض المنهجية النازلة.

يبدأ محلل النظم بإنشاء الخريطة الصفر لتدفق البيانات بعد إجراء المقابلات الأولى، ويبدأ في نفس الوقت في إنشاء قاموس للبيانات الأولية المستنبطة من مسميات تدفقات البيانات التي تحتويها الخريطة الصفر وتراكيب بياناتها. وهكذا، بعد إجراء مقابلات أخرى مع أصحاب المؤسسة، يتحصل محلل النظم على تفاصيل دقيقة تخص النظام، تساعده على إثراء خريطة تدفق البيانات، وتفجير المزيد من الخرائط الخالفة. نتيجة لهذه الأعمال، يتم تحديث قاموس البيانات حتى تدمج فيه سجلات وعناصر تركيبية جديدة.

الجدير بالذكر، أن كل مستوى من مستويات رسم خرائط تدفق البيانات، يستخدم البيانات التي تتماشى وتتطابق مع المستوى المحدد. لذلك، فإن الخرائط الصفر لتدفق البيانات تحتوي على النماذج وصحيفة الشاشات والتقارير والسجلات. وبمجرد أن تفجر الخرائط الخالفة، فإن تدفقات البيانات الواردة والصادرة من المعاملات، تصبح أكثر دقة وتفصيلا، وتحتوي بذلك على العناصر والسجلات التركيبية. رغم كل هذا، يبقى محلل النظم في حاجة إلى إنشاء قاموس البيانات، حتى يتسنى له جمع الأجزاء المشتتة لهذا القاموس على مختلف مستويات خرائط تدفق البيانات.

إذا وفرت المقابلات الشخصية ومختلف الوثائق المتواجدة بالمؤسسة البيانات الكافية لمحلل النظم، فإنه بإمكانه إنهاء قاموس البيانات (مؤقتا). أما إذا لم تكتمل لديه المعلومات الكافية، فوجب عليه استكمالها عن طريق البحث عن مزيد من الوثائق، وطرح أسئلة مختلفة على نفسه ومحاولة الإجابة عليها. في كل مرحلة من مراحل الحصول على بيانات جديدة، تفجر معاملات جديدة في الخريطة الصفر لتدفق البيانات، ليتولد عنها المزيد من الخرائط الخالفة. إذا انتهج محلل النظم هذه الطريقة، فإنه سوف يثري قاموس البيانات باستمرار مما يساعده على الاقتراب من إنهائه.

يوضح الشكل 8.14 جزئين من مستويين لخريطتي تدفق البيانات. كل جزء من هاتين الخريطتين يقابله قاموس البيانات الذي يخصه. المعاملة 3 في الخريطة الصفر تخص إصدار كشف حساب شهري

لاستهلاك المياه لعميل معين. يتضح جليا أن كمية المياه المستهلكة، ومبلغ كشف حساب شهري معرفان كمجموعة من التراكيب.

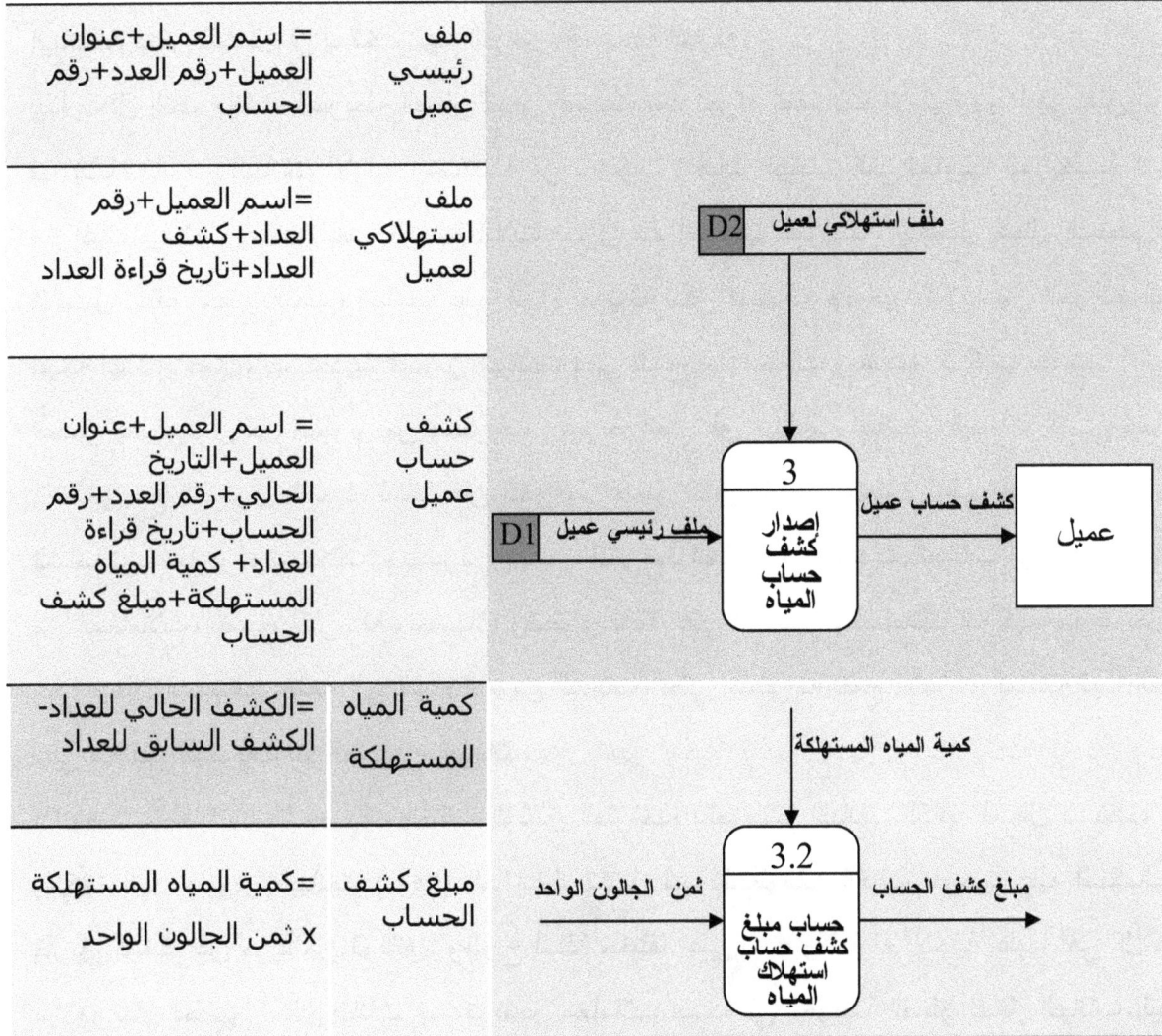

ملف رئيسي عميل	= اسم العميل+عنوان العميل+رقم العدد+رقم الحساب
ملف استهلاكي لعميل	=اسم العميل+رقم العداد+كشف العداد+تاريخ قراءة العداد
كشف حساب عميل	= اسم العميل+عنوان العميل+التاريخ الحالي+رقم العدد+رقم الحساب+تاريخ قراءة العداد+ كمية المياه المستهلكة+مبلغ كشف الحساب
كمية المياه المستهلكة	=الكشف الحالي للعداد-الكشف السابق للعداد
مبلغ كشف الحساب	=كمية المياه المستهلكة x ثمن الجالون الواحد

شكل 8.14:جزء من خريطة الصفر لتدفق البيانات وجزء من الخريطة الخالفة لإصدار كشف حساب استهلاك المياه

إن تحقيق التوازن العمودي في الخريطة الخالفة، والذي تطرقنا إليه سابقا في سرد قواعد رسم خريطة الخالفة، يقتضي بموجبه الآتي:

- عدم إمكانية الخريطة الخالفة استقبال بيانات واردة أو توليد بيانات صادرة لم تستقبلها أو تولّدها المعاملة السالفة في الخريطة الصفر.

◦ يجب على كل تدفقات البيانات الواردة والبيانات الصادرة التابعة للمعاملة السالفة أن تتواجد في الخريطة الخالفة.

يلعب قاموس تراكيب البيانات دورا أساسيا في تحقيق هذا التوازن العمودي. ليس بالضرورة أن تتوافق المسميات في الخريطة الخالفة مع مسميات المعاملة السالفة التي تخصها. المهم هو أنه يجب على مسميات تدفقات البيانات في الخريطة الخالفة أن تكون عناصرا، أو سجلات مركّبة في تدفقات البيانات التابعة للمعاملة السالفة. ففي الشكل 8.14، تم تعريف كمية المياه المستهلكة ومبلغ كشف الحساب كمجموعة من التراكيب التي هي في حد ذاتها تعتبر جزءا من السجل المركّب "كشف حساب عميل".

❖ **استخدامات قاموس البيانات**

يعتبر قاموس البيانات مثاليًّا، إذا كان:

- آليا،
- متفتّحا للحوار مع المستخدم،
- فوريا،
- قابلا للتطوير والإثراء.

كما سبق أن ذكرنا، فإن قاموس البيانات يعبّأ باستمرار كلما تعلّم محلل النظم أشياء جديدة عن النظام، ولا يجب في أي حال من الأحوال أن يعتبره منتهيا. يرافق قاموس البيانات محلل النظم في مرحلتي التحليل والتصميم بصفة متوازية.

وحتى يكون قاموس البيانات ذا قوة وفاعلية، فإنه وجب ربطه مع مجموعة من برامج النظام، بحيث إذا تم تحديث أو حذف مفردة من مفردات قاموس البيانات، فإنها بطريقة آلية تحدث أو تحذف من قاعدة البيانات. تخول قواميس البيانات الآلية تحسين وتطوير وثائق النظام، مما يساعد محلل النظم على القيام بعمله على أحسن وجه.

كما تستخدم قواميس البيانات في إنشاء التقارير، وصحيفة الشاشات، ونماذج إدخال البيانات والبيانات الصادرة، حيث ترتّب العناصر اللازمة في شكل جيد ومنتظم، باستخدام أدوات التصميم المساعدة والذوق السليم.

رغم الرغبة المتجهة نحو قواميس البيانات الفورية والآلية، فإنه من المهم جدا أن يتولى محلل النظم استخراج قاموس بيانات في نسخة أخرى مبسطة يستخدمها أفراد المؤسسة عند الحاجة.

إذا بدأ محلل النظم في إنشاء قاموس البيانات في مرحلة مبكرة، فإنه بإمكانه توفير الكثير من الوقت في عملتي التحليل والتصميم. هذا ويعتبر قاموس البيانات المصدر الوحيد للإجابة على كثير من الأسئلة التي تخص النظام وتعريف البيانات. بالإضافة إلى ذلك، يستخدم قاموس البيانات كمرجع جيد لإجراء أعمال صيانة النظام، ويخدم المستخدمين والبرامج.

❖ **نموذج قاموس بيانات.**

تختلف نماذج قاموس البيانات إذ ليس هناك تنظيم معياري لها. قد يوضع نموذج لكل مفردة، وكما أنه بالإمكان تصميم نموذج في شكل قائمة، حيث يحتوي كل سطر منها على مفردة. يمثل الشكل 9.14 مثالا لقاموس بيانات نظام شؤون الموظفين في مؤسسة.

اسم المفردة	معناها	مصدرها	قاعدة التحقق	نوعها	حجمها	وسط التخزين	التحديث	مكان الاستخدام
ساعة	عدد الساعات	بيانات واردة	_	رقمي	5	ملف الرواتب	آخر كل شهر	قسم المالية
قيمة	قيمة الساعة	بيانات واردة	_	رقمي	5	ملف الرواتب	_	قسم المالية
رقم موظف	رقم الموظف	بيانات واردة	_	رقمي	3	ملف الموظفين	_	قسم الموظفين
اسم موظف	اسم الموظف	بيانات واردة	_	رقمي	35	ملف الموظفين	_	قسم الموظفين
حالة موظف	الحالة الاجتماعية	بيانات واردة	بين 1 و4	رقمي	1	ملف الموظفين	آخر كل شهر	قسم الموظفين

الشكل 9.14: قاموس بيانات مختصر لنظام شؤون الموظفين.

عند التعامل مع حجم كبير من البيانات، تكون هناك حاجة ماسة إلى تعريف عناصر البيانات بكيفية تمكّن من سرعة إنجاز المعالجة عليها، وذلك من خلال نظام ترميز يعبّر عن عناصر البيانات بطريقة واضحة وسهلة ومختصرة.

مثال 1

يمكن التعبير عن الحالات الاجتماعية بالطريقة التالية: أعزب ونرمز إليه بـ "S"، متزوج ونرمز إليه بـ "M"، مطلق ونرمز إليه بـ "D"، أرمل ونرمز إليه بـ "W".

الترميز.

❖ تعريف الترميز

الترميز هو عملية تعريف عناصر البيانات المستخدمة في النظام، وذلك باستخدام أقل عــدد ممكــن مــن الرموز (حروف، أرقام، رموز خاصة).

❖ خواص الترميز.

يجب توفر الخواص التالية في نظام ترميز جيد :

- الدقة والتفرد: يجب أن يتوفر رمز واحد فقط لعنصر البيانات في النظام، مهما اختلفت مــسميات العنصر في النظام على أن يكون التعبير دقيقا.

- التوسع والمرونة: يجب أن يسمح نظام الترميز باستيعاب أي توسع مستقبلي تقتـضيه الحاجــة، وكذلك تقبل أي تغيرات محدودة.

- الاختصار: يجب أن يكون العنصر مختصرا إلى أقل عدد ممكن من الرموز.

- المعنى: يجب أن يكون الرمز ذا معنى، بحيث يسهل استخدامه وتطبيقه من قبل المستخدم.

- قابلية التشغيل: يجب أن يكون الرمز قابلا للتشغيل بواسطة برمجيات الحاسب الآلي.

❖ مزايا الترميز.

تنتج استخدام نظام ترميز جيد المزايا التالية:

- توفير الجهد المبذول عند إدخال البيانات،

■ تحقيق الدقة في تعريف البيانات، والتمييز بينها، مما يقلل نسبة احتمالات الوقوع في الأخطاء،

■ توفير المساحة في وسط التخزين،

■ التقليل من زمن استجابة استرجاع البيانات،

■ تحقيق مبدأ سرية المعلومات.

❖ **ميادين استخدام الترميز**

نحتاج إلى الترميز في تحليل النظم في أهم الميادين التالية:

■ تسمية البيانات الواردة والبيانات الصادرة في النظام كاسم الموظف "اسم_موظف" أو الراتب الأساسي "راتب_أساسي"، ... وتدعى هذه التسمية "ترميز البيانات والمعلومات".

■ تسمية الملفات والجداول الأساسية والبرامج والسجلات كاسم ملف الموظفين "ملف_موظفين" ... وتدعى هذه التسمية ترميز مكونات النظام.

■ إعطاء شفرات لقيم البيانات تحصر مجموعة من المعلومات في رمز واحد، وتدعى أنظمة ترميز قيم البيانات.

سنتطرق في ما يلي إلى طرق ترميز قيم البيانات الأكثر شيوعا.

❖ **أنواع نظم ترميز قيم البيانات الشائعة.**

خطة الترميز – هي أسلوب التعبير عن العنصر برمز يميّزه عن غيره من الظاهر بدقة. يوجد أنواع كثيرة من نظم الترميز، ويحدد محلل النظم نظام الترميز الذي يتلاءم مع طبيعة عناصر البيانات واحتياجات النظام.

ويتمثل ترميز قيم البيانات في إعطاء "شفرة" إلى البيانات المستخدمة. والشفرة – هي تعيين حروف وأرقام، أو خليط من الأرقام، والحروف، والرموز الخاصة، حسب منهج محدد لمجموعة من البيانات التي انتظمت تحت تصنيف معين، وذلك بطريقة تختصر من حجم البيانات، وتجعلها أكثر سهولة في التعامل. نوجز في ما يلي بعض طرق الترميز الأكثر استخداما في الأنظمة المحوسبة.

● **الترميز المتسلسل البسيط.**

يقصد بالترميز المتسلسل البسيط إعطاء أرقام متسلسلة لعناصر البيانات المطلوب ترميزها، دون النظر في طبيعة العلاقة التي تربط هذه العناصر. ويتطلب نظام الترميز المتسلسل ما يلي :

■ حصر العناصر،

■ ترتيب العناصر في أي وضع،

■ إعطاء العناصر أرقاما متسلسلة بشكل تصاعدي حسب ترتيبها.

مثال2 :

نفترض وجدود شركة بها عدد من العاملين، ولكل عامل رقم، وحيث تعطى أرقام العاملين كما هو مبـين في الشكل 14-10.

الرمز	اسم العامل
01	علي صالح
02	موسى محمد
03	إبراهيم موسى
...	

الشكل 10.14 : مثال للترميز المتسلسل البسيط.

✔ **مزايا استخدام الترميز المتسلسل البسيط**

يمتلك استخدام الترميز المتسلسل البسيط أهم المزايا الآتية:

■ القدرة على ترميز عدد غير محدود من البيانات بأقل عدد من الخانات،

■ سهولة عملية الترميز (دون بذل جهد كبير)،

من عيوب استخدام هذه الطريقة من الترميز محدودية المعلومات التي يمكن استنباطها من الرمز.

• **الترميز الحزمي المتسلسل.**

يعتمد الترميز الحزمي المتسلسل على مبدأ تقسيم العناصر على كتل، حسب مدى ترابط العناصر في الكتلة الواحدة، ومن ثم يتم إعطاء أرقام متسلسلة لعناصر الكتلة الواحدة.

مثال 3 :

نفترض تصنيف العاملين في إحدى الشركات حسب المستوى الوظيفي لكل عامل، حيث يمكن اقتراح خطة الترميز كما هو مبين في الشكل 11.14.

الرموز	المجموعات
من 001 إلى 020	الإدارة العليا
من 021 إلى 060	الإدارة الوسطى
من 061 إلى 999	الجهاز التنفيذي

الشكل 11.14 : مثال للترميز المتسلسل الحزمي المتسلسل.

تمتاز طريقة الترميز هذه عن سابقتها، بإدراج معنى إضافي حيث نستطيع استنتاج معلومات ذات قيمة من رمز العامل في هذا النظام. فمثلا في المثال السابق يمكن استنتاج المستوى الوظيفي للعامل من رمزه.

ملاحظة :

يجب الأخذ بعين الاعتبار إمكانية التوسع عند وضع خطة الترميز.

• **الترميز التصنيفي.**

يتم في طريقة الترميز التصنيفي تصنيف العناصر إلى مجموعات رئيسية قد تتفرع منها مجموعات وسيطة، والتي قد تتفرع منها أيضا مجموعات فرعية وهكذا ...

مثال 4:

يمكن تصنيف العاملين في الجامعة إلى ثلاث مجموعات :

المجموعة	الرمز
أعضاء هيئة تدريس	1
إداريون	2
عملة	3

الشكل 12.14 : مثال للترميز التصنيفي.

ويمكن اقتراح خطة ترميز مكونة من 5 خانات:

- خانة لرمز المجموعة،
- 4 خانات للرقم التسلسلي كما هو مبين في الشكل 14-13.

<table>
<tr><th colspan="4">الرقم التسلسلي داخل المجموعة الواحدة</th><th>رمز المجموعة</th></tr>
<tr><td>9</td><td>7</td><td>8</td><td>5</td><td>1</td></tr>
</table>

الشكل 13.14 : مثال ثاني للترميز التصنيفي.

في الشكل 13.14، نرمز إلى عضو هيئة تدريس (رمز المجموعة 1) يحمل الرقم 5879.

ملاحظة :

- اختيار أربع خانات للرقم التسلسلي يعني أنه لا يمكن تجاوز 9999 شخص،
- اختيار خانة واحدة لرمز المجموعة يعني أنه لا يمكن تصنيف المجموعات لأكثر من 9.

مثال 5 :

يمكن اقتراح خطة ترميز لرقم الطالب في الجامعة كما هو مبين في الشكل 14-14.

<table>
<tr><th colspan="3">رقم الطالب التسلسلي في القسم</th><th colspan="2">رمز القسم التخصصي</th><th colspan="2">رمز الكلية</th><th colspan="4">سنة الدخول إلى الكلية</th></tr>
<tr><td></td><td></td><td></td><td></td><td></td><td></td><td></td><td></td><td></td><td></td><td></td></tr>
</table>

الشكل 14.14 : ترميز رقم الطالب حسب الترميز التصنيفي

- **الترميز ذو الرقم المعنوي.**

يقصد بالترميز ذي الرقم المعنوي تخصيص بعض خانات الرمز للدلالة على صفة مادية يمكن قياسها (التعبير عنها رقميا) مثل : الطول، الوزن، الحجم، ...

مثال 6 :

يبين الشكل 15.14 مقترحا لخطة ترميز لنظام مخزن للملابس الجاهزة.

	نوع الصنف	رمز الصنف	المقاس	نوع الخام الأساسي	رمز الخام	نسبة الخام الأساسي (%)
	قميص رجالي	01		قطن	C	
	سروال رجالي	02		صوف	W	
	قميص أطفال	03		حرير	S	
الترميز	01		40	W		80

الشكل 15.14 : مثال للترميز ذي الرقم المعنوي.

مثال 7:

يعني الرمز 80W4001 أن : نوع الصنف : قميص رجالي، والمقاس : 40، ونوعية الخام : صوف، ونسبة الصوف : 80%.

- **ترميز الاختصارات.**

يتم في ترميز الاختصارات اختيار الرمز الدال على العنصر باختصار مسمى العنصر، وذلك باستخدام أي الأسلوبين التاليين :

- الترميز المختصر باستخدام أوائل الحروف مثل ذلك USA اختصار للتسمية الإنجليزية للولايات المتحدة الأمريكية.

- التزميز باستخدام رموز تذكير مثل الرموز المستخدمة في لغة التجميع :

Add : Addition, Sub : Subtraction, etc.

❖ طرق اختبار صحة الترميز.

على محلل النظم أن يقوم باختبار صحة الترميز، وتدقيق الرموز باتخاذ الإجراءات التالية:

- إعادة حل تلك الرموز،
- محاولة مطابقة النتائج مع البيانات الخام المقابلة لتلك الرموز.

إثر ذلك، وفقا للنتيجة المتحصل عليها، وجب على محلل النظم اتخاذ الإجراءات التالية:

- إذا لم يطابق حل الرموز القيم الخام، فقد وجب على محلل النظم أن يعيد النظر في نظام الترميز المستخدم والتأكد من صحته.
- إذا كان نظام الترميز صحيحا، والبيانات التي نشأت من حل الرموز مطابقة للبيانات الخام المقابلة لتلك الرموز التي حلت شفرتها، فإن على محلل النظم أن يزيد من أمن شفرته المستخدمة، وذلك باستخدام منزلة اختبار في نهاية الرمز الذي يدعى أيضا رقم التحقق.

✓ رقم التحقق

رقم التحقق – هو عبارة عن خانة رقمية تضاف في الغالب إلى يمين الرمز الرقمي (في أي من أساليب الترميز السابقة). يستخدم رقم التحقق لأغراض تحقق الحاسب ذاتيا من صحة الشفرة الرمزية المدخلة، بعد إجراء مجموعة من العمليات الحسابية عليها. يعني هذا تقليل نسبة احتمالات وقوع أخطاء في الرمز الرقمي عند عملية النقل أو النسخ، فيتم اكتشاف الخطأ باستخدام رقم التحقق.

ويمكن حساب رقم التحقق باستخدام العديد من النماذج التي نذكر من أهمها الخوارزميات التالية:

- **خوارزمية 1 :**

يلخص الشكل 16.14 خطوات الخوارزمية 1.

الخطوة	الإجراء
1	تعريف الوزن الموازي لكل رمز رقمي من خطة الترميز،
2	ضرب كل خانة من الرمز الرقمي في الوزن المقابل له وجمع نواتجها،
3	جمع أرقام العدد الناتج،
4	▫ إذا كان العدد الناتج يتكون من رقمين فأكثر أعد تنفيذ الخطوة 4، ▫ أما إذا كان يتكون من رقم واحد، فهو يمثل رقم التحقق ويضاف إلى يمين الرمز الرقمي.

شكل16.14: خوارزمية 1 لحساب رقم التحقق

مثال 7:

أوجد رقم التحقق للرمز 5278 باستخدام خوارزمية 1 :

الخطوة 1 :

الرمز	8	7	2	5
الوزن	4	3	2	1

الخطوة 2 : $8 \times 4 + 7 \times 3 + 2 \times 2 + 5 \times 1 = 62$

الخطوة 3 : $6 + 2 = 8$

الخطوة 4 : رقم التحقق هو 8، وبذلك يصبح الرمز الرقمي مساويا لـ 52788.

◦ **خوارزمية 2 :**

يلخص الشكل 17.14 خطوات الخوارزمية 2.

الخطوة	الإجراء
1	تعريف الرمز الرقمي والوزن لكل خانة في خطة الترميز والمعامل "Modulus"،
2	ضرب كل خانة من الرمز الرقمي في الوزن المقابل له وجمع نواتجها،
3	إيجاد باقي قسمة R الناتج على المعامل،
4	◦ طرح الباقي من المعامل. ◦ يمثل الناتج رقم التحقق، ◦ يضاف رقم التحقق إلى يمين الرمز الرقمي.

شكل17.14: خوارزمية 2 لحساب رقم التحقق

مثال 8 :

أوجد رقم التحقق للرمز 5278 مستخدما المعامل 9 والأوزان 1234 :

خطوة 1 :

الرمز	8	7	2	5
الوزن	4	3	2	1

خطوة 2 : $8 \times 1 + 7 \times 3 + 2 \times 2 + 5 \times 1 = 62$

خطوة 3 : $62 \div 9 = 6$ والباقي 8.

الخطوة 4 : $9-8= 1$ وهو رقم التحقق ويصبح بذلك الرقم الرمزي: 52781.

تمارين

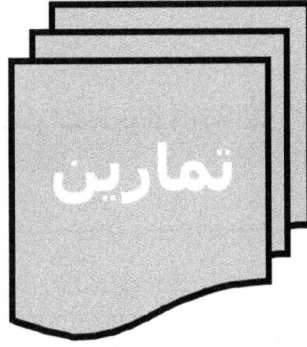

1. نفترض أنه عهدت إليك مهمة إدارة الأنشطة الطلابية بكليتك. تتكون هذه الأنشطة مـــن النــــوادي التالية: نادي الحاسب الآلي، نادي كرة القدم، نادي تنس الطاولة ونادي الشطرنج. لكـــي ينخــرط الطالب في إحدى هذه الأنشطة، وجب على المسؤول إدخال البيانات التالية: رقم الطالب بالكليـــة، اسم الطالب، تاريخ الولادة ومكانها، تاريخ الدخول إلى الكلية، التخصص، نوع النـــشاط، تـــاريخ الانخراط.

أ. صمم قاموس البيانات لهذه المفردات.

ب. اقترح خطة ترميز تصنيفي لرقم الطالب المنخرط في هذه الأنشطة.

ج. استخدم إحدى الخوارزميات لاختبار صحة ترميزك.

15 مقدمة في نظرية اتخاذ القرارات وبعض المكونات الشرطية والتكرارية

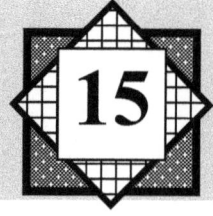

يهدف هذا الفصل إلى التعرف على:

- مقدّمة في نظرية اتخاذ القرارات
- أنواع القرارات،
- فوائد نظرية القرارات،
- مدخل في المكونات الشرطية والتكرارية
- الدورات المتداخلة للمكونات التكرارية وقواعد استخدامها

تمهيد

لقد استخدمنا في الفصول السابقة معاملات تتولى تنفيذ بعض الأعمال المهمة والتابعة للنظام. لكننا لم نتطرق آنذاك إلى الأساليب المنطقية لتنفيذ هذه المعاملات. لاحظنا كذلك أن خرائط تدفق البيانات تعتبر وسيلة فعالة لتعريف المعاملات، لكنها تفتقد للأسف إلى توضيح المنطق الذي يطبق داخل المعاملات نفسها. فلو تطرقنا مثلا إلى الخريطة البيئية، فإننا نلاحظ أن المعاملات تعجز عن توضيح أبسط الخطوات الرئيسية للمعالجة، مما يولّد أسئلة كثيرة يصعب الإجابة عنها بالاقتصار على هذه الخرائط. لذلك، وجب البحث عن طريقة لحل هذه المشاكل والإجابة عن الأسئلة التي يمكن أن يطرحها القارئ، والتي نخص من أهمها السؤالين التاليين:

- ماذا يحدث داخل المعاملات نفسها ؟
- كيف تحول البيانات الواردة إلى معلومات صادرة ؟

وبما أن خرائط تدفق البيانات لم تصمّم في الحقيقة لتظهر التفاصيل المنطقية للمعاملة، فإنه للإجابة على هذين السؤالين (أو أسئلة أخرى مشابهة)، وجب على محلل النظم نمذجة منطق المعاملة باستخدام تقنيات

أخرى. لذلك نمر الآن إلى مرحلة موالية لنتعرف على هيكلة متطلبات منطق النظام (شكل 1.15). لهذا السبب، سوف نتدرج في بسط المواضيع التالية للوصول إلى هذا الغرض:

- مقدمة في نظرية اتخاذ القرارات وبعض المكونات الشرطية والتكرارية،
- توصيف المعاملات،
- تنظيم متطلبات منطق النظام.

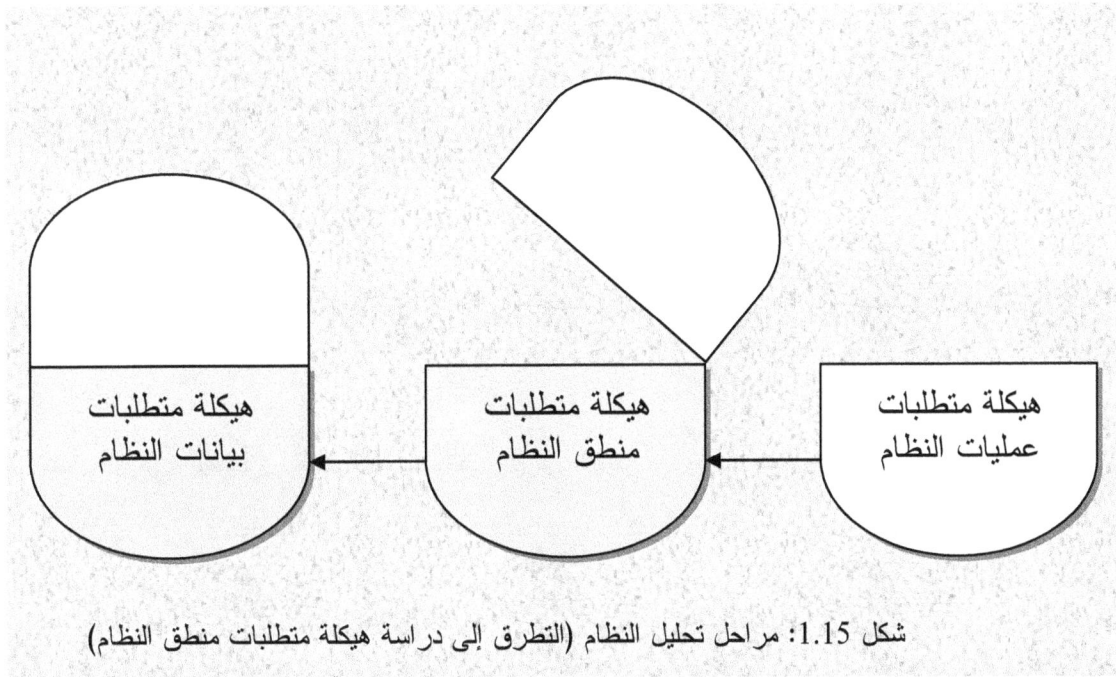

شكل 1.15: مراحل تحليل النظام (التطرق إلى دراسة هيكلة متطلبات منطق النظام)

✷ مقدمة في نظرية اتخاذ القرارات

تعتبر نظرية القرارات الجسم المعرفي الذي يختص بإجراء اختيارات من الأعمال ضمن مجموعة من البدائل الممكنة. كما يركز تحليل القرارات داخل المؤسسة، على منطق اتخاذ القرارات لتحقيق الأهداف التي رسمتها هذه المؤسسة.

تعتبر نظرية القرارات في المجال التطبيقي منبع متاهات بالنسبة لمديري الأعمال، وذلك لتواجد رؤى مختلفة، ومتداخلة ضمن هذا المصطلح. فالبعض يقول أن نظرية القرارات تندرج ضمن علم الإحصاء، معللين ذلك بأن علم الإحصاء هو علم يختص بتصنيع القرارات في ظل عدم التأكد من وقوع الأحداث.

كما هناك فئة أخرى تنظر إلى نظرية القرارات كعلمٍ، وكذلك كفن من الفنون، حيث ألّفت كتب حول "فن التحكيم"، وهذه الكتب نادرا ما تطرقت إلى علم الإحصاء. بالإضافة إلى هذا، توجد فئة أخرى تنظر إلى نظرية القرارات كجزء من بحوث العمليات، واستخدموا في ظلها فروعا من الرياضيات البحتة، والرياضيات التطبيقية، وعلم الإحصاء في مؤلفاتهم. وقد تضمنت هذه المؤلفات قواعد القرارات (مثل أدنى أقصى قيمة وغيرها من القواعد)، ونظرية بياز، ونظرية الاحتمالات، وبعض نظريات الألعاب، وجزء من نظرية المجموعات مثل الجبر البولياني، والمنطق الرمزي، وجداول الحقيقة. كما توجد فئة أخرى يربطون نظرية اتخاذ القرارات بفنون الإدارة، ويدمجون في اعتقادهم الديمقراطية الصناعية والتحليل الشبكي.

❋ أنواع القرارات

تنقسم القرارات إلى نوعين:

• قرارات مبرمجة

تندرج القرارات المبرمجة ضمن القرارات التي ترتكز على قواعد موضوعة من طرف مؤسسات عالية التركيب، كمصالح الدفاع والمصالح المدنية، وفي مؤسسات أخرى مرتبطة بالصناعة وبميادين الإنتاج. تـؤخذ هذه القرارات من طرف مجموعة من المختصين، ويمكن تنفيذ بعضها بواسطة الحاسب الآلي أو المعدات الميكانيكية العصبية.

• قرارات غير مبرمجة

تندرج القرارات غير المبرمجة أو القرارات ذات التصنيف الحر، ضمن القرارات التي لها صلة وثيقة بالميادين والمسائل الحديثة، والتي هي محلّ اهتمام كبار المديرين.

❋ فوائد نظرية القرارات

تتمتع نظرية القرارات بفوائد متعددة، نذكر من أهمها ما يلي:

- يخول ترتيب القرارات للمديرين تحرير أنفسهم من بعض الأعمال، والتفرغ لأعمال أخرى أكثر إبداعية، وإعطائهم فرصة لإمكانية التخطيط الصحيح.
- يمكن تطبيق نظرية القرارات عند المستوى الأعلى الذي يجب عنده أخذ القرار.

▪ يخوّل تطبيق نظرية القرارات تحديد التقنيات الملائمة لإيجاد الحلول للمشكلة المطروحة التي تتطلب أخذ قرار فيها.

▪ تساعد نظرية القرار في إدماج الحاسب الآلي في إدارة الأعمال.

✴ **مدخل في المكونات الشرطية والتكرارية**

قبل أن نتطرق إلى مختلف وسائل التحليل، نعطي مقدمة في المكونات الشرطية والتكرارية التي تـدرس عادة في المقررات التابعة لتراكيب البيانات، أو عند دراسة الخوارزميات، أو أثناء دراسة لغات البرمجـة المهيكلة (مثل لغة C أو ++C).

✓ **المكونات الشرطية**

○ **المكون الشرطي إذا...وإلا**

يشتغل هذا المكون كالآتي: في حالة تحقق "<u>عبارة</u>" تطبق "الجملة 1" أما في حالة عــدم تحقـق العبارة، تطبق "الجملة 2 ". يمرّ التنفيذ بعد ذلك إلى الجملة التي تــأتي مباشــرة بعــد الكتلــة الشرطية (<u>الجملة الموالية</u>). يوضح الشكلان 2.15 و3.15 هذه الصيغة.

الصيغة الأولى لمكون إذا...وإلا

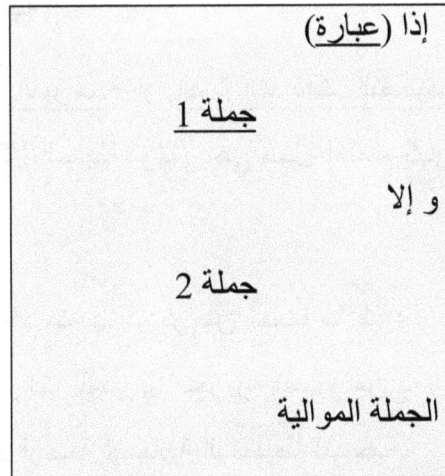

┌─────────────────────────┐
│   إذا (عبارة) │
│ │
│   <u>جملة 1</u> │
│ │
│   و إلا │
│ │
│   جملة 2 │
│ │
│   الجملة الموالية │
└─────────────────────────┘

الشكل 2.15: الصيغة الأولى لمكون إذا...وإلا

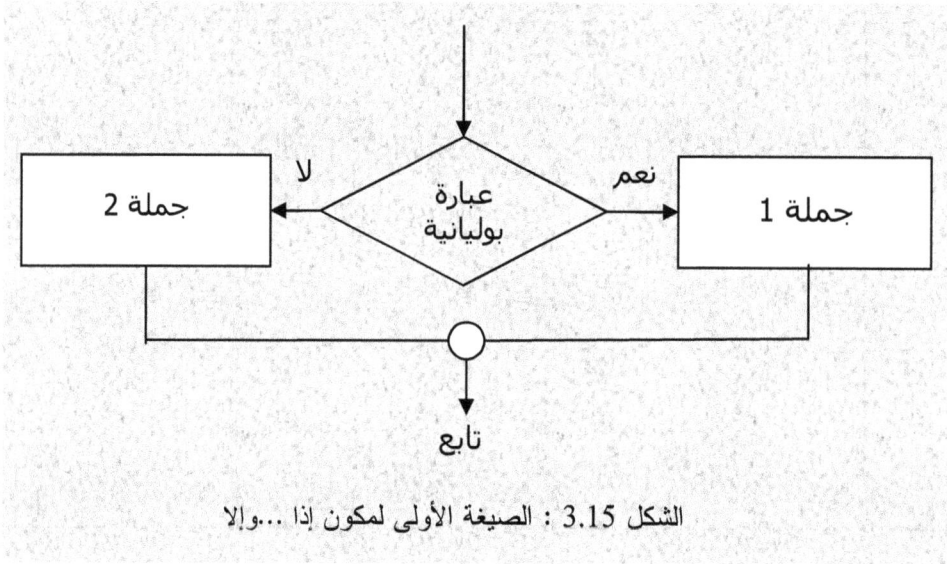

الشكل 3.15 : الصيغة الأولى لمكون إذا ...وإلا

الصيغة الثانية لمكون إذا...وإلا

تحتوي الصيغة الثانية لمكون **إذا...وإلا** على مزيد من التفرعات في حالة عدم توفر العبارة الشرطية الأولى (عبارة1) (شكل 4.15 و 5.15) يشتغل هذا المكون كالآتي:

■ إذا تحققت العبارة الشرطية الأولى (عبارة1) تنفذ الجملة أو مجموعة الجمل "جملة1" وتقفز كــل العبارات التي تلي "جملة 1"، ويمر التنفيذ إلى "الجملة التالية"، وهي الجملة التي تأتي مباشرة بعد الكتلة الشرطية.

■ إذا لم تتحقق العبارة الشرطية الأولى (عبارة1)، فإنه يقع النظر في أمرين:

● إذا تحققت العبارة الشرطية الثانية (عبارة2) تنفذ الجملة أو مجموعــة الجمــل "جملــة 2" وتقفز كل العبارات التي تلي "عبارة 2" ويمر التنفيذ إلى "العبارة التالية" ، وهي الجملــة التي تأتي مباشرة بعد الكتلة الشرطية.

● إذا لم تتحقق العبارة الشرطية الثانية (عبارة 2) تنفذ الجملة أو مجموعة الجمل "جملة 3"، ويمر التنفيذ إلى "العبارة التالية"، وهي الجملة التي تأتي مباشرة بعد الكتلة الشرطية.

هذه التفاصيل يوضحها الشكلان 7.15 و8.15 اللذان يعرضان الصيغة العامة للشكل الثاني لمكون "إذا...وإلا".

إذا (عبارة 1)

جملة 1 ،

و إلا

إذا (عبارة 2)

جملة 2 ،

و إلا

جملة 3 ،

الجملة الموالية

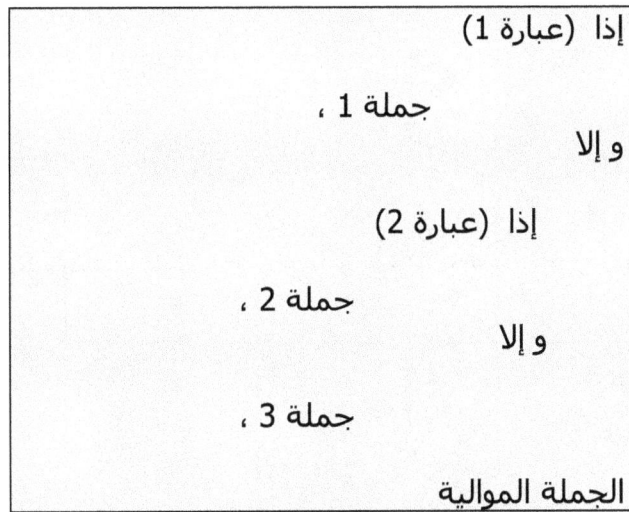

الشكل 4.15 : الصيغة الثانية لمكون إذا...وإلا

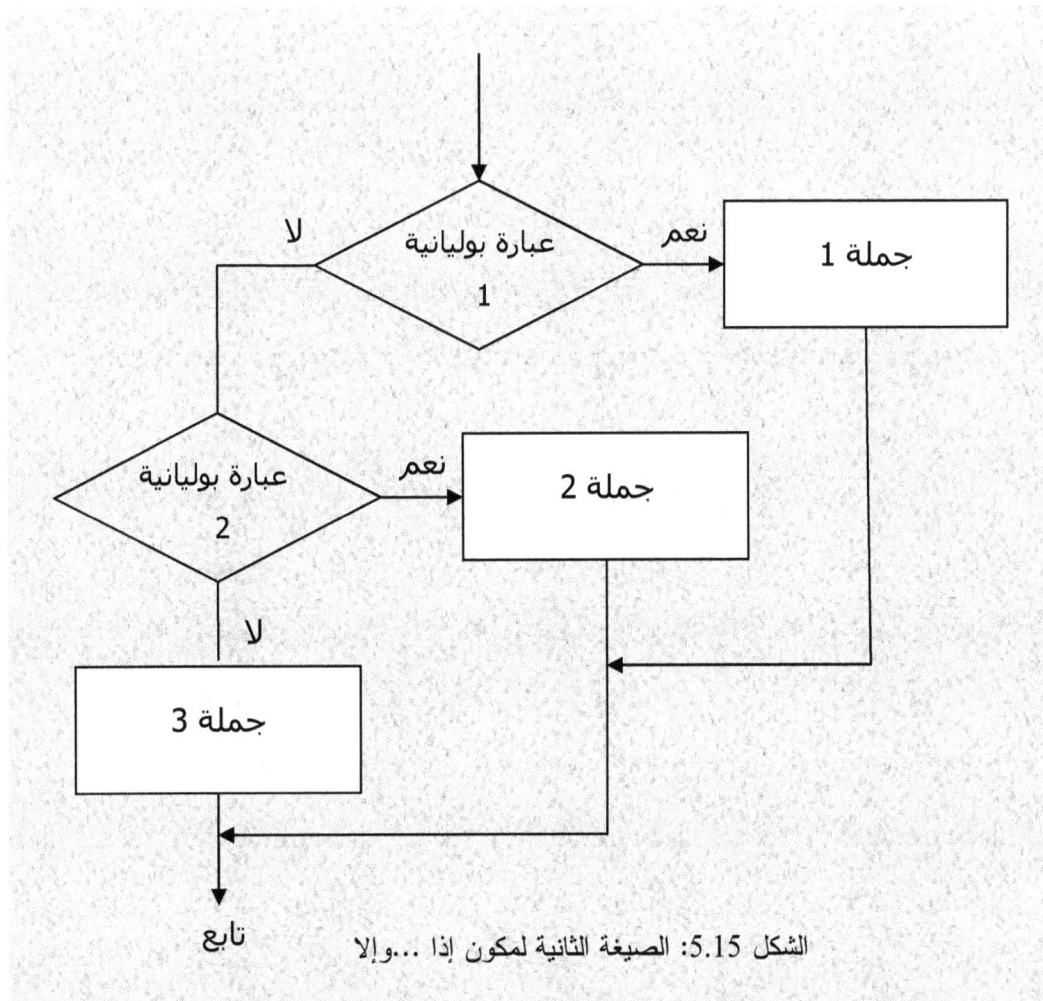

الشكل 5.15: الصيغة الثانية لمكون إذا ...وإلا

تمرين 1

ارسم مخطط سير العمليات ثم الخوارزمية اللغوية للمسألة التالية:

يطلب من المستخدم إدخال رقم x ثم بعد يطلب من البرنامج إدخال رقم ثاني y . بعد ذلك يتولى البرنامج طباعة ما يلي:

- إذا تساوت x مع y ، يطبع البرنامج (x تساوي y)
- إذا x > y ، يطبع البرنامج (x أكبر من y)
- إذا x > y ، يطبع البرنامج (x أصغر من y)

الحل

نرسم لهذا التمرين مخطط سير العمليات الموضح في الشكل 6.15. إثر ذلك، نكتب الخوارزمية اللغوية المناسبة والموضحة في الشكل 7.15.

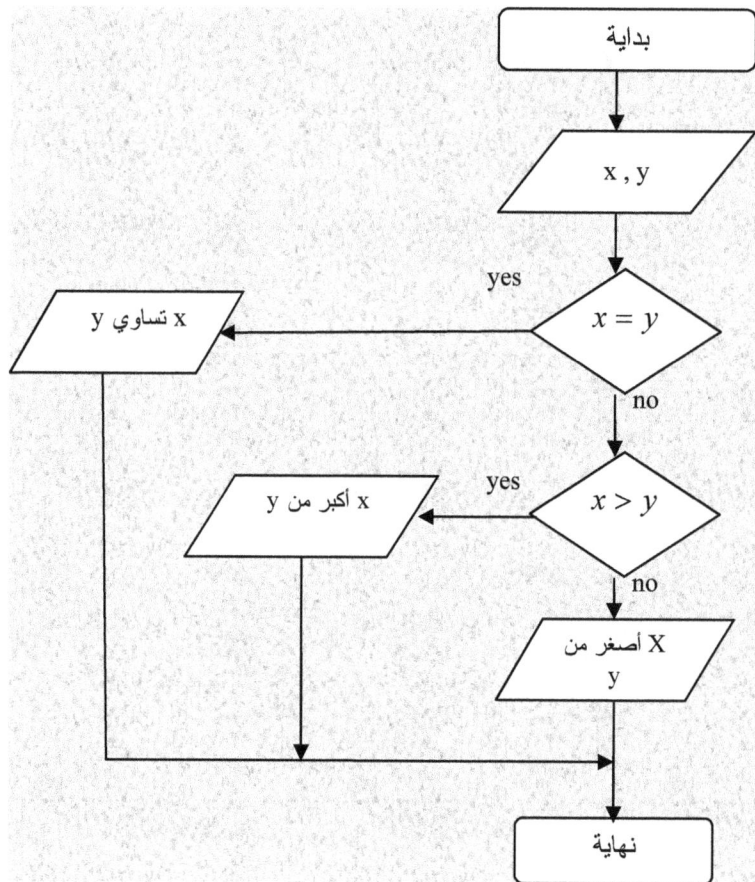

شكل **6.15**: مخطط سير العمليات لحل تمرين مثال1

ادخل قيمة x و y.

إذا (x=y)

اطبع (" x تساوي y ")

وإلا

إذا (y<x)

اطبع (" x أكبر من y ")

وإلا

اطبع (" x أصغر من y ")

شكل 7.15: الخوارزمية اللغوية لحل تمرين مثال1

ملاحظة

لم نتطرق في الشكلين 6.15 و 7.15 إلى الشرط "إذا **x** أصغر من **y** "، وذلك لأنه اتضح أن **x** لا تساوي **y**، وليست أكبر من **y** ، فإننا نستنتج بطريقة آلية أنها أصغر من **y**.

✳ مكون التكرار   افعل ...مادام

ينفذ مكون <u>مادام</u> مجموعة من الجمل طالما توقر شرط معين.

الشكل العام للمكون مادام هو التالي:

افعل مادام (شرط)

}

<u>جملة</u> (مجموعة جمل)

{

الشكل 8.15: الصيغة العامة لمكون مادام

يرمز "<u>شرط</u>" هنا إلى أي عبارة منطقية، بينما ترمز "<u>جملة</u>" إلى جملة واحدة أو مجموعة من الجمل.

عندما يصل تنفيذ البرنامج إلى جملة "مادام" ، تنفذ الأحداث التالية:

1) تقيم الجملة الشرطية (شرط)،

2) إذا كانت نتيجة تقييم الجملة الشرطية "<u>خطأ</u>" ، تنتهي مهمة المكون "مادام"، يعني هذا أنه لا يتم تنفيذ ما بداخل هذا المكون، أي الجملة أو مجموعة الجمل التي يحتويها هذا المكون لا تأخذ بعين الاعتبار ويتم قفزها وينتقل التنفيذ إلى الجملة التي تلي مباشرة جمل المكون مادام.

3) إذا كانت نتيجة تقييم الجملة الشرطية "<u>صحيح</u>"، تنفذ الجملة أو مجموعة الجمل التي يحتويها المكوّن مادام.

4) ينتقل التنفيذ إلى الخطوة الأولى.

تمرين 2

اكتب الخوارزمية اللغوية لإيجاد مجموع الأرقام الصحيحة المنحصرة بين 1 و n (حيث n عدد صحيح).

$$s = \sum_{i=1}^{n} i$$

الحل

استخدمنا المتغيرات التالية لحل التمرين:

الرمز	المعنى
i	عداد
n	القيمة القصوى للعداد
s	مجموع الأرقام المتحصل عليها في كل دورة من عمليات التكرار

الشكل 9.15: تفسير الرموز المستخدمة في الخوارزمية

```
بداية
ادخل قيمة n ،
I=1،
s=0 ،
مادام (n≥i) افعل
}
    s=s+i;
    i=i+1;
{
اطبع قيمة s،
نهاية
```

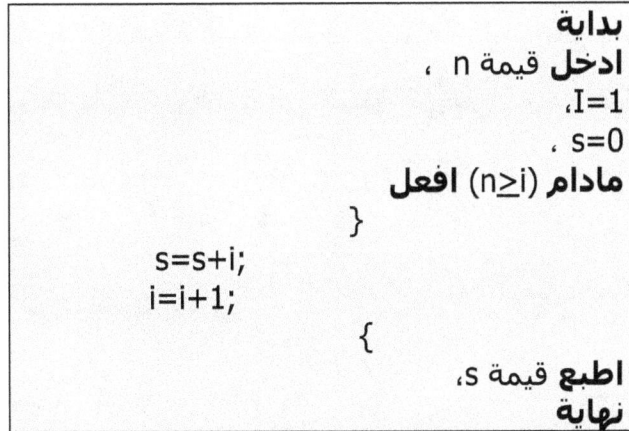

الشكل 10.15 : الخوارزمية اللغوية لحل التمرين 2

الدورات المتداخلة للمكونات التكرارية

تتكوّن الدورات المتداخلة من مجموعة من الكتل الخارجية والداخلية. لنأخذ كتلتين أحدهما داخلية والأخرى خارجية، ولنتعرف على طريقة عملهما.

- تنفذ في الأول الدفعة الخارجية مرة واحدة،
- بعد ذلك، تنفذ الكتلة الداخلية بأكملها عددا من المرات إلى أن ينعدم توفر الشرط.
- بعد ذلك، يصعد عداد الكتلة الخارجية،
- بعد ذلك تنفذ الكتلة الداخلية بأكملها إلى أن ينعدم توفر الشرط.
- تكرّر العمليات السابقة إلى أن ينعدم توفر شرط الكتلة الخارجية.

ملاحظة

- يجب استخدام الدورات المتداخلة بكل حذر، وذلك لتجنب الوقوع في أخطاء جسيمة. ذلك أن هذا الاستخدام يخضع إلى قواعد يجب اتباعها. يبين الشكل 11.15 مثالين، حيث يوضّح أحدهما الطريقة الصحيحة لاستخدام الدورات التكرارية المتداخلة ويبيّن الآخر الطريقة الخاطئة لهذا الاستخدام.

○ تخضع عملية الاستخدام الصحيح للكتل الشرطية المتداخلة لنفس الفكرة المبيّنة في العمود الصحيح التابع للشكل 11.15 .

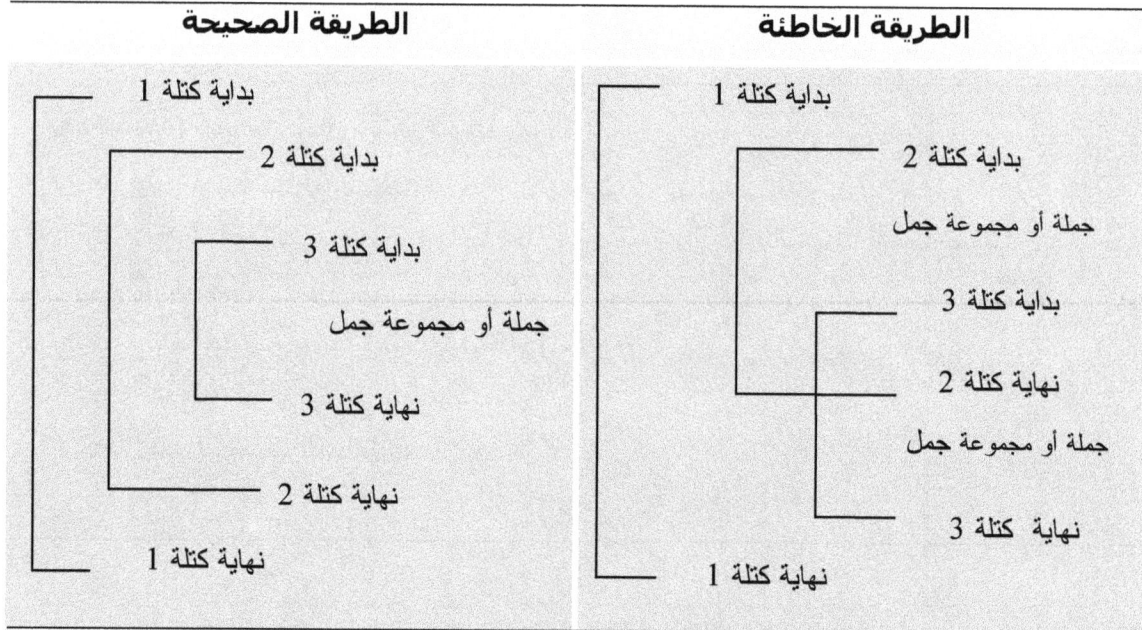

الطريقة الصحيحة	الطريقة الخاطئة

الشكل 11.15: الطريقة الصحيحة والخاطئة لاستخدام الكتل التكرارية المتداخلة

16 توصيف المعاملات

يهدف هذا الفصل إلى التعرف على:

- طريقة توصيف المعاملات،
- أنوع المعاملات التي يختص بها هذا التوصيف، والأنواع الأخرى التي تستثنى من هذا التوصيف،
- المجالات التي يفسرها توصيف المعاملات،
- أهداف إحداث توصيف المعاملات،
- نموذج توصيف المعاملات، ومكوناته،

✸ توصيف المعاملات

قبل التطرق إلى وسائل اتخاذ القرار، وجب علينا أوّلا أن نتحدّث عن توصيف المعاملات. حتى يتمكّن محلل النظم من تحديد المتطلبات المعلوماتية لرسم خطة تحليل القرارات، وجب عليه أو لا تحديد أهداف المؤسسة، مستخدما بذلك المنهجية النازلة، التي تلعب دورا مهما في ربط القرارات (ولو بطريقة غير مباشرة) بأهداف المؤسسة.

يعتبر توصيف المعاملات جزءا ضئيلا من توصيف خصائص النظام العام للمؤسسة. يخص هذا التوصيف المعاملات التالية:

- المعاملات الأوّلية المتواجدة في خريطة تدفق البيانات،
- المعاملات المتواجدة في خرائط عالية المستوى والتي يفجّر البعض منها ليولّد خرائط خالفة.

يتمثّل توصيف المعاملات في التفسير الآتي:

- منطق صنع القرارات،

○ القواعد التي تحول عمليات البيانات الواردة إلى معلومات صادرة.

يجب على كل عنصر مشتقّ أن يمتلك عملا منطقيا يفسر كيفية إنتاجه من عناصر أساسية أو مجموعة عناصر مشتقة أخرى مؤسسة من قبل، والتي تمثل بيانات واردة للمعاملة الأولية.

✓ **أهداف إحداث توصيف المعاملات**

يهدف إحداث توصيف المعاملات إلى مساعدة محلل النظم في مرحلة التحليل وتحقيق ما يلي:

○ تخفيض درجة غموض المعاملة.

يدفع هذا الهدف محلل النظم إلى التعمّق في التعرف على مزيد من تفاصيل كيفية اشتغال المعاملات. إذا اتضح لديه وجود غموض أو تساؤلات حول بعض المعاملات، فإنه وجب عليه حلها بواسطة الحصول على مزيد من التوضيحات التي يقتنصها من مسؤولي المؤسسة.

○ مصادقة تصميم النظام.

يرمز هذا الهدف إلى التأكد من أن المعاملة تتوفر لديها البيانات الواردة الكافية التي تمكنها من توليد بيانات صادرة. بالإضافة إلى ذلك، وجب هنا على البيانات الواردة والصادرة أن تتواجد في خرائط تدفق البيانات.

○ الحصول على وصف دقيق للأعمال التي تم إنجازها.

لكن رغم كل ذلك، فإنه ليس بالضرورة إحداث توصيف لكل معاملة. نستوضح هذا الأمر فيما يلي.

✓ **المعاملات التي لا تتطلب توصيفا**

يمكن حصر المعاملات التي لا تتطلب من تحليل النظم أن يعد لها توصيفا في مجموعة المعاملات التي تنتمي إلى إحدى الأنواع التالية:

○ المعاملات التي تمثل قاعدة تحقق بسيطة، عادة ما تكون سهلة التنفيذ.

○ المعاملات البسيطة جدا، مما لا يستدعي الأمر توصيفها.

○ المعاملات التي تستخدم برامج مكتوبة سابقا، فهي عادة ما تكون مدموجة في النظام في شكل برامج فرعية (إجراءات أو اقترانات). في هذه الحالة، تدرج هذه الملاحظة في وصف المعاملة، وبالتالي فإنه لا يحتاج الأمر إلى مزيد من التعمق في دراستها أو إعادة تصميمها.

✓ نموذج توصيف المعاملات

يربط توصيف المعاملة هذه المعاملة بخريطة تدفق البيانات، ونتيجة لذلك، يربط بقاموس البيانات. من جهة أخرى، يربط توصيف المعاملة بوسائل تحليل القرارات والتي كما ذكرناها سابقا تتمثل في اللغة الطبيعية المهيكلة وجداول القرارات وشجرات القرارات. يبلور الشكل 1.16 هذه الصلات المختلفة. يجب أن يتم توصيف المعاملة في نموذج مستقل أو باستخدام شاشات أدوات المساعد الحاسوبي في هندسة البرمجيات مثل شاشة المحلل المرئي.

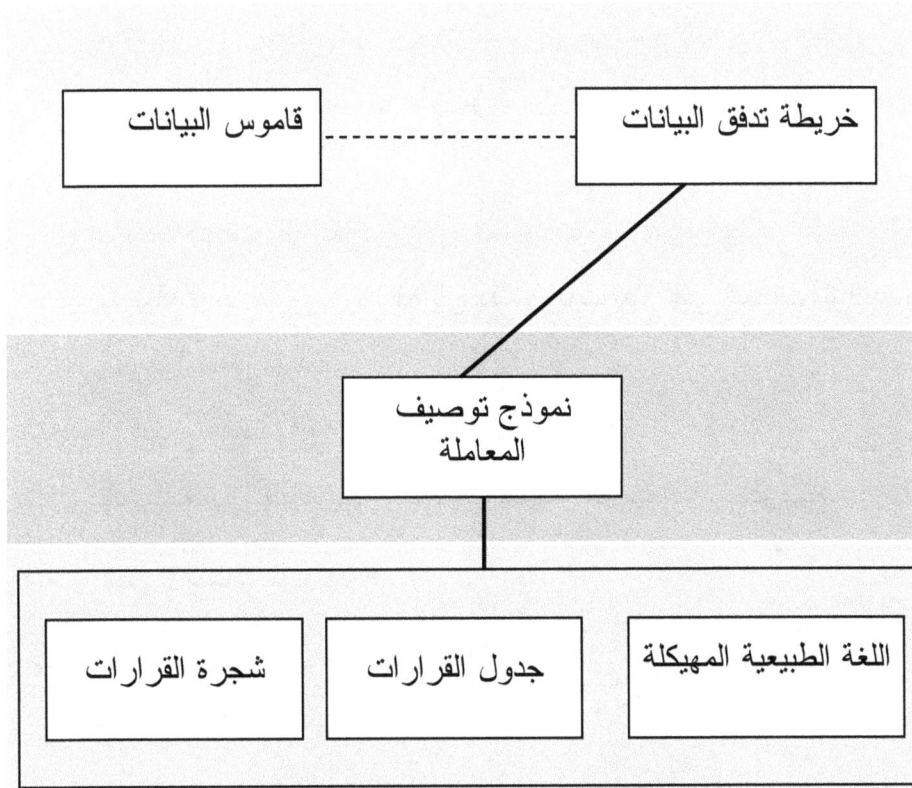

شكل1.16: صلة توصيف المعاملة بخريطة تدفق البيانات

✓ **مكوّنات نموذج توصيف المعاملات**

يحتوي نموذج توصيف المعاملة على البيانات التالية:

- رقم تعريفي للمعاملة. يجب أن يتطابق هذا الرقم مع الرقم التعريفي للمعاملة المرسومة في خريطة تدفق البيانات. يعطي هذا الترقيم محلل النظم الإمكانيات التالية:

  - العمل على المعاملة المرقمة،
  - مراجعة أي معاملة أخرى،
  - تحديد موقع أي معاملة في خريطة تدفق البيانات التي تحتويها.

- اسم المعاملة. يجب أن يتطابق هذا الاسم مع اسم معاملة مرسومة في خريطة تدفق البيانات.
- وصف وجيز لوظيفة المعاملة.
- قائمة تدفقات البيانات الواردة، وأخرى للبيانات الصادرة لهذه المعاملة، مع تحديد مسمياتها التي يجب أن تتطابق مع خريطة تدفق البيانات.
  إذا تواجدت قواعد حسابية أو منطقية، فوجب أن تتطابق مع التي سبق ذكرها في قاموس البيانات، وذلك لضمان الانسجام وحسن الاتصال.
- توضيح نوع المعاملة (يدوية، نظام دفعات، فورية). كل المعاملات الفورية تتطلب تصميم الشاشات. كما يجب أن يحدد لكل المعاملات اليدوية مجموعة الإجراءات التي يجب أن يتعهد الموظفون بإنجازها.
- إذا اتضح أن المعاملة قد كتب لها برنامج فرعي، فوجب تحديد تسمية هذا البرنامج الفرعي.
- وصف منطق المعاملة باستخدام اللغة النمطية (اللغة التي نتكلمها، وليس بالضرورة أن تكون لغة الخوارزميات). يوضح هذا الوصف القواعد التي تنجز على أساسها أعمال المؤسسة. تتمثل هذه القواعد في مجموعة الإجراءات، أو الشروط، أو القواعد الحسابية التي ترتكز عليها المؤسسة في إدارة أعمالها. من ضمن قواعد الأعمال نذكر ما يلي:

  - تعريف مصطلحات الأعمال،
  - الأفعال والشروط،

- ○ القيود الموضوعة على البيانات،

- ○ <u>المشتقات الرياضية ومشتقات الدوال،</u>

- ○ <u>الاستنتاجات المنطقية،</u>

- ○ <u>تسلسلات المعالجة،</u>

- ○ العلاقات بين مختلف حقائق الأعمال.

- إذا لم يتسع نموذج توصيف المعاملة إلى النص الكامل للغة الطبيعية المهيكلة، أو رسم جدول القرارات أو شجرة القرارات، فإنه وجب تخصيص وثيقة مستقلة لذلك، بشرط أن تكتب تسمية هذه الوثيقة في النموذج.

- تدوين ما لم يستطع محلل النظم فهمه أو إيجاد حل له. يجب على المحلل أن يرجع في وقت لاحق لحل هذه المشاكل عن طريق المقابلات أو غيرها من الوسائل الأخرى للحصول على مزيد من المعلومات.

نموذج توصيف معاملة

الرقم التعريفي
_____

التسمية
_____

الوصف
_____

_____

تدفق البيانات الواردة

تدفق البيانات الصادرة

نوع المعاملة

☐ فورية   ☐ نظام دفعات   ☐ يدوية

اسم البرنامج الفرعي:

منطق المعاملة:

(في حالة عدم وجود مكان كافي لمنطق المعاملة، اذكر اسم وثيقة وسيلة القرار ونوع الوسيلة)

اسم وسيلة القرار
_____

☐ لغة طبيعية مهيكلة   ☐ جدول قرارات   ☐ شجرة قرارات

مشاكل غير مفهومة في طور الدراسة:

_____

_____

شكل2.15   : نموذج توصيف معاملة

17 تنظيم متطلبات منطق النظام

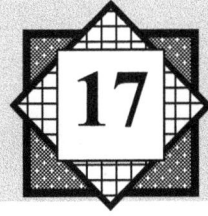

يهدف هذا الفصل إلى التعرف على:

- نمذجة المنطق ووظيفتها،
- نمذجة منطق النظام،
- نمذجة المنطق بواسطة اللغة الطبيعية المهيكلة،
- نمذجة المنطق بواسطة شجرة القرارات،
- نمذجة المنطق بواسطة جدول القرارات وكيفية اختصاره،
- دراسة تحليلية ومقارنة لمختلف وسائل نمذجة المنطق.

تمهيد

لقد تعرّفنا إثر دراستنا لهيكلة متطلبات عمليات النظام على معاملات تتولى تنفيذ بعض الأعمال المهمة والتابعة للنظام. لكننا لم نتطرق آنذاك إلى الأساليب المنطقية لتنفيذ هذه المعاملات. لاحظنا كذلك أن خرائط تدفق البيانات تفتقد إلى توضيح المنطق الذي يطبق داخل المعاملات نفسها، مما يولّد أسئلة كثيرة يصعب الإجابة عنها بالاقتصار على الخرائط التي درسناها سابقا.

لذلك، وجب البحث عن طريقة لحل هذه المشاكل والإجابة عن الأسئلة التي يمكن أن يطرحها القارئ، والتي نخص من أهمها السؤالين التاليين:

- ماذا يحدث داخل المعاملات نفسها ؟
- كيف تحوّل البيانات الواردة إلى معلومات صادرة ؟

الجدير بالذكر أن خرائط تدفق البيانات لم تصمم في الحقيقة لتظهر التفاصيل المنطقية للمعاملة، لذلك وجب على محلل النظم نمذجة منطق المعاملة باستخدام تقنيات أخرى. نتطرق في هذا الفصل إلى عرض هذه التقنيات التي أعدت لنمذجة منطق قرار المعاملات، والتي يمكن حصرها في الأدوات التالية:

- اللغة الطبيعية المهيكلة،
- جداول القرارات،
- شجرات القرارات

وبذلك يأتي عملنا هذا متمما لما تعلمناه عن تنظيم متطلبات النظام، الذي تبلور حول إعداد مختلف خرائط التدفق وخرائط تدفق البيانات، مما يخوّلنا أن نتطرق إلى مرحلة ثانية من مراحل تحليل النظام والمتمثلة في هيكلة متطلبات منطق النظام (شكل 1.15).

لكننا لم نقتصر على هذا فقط، فلقد مضينا قدما في دراستنا لتشمل مرحلة مهمة ارتكزت بداية أسسها على السؤالين التاليين الذين طرحناهما على أنفسنا:

- متى بالإمكان استخدام تقنية معينة من التقنيات الثلاثة لنمذجة منطق قرار المعاملات عوضا عن الأخرى؟
- كيف يمكننا التأكد من أننا اخترنا التقنية المناسبة؟

للإجابة على هذين السؤالين، وأسئلة أخرى متشابهة، وجدنا أنه لا مناص لنا من إجراء دراسة تحليلية معمقة، تشمل اللغة الطبيعية المهيكلة، وجداول القرارات، وشجرات القرارات، وتختصّ بإجراء مقارنة متطوّرة بينها.

نتطرق الآن إلى مسألة مهمة جدا، سوف تيسر لنا سبل الوصول إلى أدوات نمذجة المنطق.

نمذجة المنطق

لقد رأينا سابقا كيف يجمع محلل النظم متطلبات نظام المعلومات، ويتولى فيما بعد هيكلة هذا النظام في شكل خرائط تدفق بيانات، التي تتولى نمذجة تدفق البيانات الواردة إلى النظام والصادرة منه.

تكمن المشكلة في أن خرائط تدفق البيانات رغم أنها تندرج ضمن التقنيات المتطورة، إلا أنها لا تعتبر وسيلة فعالة ومناسبة لنمذجة نظام المعلومات بأكمله. فرغم تواجد مستويات مختلفة لخرائط تدفق البيانات (الخريطة البيئية والخريطة الصفر والخرائط الخالفة)، ورغم تقسيم الخريطة الصفر إلى خرائط خالفة،

والوصول إلى تفاصيل دقيقة حول معاملاتها، فإن مسمّيات هذه المعاملات في حد ذاتها غير مؤهلة للتعبير بطريقة جيدة لا عن وظيفة المعاملة نفسها، ولا عن كيفية أداء هذه الوظيفة. لهذه الأسباب، وجب السعي إلى فهم المنطق الذي تحتويه رموز المعاملات في خرائط تدفق البيانات باستخدام تقنيات نمذجة متطورة.

وظيفة نمذجة المنطق

تتمثل وظيفة نمذجة المنطق في الآتي:

- توضيح البنية الداخلية للمعاملات التابعة لخريطة تدفق البيانات،
- تفسير الوظائف الداخلية لهذه المعاملات.

إن بنية معاملات النظام ووظائفها يعتبران العناصر المفتاحية لأي نظام معلومات. يجب على كل المعاملات أن توصف وصفا دقيقا قبل الشروع في ترجمتها برمجيا باستخدام إحدى لغات البرمجة.

نتطرق في هذا الفصل إلى مختلف التقنيات التي يمكننا استخدامها في مرحلة التحليل لنمذجة المنطق الداخلي للمعاملات، ونعني بذلك نمذجة عملية تحول البيانات إلى معلومات وقرارات.

نمذجة منطق النظام

يعتبر تنظيم متطلبات النظام مرحلة من مراحل تحليل النظام الرئيسية. كما تعتبر نمذجة منطق النظام جزءا من تنظيم متطلبات النظام. سوف نركّز في هذه المرحلة على:

- المعاملات المتواجدة في خريطة تدفق البيانات،
- المنطق المتضمن داخل كل معاملة.

كما يمكن استخدام نمذجة المنطق لتحديد انبثاق المعاملات في خريطة تدفق البيانات، مثلا متى تقتطف معاملة بيانات من مخزن بيانات.

❖ نمذجة المنطق بواسطة اللغة الطبيعية المهيكلة.

لحد علمنا، فإن أغلبية الكتب العربية تطرقت قبلنا إلى الإنجليزية المهيكلة، والتي هي صيغة مصغرة من اللغة الإنجليزية النمطية، واستخدمتها هذه الكتب كإحدى وسائل اتخاذ القرارات. أما من وجهة نظرنا، فإنه لا مانع لدينا من التطرق إلى العربية المهيكلة أو ما سنسميه باللغة الطبيعية المهيكلة.

وتشبه اللغة الطبيعية المهيكلة الخوارزميات اللغوية التي تصمم لتوضيح خطة حل المسألة قبل الشروع في كتابة البرنامج لها. تستخدم اللغة الطبيعية المهيكلة في إحدى الحالات التالية، حيث يمكن أن تحتوي المعاملة المنطقية على:

- قواعد حسابية،
- دورات تكرارية،
- قرارات هيكلية غير معقدة.

تتكوّن اللغة الطبيعية المهيكلة من التراكيب التالية:

- جمل تتابعية،
- جمل شرطية،
- جمل تكرارية.

✓ **مثال لاستخدام اللغة الطبيعية المهيكلة**

نفترض المثال التالي لاستخدام اللغة الطبيعية المهيكلة لمعاملة حساب المعدل الفصلي لطالب بالكلية، ومن ثم إيجاد التقدير المناسب. نفترض أن المعدل الفصلي يحسب كالآتي:

$$Average = \frac{\sum_{i=1}^{n} average_i}{n}$$

حيث $average_i$ المعدل الفصلي في المقرر i.

كما نفترض أن توزيع التقدير المكافئ للمعدل الفصلي يخضع للقانون الموضح في الجدول التالي:

90<average≤100	80<average≤90	70<average≤80	60<average≤70	أقل من 60	المعدل الفصلي
أ	ب	ج	د	هـ	التقدير

الشكل 1.17: جدول توزيع التقدير المكافئ للمعدل الفصلي

اللغة الطبيعية المهيكلة لهذا المثال، موضحة في الشكل 2.17.

n=0

افتح قاعدة بيانات طالب

"ادخل رقم الطالب" **تسلم** رقم.

افعل مادام رقم = رقم طالب

مجموع = مجموع + درجة مقرر

n=n+1

نهاية افعل

$$معدل = \frac{مجموع}{n}$$

بداية حالة

إذا معدل $\geq$ 60

تقدير = "هـ"

إذا 60>معدل $\geq$ 70

تقدير = "د"

إذا 70>معدل $\geq$ 80

تقدير = "ج"

إذا 80>معدل $\geq$ 90

تقدير = "ب"

إذا 90>معدل $\geq$ 100

تقدير = "أ"

نهاية حالة

إعادة كتابة سجل طالب

اطبع نتيجة طالب

شكل 2.17: اللغة الطبيعية المهيكلة لمعاملة حساب المعدل الفصلي لطالب بالكلية

ملاحظة

✧ إذا تم استخدام مفردات قاموس البيانات ضمن مكوّنات اللغة الطبيعية المهيكلة، فإنه وجب تسطيرها حتى تدخل ضمن مجموعة الكلمات المحجوزة.

نقصد بالكلمات المحجوزة هنا، الكلمات المعرفة مسبقا في قاموس البيانات، والتي لا يقبل تعريفها من طرف المستخدم، أو استخدامها لأغراض أخرى تختلف عن الوظائف التي خصصت لها.

❖ تعتبر اللغة الطبيعية المهيكلة لغة اتصال فعالة بين موظفي المؤسسة، حيث تمكنهم من التعبير عـن أفكارهم وتوصيلها بسهولة ووضوح إلى المعنيين بالأمر.

❖ نمذجة المنطق بواسطة جدول القرارات.

نقصد بالقرار الوصول إلى تحديد اختيار معين بين عدة بدائل بقصد تحقيـق هـدف أو مجموعـة مـن الأهداف. ويندرج جدول القرارات تحت هذا اللواء، حيث يعتبر وسيلة يهدف إلى مساعدة محلل النظم على فهم المشكلة، ودراسة أبعادها، وبالتالي الوصول إلى اتخاذ القرار الصحيح.

يستخدم جدول القرارات عند توفر مجموعة من الشروط، يترتب عليها اتخاذ قرار معين، بالارتكاز علـى قواعد القرارات، ومجموعة من الإجراءات، والأفعال المتبعة عند تحقق الـشرط. لـذلك، فـإن جـدول القرارات ينقسم إلى أربعة أجزاء رئيسية، كما هو مبين في الشكل 3.17.

عبارات الشروط	الحالات الممكنة
وهي مجموعة الشروط المناسبة (يجاب عنها بنعم أو لا) تستنبط من نص المسألة.	(يوجد لكل شرط الحالة "نعم" أو الحالة "لا"). إذا كان n هو عدد الشروط فان عدد الحالات الممكنة هو 2^n.
عبارات الأفعال	القرارات
هي مجموعة الأفعال التي يجب اتخاذها عند توفر الشروط المختارة الصحيحة.	هي التي يجب اتخاذها حسب الشروط الموضوعة : وهي مجموعة القواعد التي يجب اتباعها، والتي تتولى الإعلان عن القيم التي يتم تطبيقها لشرط معين .

الشكل 3.17: الهيكل العام لجدول القرارات.

✓ **خوارزمية تصميم جدول القرارات.**

نخلص خطوات خوارزمية تصميم جدول القرارات في الشكل 4.17.

ملاحظة

يمكن أن نستعين بجدول تحويل الأرقام من النظام العشري إلى ما يوازيها في النظام الثنائي، لتعبئة خانات الحالات الممكنة في جدول القرارات. إذا استبدلنا في هذا الجزء الأول من جدول تحويل الأرقام من النظام العشري إلى النظام الثنائي 0 بـ "نعم" و "1" بـ "لا"، فإننا نتحصل على الجزء الثاني لجدول القرارات المكافئ للجزء الأول. يوضح الشكل 5.17 هذه النتيجة.

رقم الخطوة	العملية
1	تحدد كل الشروط المتوفرة في اتخاذ القرار. يوجد لكل شرط قيمة منطقية (نعم أو لا).
2	تحدد كل الأفعال المرتبطة بالشروط.
3	يحسب العدد الممكن من الاحتمالات P لمجموعة الشروط n، حيث $P=2^n$.
4	تملأ إجابات الشروط حسب كل حالة محتملة، وتملأ إجابات اتخاذ القرارات حسب توافق مجموعة الشروط في كل حالة محتملة.
5	تفحص الجداول لإزالة الزيادة غير الضرورية في الحالات المحتملة، أو الحالات التي تحدث تعارضا منطقيا.

شكل 4.17: خوارزمية تصميم جدول القرارات

الجزء المكافئ للحالات الممكنة في جدول القرارات					2^3	2^2	2^1	2^0	الرقم في النظام العشري
					الرقم في النظام الثنائي				
نعم	نعم	نعم	نعم		0	0	0	0	0
نعم	نعم	نعم	لا		0	0	0	1	1
نعم	نعم	لا	نعم		0	0	1	0	2
نعم	نعم	لا	لا		0	0	1	1	3
نعم	لا	نعم	نعم		0	1	0	0	4
نعم	لا	نعم	لا		0	1	0	1	5
نعم	لا	لا	نعم		0	1	1	0	6
نعم	لا	لا	لا		0	1	1	1	7
لا	نعم	نعم	نعم		1	0	0	0	8

شكل 5.17 : جدول التحويل من النظام العشري إلى النظام الثنائي وصلته بجدول القرارات

يمثل عمود الجزء المكافئ صفا من صفوف الحالات الممكنة. لتوضيح هذا الاستخدام، نسوق المثال التالي:

أمثلة عن جدول القرارات.

مسألة 1 : الطقس.

صمم جدول القرارات للمسألة التالية :

▫ إذا كان الجو باردا نأخذ معطفا،

▫ إذا كان الجو ممطرا نأخذ مظلة

▫ بخلاف ذلك (لا ممطرا ولا باردا)، لا نأخذ شيئا.

الحل

1-عبارات الشروط : – الجو بارد   – الجو ممطر

2-تحديد الأفعال : – نأخذ معطفا   – نأخذ مظلة

3- الاحتمالات : يحتوي المثال على شرطين (n=2) ولذلك فإن عدد الاحتمالات الممكنة (P) لمجموعــة الشروط تساوي : $2^2 = 4$.

بالارتكاز على هذه المعطيات نرسم جدول القرارات التالي:

الرقم في النظام العشري	2^0	2^1	2^2	2^3		الجزء المكافئ للحالات الممكنة في جدول القرارات			
	الرقم في النظام الثنائي								
0	0	0	0	0	P=4	نعم	نعم	نعم	نعم
1	1	0	0	0		لا	نعم	نعم	نعم
2	0	1	0	0		نعم	لا	نعم	نعم
3	1	1	0	0		لا	لا	نعم	نعم

$n=2$

شكل 6.17 : فكرة تطبيق الجزء المكافئ للحالات الممكنة في جدول القرارات

لو قلبنا العمودين التي يحيط بهما مستطيل متقطع، وجعلناهما صفين، فإننا نتحصل على الصقين التاليين:

نعم	لا	نعم	لا
نعم	نعم	لا	لا

يمثل هذا الجدول جزء الحالات الممكنة لمسألة الطقس. يبين الشكل 7.17 جدول القرارات لمسألة الطقس.

الشروط	**الحالات الممكنة**			
	1	**2**	**3**	**4**
الجو بارد ؟	نعم	لا	نعم	لا
الجو ممطر ؟	نعم	نعم	لا	لا
نأخذ معطفا	✓	-	✓	-
نأخذ مظلة	✓	✓	-	-
لا نأخذ شيئا	-	-	-	✓

الشكل7.17 : جدول القرارات لمسألة الطقس.

مسألة 2 : الامتحانات.

صمم جدول القرارات للمسألة التالية :

- إذا تأخر الطالب عن الامتحان النهائي بأكثر من ربع ساعة بدون عذر شرعي، فإنه يحرم من الدخول إلى الامتحان، وليس له الحق في إجراء الامتحان لاحقا (يعني هذا أنه راسب).
- إذا تأخر الطالب عن الامتحان النهائي بأكثر من ربع ساعة بعذر شرعي، فإنه يحرم من الدخول إلى الامتحان، ولكن له الحق في إعادة الامتحان لاحقا.

الحل :

1- عبارات الشروط : - تأخر الطالب عن الامتحان - التأخير بعذر شرعي

2- تحديد الأفعال : - يحرم الطالب من إجراء الامتحان - يمكن له إجراء الامتحان لاحقا

3- الاحتمالات : يحتوي المثال على شرطين (2) ولذلك فإن عدد الاحتمالات الممكنة (P) لمجموعة الشروط n تساوي : $2^2 = 4$.

- يمثل الشكل 8.17 جدول القرارات لمسألة الامتحانات.

الشروط	الحالات الممكنة			
	1	2	3	4
تأخر الطالب عن الامتحان	نعم	لا	نعم	لا
التأخير بعذر شرعي	نعم	نعم	لا	لا
يجري الطالب الامتحان لاحقا	✓	-	-	-
يحرم الطالب من إجراء الامتحان لاحقا	-	-	✓	-

الشكل 8.17 جدول القرارات لمسألة الامتحانات.

اختصار جدول القرارات

يتضح من الشكل 8.17 أن العمودين 2 و4 يحملان "لا" في أولهما وهذا يعني أن الطالب لم يتـأخر عـن الامتحان، ولذلك يهمل جواب الشرط الثاني في عملية اتخاذ القرارات. نتيجة لـذلك، يختـصر الجـدول ليصبح كما هو مبين في الشكل 9.17.

	الحالات الممكنة		الشروط
3	2	1	
لا	نعم	نعم	تأخر الطالب عن الامتحان
-	لا	نعم	التأخير بعذر شرعي
-	-	✓	يجري الطالب الامتحان لاحقا
-	✓	-	يحرم الطالب من إجراء الامتحان لاحقا

الشكل 9.17 : جدول القرارات المبسط لمسألة الامتحانات.

❖ **نمذجة المنطق بواسطة شجرة القرارات.**

تعتبر شجرة القرارات وسيلة يستخدمها محلل النظم في عملية التحليل، وفهم المسألة المطروحـة بـشكل مبسّط. كما تعتبر شجرة القرارات تمثيلا تخطيطيا لعملية اتخاذ القرارات، وتتكوّن من جذر يرمز إلى بداية عملية التحليل، وفروع وسطى تمثّل الشروط الموجودة، وفروع نهائية (ورقات) تمثّل القرارات التي يجب أن تتخذ. يبين الشكل 10.17 البنية العامة لشجرة القرارات.

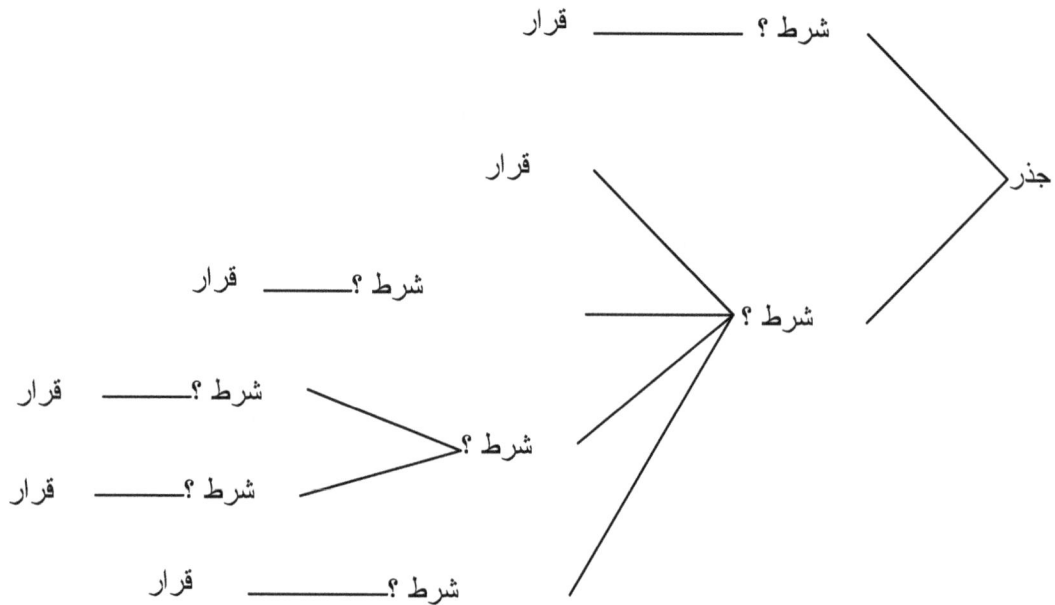

الشكل10.17 : الهيكل العام لشجرة القرارات.

مثال : مسألة السكن والنقل.

معطيات المسألة: نفترض أن المنح توزّع على طلاب كليات التقنية حسب المقاييس التالية:

- إذا كان مكان السكن يبعد عن الكلية مسافة تقل عن 60 كم، يتسلم الطالب 500 ريال والطالبـة 400 ريالا.

- إذا كان مكان السكن يبعد عن الكلية مسافة تفوق أو تساوي 60 كم وتقل عـن 100 كـم، يتسلم الطالب أو الطالبة 600 ريالا.

- إذا كان مكان السكن يبعد عن الكلية مسافة تفوق أو تساوي 100 كم، يتسلم الطالب 800 ريـالا والطالبة 700 ريالا. يمثل الشكل 11.17 شجرة القرارات لهذه المسألة.

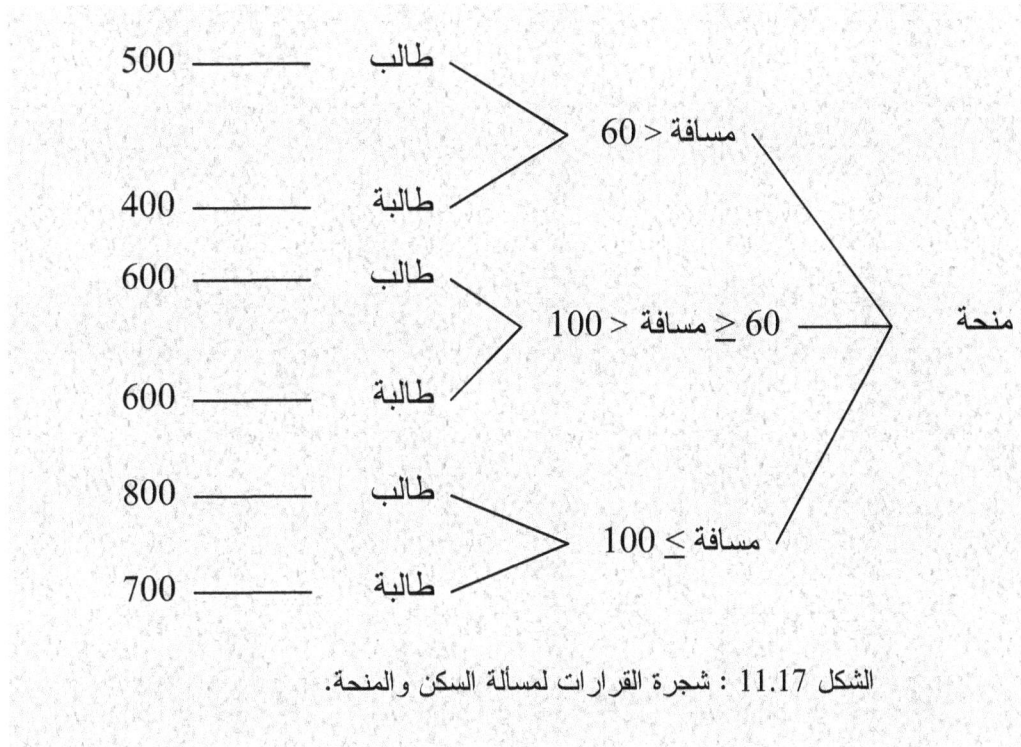

الشكل 11.17 : شجرة القرارات لمسألة السكن والمنحة.

دراسة تحليلية ومقارنة لوسائل نمذجة المنطق

لقد تعرفنا على ثلاث وسائل لنمذجة المنطق وأخذ القرارات. يلجأ المستخدم بصفة عامة إلى اختيار إحدى الوسائل التي يعرفها جيدا لحل مشاكله. لكن هذا لا يكفي، فقد تتواجد مسائل مختلفــة، ترافقهــا ظــروف محددة، ووجب استخدام إحدى الوسائل التي تعتبر الأفضل. لذلك، يمكن طرح السؤالين التاليين:

- متى يفضل اختيار وسيلة معينة من هذه الوسائل الثلاثة ؟

- ما هي الوسيلة التي تستجيب الأفضل في ظل توفر حالات معينة؟

للإجابة على هذين السؤالين وغيرها من الأسئلة الأخرى التي يمكن أن تتبادر إلى الذهن، فقد قمنا بدراسة تحليلية للثلاث وسائل التي استخدمناها سابقا. نسوق إليكم ثمار هذه الدراسة التي بوبناها بطريقــة يــسهل استعابها.

➤ مقارنة بين جداول القرارات وشجرة القرارات.

إذا قارنا شجرة القرارات وجدول القرارات ببعضهما البعض، فإننا نلاحظ أن شجرة القرارات تمتاز على جدول القرارات ببعض الإيجابيات التي نلخص أهمها في النقاط التالية:

○ تمتاز شجرة القرارات بهيكل أغصانها التتابعي، حيث أن نظام وضع الشروط والإجابة عنها مباشرة واضح جدا.

○ في شجرة القرارات، تتواجد الشروط والأفعال في بعض الأغصان، ولكنها غائبة في بقية الأغصان الأخرى غير المرتبطة بها، بخلاف جدول القرارات حيث تناقش الأفعال لكل الحالات المبسوطة. يعني هذا أنه ليس بالضرورة أن تكون شجرة القرارات <u>متماثلة</u>.

○ تعتبر شجرة القرارات سهلة الفهم وأكثر وضوحا من جدول القرارات، ولذلك فإنها تعتبر وسيلة اتصال فعالة بين موظفي المؤسسة.

بالإضافة إلى هذه المقارنة، فقد أجرت بعض الأبحاث مقارنات بين شجرات القرارات وجداول القرارات أدت إلى نتائج مهمة نلخصها في الشكل 12.17، ونفسرها الآن بإسهاب:

○ يرى خبراء التحليل والتصميم أن جداول القرارات تعتبر الأفضل على مستوى <u>تصوير المنطق المعقد</u>، بينما تعتبر شجرة القرارات الأفضل لعرض المشاكل البسيطة.

○ يعتبر بعض الباحثين أن شجرة القرارات تعتبر الأفضل على مستوى توجيه صانعي القرارات في ميدان التطبيق.

○ يرى بعض الباحثين أن جداول القرارات تعتبر الأفضل لأنها أكثر <u>تراصا</u> من شجرات القرارات وأسهل منها على مستوى <u>المعالجة اليدوية</u>.

○ إذا اقتضت الضرورة إدماج شروط إضافية إلى مسألة معينة، فإن جداول القرارات تعتبر الأفضل في <u>التكيّف</u> مع الشروط، والأفعال، والقواعد التي تمت إضافتها إلى المسألة.

○ إذا ازداد حجم جدول القرارات، فإنه يمكن تجزئته إلى جداول قرارات فرعية دون الحاجة الضرورية إلى إدماج رموز الربط بينها، مثلما يحدث مثلا في خرائط سير العمليات.

○ إذا ظهرت ضرورة ماسة إلى إنشاء ومتابعة جداول قرارات معقدة، فإنه يمكن الاستعانة بالبرمجيات الحاسوبية المختصة.

المعايير	جداول القرارات	شجرات القرارات
تصوير منطق معقد	أفضل	أسيء
تصوير مشاكل سهلة	أسيء	أفضل
صنع القرارات	أسيء	أفضل
متراصة أكثر	أفضل	أسيء
معالجة يدوية سهلة	أفضل	أسيء

شكل 12.17: مقارنة بين جداول القرارات وشجرات القرات

➢ **سبل الخيار بين اللغة الطبيعية المهيكلة وجداول القرارات وشجرة القرارات.**

لعل السؤال الذي يتبادر إلى ذهن القارئ هو:

○ متى وعلى أي أساس يمكنه أن يختار بين وسائل القرارات الثلاثة المطروحة سابقا ؟

○ ما هي الوسيلة التي تعتبر الأفضل، وتتماشى أكثر من غيرها في بسط بعض المسائل؟

نلخص الإجابة عن هذه التساؤلات في الشكل 13.17.

وسيلة القرار	ظروف الاستخدام	
	إمّا	أو
اللغة الطبيعية المهيكلة	تتواجد عدة أفعال متكررة،	عملية الاتصال بالمستخدمين ضرورية جدا.
جدول القرارات	يتواجد خليط معقد من الشروط والأفعال والقواعد.	يتطلب الأمر إيجاد وسيلة فعالة لتفادي الحالات غير الممكنة، والزيادات غير الضرورية، والتعارضات غير المنطقية.
شجرة القرارات	تسلسل الشروط والأفعال مهم جدا.	ليس بالضرورة أن يرتبط كل شرط بكل فعل.

شكل 13.17: ظروف استخدام أنواع وسائل القرارات

بالإضافة إلى هذه المقارنة، أردنا أن نمضي قدما في دراستنا التحليلية المتمثلة في مقارنة جداول القرارات وشجرات القرارات واللغة الطبيعية المهيكلة. لهذا الغرض، ارتكزنا على حدثين رئيسيين، ثم قارننا تفاعل الوسائل الثلاثة مع هذين الحدثين التاليين:

- تحديد الشروط والأفعال (الحدث الأول)،
- تحويل الشروط والأفعال إلى <u>جمل تتابعية</u> (الحدث الثاني)

نتطرق الآن بالتفصيل إلى نتائج المقارنات، ونلخصها فيما بعد في الشكل 14.17.

✓ تفاعل وسائل القرارات الثلاثة مع الحدث الأول

يختص الحدث الأول بإيجاد الشروط والأفعال الصحيحة، انطلاقا من وصف المسألة. هذا ما يحدث عادة عندما ينهي محلل النظم مقابلة مع أحد مستخدمي النظام.

لقد أثبتت الدراسة التي أجريت على مختلف وسائل القرارات الثلاثة، أن شجرات القرارات تعتبر أفضل التقنيات التي تحقق هذا العمل لأنها بطبيعتها تفرّق بين الشروط والأفعال، مما يجعل منطق قوانين اتخاذ القرار أكثر وضوحا.

الجدير بالذكر أن اللغة الطبيعية المهيكلة تتشارك مع شجرات القرارات في هذه الإيجابية، رغم أنها لا تعزل الشروط والأفعال، ولذلك فإنها تحتل المرتبة الثانية بعدها. تأتي جداول القرارات في المرتبة الأخيرة فيما يخص هذا الحدث الأول.

✓ تفاعل وسائل القرارات الثلاثة مع الحدث الثاني

يختص الحدث الثاني في تحويل الشروط والأفعال إلى <u>جمل تتابعية</u> مثل ما يفعله محلل النظم عندما يحول الشروط والأفعال إلى جمل متسلسلة متتابعة، خاصة عند تصميم الخوارزميات أو استخدام لغات البرمجة.

تعتبر اللغة الطبيعية المهيكلة أفضل تقنية لهذا الحدث، ويرجع سبب ذلك، أنها مكتوبة في حد ذاتها تتابعيا وتسلسليا. لكن هناك بعض الباحثين الذي يرون أن شجرة القرارات باستطاعتها امتلاك هذه الإيجابية التي تتمتع بها اللغة الطبيعية المهيكلة. في هذا المضمار، تأتي جداول القرارات في المرتبة الأخيرة.

لكن رغم ذلك، فإن شجرة القرارات وجداول القرارات يشتركان في إيجابية لا تتوفر في اللغة الطبيعية المهيكلة، ذلك أنه بالإمكان (كما رأينا سابقا) تبسيط جداول القرارات وحذف كل الأفعال غير المنطقية، كما

أنه بالإمكان فحص الجدول على مستوى الكمالية ونسبة الإسهاب. يمكن تطبيق نفس هذه الإجراءات على شجرة القرارات. أما اللغة الطبيعية المهيكلة، فإنها تفتقر إلى مثل هذه الوسائل مما يجعل جداول القرارات وشجرات القرارات متفوقين عليها في هذا المضمار.

المعايير	اللغة الطبيعية المهيكلة	جداول القرارات	شجرة القرارات
تحديد الشروط والأفعال	أفضل (مرتبة ثانية)	أفضل (مرتبة ثالثة)	أفضل
تحويل الشروط والأفعال إلى جمل متتابعة	أفضل	أفضل (مرتبة ثالثة)	أفضل
اختبار الاتساق والكمال	أفضل (مرتبة ثالثة)	أفضل	أفضل

شكل 14.17: مقارنة بين أنواع وسائل القرارات

تمارين

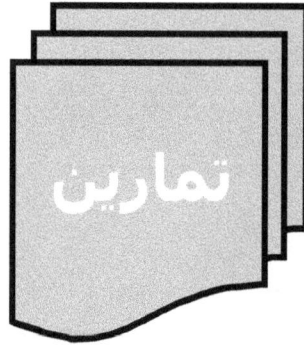

1. يتم إيجاد جذور معادلة من الدرجة الثانية في مجموعة الأعداد الحقيقية $\Re$ ، من نوع $ax^2 + bx + c = 0$ حيث $a, b, c \in \Re$ و $a \neq 0$ باستخدام المميز، حسب الطريقة التالية:

يحسب المميز Δ كالآتي:

$\Delta = b^2 - 4ac$. إثر ذلك نتفحص الحالات التالية:

- إذا $\Delta > 0$ (المميز موجب) فإن للمعادلة جذران مختلفان ويحسبان كالآتي:

$$x_1 = \frac{-b - \sqrt{\Delta}}{2a}$$
$$x_2 = \frac{-b + \sqrt{\Delta}}{2a}$$

ولذلك فإن مجموعة الحلول هي $S = \{x_1, x_2\}$

- إذا $\Delta = 0$ فللمعادلة جذر مضاعف ويحسب حسب القاعدة التالية:

$$x_1 = x_2 = -\frac{b}{2a}$$

ولذلك فإن مجموعة الحلول هي $S = \left\{ -\frac{b}{2a} \right\}$

إذا $\Delta < 0$ (المميز سالب)، فليس للمعادلة حل في مجموعة الأعداد الحقيقية $\Re$ ولذلك فإن مجموعة الحلول هي $S = \phi$.

نلخص الآن المناقشة السابقة:

المعادلة: $ax^2 + bx + c = 0$ **حيث:**

$a, b, c \in \Re$ و $a \neq 0$

المميز: $\Delta = b^2 - 4ac$

قيمة المميز	قيمة الجذور	مجموعة حلول المعادلة في $\Re$
$\Delta < 0$	لا توجد جذور في $\Re$	$S = \phi$
$\Delta = 0$	$x_1 = x_2 = -\dfrac{b}{2a}$	$S = \left\{ -\dfrac{b}{2a} \right\}$
$\Delta > 0$	$x_1 = \dfrac{-b - \sqrt{\Delta}}{2a}$ $\quad$ $x_2 = \dfrac{-b + \sqrt{\Delta}}{2a}$	$S = \left\{ \dfrac{-b - \sqrt{\Delta}}{2a}, \dfrac{-b + \sqrt{\Delta}}{2a} \right\}$

شكل 15.17: طريقة إيجاد جذور معادلة تربيعية (درجة ثانية)

المطلوب

- صمم شجرة القرارات لهذه المسألة.

- صمم خريطة سير البرامج لهذه المسألة.

2. صمم خريطة حركة المعلومات لعملية قبولك بالكلية.

3. أ. تقدم حريف إلى مكتب الاستقبال بمؤسسة لبيع مواد البناء. تسلم منه موظف الاستقبال الطلبية، ثم استخدم جهاز الحاسب بمكتبه ليتعرف على وجود الطلبية. إذا تواجدت الطلبية كاملة يتسلم

الحريف كشف حساب، ثم يتوجه إلى المسؤول المالي ليدفع المبلغ المطلوب، ثم يتوجه بعد ذلـك إلى المخازن ليتسلم طلبيته. أما إذا اتضح أن بعض الأشياء غير متوفرة، فإنه بإمكان الحريف أن يجدد طلبيته من مكتب الاستقبال، للحصول عليها بعد أسبوع. إذا تحصل الحريف على حاجياتـه، فإنه يجب عليه أن يدفع نقدا. أما إذا أراد أن يدفع شيكا، فعليه الذهاب إلى مدير المبيعات للحصول على موافقته. إذا لم يوافق مدير المبيعات، تلغى الطلبية ولا يستطيع الحريف الحصول عليها.

ب. يجدر الذكر أن عملية دفع مبلغ كشف حساب يخضع للقاعدة التالية:

- إذا كان المبلغ أكثر من 500 ريال وأقل من 1000 ريال، فإنه يحق للحريف خصما قدره 2% من قيمة المبلغ الإجمالي.

- إذا تجاوز كشف حساب المبلغ 1000 ريال، فإنه يحق للحريف خصما قدره 5% من قيمة المبلغ الإجمالي.

المطلوب

أ. صمم شجرة القرارات لكل المسألة (أ و ب).

ب. صمم خريطة حركة البيانات للجزء أ من المسألة.

ج. صمم خريطة تحليل الإجراءات للجزء أ من المسألة.

18

مدخل في هيكلة متطلبات بيانات النظام

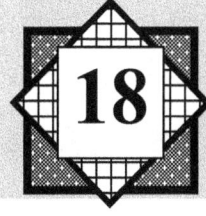

يهدف هذا الفصل إلى التعرف على:

- مفهوم البيانات،
- أهمية نمذجة البيانات في بيان متطلبات نظم المعلومات،
- مراحل إنشاء نموذج البيانات،
- النمذجة التصورية للبيانات،
- عملية النمذجة التصورية للبيانات،
- صادرات النمذجة التصورية للبيانات،
- تجميع المعلومات للنمذجة التصورية للبيانات،
- نمذجة البيانات بواسطة المنهجية النازلة،
- نمذجة البيانات بواسطة المنهجية الصاعدة.

تمهيد

لقد اطلعنا إلى حد الآن على كيفية نمذجة وتحليل تصورين رئيسيين لنظم المعلومات (شكل 1.18):

- تدفق البيانات بين الخطوات اليدوية أو الآلية (هيكلة متطلبات عمليات النظام)،
- منطق قرار معالجة البيانات (هيكلة متطلبات منطق النظام).

الجدير بالذكر أن هاتين التقنيتين لم تركزا على البيانات التي يجب الاحتفاظ بها لتأييد تدفق البيانات، والمعالجة التي تم وصفها.

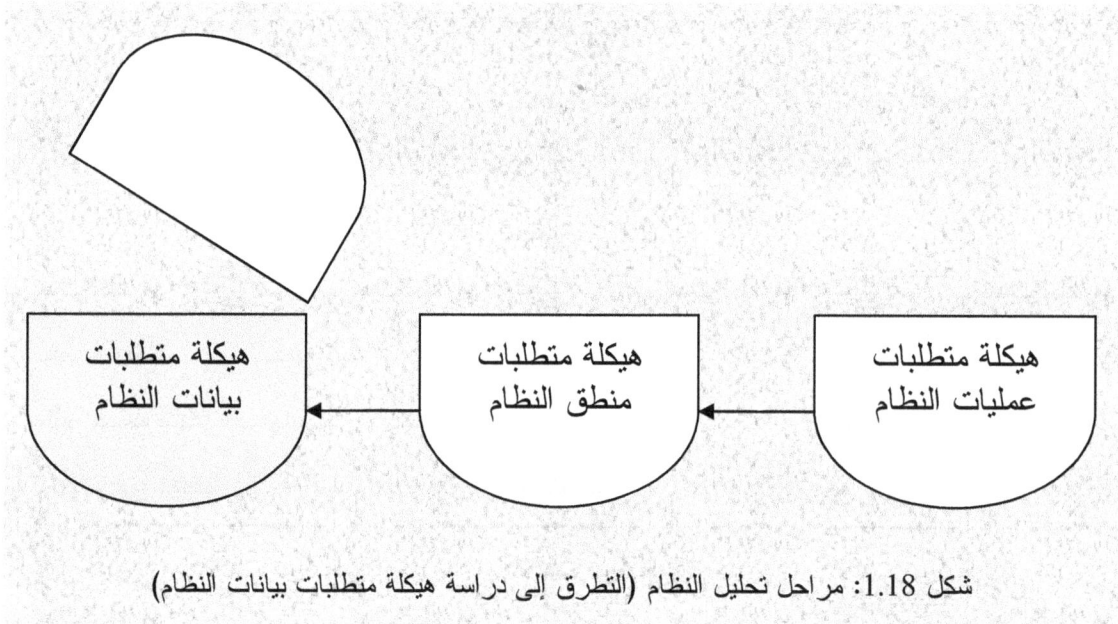

شكل 1.18: مراحل تحليل النظام (التطرق إلى دراسة هيكلة متطلبات بيانات النظام)

وحتى تتّضح الرؤيا أكثر، فلقد تعرفنا على كيفية عرض مخازن البيانات في خريطة تدفق البيانات، لكننا لم نظهر ولم نتطرق إلى الهيكل الطبيعي لهذه البيانات. كما أننا تعرّفنا على خرائط تدفق البيانات التي تستخدم تقنيات متعددة لمنطق المعالجة، وتظهر كيف وأين ومتى تستخدم البيانات أو تتغير في نظام المعلومات، ولكن هذه التقنيات تمتلك النقائص التالية:

- لا توضح تعريف البيانات،
- لا توضح هيكل البيانات،
- لا تفسّر العلاقات داخل هذه البيانات.

لذلك تأتي نمذجة البيانات لكي تتمّم هذه النقائص، وتدلي بمعلومات حيوية حول النظام. لكن قبل التوسع في نمذجة البيانات، رأينا أنه من الأفضل أن نسلّط الضوء على مفهوم البيانات.

✷ مفهوم البيانات

إنه من المهم جدا معرفة كيفية تواجد البيانات وطرق عرضها. لذلك سوف نتطرق إلى بعض المفاهيم التي توضح لنا فكرة البيانات انطلاقا من العالم الحقيقي، إلى أن نصل في الفصول اللاحقة إلى طريقة إدارتها وتخزينها.

سوف نرمز إلى العالم الحقيقي الذي تتواجد فيه البيانات بالحقيقة. إن البيانات المتجمّعة في الحقيقة حول البشر، والأماكن، ومختلف الأحداث، سوف تخزّن في الملفات وقواعد البيانات. وحتى يتسنى لنا وصف شكل البيانات وهيكلها، فإننا في حاجة إلى الحصول على معلومات حول البيانات نفسها. سوف نطلق على المعلومات التي تصف البيانات تسمية "المعلومات البيانية".

يفسر الشكل 2.18 مختلف العلاقات بين الحقيقة، والبيانات، والمعلومات البيانية. كما يبيّن الشكل فإن عالم الحقيقة يضمّ داخله الكينونات وصفاتها. تتواجد السجلات وعناصر البيانات في عالم البيانات نفسها. أما عالم المعلومات البيانية، فإنه يضمّ تعريفات السجلات بالإضافة إلى تعريفات عناصر البيانات. سوف نتعرّف في الفصل اللاحق على كل هذه المصطلحات.

❋ أهمية نمذجة البيانات في بيان متطلبات نظم المعلومات

إن كثيرا من محلّلي النظم يعتبرون أن نمذجة البيانات تمثّل أهم جزء في بيان متطلّبات نظم المعلومات. يرتكز هذا الاعتبار على الأسباب التالية:

- تعتبر البيانات المتحصّل عليها خلال نمذجة البيانات حيويّة، ومهمّة جدا لعملية تصميم قواعد البيانات، وللبرامج، وصحيفة الشاشات، والتقارير المطبوعة.

- تعتبر البيانات (وليس المعاملات) أصعب أشكال نظم المعلومات العصرية، ولذلك فإنها تتطلب دورا رئيسيا في هيكلة متطلبات النظام. تمتلك نظم معالجة المعاملات عدة معاملات معقدة لتصديق البيانات، وتصحيح الأخطاء، وتنسيق حركة البيانات تجاه مختلف قواعد البيانات. لقد ظلّت أغلبية أنواع هذه النظم متواجدة في معظم المؤسسات، لكن تركيز تطوير النظم الحالية موجّه أكثر نحو إدارة نظم المعلومات (مثل تعقب المبيعات)، نظم تأييد القرارات (الإستثمار النقدي قصير الأمد)، ونظم تأييد التنفيذ (مثل تخطيط الإنتاج). تتطلّب كل هذه النظم بيانات مركّزة، واستخراج البيانات من مخازن بيانات متنوعة.

تعتبر الطبيعة الحقيقية للمعالجة مخصصة لهدف معين أكثر من نظم معالجة المعاملات. لذلك، فإن تفاصيل خطوات المعالجة لا يمكنها أن تكون متوقعة. لذلك، يتمثّل الهدف في توفير مصدر ثري للبيانات الذي بإمكانه أن يتحمّل أي نوع من الاستعلام، أو التحليل، أو الإيجاز.

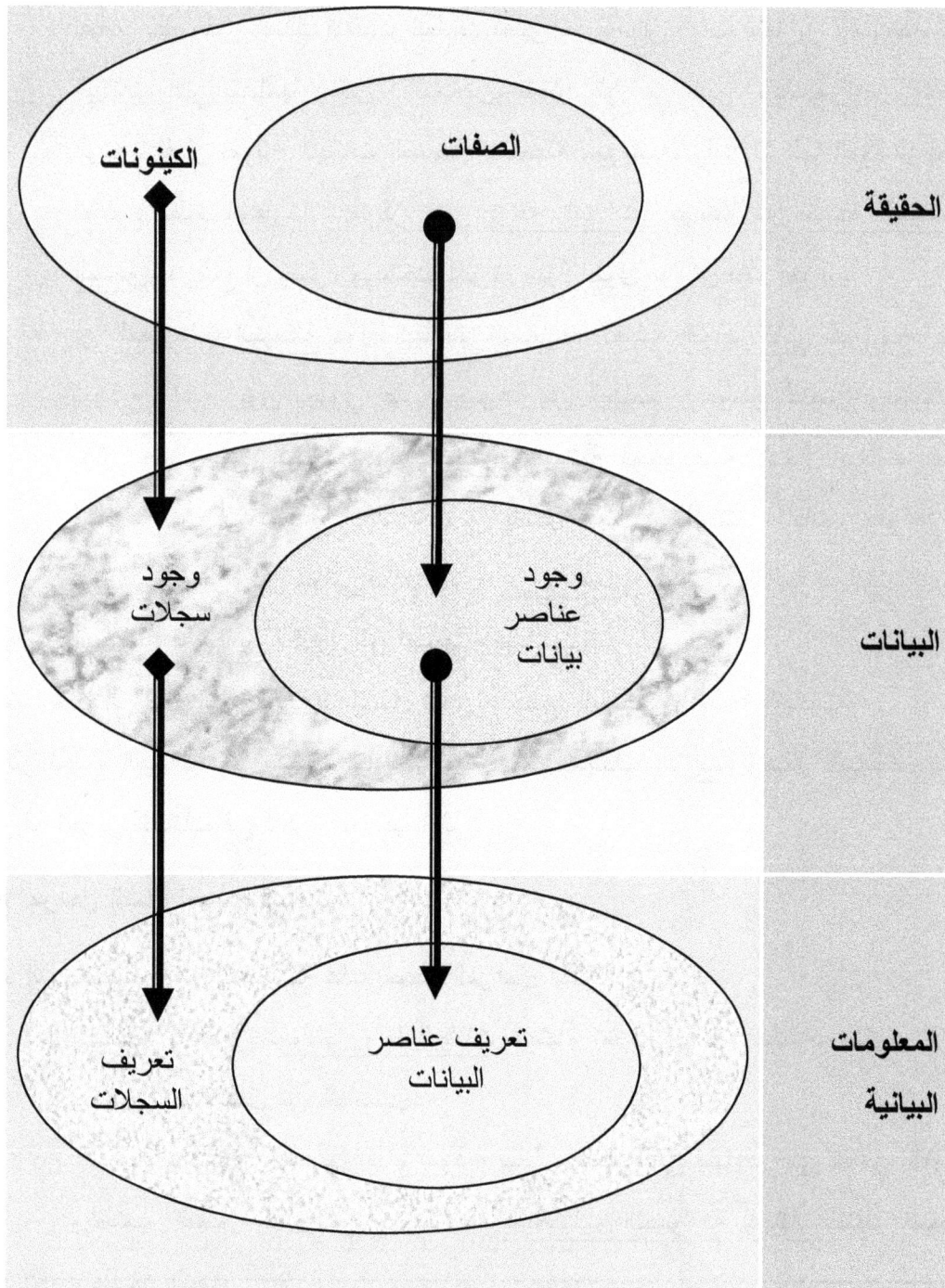

شكل2.18: مفهوم البيانات

- تعتبر خاصية البيانات (طول، شكل عام، العلاقات مع بيانات أخرى) دائمة إلى حدّ معقول. على نقيض ذلك، فإن مسالك تدفقات البيانات تعتبر حيويّة. إن بنيات التقارير واستخداماتها، وأنواع البيانات التي يتسلّمها بعض الأشخاص، تتغيّر إلى حد كبير، وباستمرار، وبشكل ثابت حسب الزمن. يفسّر نموذج البيانات الطبيعة المتأصلة للمؤسسة، وليس شكلها المؤقت العابر. لذلك، فإن تصميم نظام المعلومات مركّز على توجّه البيانات، عوضا عن توجّه المعاملات، أو توجّه المنطق، مرشح أن يعمّر، ويستخدم لفترة زمنية أطول من أي نظم أخرى.
- إن المعلومات المهيكلة حول البيانات مهمة جدا لعملية التوليد الآلي للبرنامج. فلو افترضنا أن نموذج طلبية زبون يحتوي على مجموعة من العناصر، عوض عنصر واحد، فإن ذلك سوف يؤثر حتما على التصميم الآلي لتخطيط الشاشة المخصصة لإدخال بيانات الطلبية. ولذلك، فبالرغم من أن نموذج البيانات يوثق بشكل محدد متطلبات الملفات، وقواعد البيانات لنظام معلومات معين، فإن معاني الأعمال، أو دراسة معاني الكلمات التابعة للبيانات المدمجة في نموذج البيانات، له التأثير الكبير على تصميم وإنشاء النظام.

تعتبر خرائط الكينونات والعلاقات الشكل العام والشائع، المستخدم لنمذجة البيانات.

تفسّر نماذج البيانات التي تستخدم خرائط الكينونات والعلاقات ميزات، وهيكل البيانات، بغضّ النظر عن طريقة تخزين البيانات في ذاكرة الحاسب الآلي.

✵ مراحل إنشاء نموذج البيانات

يتم إنشاء نموذج البيانات بصفة عامة حسب المراحل التالية:

- يستخدم المحللون نموذجا أوّليا للبيانات لإنشاء نموذج بيانات مكثفة، متكوّن من عدة أصناف بيانات مرفقة بقليل من التفاصيل.
- عند تحديد المشروع، يتم إنشاء نموذج بيانات معيّن لكي يساعد على تفسير الغرض من تحليل وتصميم النظم. يمثل نموذج البيانات المتطلبات التصوّرية للبيانات لنظام معين أثناء هيكلة متطلبات النظام.
- عند التوصيف الكامل للبيانات الصادرة والواردة في مرحلة التصميم المنطقي، تتم تنقية نموذج البيانات قبل ترجمته إلى صيغة منطقية (نموذج بيانات علاقي)، حيث يتم من خلاله تعريف قاعدة

البيانات، وتصميم قاعدة البيانات المادية. يمثّل نموذج البيانات أنواعا من قواعد الأعمال التي تدير خصائص البيانات. تعتبر قواعد الأعمال جملا هامة لسياسات الأعمال التي تقوّى بواسطة قاعدة البيانات، ونظام إدارة قاعدة البيانات الذي تم استخدامه مؤخرا للتطبيق، والذي هو في طور التصميم.

وهكذا نستخدم خرائط الكينونات والعلاقات في تطوير الكثير من مراحل مشاريع النظم. كما أن كثيرا من أعضاء مشروع نظم المعلومات في حاجة إلى معرفة كيفية تطوير، وقراءة مخططات نماذج البيانات. لذلك، فإن متطلّبات تنظيم الطرق، والتقنيات التي تطرّقنا إليها خلال هذا الفصل، تعتبر مهمّة لإنجاح مهمة فريق مشروع تطوير النظام.

✱ النمذجة التصورية للبيانات

النموذج التصوّري للبيانات – هو تمثيل البيانات التنظيمية، ويهدف إلى عرض أكثر ما يمكن من القواعد حول معنى البيانات والعلاقات الداخلية بينها.

تنجز النمذجة التصوّرية للبيانات خلال مرحلة تحليل النظم بالتوازي مع متطلبات تحليل أخرى، ومتطلبات الهيكلة.

يجمّع تفسير معاملات الأعمال الضرورية للنمذجة التصورية للبيانات من المعلومات المتحصل عليها من المقابلات، والاستبيانات مثلا. أما بالنسبة للنظم الكبيرة، التي تتطلّب فريق عمل كبير، فقد تتولى مجموعة فرعية من الفريق العمل على نمذجة البيانات، بينما تتولى مجموعة فرعية أخرى العمل على النمذجة المنطقية. يتولى محللو النظم إنشاء (أو استخدام) نموذج تصوري للبيانات الذي يستجيب إلى أهداف ومتطلبات النظام الجديد المتطوّر.

يجب أن يكون هناك عمل منسّق بين المجموعتين (مجموعة العمل على نمذجة البيانات ومجموعة العمل على النمذجة المنطقية) اللتين تشتركان في إثراء قاموس البيانات.

كما يجب على عمل المجموعتين أن يكون متكاملا ومتماسكا، ذلك لأنه يخصّ نظاما واحدا. فمثلا، وجب أن تتطابق تسمية مخازن البيانات في خرائط تدفق البيانات مع كينونات البيانات في خرائط الكينونات والعلاقات. كما وجب أن تفسّر عناصر البيانات المرفقة بتدفقات البيانات في خرائط تدفق البيانات بصفات الكينونات والعلاقات في خرائط الكينونات والعلاقات.

عملية النمذجة التصورية للبيانات

تبدأ عملية النمذجة التصورية للبيانات بإنشاء نموذج تصوري للبيانات للنظام الحالي المراد تطويره، وذلك لتخطيط عملية تحويل الملفات الحالية، أو قاعدة البيانات إلى قاعدة بيانات النظام الجديد. إثر ذلك، يتم إنشاء نموذج تصوري للبيانات، بحيث تدمج فيه كل متطلبات بيانات النظام الجديد.

يستأصل محلل النظم هذه المتطلبات من طرق تقصي الحقائق المستخدمة عند تحديد متطلبات النظام. الجدير بالذكر أن النمذجة التصوّرية للبيانات تعتبر نوعا من نمذجة البيانات وتصميم البيانات المنفّذة خلال مراحل تطوير النظام. يوضح الشكل 3.18 مختلف أنواع بيانات النمذجة، وتصميم قاعدة البيانات المنفّذة خلال كامل مراحل تطوير حياة النظام.

تعتبر طرق النمذجة التصوّريّة للبيانات التي ندرسها في هذا الفصل مناسبة للاستخدام في مرحلة التخطيط. تبسّط مرحلة التخطيط من دورة حياة النظام أهداف النظام، والمتطلبات العامة، ومكوّناته بغض النظر عن تقنيات التنصيب. كما تعتبر خرائط الكينونات والعلاقات مناسبة لهذه المرحلة، لأنه يمكن ترجمة هذه الخرائط إلى أنواع مختلفة من معماريّات فنية للبيانات، مثل معماريّة علاقيّة، ومعماريّة شبكيّة، ومعماريّة هرميّة.

يتم تطوير نموذج البيانات منذ بداية مرحلة التخطيط، ويتواصل طوال مرحلة التحليل، حيث يصبح أثناءها أكثر خصوصية، وتتم عملية تحققه بواسطة تحاليل مفصّلة لحاجيات النظام.

يتناظر نموذج البيانات (الذي تم إنشاؤه في مرحلة التحليل) أثناء مرحلة التصميم مع تصاميم صادرات وواردات النظام، و يترجم بعد ذلك إلى صيغة تنبثق منها المخازن المادية للبيانات التابعة للقرارات.

يأتي تعريف الملفات وقواعد البيانات في مرحلة التنصيب بعد اختيار معمارية مخازن البيانات،.

أثناء استخدامات قاموس البيانات، يمكن اختيار حقل يتبع سجلا ماديا. كما تتبع صفات تصور البيانات التي تمثّل هذا الحقل في خريطة نموذج البيانات. من هنا يتضح جليا أن مراحل نمذجة البيانات والتصميم مرتبطة ببعضها بواسطة قاموس البيانات.

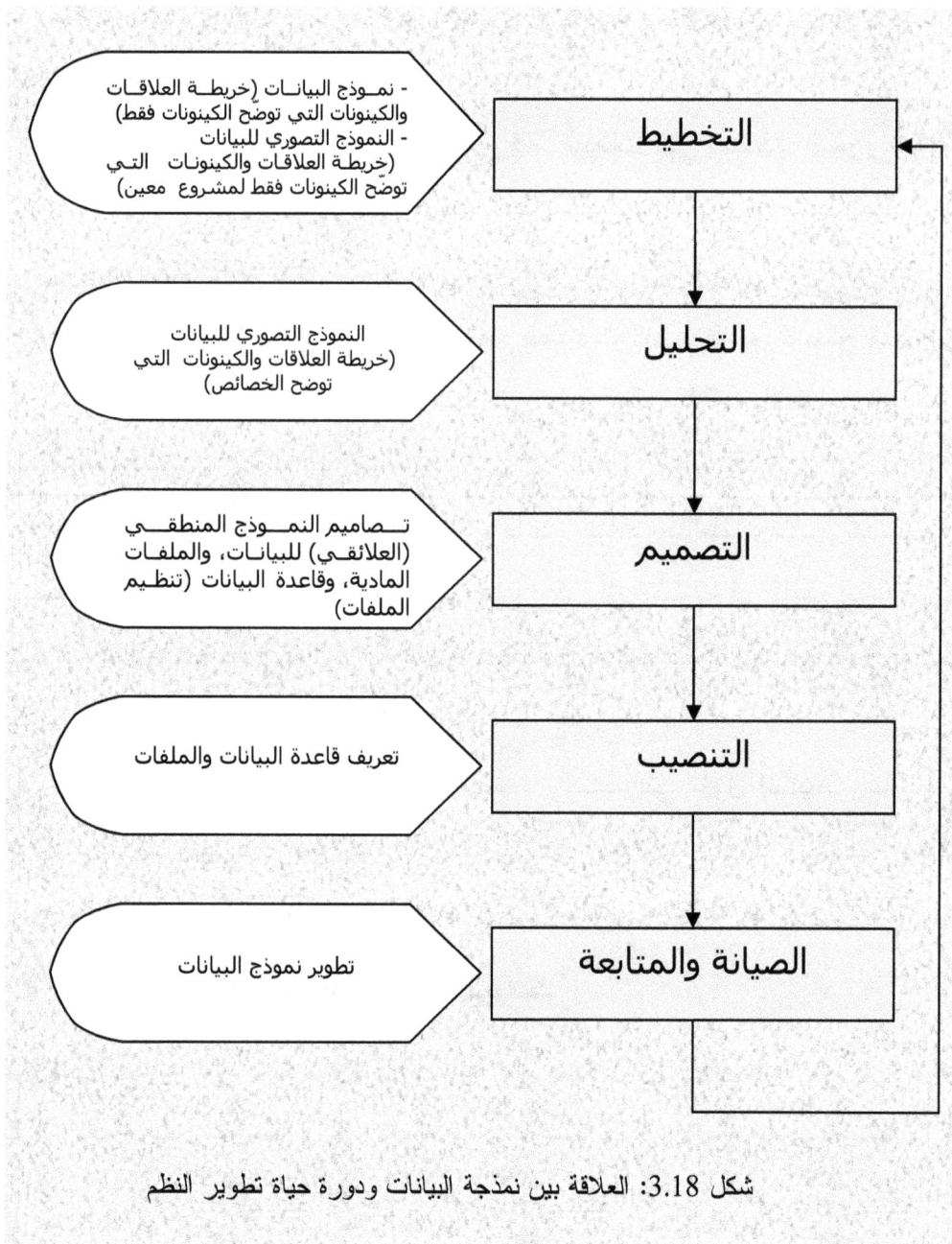

شكل 3.18: العلاقة بين نمذجة البيانات ودورة حياة تطوير النظم

○ **صادرات النمذجة التصورية للبيانات**

تنجز كل المؤسسات اليوم النمذجة التصورية للبيانات باستخدام نمذجة العلاقات والكينونات التي تـستخدم رموزا خاصة حتى تمثل أكثر ما يمكن من المعاني حول البيانات.

توجد بصفة عامة أربع أنواع من خرائط الكينونات والعلاقات التي يمكن إنتاجها وتحليلها خلال النمذجــة التصورية للبيانات:

أ- خريطة الكينونات والعلاقات التي تغطي فقط البيانات التي يحتاجها المشروع. تخوّل هذه الخريطة التركيز على متطلبات البيانات التي تحتاجها بعض تطبيقات المشروع مـع تجنـب التفاصيـل غيـر الضرورية.

ب-خريطة الكينونات والعلاقات التي تستخدم لتطبيقات النظام القديم. توضّح هذه الخريطة بالإضافة إلى ما وضّحته الخريطة السابقة التغييرات التي يجب القيام بها لتحويل قواعد البيانات الحاليــة حتــى تتماشى مع تطبيقات النظام الجديد.

ج-خريطة الكينونات والعلاقات التي توثّق قاعدة البيانات بأكملها والتي تستــسقى منهــا بيانـات التطبيقات الجديدة. وبما أن كثيرا من التطبيقات يمكن أن تتشارك في قاعدة بيانات واحدة أو أكثر، فإن هذه الخريطة والخريطة الأولى (الموضحة في النقطة أ) توضحان كيف أن التطبيق الجديــد يمكنــه أن يتقاسم محتويات قواعد البيانات الأكثر استخداما.

د- خريطة الكينونات والعلاقات لقاعدة البيانات بأكملها التي تخول استنباط بيانات تطبيقـات النظــام الذي سوف يتم تغييره. توضح هذه الخريطة بالمقارنة بالخريطة السابقة (المـذكورة فـي النقطــة ج) التحويرات التي يجب القيام بها على قاعدة بيانات التطبيقات القديمة لتنصيب النظام الجديد.

○ **تجميع المعلومات للنمذجة التصورية للبيانات**

ترتكز طرق تحديد المتطلّبات على دمج الأسئلة والأبحاث التي تقود محلل النظم إلى الحصول على بيانات مركّزة. لذلك وجب عليه طرح أسئلة معينة تساعده على الحصول على حاجياته لإنشاء، وتطوير نمـوذج البيانات. الجدير بالذكر أن نموذج البيانات يفسر عمل المؤسسة، ويوضّح مجموعة القوانين التـي تسـيّر طرق إنجاز الأعمال داخل المؤسسة. يعني هذا أن محلل النظم ليس مطالبا بتاتا بمعرفـة كيـف، ومتـى تعالج، أو تستخدم البيانات لنمذجة البيانات. تنجز نمذجة البيانات بالارتكاز على منظورين اثنين:

• المنهجية النازلة،
• المنهجية الصاعدة.

✓ **نمذجة البيانات بواسطة المنهجية النازلة**

تشتقّ هذه المنهجية قوانين الأعمال لنموذج البيانات حسب فهم عميق لطبيعـــة هـــذه الأعمـــال، عـــوض استنباطها من التقارير أو النماذج. الجدير بالذكر أنه تتواجد عدة مصادر مهمة لأسئلة نموذجية التي تنتزع قوانين الأعمال التي تحتاجها نمذجة البيانات.

يحتوي الشكل 4.18 على بعض الأسئلة المفتاحيّة التي يجب أن يطرحها محلل الـــنظم علـــى مـــستخدمي النظام، ومديري الأعمال، حتى يتمكن من إنشاء نموذج بيانات كامل ودقيق.

✓ **نمذجة البيانات بواسطة المنهجية الصاعدة**

بإمكان محلل النظم جمع المعلومات التي يحتاجها لنمذجة البيانات، وذلك بمراجعة وثائق أعمال خاصـــة، وتقارير، ونماذج أعمال يتضمنها النظام. تسمى هذه الطريقة المنهجية الصاعدة. ستظهر عناصر البيانات هذه فيما بعد في شكل تدفقات على خريطة تدفق البيانات، وستوضّح البيانات التي تمـــت معالجتهـــا مـــن طرف النظام. كما أنه من المحتمل أن تحدّد عناصر البيانات هذه البيانات التي يجب أن تبقى فـــي قاعـــدة بيانات النظام.

مفاتيح الأسئلة	أنوع الأسئلة المفتاحية
الكينونات البيانية وأوصافها	• ما هي مواضيع الأعمال؟ • ما هي فئة المجموعة وأنواع الأماكن والأشياء والمواد المستخدمة والمتفاعلة مع هذه الأعمال؟ • كم عدد أمثلة الكائنات التي يمكن تواجدها؟ • ما هي البيانات التي وجب صيانتها؟
المفاتيح الأولية	• ما هي الصفة الوحيدة التي تميز كل كائن عن بقية الكائنات الأخرى من نفس النوع؟ • هل تتغير هذه الصفة المميزة مع الزمن، أم أنها تعتبر ثابتة؟
الخاصيات والمفاتيح الثانوية	• ما هي الخاصيات التي تصف كل كائن؟ • على أي أساس تؤشر الكائنات، وتختار، وتفرز، وتأهل وتصنف؟ • ما هي المعلومات التي يجب أن تتوفر لدينا حول كل كائن حتى نتمكن من تنفيذ العمل؟
أدوات التحكم، وتحديد الشخص الحقيقي الذي يعرف معنى البيانات	• كيف تستخدم هذه البيانات؟ • من هو مصدر البيانات بالنسبة للمؤسسة؟ هل هو بنفسه من يغير البيانات ويتخلص منها؟ • من الذي ليس له الحق استخدام هذه البيانات؟ • من الذي يضع شرعية القيم لهذه البيانات؟
الأصولية وقياس زمن البيانات	• ما هي المدة الزمنية التي بعدها تفقد البيانات أهميتها عندك؟ • إذا تغيرت خاصيات كائن مع الزمن، هل أنت مطالب بمعرفة قيمتها؟ • هل أنت بحاجة إلى اتجاهات تاريخية؟
العلاقات وأصوليتها ودرجتها	• ما هي الأحداث التي تتطلب الجمع بين مختلف الكائنات؟ • ما هي الأنشطة الطبيعية أو صفات الأعمال التي تتضمن الاحتفاظ ببيانات حول عدة كائنات من نفس النوع، أو مختلف الأنواع؟
أقل وأقصى أصولية، قياس زمن البيانات، قوانين السلامة	• هل أن قيم خاصيات البيانات محدودة نوعا ما؟ • هل تتغير الاشتراكات بين الكائنات مع الزمن؟ (مثلا يمكن لموظف أن تتغير حالته الاجتماعية، حيث كان أعزبا فأصبح الآن متزوجا). • هل يمكن لحدث معين أن ينبثق مع مجموعة مشتركة من الكائنات، أم أن كل الكائنات معنية بالأمر؟

شكل 4.18: أسئلة نموذجية لتحديد متطلبات نمذجة البيانات

19 مدخل في نمذجة الكينونات والعلاقات

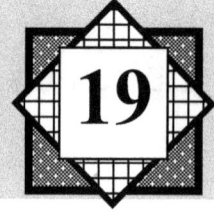

يهدف هذا الفصل إلى التعرف على:

o الكينونة وأنواعها (الوصفية، المصاحبة،....)،

o العلاقات وأصوليتها،

o الخاصيات،

o خاصية متعددة القيم،

o المفاتيح المرشحة،

o نموذج الكينونة والعلاقة للبيانات،

o خريطة الكينونة والعلاقة،

o النمذجة التصوّريّة للبيانات ونموذج الكينونة والعلاقة.

تمهيد

يستخدم الترميز الأساسي لنمذجة الكينونات والعلاقات ثلاثة تراكيب رئيسية:

■ الكينونات البيانية،

■ العلاقات،

■ الخصائص المرافقة.

✹ بعض التعريفات

✓ الكينونة

إن أي كائن أو حدث يريد الشخص جمع بيانات عنه يسمى كينونة. يمكن للكينونة أن ترمز لـشخص، أو مكان، أو مفهوم، أو أي شيء (إنتاج، مدينة، مؤسسة،....). وبإمكان الكينونة أن تكون كذلك حدثا (حصول

عطل في معمل من معامل المؤسسة،...)، أو وحدة لقياس الزمن (ثواني، دقائق، ساعات، أيام، أشهر، سنوات،...). تمتلك الكينونة تعريفها الخاص بها والذي يميزها عن بقية التعاريف الأخرى. ولتوضيح معنى الكينونة، نسوق الأمثلة التالية لها:

كينونة	مثال لكينونة
شخص	موظف، عامل، طالب
مكان	كليّة، إدارة، مؤسسة
كائن	جهاز حاسب آلي، سيارة
مفهوم	مقرر، امتحان، حساب

شكل 1.19: أمثلة عن كينونات

✓ **الكينونة الوصفية**

عندما يريد محلل النظم أن يوضّح وجود مجموعة متكررة من البيانات مرتبطة ارتباطا كاملا بتواجد كينونة أساسية، فإنه يلجأ إلى استخدام كينونة وصفية (وتسمى كذلك كينونة ضعيفة).
نفترض مثلا، أن مكتبة الكلية تحتوي على كتاب متواجد في عدة إصدارت. لذلك وجب استخدام كينونة وصفية لتوضح للقارئ أي إصدار هو بصدد الفحص.

✓ **الكينونة المصاحبة**

تستخدم الكينونة المصاحبة للربط بين كينونتين على الأقل. لهذا السبب يطلق عليها المسميات التالية: صلة، نقطة التقاطع، كينونة متسلسلة.

يلخص الشكل 2.19 هذه الكينونات وأشكالها.

✵ **العلاقات**

تربط الكينونات بواسطة علاقات. العلاقات هي الربط بين الكينونات، وتسمى في بعض الأحيان "الروابط البيانية". يرمز إلى العلاقة بمعين كما هو مبين في الشكل التالي:

تسمية الرمز	الشكل
علاقة	

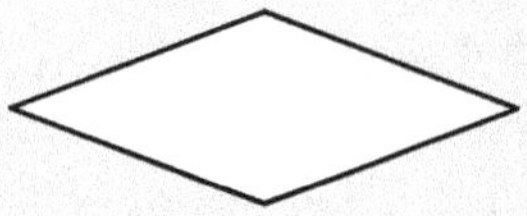

الحدث	الشكل	المعنى
كينونة أساسية		ترمز إلى كينونة حقيقية كشخص، أو مكان، أو شيء.
كينونة مصاحبة		ترمز الكينونة المصاحبة إلى شيء قد أنشئ سابقا، ويربط بين كينونتين.
كينونة وصفية		ترمز الكينونة الوصفية إلى شيء يحتاج الوصف، وتستخدم للتعبير عن مجموعة متكررة من البيانات.

شكل 2.19: أنواع الكينونات

وبما أن العلاقة تربط عددا من الكينونات، فإن هذا الربط يولد ما نسميه بدرجة العلاقة، التي يمكنها أن تكون أحادية، أو ثنائية، أو ثلاثية كما هو مبين في الشكل 3.19.

درجة العلاقة		
علاقة أحادية	علاقة ثنائية	علاقة ثلاثية

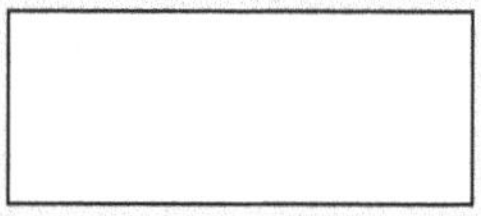

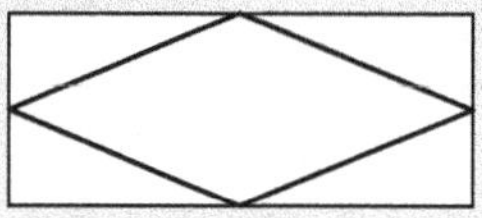

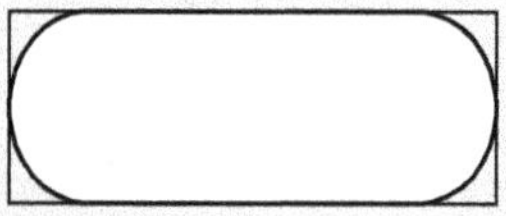

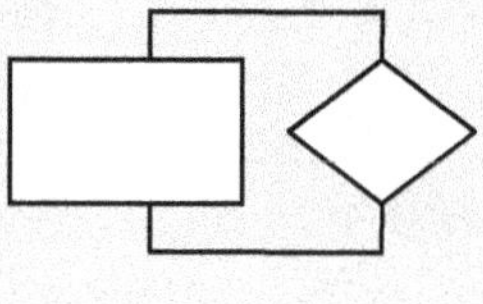

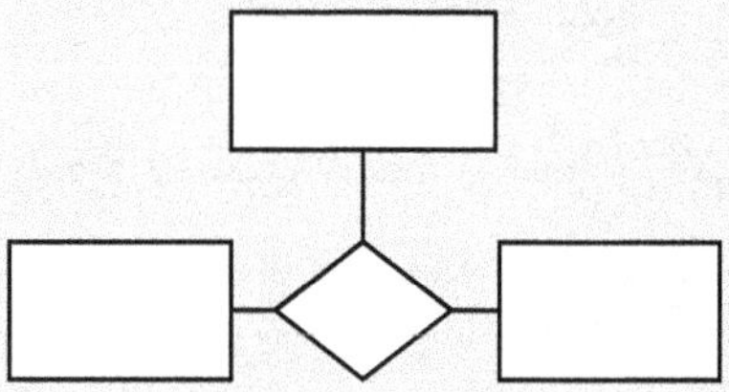

شكل 3.19: أنواع درجات العلاقة

٭ أصولية العلاقات

أصولية العلاقة – هي عدد أمثلة الكينونات B التي يمكنها أن ترتبط بكل مثال من الكينونة A .

يلخص الشكل 3.19 أنواع لأصولية العلاقات وأشكالها.

التفسير الحقيقي	معنى الرمز	رمز الأصولية
بالضبط واحد	"إلى واحد"	—╫—
واحد فأكثر	"إلى مجموعة"	—⫷—
أكثر من واحد	"إلى أكثر من واحد"	—⟨—
صفر، أو واحد، أو أكثر	"إلى صفر أو أكثر"	—○⟨—
فقط صفر أو واحد	"إلى صفر أو واحد"	—○╫—

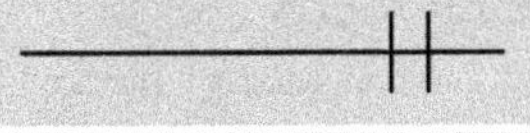

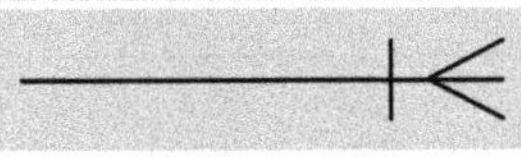

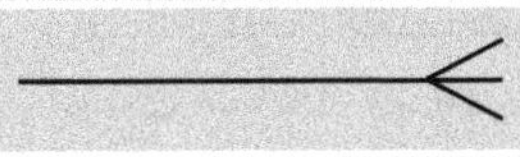

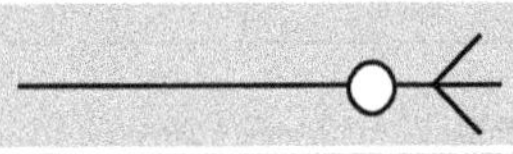

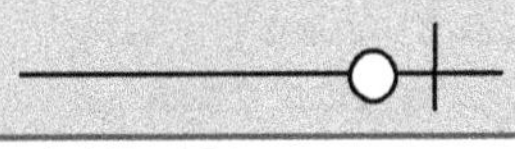

شكل 4.19: أنواع لأصولية العلاقات ورموزها وتفسيرها

٭ الخاصيات

كل كينونة لها مجموعة خاصيات. الخاصية هي صفة، أو ميزة كينونة تشكل موقع اهتمام المؤسسة. نسوق أمثلة لأنواع من الكينونات مرفقة بخاصياتها.

طالب: رقم_طالب، اسم_طالب، عنوان.

موظف: رقم_موظف، اسم_موظف، خبرة.

يمكن وضع الخاصيات في خرائط الكينونات والعلاقات في شبه دائرة مرتبطة بالكينونة (شكل 5.19).

○ خاصية متعددة القيم

يمكن لخاصية متعددة القيم أن تتبنّى أكثر من قيمة واحدة لكل كينونة. نفترض مثلا أن لموظف أكثر من تابع واحد. نقصد بالتوابع الأشخاص الذين تشملهم رعاية الموظف مثل الوالدين، والزوجة، والأبناء. يمكن أن نعبّر عن هذه الحالة حسب الطرق الآتية:

تسمية الرمز	الشكل
خاصيّة	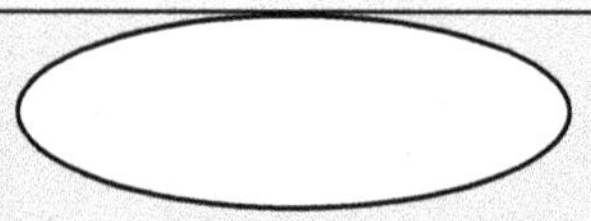
خاصيّة معرف	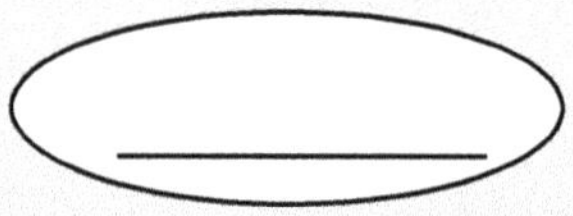
خاصيّة متعدّدة القيم	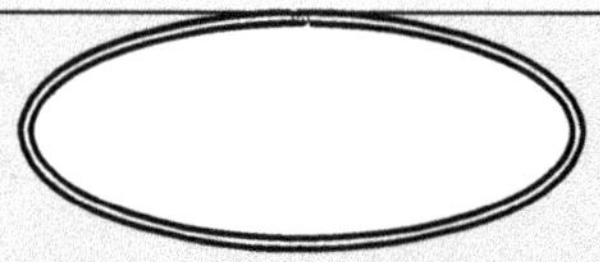

شكل 5.19: أنواع الخاصيّة

✔ **طرق التعبير عن خاصية متعددة القيم**

● **الطريقة الأولى**

نستخدم للتعبير عن خاصية متعددة القيم شكلا بيضويا محاطا بخط مضاعف. ولذلك يمكن رسـم كينونــة الموظف كما هو مبين في الشكل 6.19.

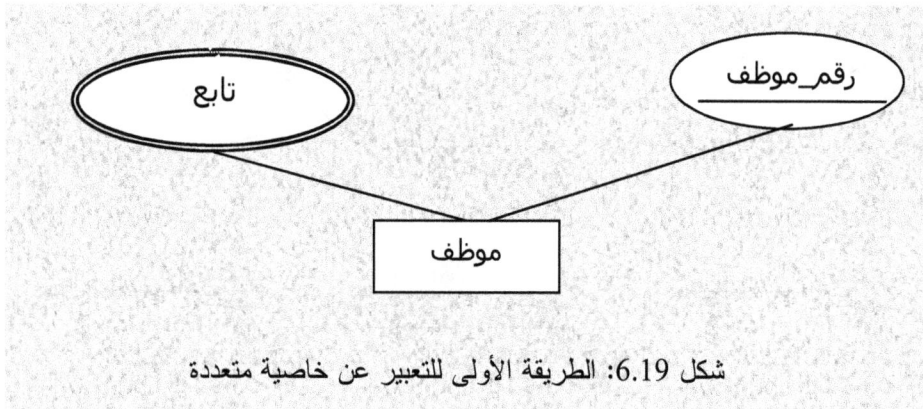

شكل 6.19: الطريقة الأولى للتعبير عن خاصية متعددة

• **الطريقة الثانية**

يمكننا تحديد قيم الخاصية باستخدام نفس الشكل السابق (شكل بيضوي محاط بخط مضاعف) مع تحديد هذه القيم (شكل 7.19).

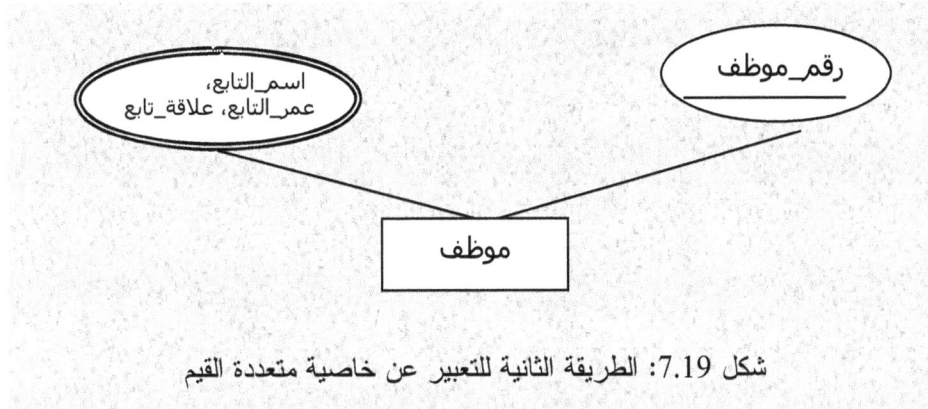

شكل 7.19: الطريقة الثانية للتعبير عن خاصية متعددة القيم

• **الطريقة الثالثة**

نستخدم للتعبير عن خاصية متعددة القيم كينونة وصفية نسميها "تابعا". وبما أنه يمكن للموظف الواحد أن يكون له أكثر من تابع واحد، فإنه يمكننا رسم علاقة الموظف بتوابعه كما هو مبين في الشكل 8.19.

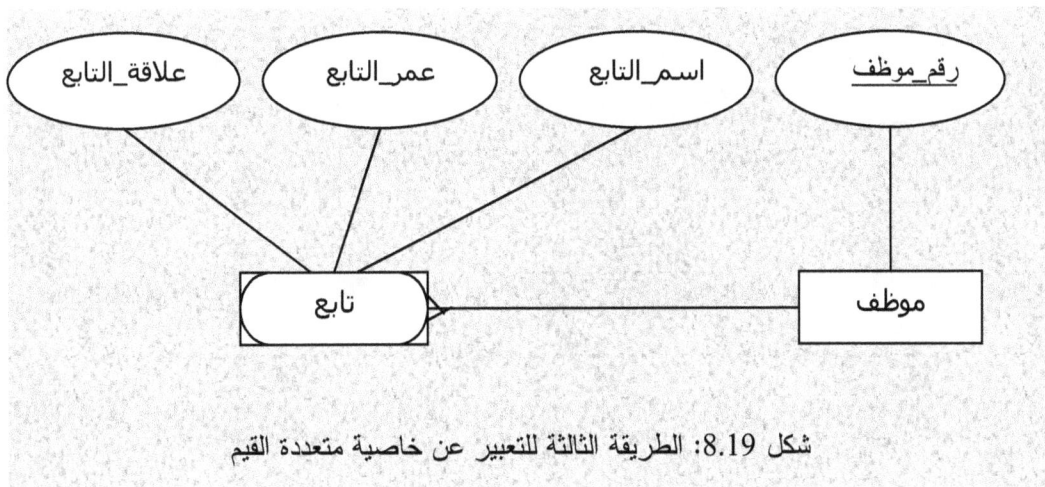

شكل 8.19: الطريقة الثالثة للتعبير عن خاصية متعددة القيم

❋ المفاتيح المرشّحة

يجب على كل كينونة أن تمتلك خاصيّة أو مجموعة خاصيّات تفرق حالة معينة من بين مجموعة حـــالات أخرى من نفس النوع.

المفتاح المرشّح هو خاصيّة (أو خليط من الخاصيات) يعرّف بطريقة وحيدة كل حالة من نوع كينونة.

مثال: يمكن أن يكون المفتاح المرشح لـ "طالب" رقم_طالب. لكن يمكن أن تمتلك الكينونة أكثر من مفتاح مرشح. في هذه الحالة، وجب على المحلل أن يختار مفتاحا واحدا من بين مجموعة المفـــاتيح المرشـــحة، فيصبح عندئذ هذا المفتاح الوحيد معرّفا.

المعرّف- هو مفتاح مرشّح وقع اختياره لكي يستخدم كخاصية وحيدة لكينونة. فمثلا استخدمنا في الـشكل 9.19 رقم الطالب (رقم_طالب) كمعرف لسجل طالب ويظهر في خاصية معرّف.

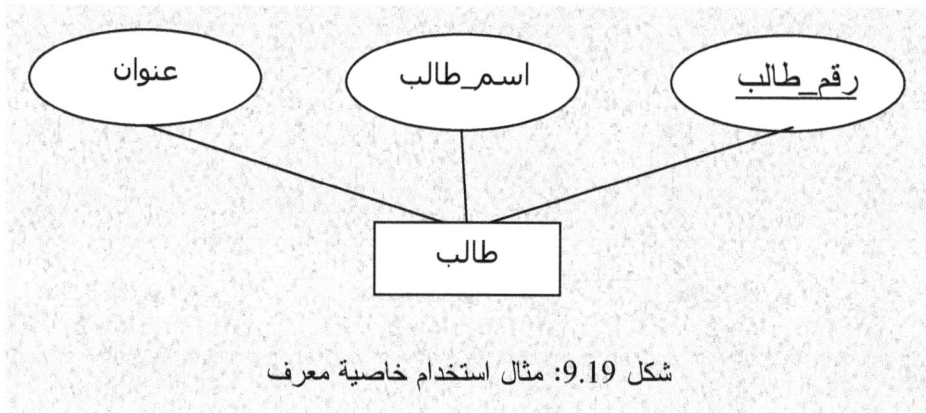

شكل 9.19: مثال استخدام خاصية معرف

❋ نموذج الكينونات والعلاقات للبيانات

يعتبر نموذج الكينونات والعلاقات للبيانات تمثيلا منطقيا، ومفصلا للبيانات التابعة لمؤسـسة، أو منطقـــة أعمال. يعبّر عن نموذج الكينونات والعلاقات بواسطة الكينونات في بيئة الأعمال بالصّلات، أو العلاقـــات التي تربط بين هذه الكينونات، وخصائص هذه الكينونات، وصفات العلاقات بينها.

يعبر عن نموذج الكينونات والعلاقات بواسطة خريطة الكينونات والعلاقات والتي هي عبارة عن عـرض بياني لنموذج الكينونات والعلاقات.

✵ خريطة الكينونات والعلاقات

توضح خريطة الكينونات والعلاقات (ERD) الكينونات ومختلف العلاقات بينها. تستخدم خرائط الكينونات والعلاقات بكثرة عند مصممي النظام لمساعدته في محاكاة الملف أو قاعدة البيانات.

وحتى تتضح لنا رؤية استخدام هذه الرموز، ومختلف أشكال الكينونات، نسوق الأمثلة التالية لبعض خرائط الكينونات والعلاقات.

✓ أمثلة لخرائط الكينونات والعلاقات

لقد وضعنا في الأشكال المرقمة ما بين 10.19 و16.19 أمثلة متعددة لمختلف أنواع خـرائط الكينونــات والعلاقات من مختلف أنواع أصوليات العلاقات، وعزّزناها بالتوضيحات الكاملة.

استخدمنا في الأمثلة السابقة المرقمة ما بين 10.19 و16.19 نمذجة علاقات بواسطة مستطيل وسطر فقط. يحصل هذا عندما نتعامل فقط مع أشياء حقيقية: بشر، أماكن، وأشياء ملموسة. لكن الأمر لا يقتصر علــى هذا فقط في تحليل النظم. يمكن مثلا أن ننشئ عناصر جديدة أثناء عملية المعالجة خــلال إنــشاء نظــام معلومات. من بين هذه الأشياء نذكر على سبيل المثال كشف الحسابات، والملفات، وقواعد البيانات.

نوع العلاقة	رمز العلاقة	معنى العلاقة	مثال للعلاقة	تفسير العلاقة: من الأعلى إلى الأسفل	تفسير العلاقة: من الأسفل إلى الأعلى
واحد لواحد	1:1	تربط هذه العلاقة حدثين بحيث أنه بالضبط حدث واحد من جهة يخدم حدثا واحدا من الجهة الأخرى.		يعطى لكل طالب بالكلية بطاقة طالب واحدة.	تسند بطاقة طالب واحدة لطالب واحد.

شكل10.19 : مثال لخرائط الكينونات والعلاقات من نوع (1:1)

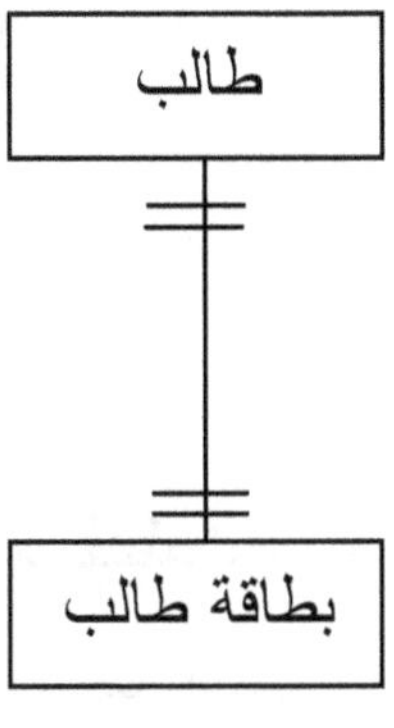

نوع العلاقة	رمز العلاقة	معنى العلاقة	مثال للعلاقة	تفسير العلاقة: من الأعلى إلى الأسفل	تفسير العلاقة: من الأسفل إلى الأعلى
واحد لمجموعة	1:M	تربط هذه العلاقة حدثين بحيث حدث واحد من جهة يمكن له أن يرتبط بأكثر من حدث من الجهة الأخرى.		مقرر واحد يدرس لمجموعة من الطلاب.	مجموعة من الطلاب يدرسون مقررا واحدا

شكل 11.19: مثال لخرائط الكينونات والعلاقات من نوع (1:M)

واحد لمجموعة	1:M	تربط هذه العلاقة حدثين بحيث حدث واحد من جهة يمكن له أن لا يرتبط بأي حدث أو بواحد فأكثر من حدث من الجهة الأخرى.		يمكن لطالب واحد أن لا يكون له أي إنذار (0 إنذار)، كما أنه بالإمكان أن يعطى له إنذار واحد فأكثر.	يمكن أن يسند إنذار واحد أو مجموعة من الإنذارات إلى طالب واحد. كما أنه يمكن أن لا يعطى له أي.

شكل 12.19: مثال لخرائط الكينونات والعلاقات من نوع (1:M)

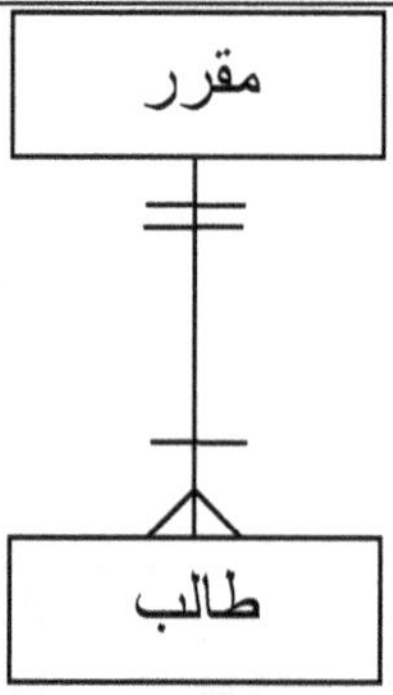

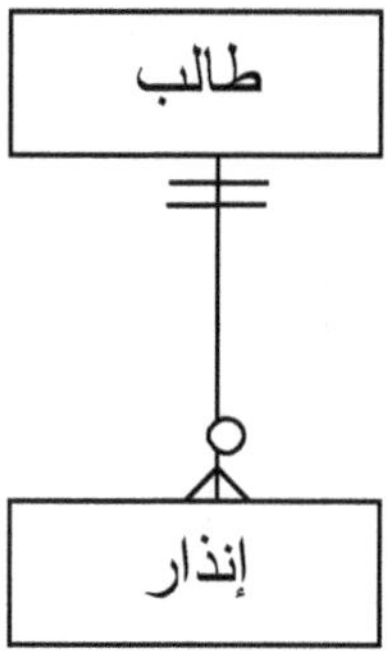

نوع العلاقة	رمز العلاقة	معنى العلاقة	مثال للعلاقة	تفسير العلاقة	
				من الأعلى إلى الأسفل	من الأسفل إلى الأعلى
واحد لواحد	1:1	تربط هذه العلاقة حدثين بحيث أنه بالضبط حدث واحد من جهة يمكن أن لا يخدم أي حدث أو حدثا واحدا من الجهة الأخرى.		يمكن لطالب واحد أن يكون له مشراف أكاديمي واحد، كما يمكن أن لا يكون له أي مشرف.	يمكن أن يعين مشرف أكاديمي لطالب واحد، كما أنه بالإمكان أن لا يعين أي مشرف أكاديمي لطالب واحد.

شكل 13.19: مثال لخرائط الكينونات والعلاقات من نوع (1:1)

مجموعة لمجموعة	M:N	تربط هذه العلاقة حدثين بحيث حدث واحد أو أكثر من جهة يمكن له أن يرتبط بحدث واحد أو أكثر من حدث من الجهة الأخرى.		يمكن لطالب واحد فأكثر أن يدرس عند مدرس واحد فأكثر.	يمكن لمدرس واحد فأكثر أن يعطي محاضرات لطالب واحد فأكثر.

شكل 14.19: مثال لخرائط الكينونة والعلاقات من نوع (M:N)

واحد لمجموعة	1:M	تربط هذه العلاقة حدثين بحيث حدث واحد أو صفر حدث من جهة يمكن له أن يرتبط بواحد أو أكثر من حدث من الجهة الأخرى.		يمكن للقسم أن يكون له مدرس واحد أو مجموعة من المدرسين.	يمكن لمدرس واحد فأكثر أن ينتمون إلى قسم واحد أو أن لا ينتمون إلى أي قسم.

شكل 15.19: مثال لخرائط الكينونة والعلاقات من نوع (1:M)

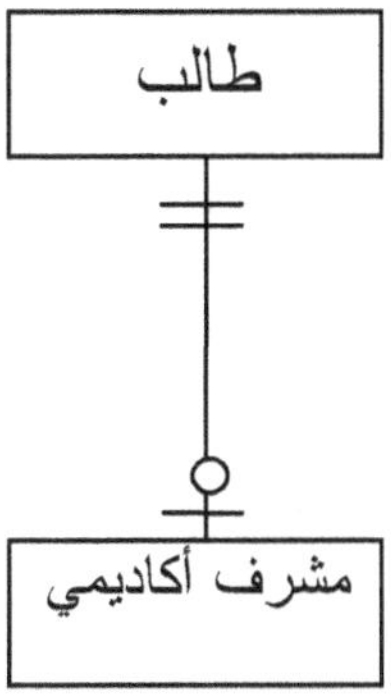

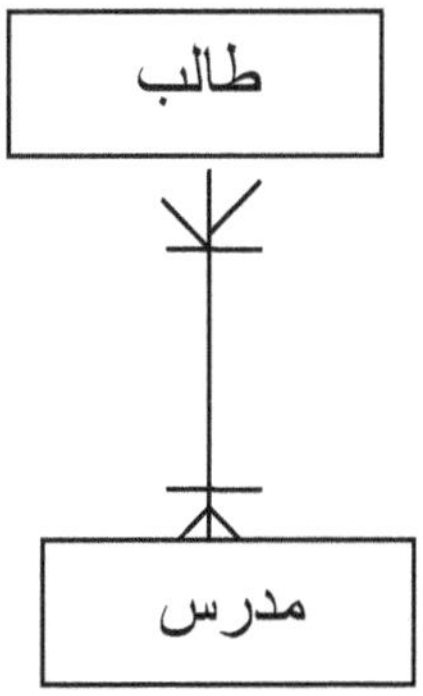

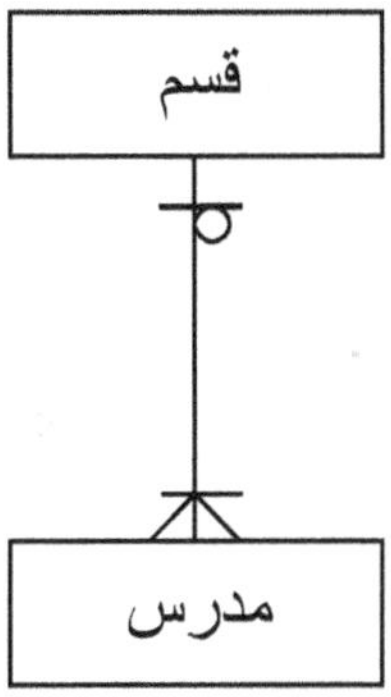

نوع العلاقة	رمز العلاقة	معنى العلاقة	مثال للعلاقة	تفسير العلاقة	
				من الأعلى إلى الأسفل	من الأسفل إلى الأعلى
مجموعة لمجموعة	M:N	تربط هذه العلاقة حدثين بحيث أن مجموعة من الأحداث من جهة تخدم مجموعة من الأحداث من الجهة الأخرى.		كثير من الطلاب يدرسون كثيرا من المقررات	مجموعة من المقررات تدرّس إلى مجموعة من الطلاب

شكل:16.19 مثال لخرائط الكينونة والعلاقات من نوع (M:N)

لتوضيح العلاقات بين مختلف الأشياء الحقيقية وغير الحقيقية، وجب علينا استخدام رموز أخرى ذكرناها في أشكال سابقة. لنتفحص في هذا السياق المثال التالي.

- **مثال عملي أوّل لخريطة الكينونات والعلاقات** (حجز تذكرة مشاهدة مباريات دورة كأس العالم لكرة القدم)

نفترض أن طالبا أراد أن يحضر مقابلة كرة قدم، تندرج ضمن دورة بطولة كأس العالم. سوف نصمّم لهذا الغرض خريطة الكينونة والعلاقات لهذه العملية بطريقة تدريجية، إلى أن نصل إلى الخريطة النهائية المبينة في الشكل 17.19 ج. يمكن لطالب واحد أو أكثر أن يشاهدوا مقابلة واحدة فأكثر من مباريات كأس العالم (شكل 17.19: أ). لكن لمشاهدة هذه المقابلة، وجب على الطالب اقتناء تذكرة. لذلك وجب استخدام كينونة مصاحبة وذلك حتى يتسنى للنظام ربط الطالب بمقابلة كرة القدم. كما هو مبيّن، فإن التذكرة مخصصة لهذا الطالب (شكل 17.19: ب). وبما أن كأس العالم ينظّم عددا كبيرا من مقابلات كرة القدم، فإنه وجب إدراج كينونة وصفية لتحديد المقابلة التي وجب مشاهدتها. (شكل 17.19: ج).

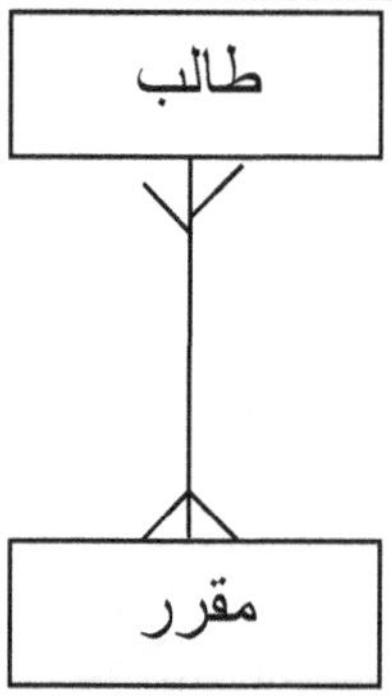

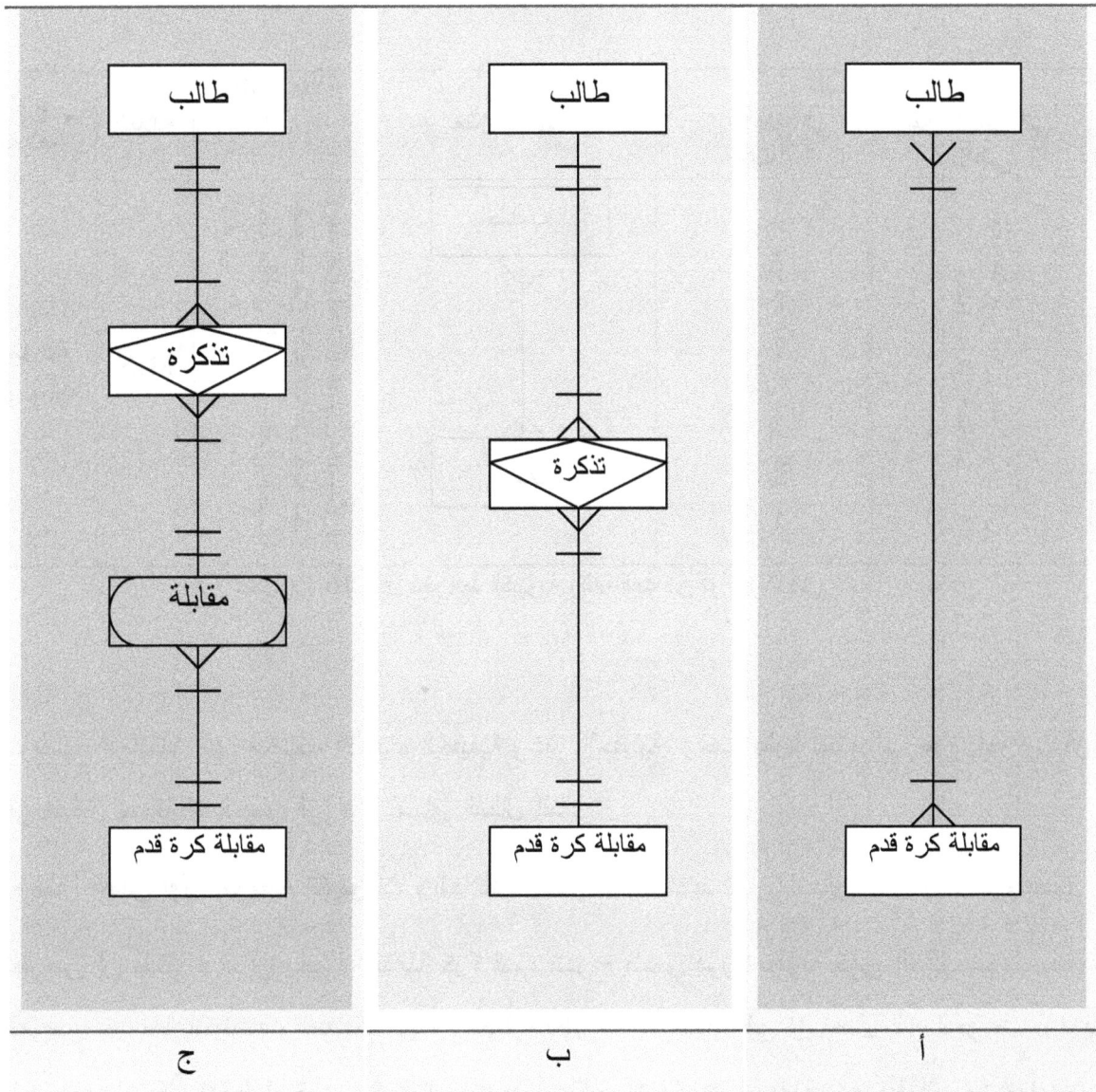

شكل 17.19: خريطة الكينونات والعلاقات لعملية اقتناء تذكرة لمشاهدة مباريات كأس العالم لكرة القدم

● **مثال عملي ثاني لخريطة الكينونات والعلاقات** (إصلاح سيارة بإحدى الورشات)

نفترض المثال التالي لرسم خريطة الكينونات والعلاقات (شكل 18.19) المتمثّل في نظام تصليح السيارات التابعة لنماذج معينة (تويوتا، نيسان،....) في الشركات المتخصصة. تتمتّع السيارات التابعة لهذه الشركات وخاصة السيارات التي مازالت تحت ضمانها بميزات خاصة، ويمكن في حالات معينة أن يتمتع الزبون بتصليح مجّاني. يتفحص فني السيارات السيارة المعروضة عليه، ويحدد قطع الغيار اللازمة لها. نفترض

أن هذه القطع تسلّم من مخزون قطع الغيار المتواجد في مكان التصليح. يتولّى الفنّي تصليح السيارة ثم يعد كشف حساب لهذه العملية.

نحتاج في هذا النظام إلى الكينونات التالية: الميكانيكي (نفترض هنا أنه هو الوحيد المتخصّص)، السيارة، مكتب الضمان، تصليح الأعطال، كشف الحساب.

للتبسيط، فإننا سوف لن نتعمّق في كينونة "تصليح الأعطال"، بل سوف نستخدمها هنا لـربط "الـسيارة" بكينونة "كشف حساب".

يصلح الميكانيكي سيارات كثيرة (1:M). تعتبر السيارة واحدة من ضمن المجموعة التي تخضـع لنظـام مكتب موحّد للضمان (M:1). تخضع كل سيّارة إلى مجموعة من التصليحات (1:M). تـسجّل مجموعـة التصليحات في كشف حساب واحد (M:1).

وحتى نساعد القارئ على فهم الخريطة الكينونات والعلاقات التالية، فإننا سوف نفسّر قراءتها ابتداء مـن يسار الخريطة في اتجاه أسفل اليمين. يتفحّص الميكانيكي السيارة. بعد تحديد مواقـع العطـل، تعـرض السيارة على مكتب الضمان الذي يتولّى تحديد إمكانيات عرض بعض الخدمات للزبون، ثـم تمـرّر إلـى ورشة التصليح حيث يتم تصليح الأعطال. استخدمنا كينونة مصاحبة " تصليح الأعطال" وذلك حتى يتسنى لنا ربط كينونة السيارة بكينونة كشف حساب.

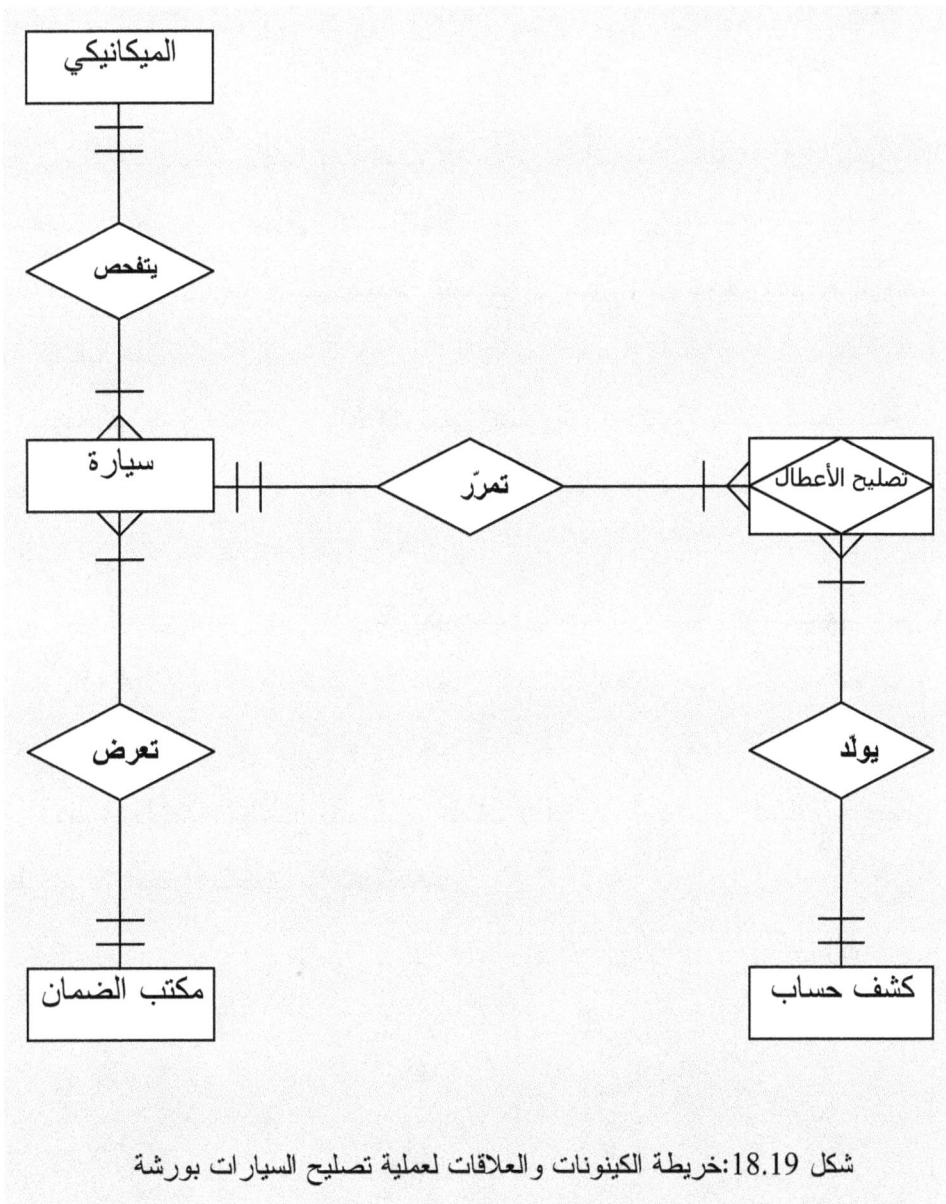

شكل 18.19:خريطة الكينونات والعلاقات لعملية تصليح السيارات بورشة

✳ النمذجة التصورية للبيانات ونموذج الكينونات والعلاقات

إن الهدف الرئيسي من النمذجة التصوّرية للبيانات هو تمكين محلل النظم من اقتناص أكثر ما يمكن مـــن معاني البيانات. الجدير بالذكر أن الحصول على أكثر التفاصيل حول البيانات وقواعد الأعمال التي يمكـــن نمذجتها، من شأنه أن يقرب محلل النظم إلى تصميم وإنشاء نظام أفضل.

لكن لو استطاع محلل النظم إدماج كل التفاصيل المهمّة في مستودع أدوات المساعد الحاسوبي في هندسة البرمجيات، ولو افترضنا أن أداة من هذه الأدوات يمكنها أن تولّد الرمز لتعريف البيانات والبرامج، فإنه بقدر ما نعرف أكثر عن البيانات، بقدر ما يمكننا توليد أكثر ما يمكن من الرموز بطريقة آلية، مما يخولنا الحصول على نظام أكثر دقة وسرعة.

لو تمكنّا من الاحتفاظ بمستودع وصف بيانات شامل، فإنه بإمكاننا إعادة توليد النظام كلما تغيرت قواعد الأعمال.

البـــــــاب الرابـــــــع

التخطيط
التحليل
التصميم
التنصيب
المتابعة

⇦

الفصل عشرون	التصميم المنطقي للنظام
الفصل الواحد والعشرون	تصميم المادي للنظام
الفصل الثاني والعشرون	مقدمة في قواعد البيانات
الفصل الثالث والعشرون	التصميم المنطقي لقواعد البيانات
الفصل الرابع و العشرون	التصميم المادي لقواعد البيانات والملفات

20 التصميم المنطقي للنظام

يهدف هذا الفصل إلى التعرف على:

- التصميم المنطقي للنظام ،
- اختيار مواصفات النظام الجديد (حصر البدائل، تقييم البدائل، اختيار البديل المناسب)،
- تحديد متطلبات النظام (تحديد الموارد البشرية، تحديد الموارد الحاسوبية).

تمهيد.

بعد أن تم تحديد المشاكل ومواقع الخلل في النظام القائم أثناء مرحلة التحليل، تأتي مرحلة التصميم العام والفعلي للنظام لكي تبيّن الكيفية والطرق التي يجب اتباعها لحل هذه المشاكل وإصلاح مواقع الخلل.

تتضمن مرحلة التصميم مرحلتين رئيسيتين (شكل 1.20):

- **التصميم المنطقي للنظام** أو **مرحلة التصميم العام** (المرحلة التمهيدية)، وتدعى أيضا مرحلة **التصميم الأولي للنظام**، ويتم خلالها تحديد خصائص النظام الجديد ومتطلباته.
- **التصميم المادي للنظام** أو **مرحلة التصميم الفعلي**، وتدعى أيضا مرحلة الدراسة التفصيلية، ويتم خلالها التحديد الدقيق للبيانات الواردة، والبيانات الصادرة، والملفات، وعمليات المعالجة.

إن نجاح الدراسة التحليلية والتصميمية لنظم المعلومات لمشروع معين، مرتبط بعوامل كثيرة من بينها وسائل تطبيق هذه الدراسات التي تتمثل عادة في المعدات، والنظم، والبرمجيات. ولكي تحقق هذه الوسائل النتائج المرجوة، فإنه وجب اختيارها على أسس سليمة بالاعتماد على معايير علميّة. لذلك، سوف نتطرق في فصول لاحقة إلى الطرق المستخدمة في اختيار المعدات والبرمجيات الجاهزة.

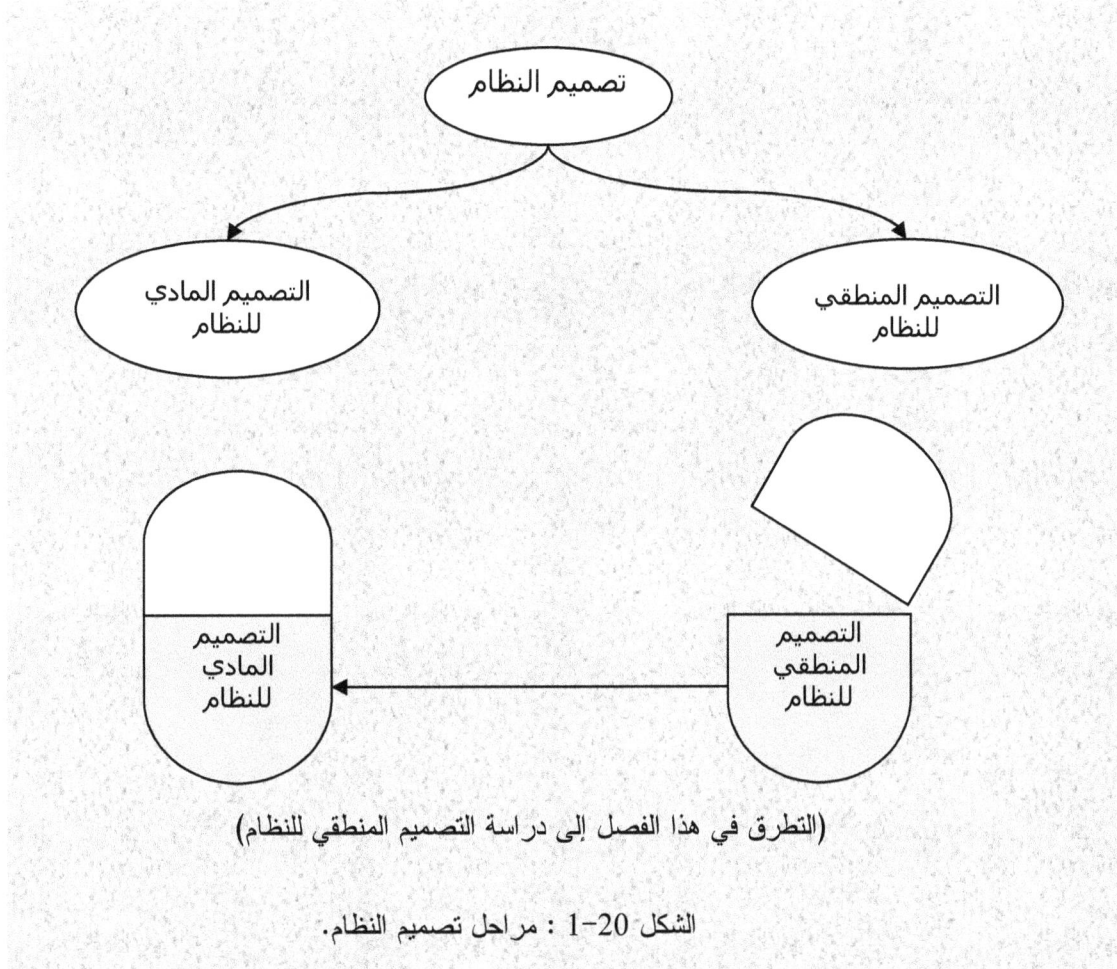

(التطرق في هذا الفصل إلى دراسة التصميم المنطقي للنظام)

الشكل 20-1 : مراحل تصميم النظام.

نتطرق الآن إلى التصميم المنطقي للنظام الذي هو موضوع هذا الفصل، ثم نتابع في الفصل اللاحق التصميم المادي للنظام.

التصميم المنطقي للنظام

تنطلق مرحلة التصميم المنطقي للنظام من نتائج التحليل السابق لإنشاء تصور للحل، وما سيكون عليه النظام الجديد (تحديد الخطوط العريضة للنظام). يعتبر التصميم المنطقي مرحلة تمهيدية تضم بدورها مرحلتين فرعيتين (شكل 2.20) وهي :

- اختيار مواصفات النظام الجديد،
- تحديد المتطلبات المادية والبشرية للنظام الجديد.

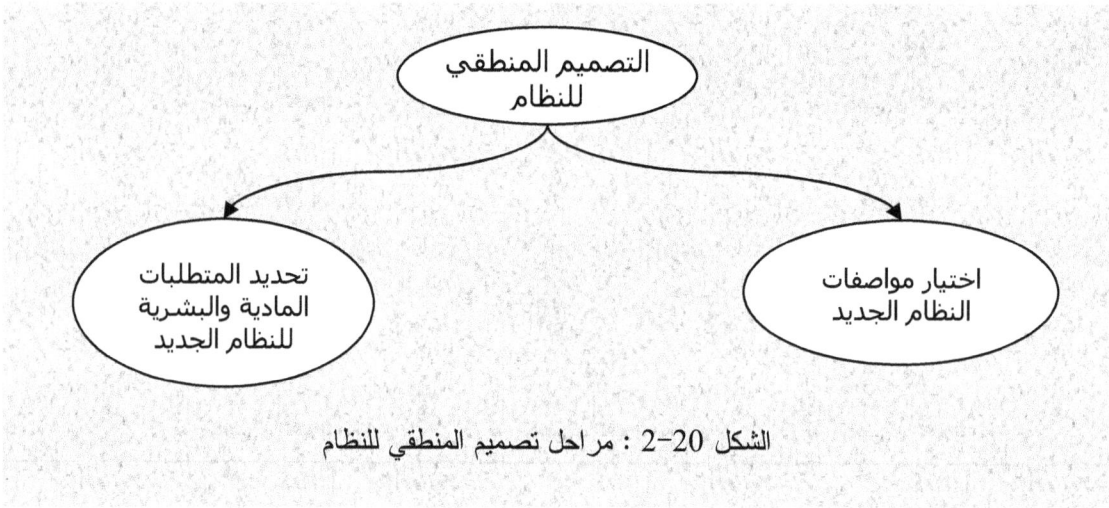

الشكل 20-2 : مراحل تصميم المنطقي للنظام

نتعرف الآن على هاتين المرحلتين.

○ **اختيار مواصفات النظام الجديد.**

يقوم اختيار مواصفات النظام الجديد على: حصر البدائل الممكنة، ثم تقييمها، ثم اختيار الأفضل منها (شكل 20.3).

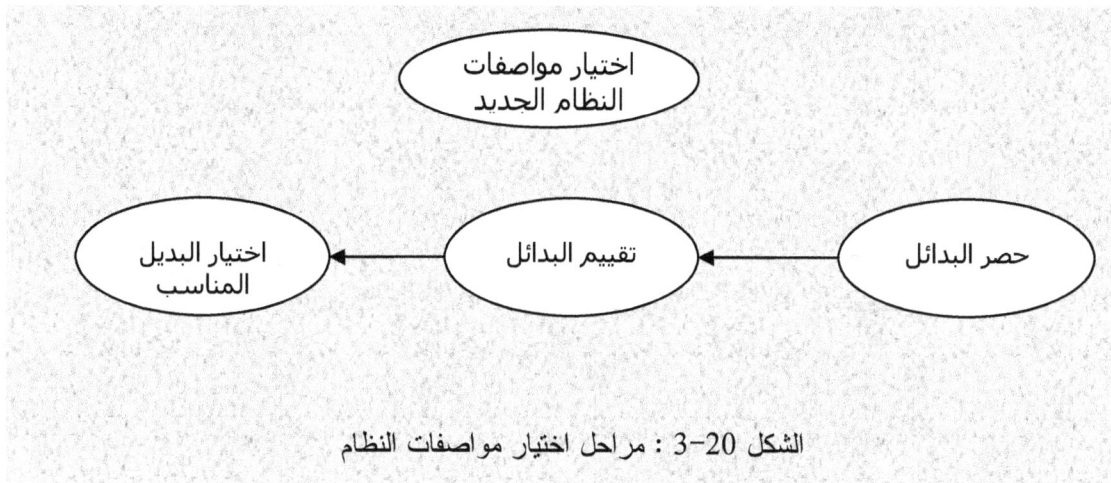

الشكل 20-3 : مراحل اختيار مواصفات النظام

✔ **حصر البدائل.**

بناءا على العمليات التحليلية السابقة، تحصر البدائل الممكنة حسب التكلفة المالية والدرجة الآلية كالتالي :

- **الأنظمة الآلية كليا** : تعمل هذه الأنظمة كما يدلّ عليها اسمها بصفة آلية كليا، دون تدخّل العنصر البشري إلا في أضيق نطاق. وهي لذلك ذات تكلفة عالية، حيث تتطلب استثمارا كبيرا على مستوى التشغيل، والصيانة، والاقتناء، ولكنها في المقابل توفر كافة الاحتياجات، وفي أسرع الأوقات، حيث تعمل على درجة عالية من الفاعلية.

- **الأنظمة شبه (النصف) آلية:** تعتمد هذه الأنظمة في تشغيلها وإدارتها على العنصر الآلي والبشري، وهي لذلك ذات تكلفة متوسطة، وتتطلب استثمارا أقل من الأنظمة الآلية كليا على مستوى التشغيل، والصيانة، والاقتناء. وتبقى هذه الأنظمة أقل فاعلية من الأنظمة الآلية كليا.

- **الأنظمة اليدوية:** تعتمد هذه الأنظمة في تشغيلها وإدارتها على العنصر البشري، وهي لذلك تستخدم لحل مشاكل محدودة.

✔ **تقييم البدائل.**

يقيّم محلل النظم البدائل المحصورة وذلك اعتمادا على معايير مختلفة، مثل الثمن، وفترة الاسترداد، والمردود الاجتماعي، والجدوى الاقتصادية، وتحليل المنافع والتكاليف... وهكذا يمكن تصميم جدول يشمل كل البدائل والمعايير المتبعة للمفاضلة بينها، مع تعيين وزن لكل معيار، واحتساب المجموع في الآخر كما هو موضح في الشكل 20-4.

البدائل	المعايير			المجموع
	(1)	(2)	...	
بديل (1)				
...				
بديل (N)				

الشكل 20-4 : نموذج جدول المفاضلة بين البدائل المحصورة.

✓ **اختيار البديل المناسب.**

على ضوء عملية تقييم البدائل، يتولى محلل النظم اختيار الأفضل منها في ضل الإمكانيات المتاحة. ولكن رغم ذلك، يبقى القرار النهائي للإدارة، حيث بإمكانها أن تقبل البديل المقترح، أو ترفضه، أو تطلب تعديله.

✓ **تحديد متطلبات النظام.**

بعد المصادقة على النظام المقترح، يتم تحديد متطلبات النظام. وتتطلب هذه العملية الأخذ بعين الاعتبار الخصائص والميزات التالية :

- **المرونة**: ونقصد بذلك إمكانية التعديل، والتحديث، وذلك خاصة عند التصميم الفعلي،
- **العمومية**: ونقصد بذلك أن يكون الحل المقترح للنظام الجديد حلا ممكنا لمجموعة أخرى من المشاكل المتشابهة،
- **الإمكانيات المتاحة**: ونقصد بذلك ما رصدته الجهة المستفيدة من اعتمادات للنظام الجديد.

ويتمثل تحديد متطلبات النظام في تحديد :

- المواصفات العامة للبيانات الواردة والبيانات الصادرة،
- المواصفات العامة للملفات والعمليات،
- الموارد البشرية،
- الموارد الحاسوبية.

نتعرف الآن على هذه المتطلبات.

المواصفات العامة للبيانات الواردة والبيانات الصادرة والملفات والعمليات.

تتمثل عملية تحديد المواصفات العامة للبيانات الواردة، والبيانات الصادرة، والملفات، والعمليات في تعريف ما يلي :

- **البيانات الصادرة**: تحدد البيانات الصادرة اللازمة، ويحذف المتكرر منها. ويحدد أيضا نوعها (خارجية/داخلية)، وعدد النسخ المطلوبة من الجهة أو الجهات التي تستخدمها مع تعيين دوريتها (يومية، شهرية، سنوية، ...). بالإضافة إلى ما سبق، واعتمادا على

الإمكانيات المتاحة وطبيعة البيانات الصادرة، تحدد وسيلة الإخراج (شاشة، طابعة، قرص، راسم،...).

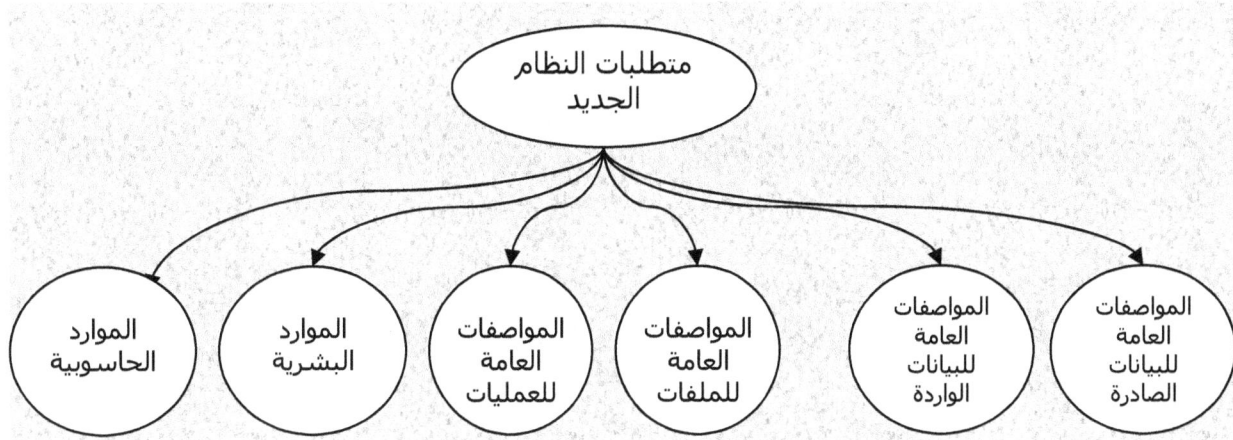

الشكل 20-5 : عناصر متطلبات النظام.

- **البيانات الواردة:** تحدد البيانات الواردة اللازمة على ضوء البيانات الصادرة المعدة سابقا، والجهة التي تورد البيانات الواردة، ودوريتها (يومية، شهرية، سنوية، ...)، ووسيلة الإدخال (لوحة مفاتيح، ماسح ضوئي، قرص، ...).

- **الملفات:** تعرّف الملفات والبيانات التي تحتاج إلى تخزين مساعد، وحجمها (عدد سجلاتها)، ووسط تخزينها، وأسلوب تنظيمها، واسترجاعها (تتابعي، عشوائي، مفهرس).

- **العمليات والإجراءات:** تحدد العمليات وطرق الاحتساب التي ترتبط بكل إجراء، وذلك للحصول على النتائج المنتظرة.

✓ **تحديد الموارد البشرية.**

رغم استخدام الحاسوب في معظم النظم الحاسوبية، يستوجب الأمر في كثير من الأحيان التدخل البشري لإنجاز بعض الأعمال اليدوية، مثل إعداد الوثائق الأصلية ومراجعتها، كتابة البرامج

وتزويدها بالبيانات الواردة، ... ويتولى محلل النظم في هذا الإطار تحديد مؤهلات وخبرات القدرات البشرية التي يتطلبها النظام.

✓ **تحديد الموارد الحاسوبية.**

ينقسم تحديد الموارد الحاسوبية إلى تحديد المعدات والبرمجيات (شكل 6.20).

تحديد المعدات

يتمثل تحديد المعدات في :

- تحديد عدد الأجهزة التي ستستخدم في النظام الجديد، ومواصفات كل جهاز من حيث سرعة المعالج، سعة الذاكرة الرئيسية وسعة القرص الصلب،

- تحديد الحاجة إلى أجهزة الإدخال والإخراج، (الأجهزة الطرفية) ومواصفاتها (الطابعات : نوعها وحجم الورق، الماسح الضوئي، ...).

- تحديد كيفية الربط بين الأجهزة، مواصفات الشبكات، وسرعة التوصيلات، والربط بالطابعات، ...

تحديد البرمجيات

يتمثل تحديد البرمجيات في :

- تحديد برامج نظم التشغيل الملائمة حسب استخدام كل جهاز (شبكي، فردي، ...)،

- تحديد لغات البرمجة، والمترجمات الضرورية حسب الخيارات في المجال،

- تحديد البرامج التطبيقية الجاهزة، مثل برامج معالجة النصوص، وبرامج معالجة الجداول الإلكترونية، وبرامج قواعد البيانات، ...

- برامج حماية النظام، وهي البرامج المعدة لحماية النظام، ومكوّناته مثل برامج إزالة الفيروسات، وبرامج الحماية من الدخلاء في النظام الشبكي.

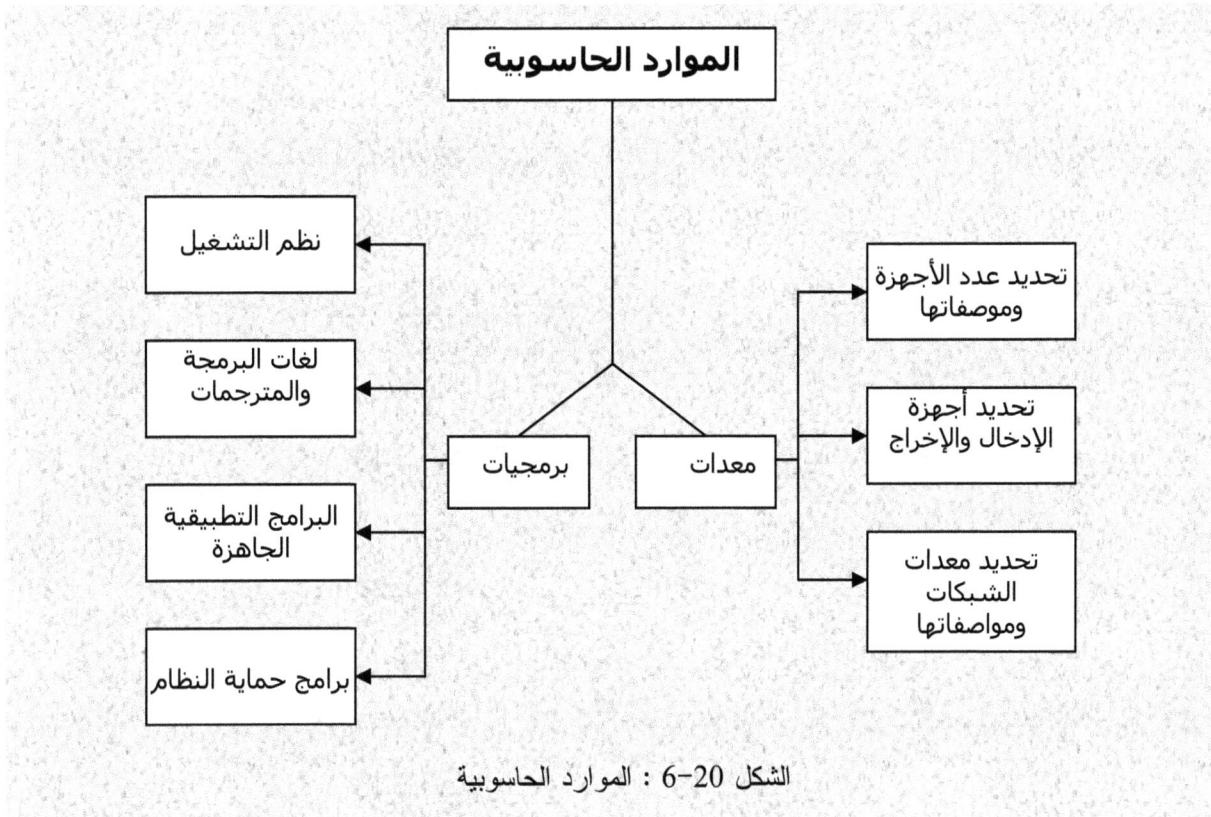

الشكل 20-6 : الموارد الحاسوبية

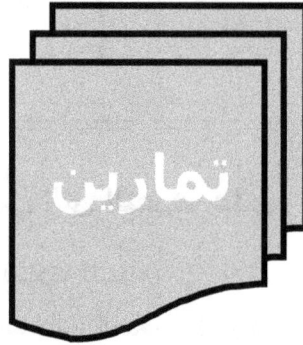

تمارين

1. اذكر مراحل التصميم المنطقي للنظام وفسرها.
2. أكمل الجدول التالي مستخدما الصفات التالية: صفرية، متوسطة، عالية، محدودة.

	تدخل العنصر البشري	التكلفة	الفاعلية
الأنظمة الآلية كليا			
الأنظمة الشبه آلية			
الأنظمة اليدوية			

21 التصميم المادي للنظام

يهدف هذا الفصل إلى التعرف على:

- التصميم المادي للنظام،
- تصميم البيانات الصادرة (تعريف عناصر البيانات الصادرة، تحديد مواصفات البيانات الصادرة)،
- تخطيط وثيقة البيانات الصادرة (نموذج تخطيط صحيفة الطابعة، نموذج تخطيط، صحييفة الشاشة)،
- تصميم البيانات الواردة، تحديد مفردات البيانات الواردة، تحديد مواصفات البيانات الواردة ومفرداتها، تصميم نموذج مخطط البيانات الواردة،
- تحديد وسط الإدخال(وسائط الإدخال الفورية، وسائط الإدخال غير الفورية).

لقد تطرقنا في الفصل السابق إلى التصميم المنطقي للنظام، ولذلك نتعرف في هذا الفصل على التصميم المادي للبيانات (شكل 1.21).

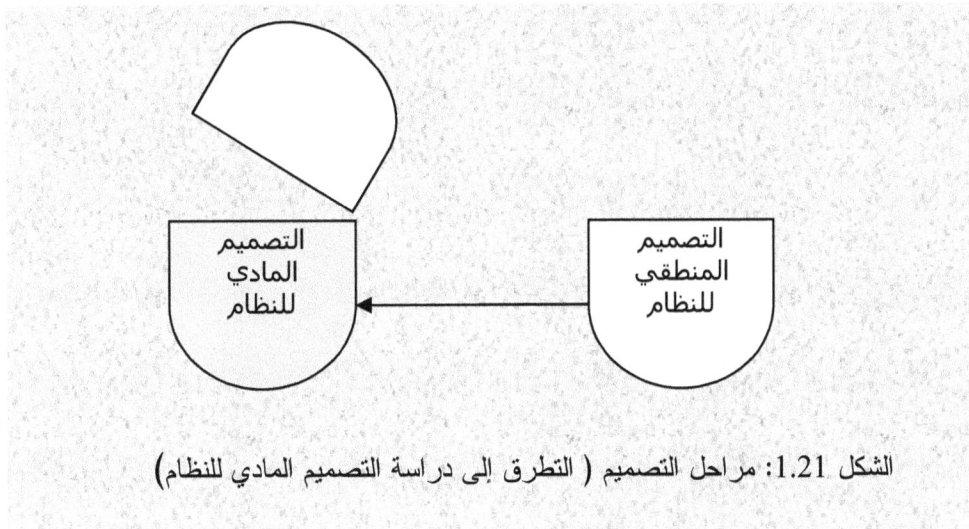

الشكل 1.21: مراحل التصميم (التطرق إلى دراسة التصميم المادي للنظام)

التصميم المادي للنظام.

يشمل التصميم المادي للنظام أربع مراحل فرعية (شكل 2.21) وهي :

■ تصميم البيانات الصادرة ،

■ تصميم البيانات الواردة،

■ تصميم الملفات ،

■ تصميم عمليات المعالجة.

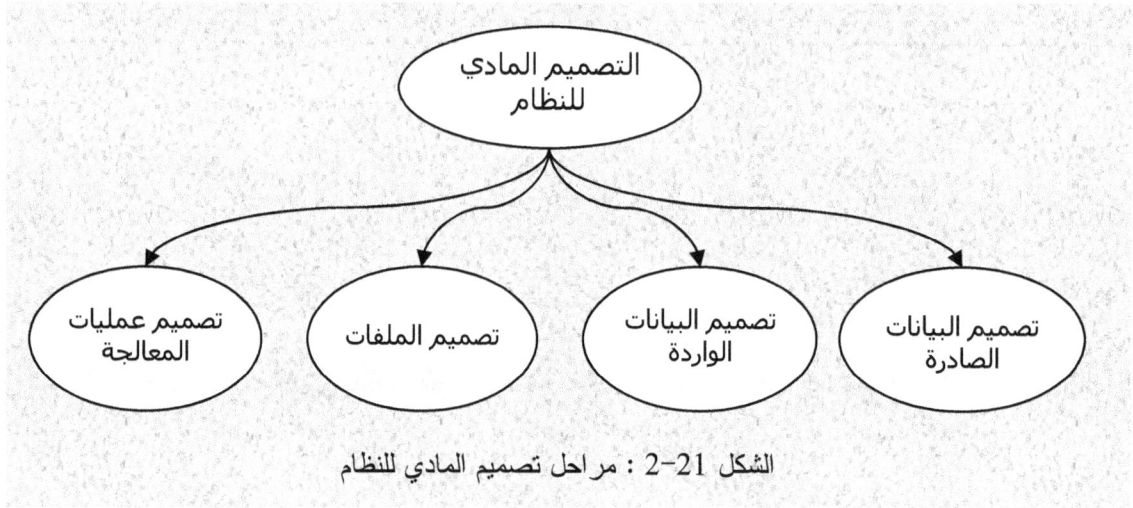

الشكل 21-2 : مراحل تصميم المادي للنظام

نتعرف الآن على هذه المراحل.

○ **تصميم البيانات الصادرة.**

لا عجب هنا إن بدأنا بتصميم البيانات الصادرة أولا وليس بالبيانات الواردة كما عهدنا في عملية المعالجة، ذلك أن البيانات الصادرة تعتبر هدفا يسعى للوصول إليه، حيث تحدد على أساسه البيانات الواردة، وعمليات المعالجة التي تحقق هذا الهدف المرسوم.

يتم تصميم البيانات الصادرة بصفة عامة باتباع الخطوات الثلاثة التالية (شكل 3.21):

■ تعريف عناصر البيانات الصادرة،

■ تحديد مواصفات البيانات الصادرة،

■ تخطيط وثيقة البيانات الصادرة.

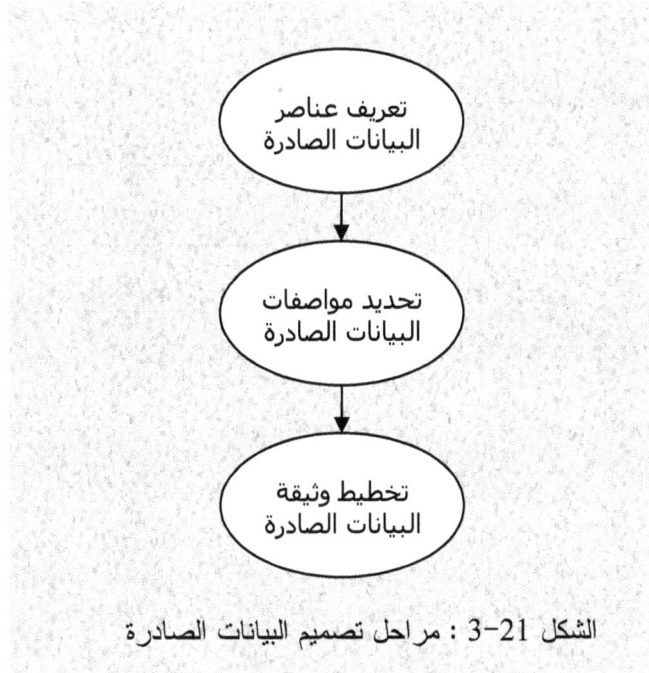

الشكل 21-3 : مراحل تصميم البيانات الصادرة

✓ **تعريف عناصر البيانات الصادرة.**

يتمثل تعريف عناصر البيانات الصادرة في تحديد مفردات كل صادرة، وذلك استنادا إلى قاموس البيانات، مع إزاحة وحذف المكررات منها. نذكر أنه قد تم في مرحلة التصميم المنطقي تحديد وسائل الإخراج.

✓ **تحديد مواصفات البيانات الصادرة.**

تتمثل عملية تحديد مواصفات البيانات الصادرة في :

- تحديد الشكل العام لكل شاشات النتائج، وصفحات التقارير (مثل معلومات عامة حول الوزارة، أو المحافظة، أوالقسم، ...)

- ترتيب المفردات التي تظهر على شاشات النتائج أو صفحات التقرير ترتيبا منطقيا،

- إعداد نموذج لمواصفات البيانات الصادرة مع تحديد مواصفات الحقول (نوع الحقل، حجم الحقل، ...) كما هو مبين في الشكل 4.21.

وزارة النفط والغاز
شركة الغاز المسال

نموذج مواصفات البيانات الصادرة

وسيلة الإخراج : تقرير ☐ شاشة ☐ قرص ☐ غير ذلك ☐ ....

صفحة / شاشة رقم : .... **التاريخ :** / /

اسم الحقل	رمز الحقل	حجم الحقل	نوع الحقل	شكل الحقل
رقم الموظف	رقم	7	رقمي (N)	9999999
اسم الموظف	اسم	40	حرفي (A)	X(40)
الوظيفة	وظيفة	30	حرفي (A)	X(30)

ملاحظات :

الشكل 4.21 : مثال لنموذج مواصفات البيانات الصادرة.

✓ **تخطيط وثيقة البيانات الصادرة.**

تهدف عملية تخطيط وثيقة البيانات الصادرة إلى إبراز شكل ومحتويات البيانات الصادرة حسب رغبة المستخدم. من الطبيعي أن ترتبط عملية التخطيط ارتباطا وثيقا بوسيلة الإخراج، حيث تتمثل هذه العملية في تصميم صحيفة الطابعة لاستخراج التقارير المطبوعة، أو تصميم صحيفة الشاشة لاستخراج النتائج عليها، ... سنقدم في ما يلي نموذجا لتخطيط طابعة وشاشة، وذلك لأنهما أكثر وسائل الصادرات استخداما.

◊ **نموذج تخطيط صحيفة الطابعة.**

يتمثل تخطيط نموذج تخطيط صحيفة الطابعة (الشكل 21-5) في تخطيط الصفحة الورقية التي تظهر عليها النتائج عند استخراجها بواسطة طابعة. يتراوح عدد أعمدة هذا النموذج من

80 إلى 165 عمود. أما عدد الأسطر فهو يختلف حسب حجم الأوراق المستخدمة، ويصل عددها إلى 51.

بالنسبة لأنواع الحقول، تستخدم الرموز X للدلالة على الحقول غير العددية، والرقم "9" للدلالة على الحقول العددية. كما يحدد المحلل عند تصميم هذا النموذج العناوين الرئيسية، والفرعية، ومواقع طباعتها، والمسافات الفارغة التي تفصل بعضها عن بعض، والسطور الفاصلة، ونوعها، ومواقعها، ومدى تباعدها عن بعضها البعض.

مخطط صحيفة طابعة

	1	2	3	4	5	6	7	8	9	10	11	12								
1																				وزارة النفط
2																				شركة الغاز المسال
3	التاريخ : / /																			
4																				
5									تقرير عن رواتب الموظفين											
6																				
7					الوظيفة							اسم الموظف						رقم الموظف		
8	X	X	X	X	X	X	X			X	X	X	X	X			9	9	9	9
9	X	X	X	X	X	X	X			X	X	X	X	X			9	9	9	9
10	X	X	X	X	X	X	X			X	X	X	X	X			9	9	9	9
11																				
12																				
										صفحة 1										

شكل 5.21: مثال لتصميم مخطط تقرير على طابعة.

◊ **نموذج تخطيط صحيفة الشاشة.**

يشبه تخطيط صحيفة الشاشة إلى حد كبير تخطيط صحيفة الطابعة، ويختلف عنه في أغلب الأحيان في القياسات فقط. لذلك فإنه عند تصميم الشاشة، يتبع المحلل الخطوات المتبعة عند

تصميم نموذج صحيفة الطابعة. يتيح استخدام الشاشة تفاعلا أكبر بين المستخدم وجهاز الحاسب الآلي.

يستخدم نموذج تخطيط صحيفة الشاشة لتصميم مواقع النتائج على الشاشة (تقسم الشاشة في النمط النصي على 24 سطر و 80 عمود). وعند تصميم هذا النموذج، يجب على المحلل أن يبسط شكل الشاشة، ويحسن عرض البيانات الصادرة، ويسهل عملية الانتقال من شاشة إلى أخرى. ويمثل الشكل 21-6 مثالا لتصميم صحيفة شاشة بيانات صادرة.

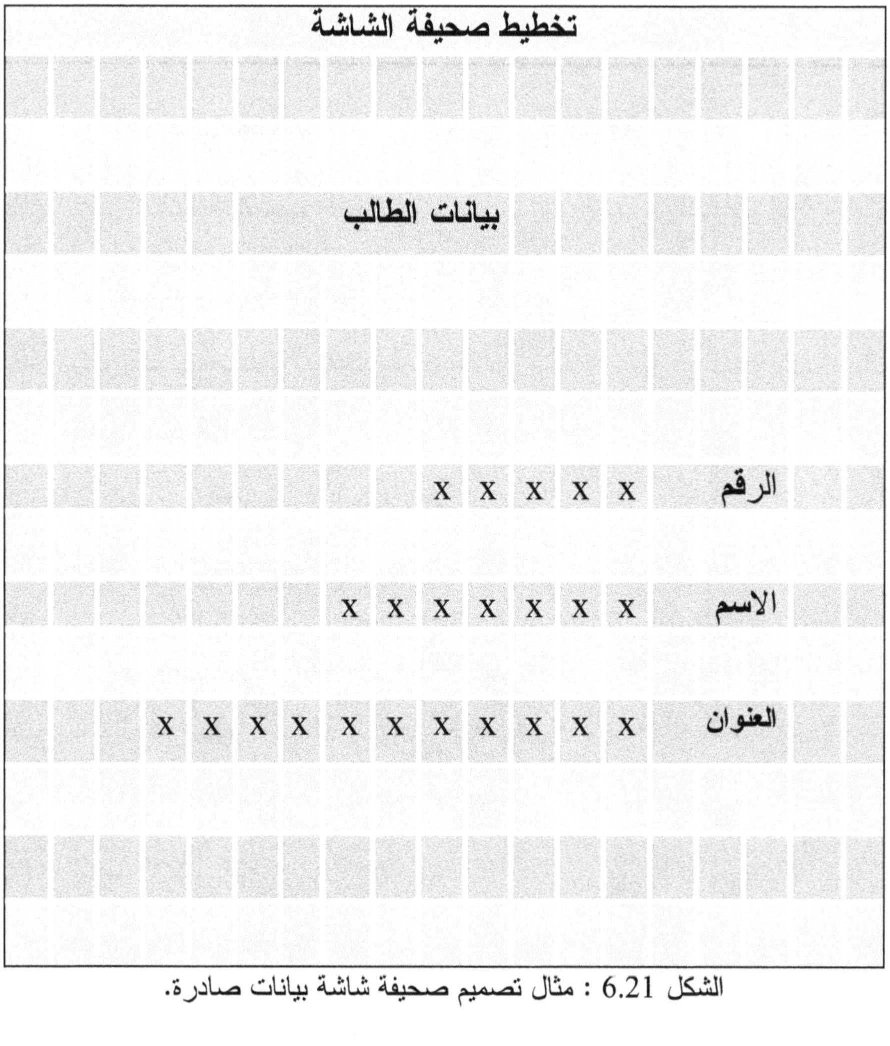

الشكل 6.21 : مثال تصميم صحيفة شاشة بيانات صادرة.

○ **تصميم البيانات الواردة.**

يأتي <u>تصميم البيانات الواردة</u> بعد تصميم البيانات الصادرة التي يتم على أساسها تحديد وتعريف البيانات الواردة للنظام حتى تتحقق البيانات الصادرة.

يمنح التصميم الجيد للبيانات الواردة الذي يتم على أسس صحيحة مزايا متعددة، نذكر منها الآتي :

- التقليل من الوقوع في الأخطاء عند إدخال البيانات،

- تيسير جدولة إدخال البيانات إلى النظام،

- التقليل من حجم البيانات المدخلة المتغيرة، وذلك بفضل قدرة النظـــام علـــى تخـــزين واسترجاع البيانات الثابتة من قاعدة البيانات، مما يحقق أيضا خفض تكاليف وزمـــن إدخال البيانات.

كما هو الحال بالنسبة لتصميم البيانات الصادرة، يمر تصميم البيانات الواردة بالمراحل التالية :

- تعريف عناصر ومفردات البيانات الواردة،

- تعريف مواصفات البيانات الواردة،

- تحديد وسيلة الإدخال،

- تخطيط نموذج مخطط البيانات الواردة.

◊ **تحديد مفردات البيانات الواردة.**

يرتكز المحلل على البيانات الصادرة (التقارير المستخرجة ومصدرها) لتحديد البيانات الواردة. كما تتضح للمحلل في هذه المرحلة البيانات المتحصل عليها أثناء عملية المعالجة، مما يزيد من حصر البيانات الواردة الأساسية من ناحية، والبيانات التي لا تظهر في التقارير ولكنها تستخدم عند المعالجة من ناحية أخرى.

◊ **تحديد وسيلة الإدخال.**

تصنف وسائل الإدخال إلى وسائل الإدخال الفورية ووسائل الإدخال غير الفورية.

وسائل الإدخال الفورية.

نذكر من أهم وسائل الإدخال الفورية: شاشة مطرف جهاز الحاسوب وتدعى أيضا وحدة عرض مرئي باستخدام شاشة كاثودية، ووسائل الإدخال الضوئية. نتعرف الآن على هاتين الوسيلتين.

شاشة مطرف الحاسوب.

تعتبر هذه الوسيلة الأكثر شيوعا، ومن أهم إيجابياتها :

- التقليل من نسبة الأخطاء عند إدخال البيانات،
- الرفع من معدل كمية البيانات المدخلة،
- إمكانية المعالجة الفورية للبيانات.

يجب اتباع النصائح التالية عند تصميم شاشة العرض :

- مطابقة تصميم شاشة الإدخال لنموذج الإدخال،
- توزيع واضح وغير مزدحم للبيانات المدخلة على شاشة العرض،
- وضع تعليمات عامة حول النظام والمصطلحات المستخدمة ضمن تصميم الشاشة بطريقة مختصرة ومعبرة وفي أماكن مريحة (في أسفل الشاشة مثلا)،
- تجنب استخدام الألوان الساطعة المضرة بالبصر وغير الواضحة.

وسائل الإدخال الضوئية.

تستخدم وسائل الإدخال الضوئية لإدخال بيانات الأنظمة المبرمجة التي تتطلب سرعة عالية في الاستجابة كالأنظمة الخاصة بالمبيعات. عند استخدام هذه الوسائل، تتم عمليات التشغيل والمعالجة فور إدخال البيانات وإظهار النتائج على الشاشة بصفة آنية.

وسائل الإدخال غير الفورية.

من وسائل الإدخال غير الفورية الأكثر شيوعا الآن، هي وسائل الإدخال المغناطيسية كالأقراص الصلبة والمرنة. يتكون عنوان سجل على قرص مغناطيسي صلب من : رقم

الأسطوانة، ورقم الوجه (السطح)، ورقم المقاطع. تنظم البيانات المخزنة على وحدة الأقراص المغناطيسية وتعالج على مستويين:

أ–   على مستوى الأسطوانة،

ب–   على مستوى القطاع.

لاسترجاع سجل معين على مستوى الأسطوانة، يحدد رقم الأسطوانة، ورقم السطح، ورقم السجل. أما على مستوى القطاع، فإن العملية تتم بتحديد رقم القطاع.

◊   **تحديد مواصفات البيانات الواردة ومفرداتها.**

تضم هذه العملية المراحل التالية:

▪ تحديد العناصر التي تحدد الشكل العام لكل شاشات الإدخال،

▪ تحديد المفردات التي تظهر على شاشات الإدخال، وترتيبها حسب المنطق،

▪ تحديد مواصفات الحقول (نوع الحقل، حجم الحقل)،

▪ إعداد نموذج مواصفات البيانات الواردة (الشكل 7.21).

◊   **تصميم نموذج مخطط البيانات الواردة.**

في كثير من الأحيان، يتضح أن الإيصالات وكشف الحسابات المستخدمة عند الجهة المستفيدة لا يمكن استخدامها لإدخال البيانات في الحاسب الآلي، أو أنها لا تسهّل عملية الإدخال. في هذه الحالة، يلجأ المحلل إلى تصميم نموذج إدخال بيانات تستخدمه الجهة المستفيدة. لذلك يجب أن يأخذ المحلل الاعتبارات التالية عند تصميم نموذج الإدخال :

▪ عنونة النموذج ومنحه رقم تسلسلي، يفضل أن يكون في أسفل النموذج وفي الزاوية اليسرى،

▪ تطابق ترتيب البيانات في النموذج مع ترتيبها في نموذج شاشة الإدخال، وذلك لتيسير عملية إدخال البيانات،

▪ ترك المساحات الكافية أمام البيانات الوصفية بصفة مكافئة مع نموذج الإدخال.

وزارة النفط والغاز

شركة الغاز المسال

نموذج مواصفات البيانات الواردة

وسيلة الإدخال : شاشة ☐ قرص ☐ ماسح ضوئي ☐ غير ذلك ☐ ....

شاشة رقم : ....

اسم الحقل Name	رمز الحقل Identifier	حجم الحقل Size	نوع الحقل Type	شكل الحقل Format
رقم الموظف	رقم	7	رقمي (N)	9999999
اسم الموظف	اسم	40	حرفي (A)	X(40)
المستوى التعليمي	مستوى	10	حرفي (A)	X(10)
الحالة الاجتماعية	حالة	1	حرفي (A)	X(1)
الوظيفة	وظيفة	30	حرفي (A)	X(30)

ملاحظات :

الشكل 7.21 : مثال نموذج مواصفات البيانات الواردة.

نذكر كمثال لنموذج إدخال بيانات بطاقة تسجيل المقررات (الشكل 8.21) التي يتولى الطالب تعبئتها في نهاية كل فصل دراسي بمساعدة مرشده التعليمي. يستخدم مكتب القبول والتسجيل هذا النموذج لإدخال بيانات المقررات المختارة من طرف الطالب في الحاسب الآلي.

وزارة التعليم العالي
المديرية العامة لكليات التربية

بطاقة تسجيل المقررات

اسم الطالب: رقم الطالب: العام الدراسي:

المستوى : رقم المجموعة: الفصل الدراسي:

رقم المقرر	اسم المقرر	الساعات المعتمدة	التخصص	الأوقات والقاعات					ملاحظات
				السبت	الأحد	الاثنين	الثلاثاء	الأربعاء	
المجموع									

اسم و توقيع المرشد التعليمي — توقيع الطالب — اسم و توقيع أخصائي القبول والتسجيل

الشكل 8.21 : مثال لنموذج إدخال بيانات.

22 مقدمة في قواعد البيانات

يهدف هذا الفصل إلى التعرف على:

○ قاعدة بيانات، مدير قاعدة البيانات، طرق تخزين البيانات،

○ نظام إدارة قاعدة البيانات، مكوناته،

○ أهداف قاعدة البيانات، إيجابياتها، سلبياتها،

○ مقارنة بين قاعدة البيانات والملفات،

○ الهياكل المنطقية لقواعد البيانات (قاعدة بيانات هرمية (شجرية)، قاعدة بيانات شبكية، قاعدة بيانات علاقية)،

○ قيود السلامة (قيود سلامة الكينونة، السلامة المرجعية، قيود النطاق).

تمهيد

رأينا أنه من الأفضل قبل التطرق إلى تصميم قواعد البيانات، أن نعطي بعض المفاهيم المرتبطة بها، حتى يتسنى لنا تهيئة القارئ إلى هذه المرحلة المهمة.

❖ قاعدة بيانات

هي ملف بيانات لها تصميم معين ومواصفات محددة تربطها علاقة معينة، وتتقاسم موضوعا واحدا، ومخزنة بأقل ما يمكن من التكرار، ويمكن استخدامها من قبل برامج التطبيقات لاستخراج المعلومات اللازمة (الاستعلامات والتقارير).

توجد مجموعة من البرامج الجاهزة التي تقوم بالتحكم، وتنظيم قواعد البيانات، وتعرف باسم "نظام إدارة قاعدة البيانات". ونذكر منها البرامج التالية: فوكس برو، أوراكل، أكسس،...

تتكون قاعدة البيانات من مجموعة سجلات، حيث يتكون كل سجل من مجموعة حقول. سوف نتطرق بالتفصيل إلى مفاهيم الحقول والسجلات في الفصول اللاحقة، ولكن حتى نقرّب للقارئ هذه المفاهيم، فإننا

نسوق مثالا لجدول بيانات نوضّحه في الشكل 1.22. يسمى كل عمود من الأعمدة المشكّلة من رقم الطالب، والاسم الأول، واسم الأب، واسم العائلة، والعنوان "حقلا". بينما يسمى كل صف من الصفوف المتكوّنة من البيانات التي تتدرّج تحت عناوين الحقول والتي تشكل في نهاية الأمر مجموعة حقول "سجلات".

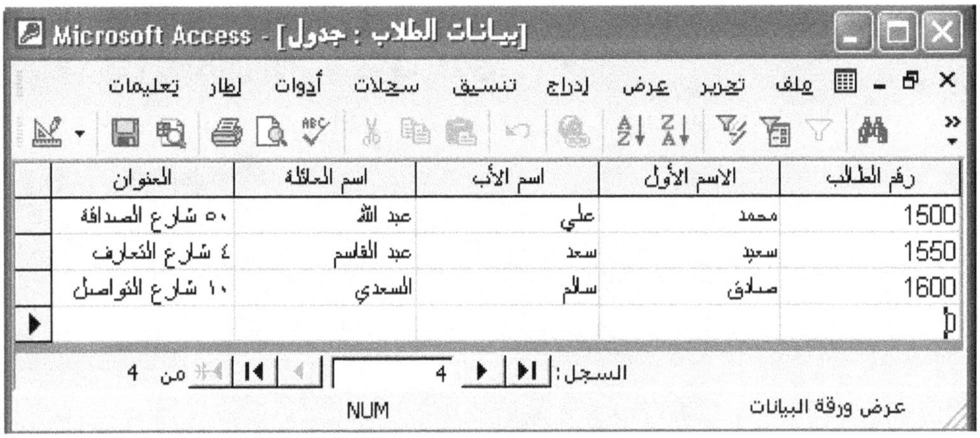

شكل1.22: مثال لجدول قاعدة بيانات الطلاب

❖ **تخزين البيانات**

تعتبر عملية تخزين البيانات من أهم أسس نظم المعلومات.

✓ **أهداف تصميم تخزين البيانات**

يمكن تلخيص الأهداف العامة لتصميم تخزين بيانات، في الآتي:

○ تحقيق كفاءة في تخزين البيانات،

○ ضمان استرجاع البيانات لهدف معين،

○ جعل البيانات في المتناول عند الحاجة،

○ توفير عملية فعالة لتحديث البيانات واسترجاعها،

○ ضمان أمن البيانات وسلامتها.

✓ طرق تخزين البيانات

هناك تصوران لتخزين البيانات في نظام حاسوبي:

- تخزين البيانات في ملفات فردية، حيث يخصص كل ملف لعملية محددة، ونتيجة لذلك، يمكن أن تتكرّر نفس البيانات المتواجدة في ملف معين في ملفات أخرى (شكل 1.24).
- تصميم قواعد بيانات، بحيث تتوفر الإمكانية لمجموعة من المستخدمين من العمل المشترك على نفس القاعدة، وبإمكان أن يدخلوا على أجزاء مختلفة من نفس القاعدة وفي نفس الوقت (شكل 2.22، 3.22، 4.22).

رقم الطالب	اسم الطالب	عنوان الطالب

(أ) – جدول بيانات الطالب

رقم الطالب	نوع النشاط	تاريخ الانخراط

(ب) – جدول بيانات الأنشطة الطلابية

شكل 2.22: استخدام مجموعة من الملفات

رقم الطالب	اسم الطالب	العنوان	التخصص	المعدل التراكمي	عدد الإنذارات	النشاط

شكل 3.22 : جدول قاعدة بيانات الطلاب

رقم الطالب	اسم الطالب	العنوان	التخصص	المعدل التراكمي	عدد الإنذارات	النشاط

شكل 4.22: الدخول إلى جزء من جدول قاعدة بيانات الطلاب (الجزء المظلل)

رقم الطالب	اسم الطالب	العنوان	التخصص	المعدل التراكمي	عدد الإنذارات	النشاط

شكل 5.22: الدخول إلى جزء آخر من جدول قاعدة بيانات الطلاب (الجزء المظلل)

❖ نظام إدارة قاعدة البيانات

تعتمد إدارة قاعدة البيانات على حزمة برامج يطلق عليها نظام إدارة قواعد البيانات. يعتبر نظام إدارة قواعد البيانات بمثابة قلب القاعدة، ويخول الربط بين مختلف البرامج التطبيقية وبين مجموعة من ملفات قاعدة البيانات، وكذلك إجراء عمليات الإنشاء والتغيير والتحديث واستخراج البيانات وتوليد التقارير.

يتم ربط البيانات المشتركة بين جداول قاعدة البيانات باستخدام مفاتيح ومؤشرات مختلفة تساهم في التقليل من تكرار البيانات.

✓ مكونات نظام قاعدة البيانات

يتكون نظام إدارة قواعد البيانات من العناصر الرئيسية التالية (شكل 6.22) :

- مدير قاعدة البيانات،
- المستخدمون،
- نظام إدارة قاعدة البيانات،
- قاعدة البيانات.

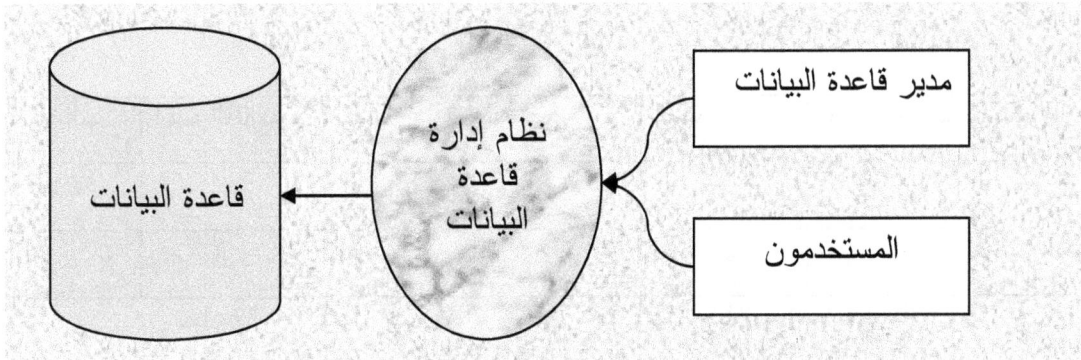

شكل6.22: مكونات نظام قاعدة البيانات

لقد فسرنا سابقا المكوّنين الأخيرين (قاعدة بيانات، نظام إدارة قاعدة البيانات). لذلك فسوف نتطرق الآن إلى تفسير المكونين الأوّلين.

◊ **مهام مدير قاعدة البيانات**

تتمثل مهمّة مدير قاعدة البيانات في القيام بالوظيفتين الرئيسيتين التاليتين:

- المحافظة على قاعدة البيانات،
- التنسيق بين المستخدمين أثناء عملهم على قاعدة البيانات.

وحتى يتسنى لمدير قاعدة البيانات تحقيق هذه المهام، فإنه يتولى إنجاز العمليات التالية:

- متابعة تحديث قاموس البيانات، والبرامج المرتبطة بهذا التحديث:

قد يتطلب الأمر في بعض الأحيان تغيير مواصفات مفردات قاموس البيانات، كتغيير حجم المفردة أو نوعها. في هذه الحالة، وجب على مدير قاعدة البيانات تحديث البرامج المرتبطة بهذه المفردة.

- التنسيق بين المستخدمين في عمليات تحديث قاعدة البيانات،
- تطبيق الإجراءات المرتبطة بتوفير أمن وسلامة قاعدة البيانات،
- استعادة البيانات إلى حالتها الأولى في حالة حدوث مشاكل أثناء العمل على قاعدة البيانات،
- متابعة عمليات النسخ الاحتياطي لقاعدة البيانات في عدة نسخ، وحفظها في أماكن مختلفة ومتباعدة (يحبذ أن يحتفظ بالإظافة إلى عدد من النسخ بنسخة واحدة أخرى على الأقل في مكان خارج المؤسسة، إن أمكن ذلك).
- متابعة تحديث قاعدة البيانات.

◊ <u>**المستخدمون**</u>

يندرج ضمن قائمة مستخدمي قاعدة البيانات الموظفون الذين لهم صلة بعمليات إدارة البيانات. تشمل هذه الإدارة عمليات الإضافة، والحذف، والتحديث، والتي تنقذ عن طريق مختلف البرامج التطبيقية التي تدخل في إطار نظام إدارة قاعدة البيانات.

كما يظاف إلى قائمة المستخدمين المبرمجون الذين هم سواء ساهموا في إعداد البرامج التطبيقية، أو ألائك الذين يتدخّلون عند الحاجة لحل بعض المشاكل المرتبطة بهذه البرمجيات.

❖ أهداف قاعدة البيانات

نلخص أهم أهداف قاعدة البيانات في مجموعة النقاط التالية:

- توفير إمكانية المشاركة لعدد من المستخدمين لإنجاز تطبيقات مختلفة،
- الحفاظ على دقة البيانات وجعلها ذات فائدة،
- توفير البيانات لمختلف التطبيقات الحالية والمستقبلية،
- جعل قاعدة البيانات قابلة للتطوير واستجابة حاجيات المستخدمين المتصاعدة،
- تمكين المستخدمين من الإدلاء بوجهة نظرهم الشخصية حول البيانات دون التقيد بنوعية وسائط تخزينها.

✓ إيجابيات قاعدة البيانات

نستوحي إيجابيات قاعدة البيانات من أهدافها التي ذكرناها قبل قليل. لذلك سوف نوضحها فيما يلي.

- **تقاسم البيانات**

توفر قاعدة البيانات إمكانية تقاسم نفس البيانات من طرف مجموعة من المستخدمين. وخير مثال على ذلك، إمكانية الحجز لأي رحلة من الرحلات الجوية من أي مكان من العالم. يعني هذا أن مكاتب الطيران تتقاسم نفس قاعدة البيانات التي تخص تواريخ وأوقات الرحلات الجوية. إذا اتضح أن رحلة من الرحلات استوفت عدد المقاعد الممكنة، فإن إمكانية الحجز من أي مكتب من مكاتب الطيران لتلك الرحلة سوف يرفض.

إن تقاسم البيانات من عدد من المستخدمين يعني أن البيانات تتطلب التخزين مرة واحدة. يساعد هذا على تحقيق سلامة البيانات، حيث أن التغييرات التي تحدث على البيانات تتم بسهولة وبوثوقية أكثر إذا اقترن ذلك بظهور هذه البيانات مرة واحدة، عوض أن تظهر في عدة ملفات. فلو افترضنا أنها تظهر في عدة ملفات، فإن عمليات التحديث سوف تشمل عددا من الملفات مما يفقد هذه البيانات مصداقيتها.

- **إيجاد البيانات**

إن التصميم الجيد لقاعدة البيانات يوفر إمكانية توقع حاجيات المستخدم من بيانات، مما يساعد هذا المستخدم على إيجاد البيانات التي يريدها عند الطلب. نتيجة لذلك، فإن احتمال وجود البيانات في قاعدة

البيانات أوفر بكثير من احتمال تواجدها في ملف.

▪ المرونة

تتصف قاعدة البيانات بالمرونة، فهي قابلة للتطوير بسهولة، مما يجعلها تواكب تطلعات المستخدمين والاستجابة إلى طلباتهم.

▪ إمكانية امتلاك المستخدم حرية التصور للبيانات

تعطي قاعدة البيانات للمستخدم حرية امتلاك تصوّره الخاص، وتطلعاته للبيانات دون الخوض في معرفة طريقة تخزينها، والوسائط المستخدمة للتخزين، أو الطرق المتبعة للتخزين واسترجاع البيانات.

لكن رغم كل هذه الإيجابيات، فإن قاعدة البيانات لها للأسف سلبياتها التي نوردها فيما يلي.

✓ سلبيات قاعدة البيانات

لقاعدة البيانات سلبيات نذكر أهمها:

▪ تخزين البيانات في مكان واحد، مما يجعلها حسّاسة جدا للمخاطر، وتتطلب القيام بنسخ احتياطي كامل ودوري (حسب عدد معين من الساعات أو الأيام أو الأسابيع).

▪ هناك احتمال كبير أن ينفرد مدير قاعدة البيانات بميزة القرب من قاعدة البيانات، حيث يختصّ بامتلاك الصلاحيات للتعرف على محتواها، مما يجعل عملية التحديث، والتصفح محدودة على بعض الأفراد المعينين من طرف الإدارة، أو من طرف مدير قاعدة البيانات.

▪ في بعض الأحيان، يتعذّر الحصول على بعض البيانات لعمليّة معيّنة لأنه يمكن أن تكون قيد الاستخدام من طرف مستخدمين آخرين في تطبيقات أخرى.

▪ يجب توفير برمجيات إضافية لإدارة قاعدة البيانات، وبالتالي وجب أن يكون جهاز الحاسب الآلي الذي نصّبت عليه هذه القاعدة ذا مواصفات تتماشى مع إمكانية تقبّل تنصيب هذه البرمجيات.

▪ إن استخدام قواعد بيانات علاقية تشتغل على أجهزة حواسيب مرتبطة بشبكة، يشكّل بعض الغموض لكثير من المستخدمين الذين يفتقرون إلى خبرة في ميدان إدارة واستخدام الشبكات.

❖ مقارنة بين قاعدة البيانات والملفات

يبلور الشكل 7.22 مقارنة بين قواعد البيانات والملفات. أجرينا هذه المقارنة بالارتكاز على بعض الأحداث أو الصفات.

لقد تطورت قواعد البيانات العلاقية بشكل مدهش في السنوات الأخيرة. لقد شمل هذا التطور خاصة قواعد البيانات التي يمكن استخدامها على أجهزة الحواسيب الشخصية، حيث اتسمت برمجيات إدارة قواعد البيانات بالمرونة، مما سهّل عملية تصميم واستخراج التقارير.

لعل التطور الذي شمل برمجيات إدارة قواعد البيانات التي تعتمد على واجهة المستخدم الرسومية، ساهم في تطوير قواعد البيانات، فباستخدام برنامج أكسس مثلا، يمكن للمستخدم أن يسحب ويجرّ حقلا أو مجموعة حقول من جدول آخر أو أكثر، ليصمم تقارير متقدّمة ترتكز على بيانات مستوردة من عدّة جداول. يعزّز هذا التطوّر دور البرمجة المرئية، حيث بإمكان المستخدم إدماج فيجيول بيسك في العديد من تطبيقات أكسس لإنشاء واجهات متقدّمة.

❖ الهياكل المنطقية لقواعد البيانات

إذا ركّزنا على الهيكل المنطقي لقاعدة البيانات، فإننا سوف نقسّم قواعد البيانات إلى ثلاثة أنواع، نسردها كما يلي:

- قاعدة بيانات هرمية (شجرية)،
- قاعدة بيانات شبكية،
- قاعدة بيانات علاقية،

نتطرق الآن إلى تفسير هذه الأنواع الثلاثة.

o قاعدة بيانات هرمية (شجرية)

يقتضي قانون الهيكل الهرمي لقاعدة البيانات توفر القاعدة التالية:

لا يجب على الكينونة الخالفة أن تكون متّصلة بأكثر من كينونة سالفة واحدة.

بطريقة أخرى، فإن الهيكل الهرمي يركّز على نظام "واحد لمجموعة (1:M) " أو "واحد لواحد (1:1)".

الحدث / الصفة	قاعدة البيانات	الملف
تحديث البيانات	إن مشاركة قاعدة البيانات من طرف عدد من المستخدمين، تقتضي تخزين القاعدة مرة واحدة، مما يساعد على إجراء عمليات التحديث بسهولة.	تتم عملية تحديث البيانات في ملفات متعددة مما يجعلها صعبة التنفيذ.
إيجاد البيانات	يستطيع المستخدم إيجاد البيانات التي يريدها بسهولة.	يصعب على المستخدم إيجاد البيانات التي يريدها، نظرا لتشتّتها على عدد من الملفات.
المرونة	تتصف قاعدة البيانات بالمرونة، فهي قابلة للتطوير بسهولة، مما يجعلها تواكب تطلعات المستخدمين والاستجابة إلى طلباتهم.	يصعب تطوير الملفات لما يتطلّبه ذلك من مراجعة هيكل الملفات، والبرامج المرتبطة بها.
حرية تحديد نوع البيانات	يمكن للمستخدم أن يحدّد بحرية نوع البيانات دون التقيد بنوعية وسائل التخزين.	وجب على المستخدم التقيّد بطبيعة تركيبة الملف، ونوعية وسائل تخزينه.
طريقة الاستخدام	يمكن أن تستخدم قاعدة البيانات من طرف مجموعة من المستخدمين في آن واحد.	لا يمكن أن يستخدم الملف إلا شخص واحد في وقت معين، وعلى الأشخاص الراغبين في ذلك التناوب في الاستخدام.
جمع البيانات من أكثر من جدول واحد	يمكن الجمع بين جدولين أو أكثر، واستخراج البيانات المطلوبة في جدول منفرد باستخدام عدد بسيط من الأوامر.	يتطلب الجمع بين جدولين أو أكثر كتابة برنامج معقد يحتاج إلى بذل جهد كبير و قضاء وقت طويل.

شكل 7.22: مقارنة بين الملف وقاعدة البيانات

تمثّل الكينونة هنا سجلاً. تسمى كل أنواع السجلات "قطاعات"، وتمثّل الدائرة العلوية نوع قطاع يسمى "جذرا"، ويسمى نوع القطاع السفلي "ورقة". تحدّد الخطوط المتصلة في الرسم "السالف".

نلاحظ في شكل 8.22 مثلا أن مقرر "البرمجة بلغة سي++" يعتبر سالفا لخالفين اثنين وهما "مجموعة 3" و"مجموعة 4".

كما نلاحظ في قاعدة البيانات الهرمية، أن الجذر لا يمتلك سالفا، بينما تمتلك الورقات سالفا واحدا فقط.

مثال1

نفترض في هذا المثال أن مقرّرا دراسيا معيّنا يعطى لمجموعة معيّنة تضم عددا من الطلاب (شكل 8.22 (أ))

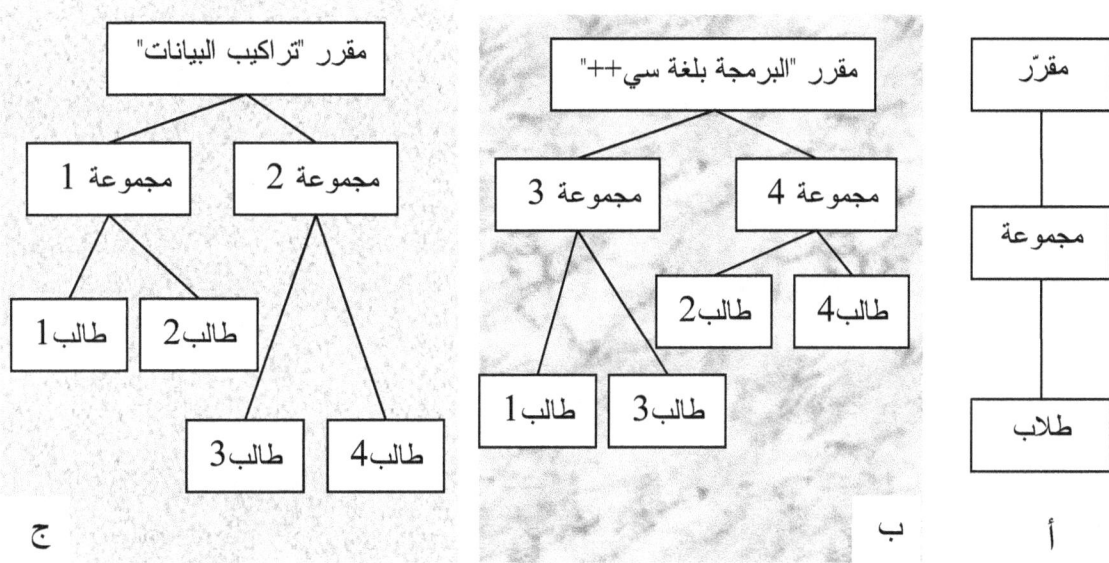

شكل8.22: أمثلة لقواعد بيانات هرمية

في الشكل 8.22 (ب) تدرس مجموعتان (3 و4) مقرر "البرمجة بلغة سي++"، وتضم كل مجموعة طالبين اثنين. أما في الشكل 8.22 (ج)، فإننا نرى أن نفس الطلاب مسجّلين في مجموعتين مختلفتين (1 و2) ويدرسون مقررا آخر وهو "تراكيب البيانات".

وبما أن قاعدة رسم الهيكل الهرمي يقتضي بموجبها أن لا يتعدى الطالب سالفا واحدا، فقد وجب تكرار الطلاب 1 و2 و3 و4 في مكانين مختلفين (شكل 8.22 ب، ج : مقرر تراكيب البيانات ومقرر البرمجة بلغة سي++) مما يمنع قاعدة البيانات الهرمية من تنفيذ علاقات العديد إلى العديد (M:N) بكفاءة.

يتجلى في هذا المثال، أنه في كثير من الأحيان، ومن السهل جدا استخراج البيانات من القاعدة الهرمية، وذلك باتباع الأغصان (الفروع).

الجدير بالذكر أنه لا يمكننا هنا إعطاء ورقة في المستوى الأخير (إضافة طالب آخر)، إلا إذا أحدثنا له كينونة سالفة في المستوى الأسبق. ففي مثالنا هذا، لا يمكننا إضافة طالب جديد، إلا إذا أحدثنا له مجموعة ومقررا. تمثّل هذه المشكلة إحدى سلبيات قاعدة البيانات الهرمية.

- **قاعدة بيانات شبكيّة**

يخوّل الهيكل الشبكي لقاعدة البيانات وجود علاقات من نوع العديد إلى العديد (M:N) بين مختلف كينونات الهيكل المنطقي للبيانات.

مثال2

يبيّن الشكل 9.22 تصحيح مشاكل الشكل السابق (شكل 9.22 ب، ج) الذي تواجد في قاعدة البيانات الهرمية، حيث مكنتنا القاعدة الشبكية من تجنب تكرار مجموعة الطلاب في المقررين الاثنين (مقرر تراكيب البيانات ومقرر البرمجة بلغة سي++). ممّا لا شك فيه، أن الشكل أصبح مبسّطا أكثر من قبل، وقد تم حذف الفائض الذي احتواه من البيانات.

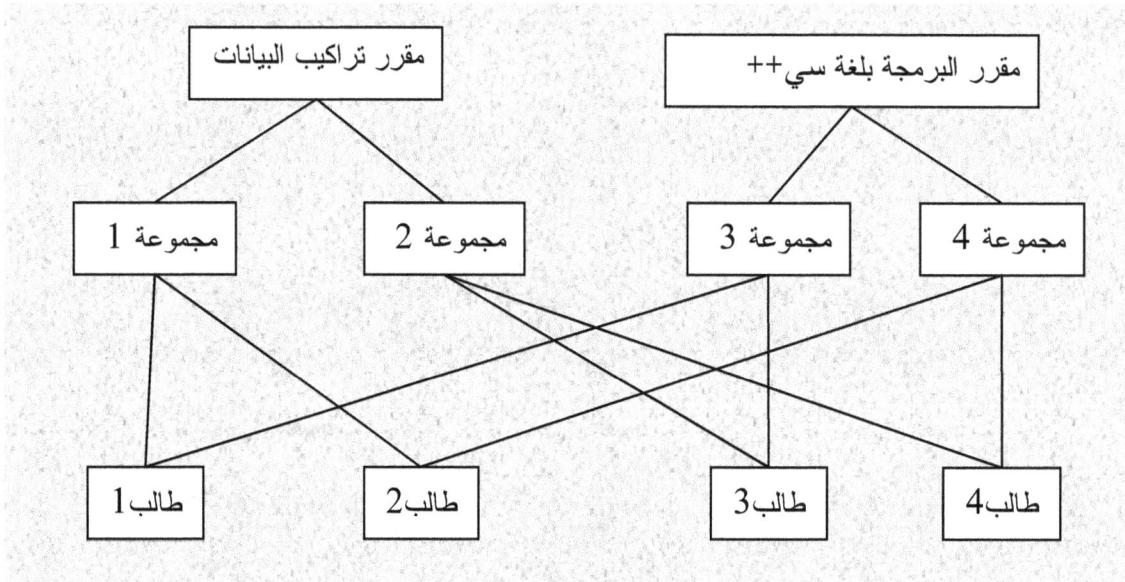

شكل 9.22: مثال لقاعدة بيانات شبكية (دمج ب، ج في الشكل السابق مع حذف الفائض من البيانات)

o قاعدة بيانات علاقية

تتكوّن قاعدة بيانات علاقية من جدول واحد أو أكثر ذي بعدين، ونطلق عليه اسم علاقة. تمثل صفوف الجدول "السجلات"، وتحتوي الأعمدة على خواص القاعدة المتمثلة في "الحقول". تعتبر متابعة الجداول في قاعدة البيانات العلاقية سهلة بالمقارنة بقواعد البيانات الهرمية والشبكية.

كما يطلق على الجداول اسم الملفات المسطحة. في بعض المصطلحات يسمى السجل سطرا ويظهر كصف في العلاقة.

مثال3

يوضّح الشكل 10.22 مثالا لقاعدة بيانات علاقية.

مسمى المقرر	المستوى
برمجة C++	أول
تراكيب البيانات	أول
لغة جافا	ثاني
إدارة شبكات	ثاني

رقم الطالب	المستوى	رقم المجموعة
12347	أول	3
12348	أول	1
12349	أول	4
15401	ثاني	4

رقم الطالب	اسم الطالب	التخصص
12347	سعيد	برمجة
12348	سلطان	برمجة
12349	عادل	برمجة
15401	سالم	شبكات

شكل 10.22: مثال لقاعدة بيانات علاقية

أردنا في نهاية الأمر أن نلخص في الشكل 11.22 أهم ما ذكرناه سابقا من إيجابيات وسلبيات لمختلف أنواع قواعد البيانات.

❖ **قيود السلامة**

تعكس قيود السلامة القواعد المتّبعة أثناء القيام ببعض العمليات المرتبطة بإدارة قواعد البيانات، والمتمثلة أساسا في العمليتين الأساسيتين التاليتين:

- تغيير محتوى سجل،
- حذف سجل

بالإضافة إلى ذلك، تهدف قيود السلامة إلى المساعدة على المحافظة على دقة بيانات القاعدة.

✓ أنواع قيود السلامة

تصنّف قيود السلامة حسب الأنواع الرئيسية التالية:

- قيود سلامة الكينونة،
- سلامة النطاق،
- السلامة المرجعية.

	الإيجابيات	السلبيات
قاعدة بيانات هرمية	عملية استخراج البيانات من القاعدة الهرمية بصفة عامة سهلة.	تركز على نظام واحد لمجموعة (1:M) أو واحد لواحد (1:1). تمنع قاعدة البيانات الهرمية من تنفيذ علاقات العديد إلى العديد (M:N) بكفاءة. لا يمكننا هنا إعطاء ورقة في المستوى الأخير، إلا إذا أحدثنا له كينونة عائلة في المستوى الأسبق.
قاعدة بيانات شبكية	يخول الهيكل الشبكي لقاعدة البيانات وجود علاقات من نوع العديد إلى العديد (M:N) بين مختلف كينونات الهيكل المنطقي للبيانات. تمكننا القاعدة الشبكية من تجنب تكرار البيانات. تخول التبسيط والتقليل من فائض البيانات.	
قاعدة بيانات علاقية	تعتبر متابعة الجداول في قاعدة البيانات العلاقية سهلة بالمقارنة بقواعد البيانات الهرمية والشبكية.	

شكل 11.22: مثال لقاعدة بيانات شبكية

نتفحص الآن كل نوع من هذه الأنواع.

○ قيود سلامة الكينونة

تتمثل قيود سلامة الكينونة في الآتي:

➢ يجب أن يتوفر لكل علاقة مفتاح أوّلي،

- هي القواعد التي تشمل إنشاء المفاتيح الأوّلية، والتي تنص على أن هذه الأخيرة (المفاتيح الأولية) لا يجب أن تكون صفرية، وإذا كان المفتاح الأوّلي مفتاحا مركّبا (متكوّنا من مفتاح أولي ومفتاح أجنبي)، فإنه لا يجب على أي مكوّن من مكوّنات خواصّ (حقول) المفتاح الأساسي أن تكون قيمته صفرية.

تكمن المشكلة في أنه في بعض الأحيان، قد لا يقوم المستخدم بتعبئة الخواصّ (لا يعطيها قيمة) نظرا لعدم توفّر البيانات لديه، وقد يكون ذلك لأسباب معيّنة (جهل قيم الخواصّ أو نسيانها أو عدم الرغبة في الإعلان عنها،...). يتولىّ نموذج البيانات العلاقي عندئذ تحديد قيمة لاشيء إلى هذه الخاصية ذات القيمة الفارغة. تنص قاعدة سلامة الكينونة في هذه الحالة على أن لا تكون خاصية المفتاح الأوّلي (أو أحد مكوّنات خاصيته) لا شيء.

اللا شيء – هي قيمة يمكن أن تسند إلى الخاصيّة عندما لا تكون هناك أي قيمة أخرى مناسبة لها، أو عندما تكون القيمة المناسبة لها مجهولة.

- **السلامة المرجعيّة**

ترتكز السلامة المرجعيّة على مبدأ العمل على ملفات البيانات التي تمتلك علاقات من نوع "واحد لمجموعة" (1:M).
لنسمّي الجدول المتّصل بنهاية العلاقة نوع "واحد" بـ"جدول السالف" ولنسمّي الجدول المتصل بالطرف الآخر من العلاقة نوع "مجموعة" بـ "الجدول الخالف".

تقتضي السلامة المرجعية وجوب امتلاك كل المفاتيح الأجنبية المتواجدة في الجدول الخالف سجل نظير لها في الجدول السالف.

يعني هذا أنه لا يمكن للمستخدم إضافة سجل في الجدول الخالف دون أن يكون قد كوّن سابقا سجلا مماثلا له في الجدول الخالف.
كما أنه يمكن صياغة قاعدة السلامة المرجعية كالآتي:

يجب أن تكون قيمة كل مفتاح أجنبي متفقة مع قيمة مفتاح أولي في علاقة أخرى، وإلاّ تكون قيمة المفتاح الأجنبي لا شيء.

مثال4 :

في الشكل 12.22 أنشأنا علاقة سميناها "طالب" تحمل مفتاحا أولّيا متمثلا في رقم_طالب. ثم أنشأنا علاقة أخرى تحمل اسم "نشاط" حيث يمثّل مفتاحها الأولي حقلا لـ"نوع نشاط"، وفي نفس الوقت تضمّ مفتاحا أجنبيّا "رقم طالب" (الذي هو في حدّ ذاته مفتاحا أوّليا في العلاقة "طالب").

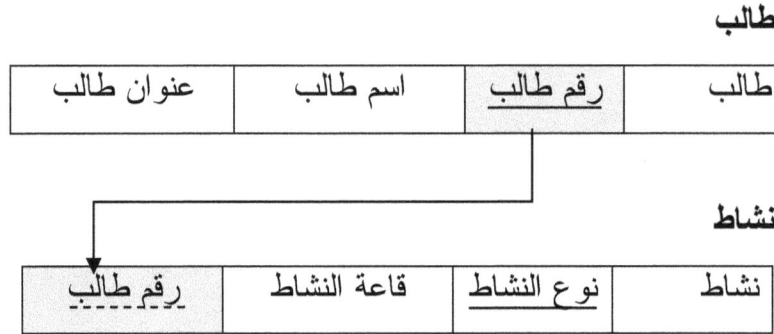

طالب

طالب	<u>رقم طالب</u>	اسم طالب	عنوان طالب

نشاط

نشاط	<u>نوع النشاط</u>	قاعة النشاط	رقم طالب

شكل 12.22:اتفاق قيمتي المفتاحين الأجنبي والأولي

كما ذكرنا سابقا، يعني هذا أنه بموجب قاعدة السلامة المرجعية، فإنه لا يمكن للمستخدم إضافة سجل في الجدول الخالف بدون أن يكون قد كوّن سجلا مماثلا له في الجدول السالف. ففي الشكل 12.22، لا يمكن تسجيل طالب في نشاط معين في جدول "نشاط"، إلا إذا تمّت عمليّة إدخال بياناته في جدول "طالب".

بالإضافة إلى هذا، فإن قاعدة السلامة المرجعية تقتضي عدم إمكانية حذف أو تغيير مفتاح أوّلي متوافق مع جدول خالف.

○ **قيود النطاق**

تتمثّل قيود النطاق (أو ما يسمّى نطاقا) في مجموعة القواعد المستخدمة للتحقق من صحة البيانات، وتكون عادة في شكل جداول، أو حدود، أو مدى (مجال)،... يحدّد النطاق مجموعة القيم التي لا يمكن أن تتّخذها خاصية واحدة فأكثر. كما تتمثّل هذه القيود عادة في تحديد نوع البيانات (صحيح، حقيقي،...)، طولهـا، والقيم المقبولة التي يمكن أن تسند إليها، كالقيمة الدنيا والقيمة القصوى. فمثلا يجب أن يكون تاريخ شراء بضاعة دائما أقل أو يساوي التاريخ الحالي.

23

تصميم قواعد البيانات
التصميم المنطقي لقواعد البيانات

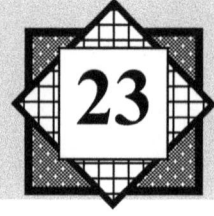

يهدف هذا الفصل إلى التعرف على:

- تصميم قواعد البيانات وأهدافه،
- تنظيم قواعد البيانات، التصميم المنطقي لقاعدة البيانات،
- النمذجة المنطقية للبيانات، المراحل الرئيسية للتصميم والنمذجة المنطقية لقاعدة البيانات،
- نموذج قاعدة البيانات العلاقية،
- خصائص العلاقات،
- علاقات حسنة الهيكلة،
- التبعية الوظيفية،
- الصيغة الطبيعية،
- السلامة المرجعية،
- تحويل خرائط الكينونات والعلاقات إلى علاقات،
- أهم مشاكل الدمج (المرادفات، الألفاظ المتجانسة، تبعيّة الخاصيات غير الرئيسية، الفئات والفئات الفرعية).

تمهيد

بعد التعرف على مقدمة في قواعد البيانات، نتعرف في هذا الفصل على تصميم قواعد البيانات، ثم نتطرق بعد ذلك إلى إحدى مراحله والمتمثّلة في التصميم المنطقي لقواعد البيانات، ونواصل في الفصل القادم التعرّف على المرحلة الثانية، والمتمثّلة في التصميم المادي لقواعد البيانات.

❖ **تصميم قواعد البيانات**

يمرّ تصميم قواعد البيانات بمرحلتين أساسيتين (شكل 1.23):

- تصميم النموذج المنطقي لقاعدة البيانات،
- تصميم النموذج المادي لقاعدة البيانات،

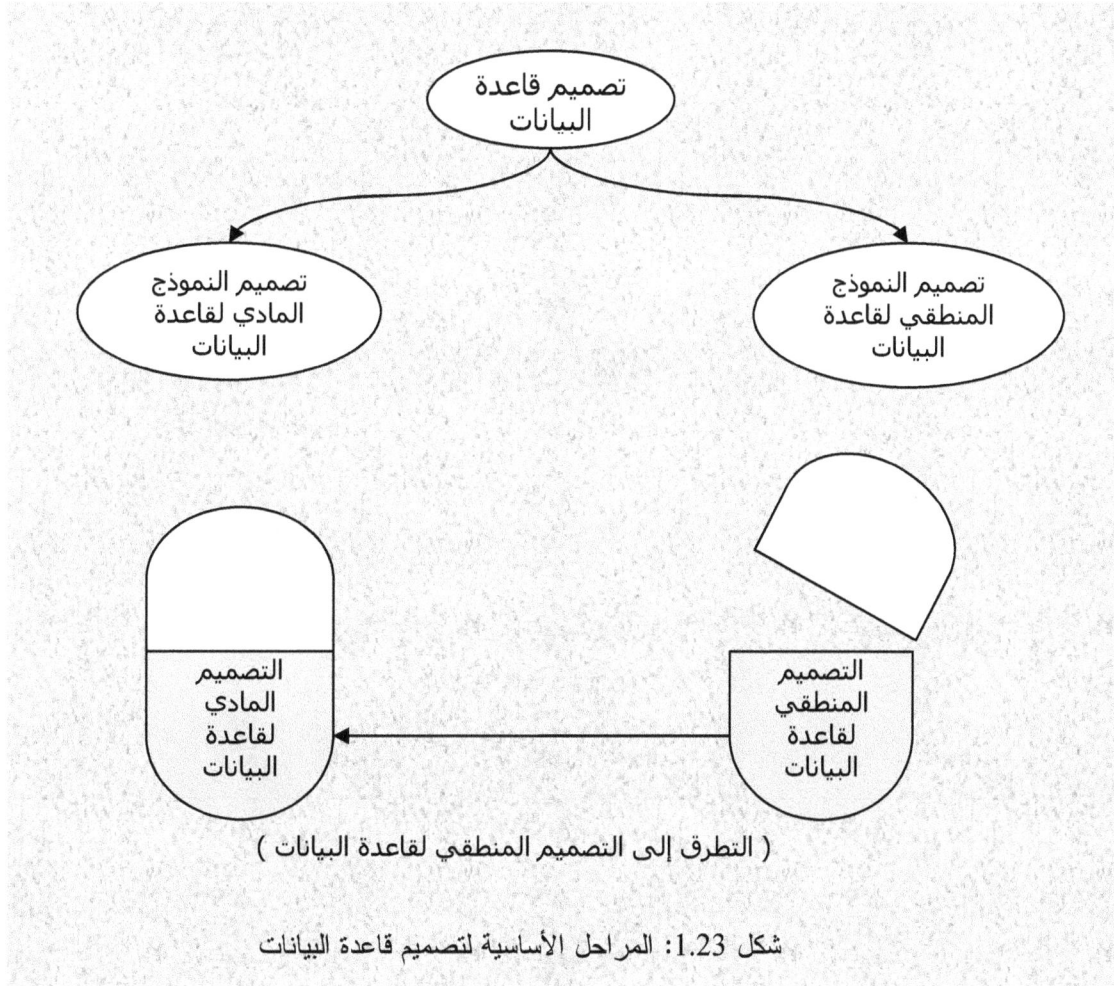

(التطرق إلى التصميم المنطقي لقاعدة البيانات)

شكل 1.23: المراحل الأساسية لتصميم قاعدة البيانات

لو تفحصنا الشكل 3.18 (الذي ذكرناه في الفصل 18)، فإننا نلاحظ أن نمذجة قاعدة البيانات والأنشطة التصميمية ترتبط بكل مراحل دورة حياة تطوير النظام. الجدير بالذكر أن إنشاء التصميم المنطقي والمادي لقاعدة البيانات يتم بالتوازي مع خطوات أخرى تتبع تصميم النظام.

تستخدم نتائج التصميم المنطقي لقاعدة البيانات، وتصميم البيانات الواردة والصادرة في مرحلة لاحقة مكمّلة لتصميم قواعد البيانات، والمتمثلة في التصميم المادي لقاعدة البيانات الذي يساعد المبرمجين، ومديري قاعدة البيانات، ومديري الشبكة، وغيرهم على التعرف على طريقة تنصيب نظام المعلومات الجديد.

بعد التصميم المادي لقاعدة البيانات، تأتي مرحلة كتابة البرامج متوّجة بذلك مرحلة التصميم. سوف لن نتطرق في هذا الكتاب إلى الجزء البرمجي للنظام، لأنّنا نعتبر أن ذلك خارج عن أهداف هذا الكتاب. ولكن قبل أن نتطرق إلى التصميم المنطقي لقاعدة البيانات، فإنه من الأفضل أن نأخذ فكرة عن أهداف تصميم قواعد البيانات وتنظيمها.

✓ **أهداف تصميم قواعد البيانات**

نلخّص فيما يلي أهم أهداف تصميم قواعد البيانات (شكل 2.23):

أ- الحصول على هياكل مستقرّة، تسمى "جداول مطبّعة"، وذلك بواسطة هيكلة البيانات. تتمتّع هذه الجداول المطبّعة بالميزات التالية:

- نسبة احتمال تغيّرها مع الزمن ضئيلة،
- نسبة الإسهاب فيها قليلة.

ب- إنشاء التصميم المنطقي لقاعدة البيانات الذي يعكس المتطلّبات الحقيقيّة لهذه البيانات التي تحتاجها النماذج (صحيفة الشاشة، نماذج الإدخال،...)، وتقارير نظام المعلومات. لتحقيق ذلك، فإن تصميم قاعدة البيانات يتمّ بالتوازي مع تصميم الواجهات البشريّة لنظام المعلومات.

ج- إنشاء التصميم المنطقي لقاعدة البيانات، والذي يمكّننا من خلاله أن نستنبط التصميم المادّي لهذه القاعدة.

وبما أن أغلبية نظم المعلومات تستخدم اليوم قواعد بيانات علاقية، فإن التصميم المنطقي لقاعدة البيانات يستخدم بصفة عامة نماذج لقاعدة بيانات علاقيّة. تعرض هذه النماذج البيانات في شكل جداول مبسّطة، وتمتلك أعمدة مشتركة، وتستخدم لربط الجداول التي لها علاقات ببعضها البعض.

د- ترجمة نموذج قاعدة البيانات العلاقية في ملف فني، وتصميم (القاعدة البيانات) يوفر توازنا بين عدة عوامل أداء النظام.

ه- اختيار تقنيات تخزين البيانات الملائمة (أقراص مرنة، أقراص مدمجة، أقراص صــلبة،...) التــي تخوّل تخزين نشاطات قواعد البيانات بدقة وأمان.

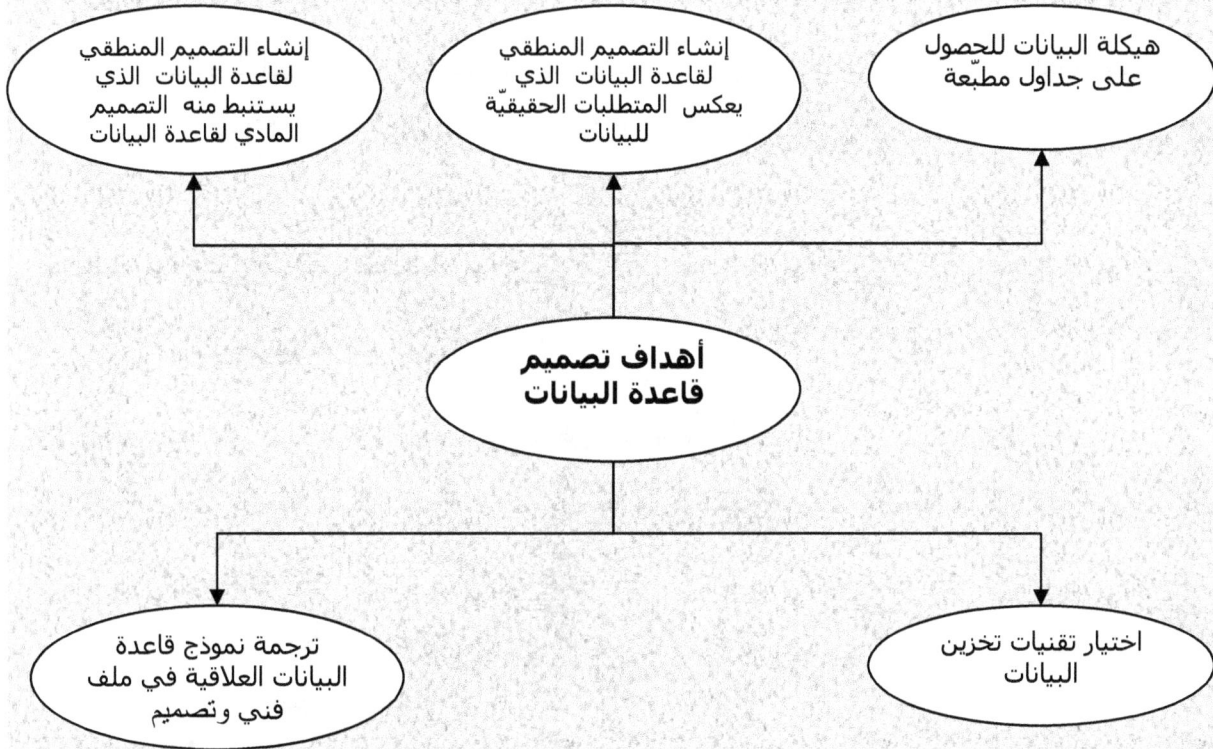

شكل 2.23: أهداف تصميم قاعدة البيانات

❖ تنظيم قواعد البيانات

كما ذكرنا سابقا، فإنه يمكن لعدد من المستخدمين التشارك في العمل على قاعدة بيانات واحدة. إذا أردنا أن نعرف كيف ينظر المستخدم إلى البيانات، فإننا سوف نجد أن أغلبهم يختلفون في وجهة نظرهم لها. نقصد بوجهة نظر المستخدم للبيانات، طريقة تصوّره ووصفه لها.

يتولّى محلل النظم فحص كل تصوّر، ثم يصمّم بعد ذلك النموذج المنطقي العام لقاعدة البيانات الذي يحوّل فيما بعد إلى التصميم المادي لقاعدة البيانات.

يركّز التصميم المادي لقاعدة البيانات على طريقة تخزين البيانات، وسبل الدخول إليها. سوف نعبر عـــن وجهة نظر المستخدمين للبيانات بــ"مخطط المستخدم". يوضّح الشكل 3.23 مراحل تصميم قاعدة بيانات.

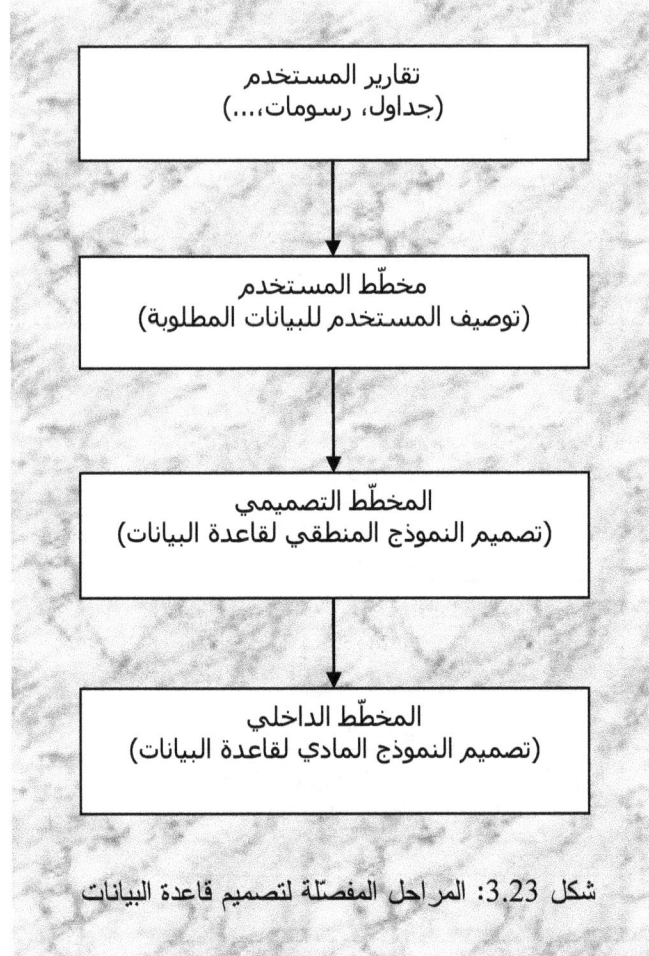

```
┌─────────────────────────────┐
│       تقارير المستخدم        │
│    (جداول، رسومات،....)       │
└─────────────────────────────┘
              │
              ▼
┌─────────────────────────────┐
│       مخطّط المستخدم         │
│ (توصيف المستخدم للبيانات المطلوبة) │
└─────────────────────────────┘
              │
              ▼
┌─────────────────────────────┐
│      المخطّط التصميمي        │
│ (تصميم النموذج المنطقي لقاعدة البيانات) │
└─────────────────────────────┘
              │
              ▼
┌─────────────────────────────┐
│      المخطّط الداخلي         │
│ (تصميم النموذج المادي لقاعدة البيانات) │
└─────────────────────────────┘
```

شكل 3.23: المراحل المفصّلة لتصميم قاعدة البيانات

نتطرّق الآن إلى موضوع هذا الفصل الذي يخصّ التصميم المنطقي لقاعدة البيانات.

❖ التصميم المنطقي لقاعدة البيانات

وجب في أول مرحلة تصميم النموذج المنطقي لقاعدة البيانات الذي يـصف البيانات باسـتخدام تـــدوين يتماشى مع تنظيم البيانات الذي يستخدمه نظام إدارة قاعدة البيانات.

إن الأسلوب المشترك الأكثر شيوعا للنموذج المنطقي لقاعدة البيانات، هو نموذج قاعدة بيانــات علاقيــة. نستخدم أثناء تصميم النموذج المنطقي لقاعدة البيانات طريقة تسمى التطبيع، والتي هي عبارة عن طريقــة تخوّل إنشاء نموذج بيانات يمتلك الميزات التالية:

- البساطة،

- غياب الإسهاب،

- عدم الحاجة إلى صيانة مكثفة.

✓ **المراحل الرئيسية للتصميم والنمذجة المنطقية لقاعدة البيانات**

يشمل التصميم، والنمذجة المنطقية لقاعدة بيانات لتطبيق معين المراحل التالية (شكل 4.23):

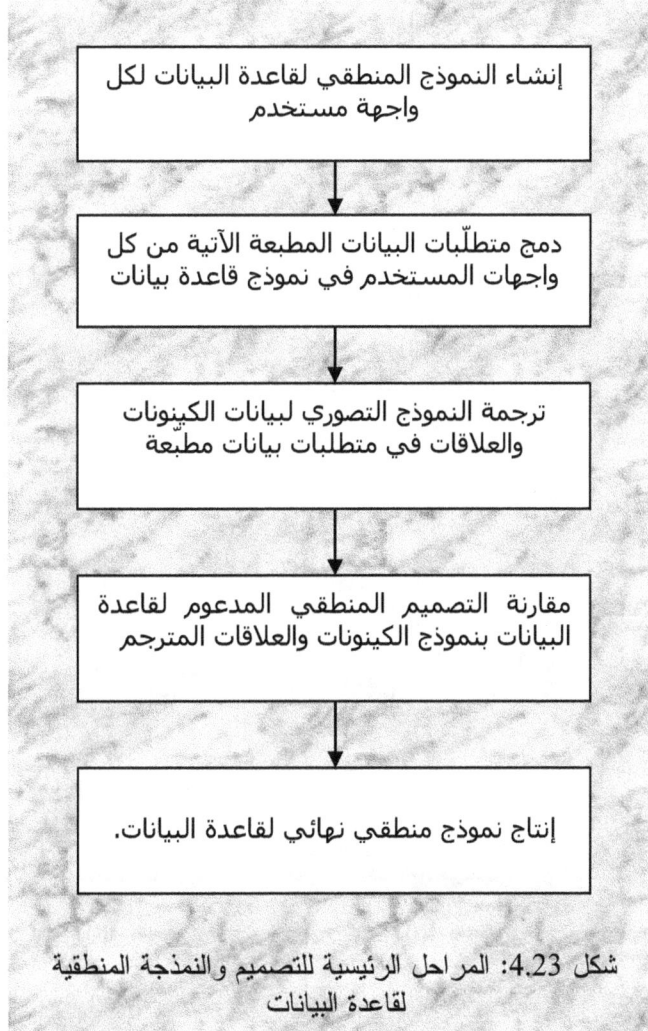

إنشاء النموذج المنطقي لقاعدة البيانات لكل واجهة مستخدم

دمج متطلّبات البيانات المطبعة الآتية من كل واجهات المستخدم في نموذج قاعدة بيانات

ترجمة النموذج التصوري لبيانات الكينونات والعلاقات في متطلبات بيانات مطبّعة

مقارنة التصميم المنطقي المدعوم لقاعدة البيانات بنموذج الكينونات والعلاقات المترجم

إنتاج نموذج منطقي نهائي لقاعدة البيانات.

شكل 4.23: المراحل الرئيسية للتصميم والنمذجة المنطقية لقاعدة البيانات

أ- إنشاء النموذج المنطقي لقاعدة البيانات لكل واجهة مستخدم (نموذج وتقرير) باستخدام مبادئ التطبيع.

ب- دمج متطلّبات البيانات المطبعة الآتية من كل واجهات المستخدم في نموذج قاعدة بيانات مدعوم. تسمى هذه الخطوة "تكامل وجهة النظر".

ج- ترجمة النموذج التصوري لبيانات الكينونات والعلاقات (والذي تم إنشاؤه بغض النظر عن واجهات مستخدم معينة) في متطلبات بيانات مطبّعة.

د- مقارنة التصميم المنطقي المدعوم لقاعدة البيانات بنموذج الكينونات والعلاقات المترجم، ومن ثمّ ومن خلال "تكامل وجهة النظر"، إنتاج نموذج منطقي نهائي لقاعدة البيانات.

وجب على محلل النظم أن يدرس عناصر البيانات الواردة، والصادرة الناتجة عن النماذج والتقارير، ومعرفة العلاقات المتبادلة بين البيانات. الجدير بالذكر أنه مثلما رأينا في دراستنا للنمذجة التصورية للبيانات، فإن عمل كل أعضاء الفريق الذي يعمل على تطوير النظام، يرتكز على التنسيق والتشارك بين كافة أعضاء الفريق، ويتحقق ذلك عن طريق الاستخدام المشترك لقاموس البيانات.

✓ النمذجة المنطقية للبيانات

أثناء التصميم المنطقي لقاعدة البيانات، وجب الأخذ بعين الاعتبار كل عنصر بيانات يمكن الحصول عليه من مصادر مختلفة، كبيانات النظام الصادرة والواردة، والمتمثلة أغلبها في النماذج، والتقارير، وخرائط الكينونات والعلاقات (شكل 5.23). وجب على كل عنصر من عناصر هذه البيانات أن يكون جزءا من صف بيانات يحتفظ به في قاعدة بيانات النظام. أمّا إذا كان عنصر البيانات من صادرات النظام، فإنه بالإمكان أن يشتقّ من البيانات المخزّنة في قاعدة البيانات.

نسوق الآن مثالا يوضح تطبيق مراحل التصميم المنطقي لقاعدة البيانات.

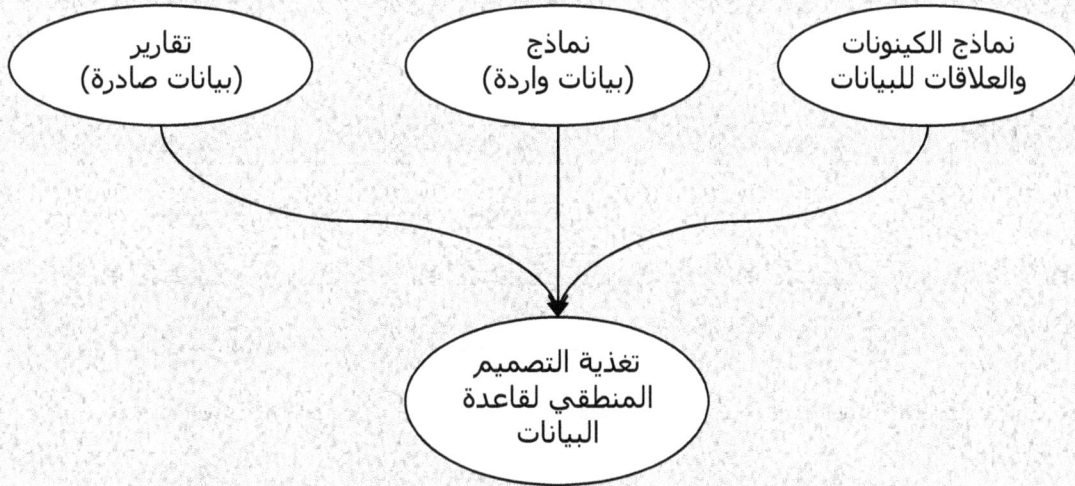

شكل 5.23 : المصادر الرئيسية لتغذية التصميم المنطقي لقاعدة البيانات

مثال 1

نتعرّف في هذا المثال على تطبيق للمراحل الأربعة التابعة للتصميم المنطقي لقواعد بيانات طلبات حريف بإحدى المؤسسات. يوضّح الشكل 6.23 (و) نتائج تنفيذ المراحل الأربعة.

- #### المرحلة الأولى

يحتوي الشكل 6.23 (أ) والشكل 6.23 (ب) (المرحلة الأولى) على مثالين لصادرات النظام تخص معالجة طلبات حريف بإحدى المؤسسات.

لقد تطرقنا إلى وصف المتطلبات الملحقة بقاعدة البيانات في شكل يسمىّ العلاقات المطبّعة، ويظهر مباشرة بعد شاشة العرض، والتقرير، وخريطة العلاقات، والكينونة. لقد وضعنا اسما لكل علاقة، وذكرنا مجموعة خاصيات كل علاقة بين قوسين.

يجب أن نتذكّر جيّدا أن العلاقة ــ هي عبارة عن جدول بيانات يحتوي على صفوف، وأعمدة، حيث أن كل عمود يحمل عنوانا متكوّنا من إحدى الخاصيّات التي تنتمي إلى نفس هذه العلاقة، والموجودة داخل القوسين.

تظهر الخاصية الرئيسية (التي هي عبارة عن المفتاح الأولي) مسطّرة في الجدول. قيمة الخاصيّة الرئيسية- هي قيمة منفردة لا تتكرّر في كل عمود الجدول (العلاقة) بأكمله. كما سطّرنا بسطر متقطّع الخاصية التي تمثّل مفتاحا أوّليّا لعلاقة أخرى.

يظهر الشكل 6.23 (أ) شاشة عرض، حيث يتولىّ المستخدم من خلالها إدخال رقم بضاعة تم شراؤها في فترة زمنية منحصرة بين تاريخين يدخلهما المستخدم. يتولّى البرنامج إثر ذلك البحث عن الحريف الذي حقّق الرقم القياسي في شراء البضاعة التي حدّد المستخدم رقمها خلال الفترة الزمنية المحدّدة. تخص البيانات الحرفاء، والبضائع، وطلباتهم مرفقة بصفّ الأصناف.

قائمة المشتريات القصوى من نوع معين من البضاعة	
ادخل رقم البضاعة:	X900
بداية تاريخ البحث:	2007/01/15
نهاية تاريخ البحث:	2007/02/20
نتيجة البحث	
رقم الحريف:	5200
اسم الحريف:	علي عبد الله
كمية البضاعة:	50

تظهر شاشة الاستعلام هذه البحث عن الحريف الذي حقّق الرقم القياسي في شراء البضاعة التي حدّد المستخدم رقمها، وذلك خلال الفترة الزمنية المحدّدة.

العلاقات

حريف (<u>رقم_حريف</u>، اسم)

طلب (<u>رقم_طلب</u>، رقم_حريف، تاريخ_طلب)

بضاعة (<u>رقم_بضاعة</u>)

صف الصنف (<u>رقم_طلب</u>، <u>رقم_بضاعة</u>، كمية_طلب)

شكل 6.23 (أ) : شاشة قائمة المشتريات من نوع معين من البضاعة

تظهر كل خاصيّة تابعة لكل علاقة إمّا على شاشة العرض، أو أنّها تستخدم لربط بعض العلاقات. فمثلا بما أن طلب بضاعة معيّنة مرتبط بأحد الحرفاء، فإنّ الخاصيّة التابعة لـ "**طلب**" ترتبط بـ "رقم_حريف".

يعرض الشكل 6.23 (ب) البيانات بشكل أكثر تعقيدا، حيث يعرض التقرير الكمّية الحقيقيّة للبضائع التي تسلّمها الحريف عند تنزيلها من الشحن، كما أنه يوضّح الحالة التي تكون فيها كمية الطلب التي حددها الزبون "كمية_طلب"، تختلف عن الكمية التي تم شحنها "كمية_شحن". وبما أن الاستعلام يختصّ فقط بفترة زمنية محدّدة، فإن الأمر يستوجب تحديد تاريخ استخراج كشف الحساب: **كشف حساب** (تاريخ_كشف حساب). نلاحظ أن الخاصية **كشف حساب** (رقم_طلب) تربط كشوفات الحساب بالطلبات الملحقة بها.

- **المرحلة الثانية**

تم في هذه المرحلة دمج المجموعتين المنفصلتين المتكوّنين من العلاقتين المطبّعتين 6.23 (أ) و6.23 (ب)، فنتج عن ذلك توليد العلاقة التي يعرضها الشكل 6.23 (ج).

- **المرحلة الثالثة**

يعرض الشكل 6.23 (د) خريطة الكينونات والعلاقات لمعالجة تطبيق طلبِ حريف. يمكن أن يتحقق هذا التطبيق تدريجيّا خلال النمذجة التصوّريّة للبيانات التي تتبعها العلاقات المطبّعة المكافئة.

- **المرحلة الرابعة**

نتولىّ في هذه المرحلة إنجاز عمليّة تآلف بين التصاميم المنطقية لقاعدة البيانات المبيّنة في الشكلين 6.23 (ج) و(د). ينتج عن هذا التآلف مجموعة من العلاقات المطبّعة نعرضها في الشكل 6.23 (و). تعتبر هذه المجموعة المتآلفة الناتج الرئيسي لعملية التصميم المنطقي لقاعدة البيانات (ناتج المراحل الثلاثة السابقة).

الجدير بالذكر أنه خلال التصميم المادي لقاعدة البيانات (الذي هو موضوع الفصل القادم)، يقوم محلل النظم بترجمة العلاقات من التصميم المنطقي لقاعدة البيانات في مواصفات تتماشى مع ملفات حاسوبية. تكون هذه الملفات في أغلبية نظم المعلومات في شكل جداول بيانات ضمن قواعد بيانات علاقيّة.

يتم أثناء تنصيب النظام اختيار لغة البرمجة المناسبة (برنامج أكسس أو لغة الاستعلام المهيكلة) التي تخول تعريف الجداول، ثم كتابة شفرة البرامج التابعة لإدارتها.

تقرير إجمالي لحريف			
اسم الحريف: سعد بشار		التاريخ: 2007/04/10	
رقم البضاعة	الكمية المطلوبة	الكمية المشحونة	الفرق
M100	100	102	+2
M500	80	77	-3
X900	50	51	+1

يظهر هذا التقرير مقارنة بين كمية كل بضاعة طلبها الحريف والكمية الحقيقية التي تسلمها بعد تنزيلها من الشحن.

العلاقات
بضاعة (رقم_بضاعة)
صف الصنف (رقم_بضاعة، رقم_طلب، كمية_طلب)
طلب (رقم_طلب، رقم_حريف، تاريخ_طلب)
شحنة (رقم_بضاعة، كمية_شحن، رقم_كشف حساب)
كشف حساب (رقم_كشف حساب، تاريخ_كشف حساب، رقم_طلب)

شكل 6.23 (ب) : تقرير إجمالي عن حريف

المجموعة المتكاملة للعلاقات
حريف (رقم_حريف، اسم)
بضاعة (رقم_بضاعة)
كشف حساب (رقم_كشف حساب، رقم_طلب)
طلب (رقم_طلب، رقم_حريف، تاريخ_طلب)
صف الصنف (رقم_بضاعة، رقم_طلب، كمية_طلب)
شحنة (رقم_بضاعة، كمية_شحن، رقم_كشف حساب)

شكل 6.23 (ج) : المجموعة المتكاملة للعلاقات

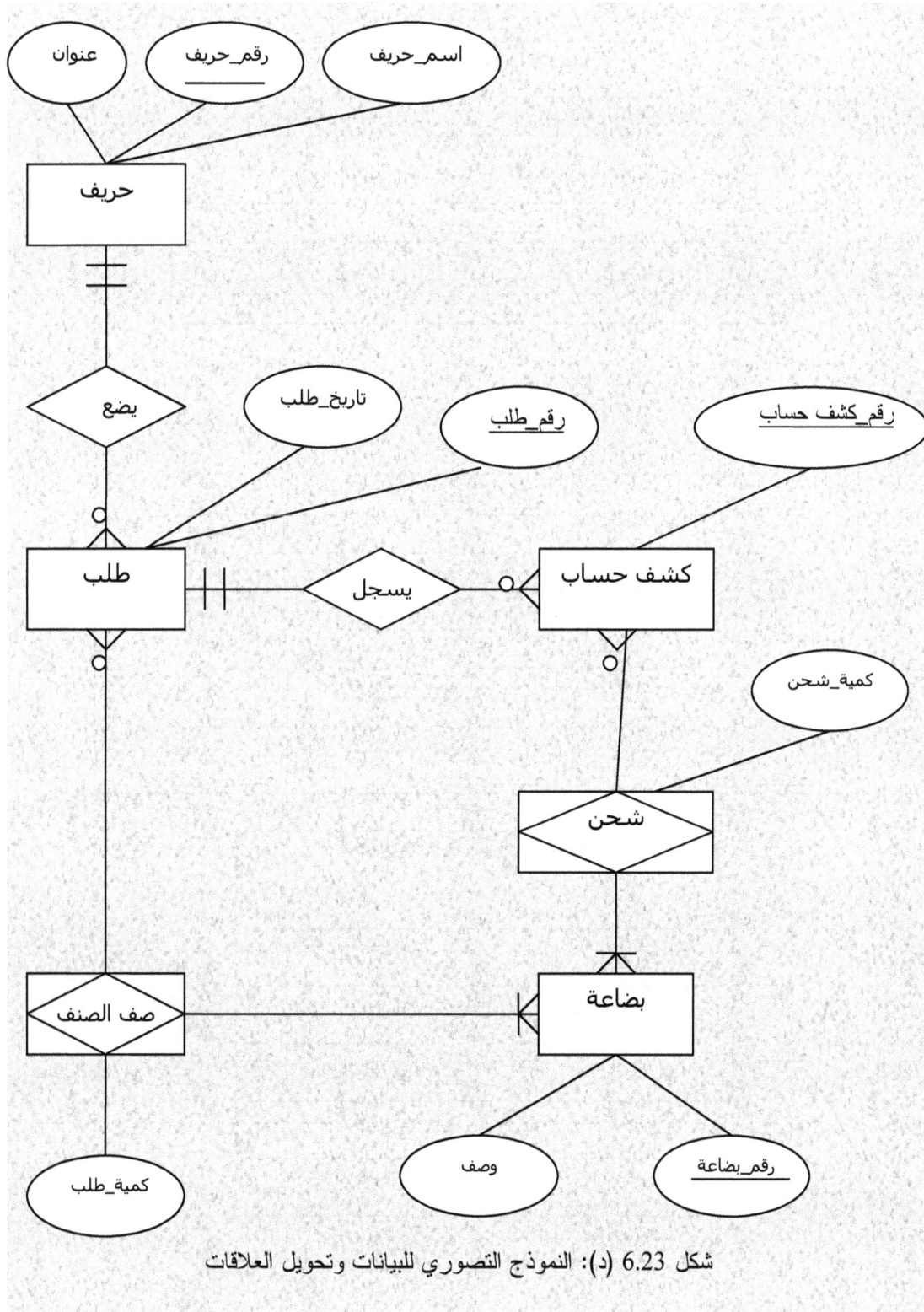

شكل 6.23 (د): النموذج التصوري للبيانات وتحويل العلاقات

العلاقات المحولة
حريف (رقم_حريف، اسم، عنوان)
بضاعة (رقم_بضاعة، وصف)
كشف حساب (رقم_كشف حساب، تاريخ_كشف حساب، رقم_طلب)
طلب (رقم_طلب، رقم_حريف، تاريخ_طلب)
صف الصنف (رقم_بضاعة، رقم_طلب، كمية_طلب)
شحنة (رقم_بضاعة، كمية_شحن، رقم_كشف حساب)

شكل 6.23 (هـ) (يتبع) : العلاقات المحولة

المجموعة النهائية للعلاقات المطبعة
حريف (رقم_حريف، اسم، عنوان)
بضاعة (رقم_بضاعة، وصف)
كشف حساب(رقم_كشف حساب، تاريخ_كشف حساب، رقم_طلب)
طلب (رقم_طلب، رقم_حريف، تاريخ_طلب)
صف الصنف (رقم_بضاعة، رقم_طلب، كمية_طلب)
شحنة (رقم_بضاعة، كمية_شحن، رقم_كشف حساب)

شكل 6.23 (و): المجموعة النهائية للعلاقات المطبعة

◄ نموذج قاعدة البيانات العلاقية

تستخدم أغلبية نظم المعلومات نموذج قواعد البيانات العلاقية. يجب الأخذ بعين الاعتبار أن الجداول لا تعتبر كلها علاقات، وذلك لأن العلاقات تمتلك بعض الخاصيات التي تميزها عن الجداول التي لا تمتلك علاقات. وحتى نتمكن من فهم ذلك، نسوق خصائص العلاقات.

◄ خصائص العلاقات

تمتلك العلاقات بعض الخصائص نسوق أهمها في النقاط التالية:

أ- بساطة الدخول إلى الخانات. نقصد بالخانة هنا الخلية المتحصل عليها نتيجة تقاطع صف الجدول مع عمود من أعمدته. يفضي مدخل تقاطع الصف مع العمود إلى الحصول على قيمة واحدة.

ب- تنتمي مداخل نفس العمود إلى نفس مجموعة القيم. يعني هذا أن أي عمود من أعمدة الجدول يحتوي على بيانات تندرج تحت نفس العنوان والنوع.

ج- يعتبر كل صف فريدا. تتحقق الانفرادية بامتلاك العلاقة مفتاح أوّلي غير صفري، وتختلف قيمته عن فراغ.

د- يمكن تغيير تتابع الأعمدة أو الصفوف دون أن يؤدي ذلك إلى تغيير معنى أو استخدام العلاقة.

❖ **علاقات حسنة الهيكلة**

تعتبر العلاقة حسنة الهيكلة، إذا احتوت على أقل إسهاب ممكن، وسمحت للمستخدمين بإدماج، وتغيير، وحذف صفوف داخل جدول دون أن ينتج عن ذلك أي أخطاء، أو تضاربات (عدم اتساق) على مستوى بيانات الجدول بأكمله. نسوق المثال التالي للتوضيح.

مثال 2

نفترض في هذا المثال الجدول التالي الذي يوضح بيانات بعض الطلاب. تتعلق هذه البيانات بأرقام الطلاب، وأسمائهم، والأقسام التي ينتمون إليها، ومعدّلاتهم الفصلية (معدلات نصف السنة).

طالب1

رقم_طالب	اسم_طالب	قسم	معدل فصلي
30	محمد عبد الله	الحاسب الآلي	4.5
33	علي عبد العليم	الرياضيات	4.0
45	عمر مبارك	العلوم الفيزيائية	3.5

شكل 7.23: علاقة حسنة الهيكلة

يعتبر طالب1 مثالا لعلاقة حسنة الهيكلة، حيث أن كل صف من صفوف الجدول يخص طالبا واحدا فقط، ولا يتكرر هذا الطالب مرة أخرى في أي صف من الصفوف الأخرى التي يحتويها هذا الجدول.

بالإضافة إلى ذلك، فإننا لو قمنا بأي عمليّة على بيانات طالب معيّن، فإن هذه العملية سوف تقتصر فقط على هذا الطالب، وهذا يعني على صف واحد من صفوف الجدول.

تحتوي هذه العلاقة على الخاصيّات التالية التي تصف طالبا: رقم_طالب، اسم_طالب، قسم، معدل فصلي. يحتوي الجدول على ثلاث عيّنات من الصفوف التي تمثل ثلاثة طلاب. يمكن التعبير عن هيكل العلاقة بدلالة مختزلة، حيث يرفق من خلالها اسم العلاقة بمسميات الخاصيات موضوعة بين قوسين. تسطّر خاصية المعرف (الذي يسمى المفتاح الأوّلي للعلاقة، والذي هو رقم_طالب في مثالنا هذا). لذلك يمكننا التعبير عن طالب1 كما يلي:

طالب1 (رقم_طالب، اسم_طالب، قسم، معدل فصلي)

مثال 3

يحتوي جدول طالب2 على بيانات طالب، وموضوع الدورة التدريبية التي قام بها، وتاريخها. يعتبر كل صفّ من صفوف الجدول منفردا بالارتكاز على دمج الخاصيتين الرئيسيتين رقم_طالب ودورة_تدريبية.

طالب2

رقم_طالب	اسم_طالب	قسم	معدل فصلي	دورة_تدريبية	تاريخ الدورة
30	محمد عبد الله	الحاسب الآلي	4.5	حاسب آلي	2007/10/03
30	محمد عبد الله	الحاسب الآلي	4.5	الذكاء الاصطناعي	2006/09/10
30	محمد عبد الله	الحاسب الآلي	4.5	شبكات الحاسب الآلي	2006/02/08
33	علي عبد العليم	الرياضيات	4.0	تاريخ الرياضيات	2007/05/30
33	علي عبد العليم	الرياضيات	4.0	التفاضل والتكامل	2006/02/05
45	عمر مبارك	العلوم الفيزيائية	3.5	الطاقة النووية	2007/03/24
45	عمر مبارك	العلوم الفيزيائية	3.5	الطاقة الكهربائية	2006/02/11

شكل 8.23 : علاقة ذات إسهاب

أصبح يمثل هذا الدمج المركّب للخاصيتين الرئيسيتين (رقم_طالب ودورة_تدريبية) مفتاحا أوّليا كليّا للجدول.

تتصف هذه العلاقة بالعيوب التالية:

- تعتبر هذه العلاقة ليست حسنة الهيكلة، حيث أنها تحتوي على كينونتين رقم_طالب ودورة_تدريبية.

- نلاحظ وجود إسهاب في هذه العلاقة، حيث أن رقم طالب معين يمكنه أن يظهر في أكثر من صف واحد، ولو افترضنا أن طالبا معينا تغير معدله الفصلي (لسبب من الأسباب)، فإنه وجب تغيير معدله في كل بقية الصفوف الأخرى التي ذكر فيها رقم هذا الطالب.

لذلك، فإنه بالارتكاز على مبدأ التطبيع (الذي سوف نتطرق إليه لاحقا)، وجب تقسيم طالب2 على علاقتين: الأولى طالب1 كما ذكرت سابقا في شكل 7.23، والثانية رقم دورة، كما هي مبينة في الشكل 9.23.

رقم دورة

رقم_طالب	دورة_تدريبية	**تاريخ الدورة**
30	حاسب آلي	2007/10/03
30	الذكاء الاصطناعي	2006/09/10
30	شبكات الحاسب الآلي	2006/02/08
33	تاريخ الرياضيات	2007/05/30
33	التفاضل والتكامل	2006/02/05
45	الطاقة النووية	2007/03/24
45	الطاقة الكهربائية	2006/02/11

شكل 9.23 : علاقة رقم دورة

والآن قبل التطرق إلى موضوع تطبيع العلاقات، نرى أنه من الأفضل أن نسلّط الضوء على التبعيّة الوظيفيّة التي تعتبر من الركائز الأساسية التي يعتمد عليها التطبيع.

❖ التبعية الوظيفية

يرتكز التطبيع (الذي هو موضوع الفقرة اللاحقة) على تحليل التبعية الوظيفية (تسمّى كذلك في بعض المراجع الأخرى بـــ "الاعتماد الوظيفي").

التبعيّة الوظيفيّة – هي علاقة خاصة بين خاصيتين. تعتبر الخاصية B أثناء علاقة معينة، ذات تبعيّة وظيفيّة للخاصية A، إذا تواجدت قيمة صحيحة لـــ A، فإن هذه القيمة لـــ A تحدد بطريقة وحيدة قيمة B. يرمز إلى التبعية الوظيفية B لـــ A بسهم كما يلي: $A \to B$.

فمثلا في العلاقة المتمثّلة في الشكل 7.23 يمكن كتابة ما يلي: رقم_طالب ← اسم_طالب.

يجب أن ننتبه جيدا ولا نخلط المفاهيم مع بعضها البعض، فالتبعية الوظيفية لا تعني في أيّ حال من الأحوال التبعيّة الرياضيّة التي تنصّ على أنه يمكن احتساب قيمة خاصيّة معيّنة انطلاقا من قيمة خاصيّة أخرى. إنما يقصد بالتبعية الوظيفية B لـ A، أنه لا يمكن أن تكون إلاّ قيمة واحدة لـ B عن كل قيمة لـ A. لذلك، فإنه في الشكل 7.23، لا يمكن لقيمة رقم طالب أن يكون لها إلا قيمة اسم واحد (اسم طالب) لا أكثر يلحق بها. لكن لا يمكن اشتقاق قيمة اسم طالب من قيمة رقم طالب.

كما يمكن لخاصيّة أن تكون في تبعيّة وظيفيّة لخاصيتين أو أكثر من خاصية واحدة. فمثلا لو تمعّنا في العلاقة المبيّنة في الشكل 9.23، والتي يمكننا أن نرمز إليها بالطريقة التالية:

رقم دورة (رقم_طالب، دورة_تدريبية، تاريخ الدورة)

فإنه يمكننا أن نكتب التبعية الوظيفية لهذه العلاقة كالآتي:

رقم_طالب، دورة_تدريبية ← تاريخ الدورة

ذلك أن تاريخ الدورة لا يمكن تحديده فقط برقم الطالب أو بالدورة التدريبية.

❖ التطبيع

التطبيع – هو عملية تجزئة العلاقات لهدف إنتاج علاقات مبسّطة وأكثر جودة واستقرارا على مستوى هياكلها.

✓ الصيغة الطبيعية

الصيغة الطبيعية – هي حصيلة حالة للعلاقة ناتجة من تطبيق قواعد بسيطة خاصة بالتبعيّات الوظيفيّة لهذه العلاقة.

ومثالا للتطبيع، فلقد طبّقنا في مثال 2 مبدأ التطبيع على العلاقة طالب2، حيث جزأنا هذه العلاقة على جزأين: طالب1 ورقم دورة.

✓ قواعد التطبيع

يرتكز التطبيع على مبادئ وقواعد مقبولة، تنطلق ممّا ذكرناه في الأربع خصائص التي تتّصف بها العلاقات. سوف نوضّح ونبلور الصفة الأولى (أ) التي أدرجناها ضمن الأربع خصائص في صيغة أخرى أطلقنا عليها الصيغة الطبيعية الأولى. إثر ذلك، سوف نولّد قاعدتين نضيفها إلى هذه الأربع خصائص، والتي سوف نسمّيها بالصيغة الطبيعية الثانية ثم الثالثة.

ترتكز قواعد التطبيع على الصيغ الثلاث التالية:

- الصيغة الطبيعية الأولى (1NF)،
- الصيغة الطبيعية الثانية (2NF)،
- الصيغة الطبيعية الثالثة (3NF)،

نتعرّف الآن بالتفصيل على هذه الصيغ التي يطبّقها المحلل على العلاقات لهدف تطبيعها.

○ الصيغة الطبيعية الأولى (1NF)

تكون العلاقة في الصيغة الطبيعيّة الأولي (1NF)، إذا لم يتم إيجاد أيّ خواص متعدّدة القيم في هذه العلاقة.

حتى نفهم مغزى هذه الصيغة، نسوق المثال التالي:

مثال 4

نورد في هذا المثال الشكل 10.23. نلاحظ في الجدول المبيّن في هذا الشكل، أنه في كل صف من صفوفه، تمتلك الخاصيتان دورة_تدريبية وتاريخ الدورة، أكثر من قيمة واحدة لنفس رقم_طالب. بالارتكاز على الصفة (أ) التي ذكرناها في خصائص العلاقات، فإن طالب2 الموضّح في هذا الشكل، لا يعتبر علاقة.

وحتى نحوّل طالب2 إلى علاقة، فإنه وجب حذف الخاصيات متعددة القيم. نوضّح نتيجة هذا التحويل في الشكل 8.23 الذي أوردناه سابقا، والذي يتجلّى في الصيغة الطبيعية الأولى (1NF).

طالب2

رقم_طالب	اسم_طالب	قسم	معدل فصلي	دورة_تدريبية	تاريخ الدورة
30	محمد عبد الله	الحاسب الآلي	4.5	حاسب آلي	2007/10/03
				الذكاء الاصطناعي	2006/09/10
				شبكات الحاسب الآلي	2006/02/08
33	علي عبد العليم	الرياضيات	4.0	تاريخ الرياضيات	2007/05/30
				التفاضل والتكامل	2006/02/05
45	عمر مبارك	العلوم الفيزيائية	3.5	الطاقة النووية	2007/03/24
				الطاقة الكهربائية	2006/02/11

شكل 10.23 : علاقة ذات إسهاب

كما رأينا سابقا، فإنه يمكن تعريف كل خاصية غير رئيسية بواسطة مفتاح أوّلي كلّي. هذا ما سمّيناه بالتبعيّة الوظيفيّة الكاملة. فمثلا في الشكل 9.23 رقم_طالب ودورة_تدريبية يعرّفان معا قيمة واحدة لتاريخ الدورة، بينما نجد أن رقم_طالب واحد مرتبط بأكثر من تاريخ دورة. وكذلك بأكثر من دورة_تدريبية واحدة. يمكننا الآن أن نعبّر عن الصيغة الطبيعية الثانية بالطريقة التالية:

- **الصيغة الطبيعية الثانية (2NF)**

تكون العلاقة في الصيغة الطبيعيّة الثانية (2NF)، إذا اعتبرت كل خاصية غير رئيسية في تبعيّة وظيفيّة للمفتاح الأوّلي الكلّي.

يعني هذا أن الخاصية غير الرئيسية تعتبر في تبعيّة وظيفيّة إلى جزء من المفتاح الأوّلي وليس كله.

تتوفر الصيغة الطبيعيّة الثانية إذا تحقق في العلاقة أحد الشروط التالية:

- يتكوّن المفتاح الأوّلي من خاصيّة واحدة،
- لا توجد أي خاصيّة غير رئيسيّة في العلاقة،
- تعتبر كل خاصيّة غير رئيسيّة في تبعيّة وظيفيّة لمجموعة كاملة من خواصّ المفتاح الأوّلي.

مثال 5

لو تصفحنا الشكل 8.23، فإنّنا نلاحظ أنه لا يعتبر مثالا لعلاقة من الصيغة الطبيعيّة الثانية. إن الترميز المختزل لهذه العلاقة هو التالي:

طالب2 (<u>رقم_طالب</u>، اسم_طالب، قسم، معدل فصلي، <u>دورة_تدريبية</u>، تاريخ الدورة)

أما التبعيات الوظيفية لهذه العلاقة فهي التالية:

رقم_طالب ← اسم_طالب، قسم، معدل فصلي

رقم_طالب، دورة_تدريبية ← تاريخ الدورة

يعتبر المفتاح الأوّلي لهذه العلاقة المفتاح المركّب رقم_طالب، دورة_تدريبية. لذلك فإنّ الخاصيّات غير الرئيسية اسم_طالب، قسم ومعدل فصلي يمكن اعتبارها ذات تبعيّة وظيفيّة فقط لـ رقم_طالب وليس لـ دورة_تدريبية. يمكن القول أن العلاقة طالب2 تتصف بالاسهاب، مما يتسبّب في مشاكل خاصة عند عمليّة تحديث الجدول.

لتحويل العلاقة طالب2 إلى الصيغة الطبيعية الثانية، فإنه وجب تقسيم هذه العلاقة على علاقتين جديدتين مستخدمين ما يسمى بـ" <u>المحددات</u>"، التي تحدّد خاصيّات أخرى. المحدّدات – هي المفاتيح الأولية لهذه الخاصيات. نتيجة لذلك، فإن العلاقة طالب2 تفصّل على العلاقتين التاليتين:

  ➤   طالب (<u>رقم_طالب</u>، اسم_طالب، قسم، معدل فصلي)

تستجيب هذه العلاقة إلى الشرط الأول للصيغة الطبيعية الثانية (شكل 7.23).

  ➤   طالب دورة (<u>رقم_طالب</u>، <u>دورة_تدريبية</u>، تاريخ الدورة)

تستجيب هذه العلاقة إلى الشرط الثالث للصيغة الطبيعيّة الثانية (شكل 9.23).

○ **الصيغة الطبيعية الثالثة (3NF)**

لا ترتبط مفاتيح خاصيّة رئيسيّة ببعضها البعض. هذا ما نسميه بـ<u>تباعيّات غير متعدّية</u>. فمثلا في الشكل 8.23، لا يمكن أن نضمن للخاصيات اسم طالب، وقسم، ومعدل فصلي أن يكونوا منفردين لبعضهم البعض.

تكون العلاقة في الصيغة الطبيعية الثالثة (3NF) إذا كانت في الصيغة الطبيعية الثانية، ولا توجد تبعيّة وظيفيّة بين خاصيتين (أو أكثر) غير رئيسيتين.
تسمى التبعيّة الوظيفيّة بين خاصيّات غير رئيسية بالتبعية المتعدية.
تتمثل نتيجة التطبيع في أن كل خاصيّة غير رئيسيّة تعتمد على المفتاح الأوّلي الكلّي ولا على شيء غيره.

مثال 6

نسوق الآن مثالا حول مجموعة من الطلاب ينتمون إلى أقسام حسب تخصّصات معينة (شكل 11.23 (أ)).
تتواجد التبعيّات الوظيفيّة التالية في علاقة طالب قسم:

طالب قسم

رقم_طالب ← اسم_طالب، تخصص، قسم	(هنا رقم_طالب بمثابة مفتاح أولي)
تخصص ← قسم	(ينتمي كل تخصص إلى قسم واحد)

الجدير بالذكر أن العلاقة **طالب قسم** تعتبر من الصيغة الطبيعية الثانية، وذلك لأن المفتاح الأوّلي متكوّن من خاصيّة وحيدة (رقم_طالب). ولكن "تخصص" في تبعية وظيفية لـ "قسم" والذي هو كذلك في حد ذاته (تخصص) في تبعية وظيفية لـ رقم_طالب. نتيجة لذلك، تتواجد مشاكل مرتبطة بعمليات الصيانة في العلاقة **طالب قسم**، نوردها في النقاط التالية:

- لا يمكننا إضافة تخصص إلى **قسم** إلا إذا أسندنا طالبا إلى رقم_طالب وذلك لأنه وجب إيجاد رقم_طالب لإدراج صف جديد في الجدول.
- لو حذفنا الطالب رقم 55 (شكل 11.23 (أ)) على سبيل المثال، فإننا سوف نفقد المعلومة التي تفيدنا بأن تخصّص "فيزياء مغناطيسية" ينتمي إلى قسم العلوم الفيزيائية.
- لو افترضنا مثلا أن إدارة الكليّة قرّرت أن يصبح تخصّص الفيزياء الميكانيكية تابعا لقسم العلوم الفيزيائية، فإنه وجب تغيير كل الصفوف المعنية بالأمر.

طالب قسم

رقم_طالب	اسم_طالب	تخصص	قسم
30	محمد عبد الله	علوم حاسب آلي	علوم الحاسب الآلي
35	خالد حسن	هندسة حاسب آلي	هندسة الحاسب الآلي
40	صادق عبد السلام	هندسة حاسب آلي	هندسة الحاسب الآلي
45	علي عبد العليم	رياضيات بحتة	الرياضيات
50	محمد عبد الكريم	الفيزياء الميكانيكية	الفيزياء التطبيقية
55	عمر مبارك	فيزياء مغناطيسية	العلوم الفيزيائية

شكل 11.23 (أ) : علاقة ذات تبعية متعدية

يمكننا تفادي هذه المشاكل لو جزّأنا العلاقة **طالب قسم** على علاقتين مرتكزتين على محدّدتين مبيّنتين في الشكل 11.23 (ب) وهما التاليتان:

طالب قسم

طالب تخصص (رقم_طالب، اسم_طالب، تخصص)

تخصص قسم (تخصص، قسم)

كما يظهر جليّا فإن رقم_طالب هو مفتاح أوّلي للعلاقة "طالب تخصص"، أما تخصّص فإنه يعتبر مفتاحا أجنبيا بالنسبة لهذه العلاقة، ومفتاحا أوّليّا للعلاقة "تخصص قسم".

المفتاح الأجنبي هو خاصية تظهر كخاصية غير رئيسية في علاقة (مثل طالب تخصص) ثم كخاصية رئيسية في علاقة أخرى (مثل تخصص قسم). نحدد المفتاح الأجنبي بسطر متقطع.

طالب تخصص

رقم_طالب	اسم_طالب	تخصص
30	محمد عبد الله	علوم حاسب آلي
35	خالد حسن	هندسة حاسب آلي
40	صادق عبد السلام	هندسة حاسب آلي
45	علي عبد العليم	رياضيات بحتة
50	محمد عبد الكريم	رياضيات متقطعة
55	عمر مبارك	فيزياء مغناطيسية

تخصص قسم

تخصص	قسم
علوم حاسب آلي	الحاسب
هندسة حاسب	الحاسب
رياضيات بحتة	الرياضيات
رياضيات متقطعة	الرياضيات
فيزياء مغناطيسية	علوم الفيزياء

شكل 11.23 (ب) : علاقة ذات تبعية متعدية

السلامة المرجعية

يجب على المفتاح الأجنبي أن تتوفر فيه السلامة المرجعيّة، التي تنصّ على أنّ قيمة خاصيّة في علاقة معيّنة تعتمد على قيمة نفس الخاصيّة في علاقة أخرى.
تعتبر السلامة المرجعية إحدى المبادئ المهمّة التي يرتكز عليها النموذج العلاقي.

❖ تحويل خرائط الكينونات والعلاقات إلى علاقات

ينتج التطبيع مجموعة من علاقات حسنة الهيكلة تحتوي على كل البيانات المبيّنة في واردات وصادرات النظام التي تم إنشاؤها في تصميم واجهة المستخدم.
وبما أنه من المحتمل أن لا تمثّل متطلّبات المعلومات كل الحاجيات المستقبليّة من المعلومات للمؤسسة، فإن خريطة الكينونات والعلاقات التي أنشأها محلل النظم في النمذجة التصوّرية للبيانات، تعتبر مصدرا محتملا آخر لمتطلّبات بيانات لإحدى التطبيقات الجديدة للنظام.
وحتى يتبيّن لنا النموذج التصوري للبيانات والعلاقات المطبّعة التي تم إنشاؤها إلى حد الآن، فإنه وجب تحويل خريطة الكينونات والعلاقات إلى تدوين علائقي، ثم تطبيعها، ثم دمجها في العلاقات المطبّعة التي تم إنشاؤها إلى حدّ الآن.

✓ مراحل تحويل خرائط الكينونات والعلاقات إلى علاقات

إن تحويل خريطة الكينونات والعلاقات إلى علاقات مطبّعة، ثم دمج كل العلاقات في مجموعة واحدة نهائيّة ومدعومة، يمكن أن ينجز في أربعة مراحل موضّحة في الشكل 12.23، والتي نلخّصها الآن.

أ- تمثيل الكينونات

في المرحلة الأولى من هذا التحويل، يصبح كل نوع كينونة ينتمي إلى خريطة الكينونات والعلاقات علاقة. كما يصبح معرّف نوع كينونة المفتاح الأولي للعلاقة، ثم تصبح خاصيّات أخرى لنوع كينونة خاصيات غير رئيسية للعلاقة. يوضح الشكل 12.23.

بعد التحويل	قبل التحويل
علاقة	نوع كينونة
المفتاح الأولي للعلاقة	معرّف نوع الكينونة
خاصيات غير رئيسية للعلاقة	خاصيّات أخرى لنوع كينونة

شكل 12.23: جدول عرض الكينونات في المرحلة الأولى
من تحويل خرائط الكينونات والعلاقات إلى علاقات

نقصد هنا بنوع كينونة – مجموعة من الكينونات التي تتقاسم خواصّا أو سمات مشتركة.

يجب التثبت من أن قيمة المفتاح تعرّف بطريقة وحيدة (منفردة) كل صف في العلاقة. بالإضافة إلى ذلك، فإنه وجب أن لا يتّصف هذا المفتاح بالإسهاب. يعني هذا أن حذف أي خاصيّة ينجرّ عنه حذف معرّفها الوحيد.

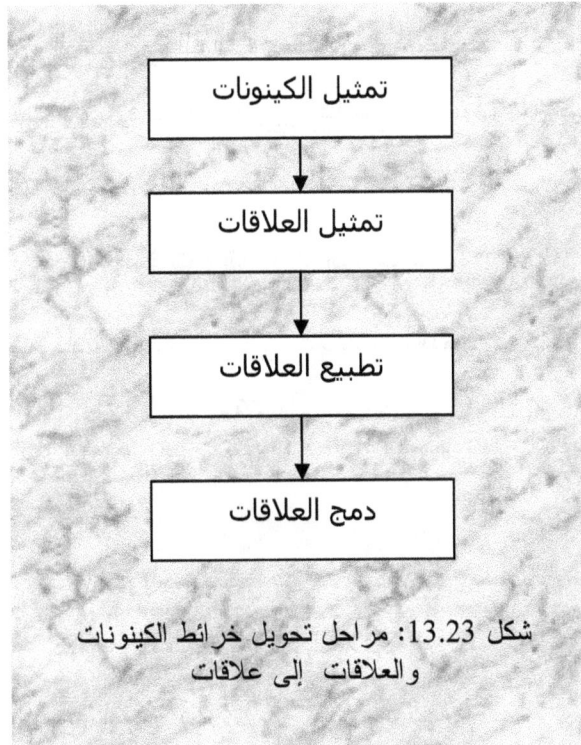

شكل 13.23: مراحل تحويل خرائط الكينونات
والعلاقات إلى علاقات

يمكن أن تحتوي بعض الكينونات على مفاتيح أوّليّة تابعة لكينونات أخرى. بصفة عامة، فإن أي كينونة يعتمد مفتاحها الأوّلي على مفتاح أوّلي يتبع كينونة أخرى (مفتاح أجنبي)، تسمى كينونة ضعيفة.

مثال 7

نعرض في المثال التالي تمثيل كينونة بعلاقة. يوضح الشكل 14.23 (أ) خريطة الكينونات والعلاقات لبيانات طالب. تعرض علاقة طالب كالآتي:

طالب (رقم_طالب، اسم_طالب، عنوان)

كما يظهر جليّا في هذا الشكل، فإن اسم نوع كينونة تمت ترجمته إلى اسم علاقة. يكتب أولا معرّف نوع كينونة مسطّرا (المفتاح الأولي)، ثم تليه بقية الخاصيّات غير الرئيسية. تظهر العلاقة في الشكل 14.23 (ب) في شكل جدول معبئ بصف واحد.

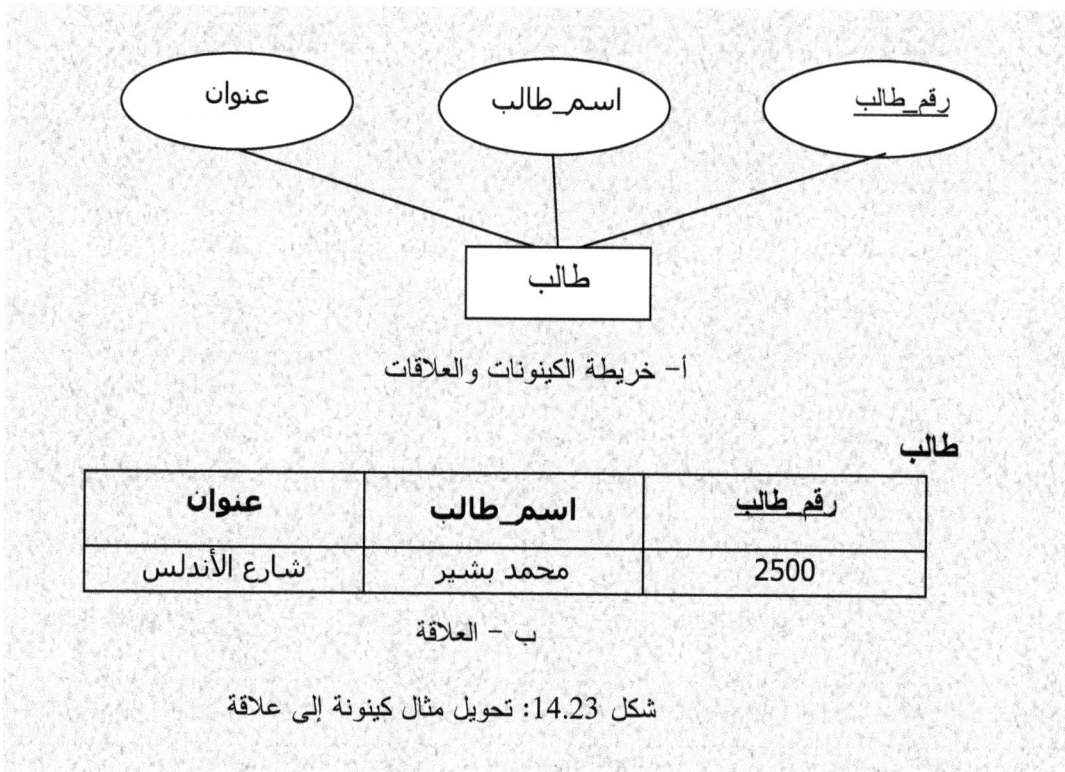

أ- خريطة الكينونات والعلاقات

طالب

عنوان	اسم_طالب	رقم_طالب
شارع الأندلس	محمد بشير	2500

ب – العلاقة

شكل 14.23: تحويل مثال كينونة إلى علاقة

ب- تمثيل العلاقات

يجب على كل علاقة في خريطة الكينونات والعلاقات أن تمثّل في تصميم قاعدة البيانات العلاقية. ترتبط كيفيّة تمثيل العلاقة بطبيعة هذه العلاقة. فمثلا في بعض الحالات، نمثّل علاقة عن طريق جعل مفتاح أوّلي لعلاقة معيّنة مفتاحا أجنبيّا لعلاقة أخرى. وفي بعض الحالات الأخرى، فإنّنا نكوّن علاقة منعزلة لتمثيل علاقة معينة.

يعتمد إجراء تمثيل العلاقات على درجة العلاقة (أحادية، ثنائية، ثلاثية) وأصوليّتها.

يمكن تمثيل علاقة ثنائية من نوع (1:N) في خريطة الكينونات والعلاقات، عن طريق إضافة الخاصية الرئيسية (أو الخاصيات) التابعة للكينونة المتواجدة في ناحية (1) من العلاقة، كمفتاح أجنبي في العلاقة المتواجدة في الناحية المتعددة (M) من العلاقة.

مثال 8

يوضح الشكل 15.23 مثالا لعلاقة ثنائية من نوع (1:N) تربط **طالب** بــ **نشاط**. رقم_طالب هو بمثابة مفتاح أساسي للعلاقة **طالب** (من جهة 1 للعلاقة)، تمت إضافته كمفتاح أجنبي إلى العلاقة **نشاط** (من جهة M للعلاقة).

للتعمّق أكثر في تمثيل العلاقات، يفضّل الاطلاع على المراجع الأجنبية المبيّنة في قائمة المراجع لهذا الكتاب.

ج- تطبيع العلاقات

يمكن للعلاقات المؤسّسة في الخطوتين السابقتين أن تحتوي على إسهاب غير ضروري. لذلك وجب تطبيع هذه العلاقات حتى تصبح حسنة الهيكل.

د- دمج العلاقات

قمنا إلى حدّ الآن أثناء تصميم قاعدة البيانات، بإنشاء علاقات متنوّعة، انطلاقا من تطبيع أسفل-أعلى حسب وجهات نظر المستخدم، وبتحويل واحدة أو أكثر من خرائط الكينونات والعلاقات إلى مجموعة علاقات.

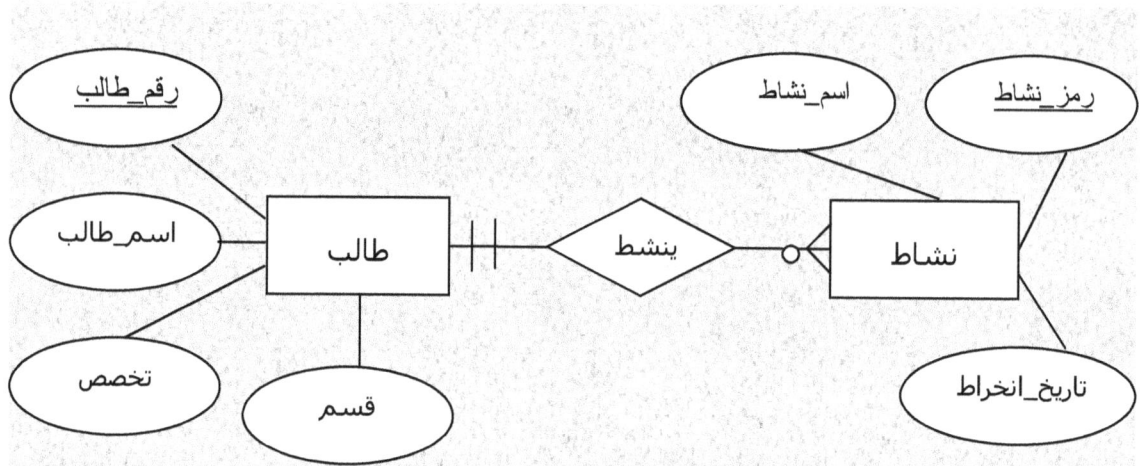

أ- خريطة الكينونات والعلاقات

طالب

رقم_طالب	اسم_طالب	تخصص	قسم
3000	عمار بشار	رياضيات تطبيقية	الرياضيات

نشاط

رمز_نشاط	اسم_نشاط	تاريخ_انخراط	رقم_طالب
ت12	تنس الطاولة	2006/05/12	3000

ب- العلاقات

شكل 15.23: مثال لعلاقة (1:N)

يمكن أن تحتوي هذه المجموعات المختلفة من العلاقات على علاقات فائضة (علاقتان أو أكثر تصف نفس نوع الكينونة). وجب دمج هذه العلاقات الفائضة وتطبيعها للتخلّص من الفائض. تعتبر هذه الخطوة آخر مراحل التصميم المنطقي لقاعدة البيانات، وعمليّة تحضيريّة للتصميم المادّي لقاعدة البيانات. نتعرّف الآن على مثال لدمج العلاقات.

مثال 9

نفترض أنه نتيجة لنمذجة واجهة المستخدم، أو تحويل خريطة الكينونات والعلاقات، تحصّلنا على العلاقة التالية في الصيغة الطبيعية الثالثة (3NF):

طالب1 (رقم_طالب، اسم_طالب، عنوان، هاتف)

طالب2 (رقم_طالب، اسم_طالب، هاتف، تخصص)

بما أن هاتين العلاقتين تمتلكان نفس المفتاح الأساسي (رقم_طالب)، وتصفان نفس الكينونة، فإنه وجب دمجهما ضمن علاقة واحدة. نتحصل نتيجة لهذا الدمج على العلاقة التالية:

طالب (رقم_طالب، اسم_طالب،عنوان، هاتف، تخصص)

◄ أهم مشاكل الدمج

أثناء عملية الدمج، وجب فهم معاني البيانات، والعمل على حل كل المشاكل التي يمكن أن تتولّد خلال هذه العمليّة، والتي نذكر من أهمها ما يلي:

- ▲ المرادفات،
- ▲ الألفاظ المتجانسة،
- ▲ تبعيّة الخاصيات غير الرئيسية،
- ▲ الفئات والفئات الفرعية.

نتطرق الآن إلى توضيح هذه المشاكل وطرق حلها.

○ المرادفات

في بعض الأحيان، يمكن أن تختلف خاصيّتان أو أكثر في تسميتهما رغم أنهما تمثلان نفس المعنى الذي يصف خصائص نفس الكينونة. تسمّى هذه الخاصيات مرادفات.

مثال 10

في المثال التالي ذكرنا في العلاقة **موظف1** الخاصية "وظيفة"، وفي العلاقة **موظف2** الخاصية "مهنة"، وهما مرادفان.

موظف1 (رقم_موظف، اسم_موظف، وظيفة، هاتف)

موظف2 (رقم_موظف، اسم_موظف، مهنة، هاتف)

في مثل هذه الحالة، وقبل إجراء عملية دمج موظف1 وموظف2، وجب على محلل النظم إن أمكنه ذلك، أن يحصل على موافقة المستخدمين على تكوين اسم موحّد للخاصية التي شملتها المرادفات، حتى يتمّ التخلّص من هذه المرادفات. وهكذا يمكن الإبقاء إما على "وظيفة" فقط أو "مهنة" فقط. تصبح العلاقة عندئذ كالتالي:

موظف (رقم_موظف، اسم_موظف، مهنة، هاتف)

كما يمكنه اتباع إجراء آخر يتمثل في اقتراح تسمية جديدة لم ترد سابقا بتاتا في مجموعة المرادفات مثل "العمل":

موظف (رقم_موظف، اسم_موظف، العمل، هاتف)

- **الألفاظ المتجانسة**

يمكن في بعض الحالات أن نستخدم اسما واحد لخاصية يسمى لفظا متجانسا، حيث أنه يمتلك معاني متعددة لوصف أكثر من شيء واحد.

مثال 11

في المثال التالي مثلا:

موظف1 (رقم_موظف، اسم_موظف، وظيفة، هاتف)

موظف2 (رقم_موظف، اسم_موظف، وظيفة، هاتف، عنوان)

تبيّن لمحلل النظم أثناء محادثاته مع مستخدمي النظام، أن "هاتف" يعني في بعض الأحيان الهاتف الثابت، بينما في بعض الحالات الأخرى فإنه يعني الهاتف النقال. لذلك، وحتى يتخلّص المحلل من المشاكل التي يمكن أن تنجر عن هذه الاختلافات، فإنه قدّم الاقتراح التالي:

موظف (رقم_موظف، اسم_موظف، وظيفة، هاتف_ثابت، هاتف_نقال، عنوان)

○ **تبعيّة الخاصيات غير الرئيسية**

عند دمج علاقتين من الصيغة الطبيعية الثالثة لتشكيل علاقة واحدة، فإنه يمكن أن ينتج عن ذلك <u>تبعيّة</u> بين الخاصيات غير الرئيسية.

مثال 12

نفترض العلاقتين التاليتين، حيث مشرف تعني المشرف التعليمي للطالب، بينما رئيس تعني رئيس المجموعة التي ينتمي إليها الطالب:

طالب1 (<u>رقم_طالب</u>، مشرف)

طالب2 (<u>رقم_طالب</u>، رئيس)

بما أن **طالب1** و**طالب2** يمتلكان نفس المفتاح الأساسي، فإنه يمكن دمج هاتين العلاقتين لكي يتولّد عن ذلك العلاقة التالية:

طالب (<u>رقم_طالب</u>، مشرف، رئيس)

لكن لنفترض أنه يوجد بالضبط لكل رئيس مشرف واحد فقط. يمكن القول عندئذ أن المشرف يعتبر في تبعيّة للرئيس:

رئيس ← مشرف

إذا اتضح أن هذه التبعيّة موجودة بالفعل، عندئذ تعتبر العلاقة **طالب** في الصيغة الطبيعية الثانية (وليس الثالثة)، وذلك لإنها تحتوي على تبعيّة بين الخاصيات غير الرئيسية. لذلك، يمكن لمحلل النظم أن ينشئ علاقات في الصيغة الطبيعيّة الثالثة، عن طريق إحداث علاقتين حيث تحتوي واحدة منهما على رئيس كمفتاح أجنبي في العلاقة طالب:

طالب (<u>رقم_طالب</u>، رئيس)
رئيس مشرف (<u>رئيس</u>، مشرف)

- **الفئات والفئات الفرعية**

يمكن في بعض الأحيان لعلاقات الفئات والفئات الفرعية أن تكون مخفيّة عن وجهة نظر المستخدم، أو عن العلاقات. نفترض أنه لدينا العلاقتين التاليتين:

طالب1 (رقم_طالب، اسم_طالب، عنوان، هاتف)

طالب2 (رقم_طالب، رقم_شقة مبيت)

من أوّل وهلة يتبادر إلى الذهن أنه يمكننا دمج هاتين العلاقتين لكي يتولّد عنهما العلاقة التالية:

طالب (رقم_طالب، اسم_طالب، هاتف، عنوان، رقم_شقة مبيت)

لكن كما هو معلوم لدى الجميع، فإن بعض طلاّب الجامعة يتمتعون بالسكن الجامعي، بينما طلاب آخرون يقطنون خارج الجامعة. لذلك، فإن رقم شقّة المبيت تخص فقط الطلاب الذين يسكنون في الشقق الجامعيّة. لذلك وجب على محلل النظم في هذه الحالة أن ينشئ علاقات للفئات والفئات الفرعية حسب الطريقة التالية:

طالب (رقم_طالب، اسم_طالب، هاتف)

طالب خارجي (رقم_طالب، عنوان)

طالب داخلي (رقم_طالب، رقم_شقة مبيت)

تمارين

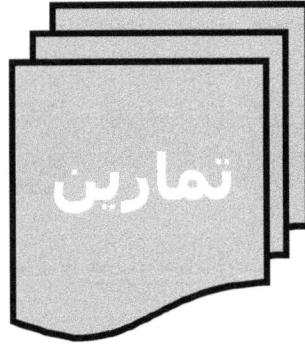

1. نفترض أنه عهدت إليك إدارة شؤون الطلاب بكليتك، ولذلك استوجب الأمر أن تبدأ بتصميم قاعدة بيانات الطلاب. نفترض أن حقول هذه القاعدة ترتكز أهمها على المفردات التالية: رقم الطالب بالكلية، اسم الطالب، تاريخ الولادة ومكانها، تاريخ الدخول إلى الكلية، التخصص، الحالة الاجتماعية.

2. بعد هذا التصميم، فإنك مطالب بإدخال بيانات الطلاب في هذه القاعدة. لعلك تحتاج إلى نموذج تعتمـد عليه في إدخال البيانات ونموذج آخر لاستخراج هذه البيانات لمراجعتها وتصفحها والإدلاء بها إلــى مـن يهمه الأمر. لذلك وجب عليك تصميم نموذج إدخال البيانات، ونموذجي تخطيط صحيفة الشاشة والطابعة. أنجز هذه التصاميم.

3. هل أن تصميم البيانات الواردة يسبق تصميم البيانات الصادرة أم العكس؟ علل إجابتك.

4. تحدث عن وسائل الإدخال.

5. هل يمكن معالجة البيانات مباشرة باستخدام القاعدة الأساسية للبيانات؟ علل إجابتك.

6. نفترض جداول البيانات التالية :

- رقم الطالب
- اسم الطالب
- التخصص
- الحالة الاجتماعية

جدول بيانات الطالب

- رقم الطالب
- اسم الطالب
- التخصص
- اسم المقرر
- المجموع الفصلي
- المعدل الفصلي

جدول بيانات المقررات

- رقم الطالب
- اسم الطالب
- التخصص
- اسم المقرر
- عدد ساعات الغياب

جدول بيانات الغياب

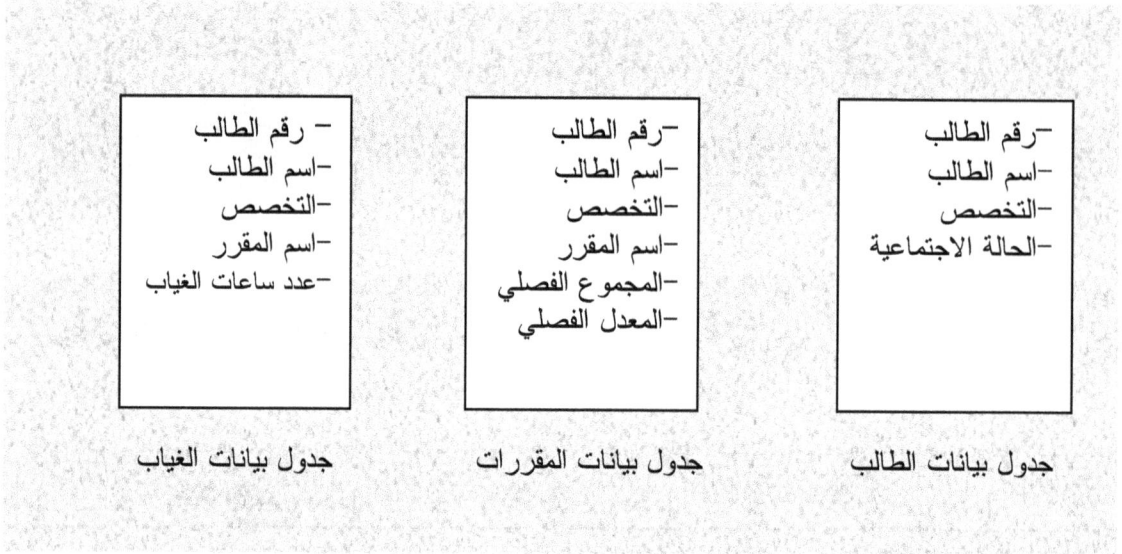

كما هو معروف لديك فإن التقارير ترتكز على بيانات مستخرجة من مجموعة من جداول بيانات.

المطلوب:

- كما لاحظت فإن هذه الجداول تضم بعض الحقول المشتركة. أعد اختيار حقول هذه الجداول وكوّن استعلامات تخوّل لك الحصول على التقرير التالي:

رقم الطالب	اسم الطالب	التخصص	اسم المقرر	المجموع الفصلي	المعدل الفصلي	عدد ساعات الغياب في المقرر

24

التصميم المادّي للملفّات وقواعد البيانات

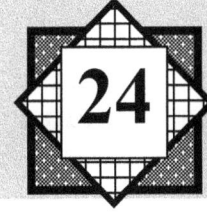

يهدف هذا الفصل إلى التعرف على:

- التصميم المادي للملفات وقواعد البيانات، تصميم الحقول،
- السيطرة على سلامة البيانات (القيمة الإفتراضية، مجال السيطرة، السلامة المرجعية، سيطرة القيمة الملغية،
- تصميم جداول مادية (الاستخدام الأمثل للتخزين الثانوي، سرعة معالجة البيانات، ترتيب صفوف الجداول،
- تصميم الملفات، أنواع الملفات من حيث الاستخدام، طرق الوصول إلى بيانات الملفات،
- أساليب تنظيم سجلات الملفات (التنظيم التتابعي، التنظيم التسلسلي، التنظيم المفهرس)،
- مقارنة بين أساليب تنظيم الملفات،
- مراحل تصميم الملفات، تصميم عمليات معالجة الملفات (طريقة الحزم، طريقة العمل الفوري)،
- أهم الأدوات المستخدمة في عمليات معالجة الملفات،
- أهم أنواع عمليات معالجة الملفات (إنشاء الملفات، فرز الملفات، تحديث الملفات، استخراج التقارير)،
- سلبيات استخدام الملفات.

تمهيد

تطرقنا في الفصل السابق إلى التصميم المنطقي لقاعدة البيانات، لذلك نتطرق في هذا الفصل إلى التصميم المادي لقاعدة البيانات (شكل 1.24).

يستخدم محلل النظم أثناء التصميم المادي لقاعدة البيانات نتائج الخطوات السابقة المنفذة لإنجاز التصميم المنطقي لقاعدة البيانات. كما أنه يأخذ بعين الاعتبار معلومات أخرى نذكرها فيما يلي.

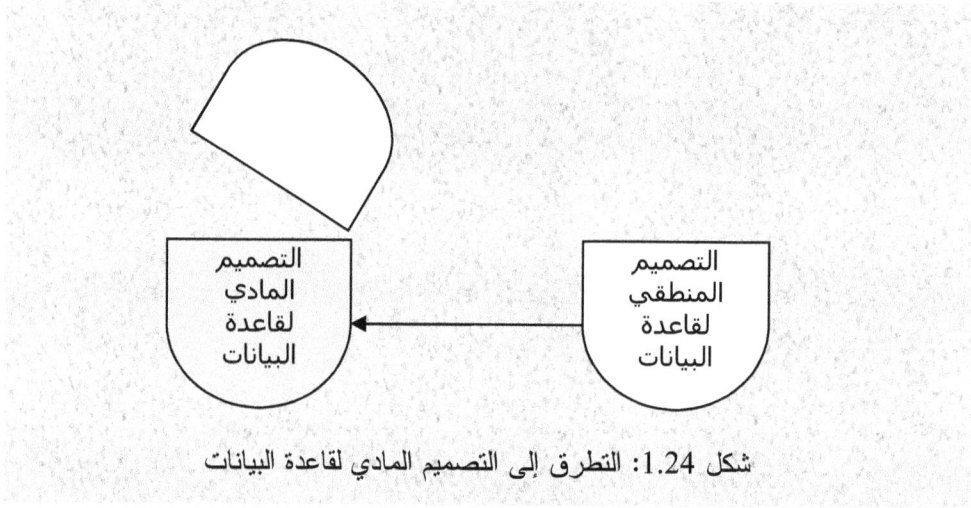

شكل 1.24: التطرق إلى التصميم المادي لقاعدة البيانات

المتطلبات المعلوماتية للتصميم المادي لقاعدة البيانات

يتطلب التصميم المادي للملفات وقواعد البيانات جمع وإنتاج المعلومات المتحصل عليها خـــلال المراحـــل السابقة لدورة حياة النظام. تحتوي هذه المعلومات على:

- العلاقات المطبعة (التي تم إنشاؤها خلال التصميم المنطقي للنظام)،

- تعريفات كل خاصية،

- توصيف مكان، وزمن إدخال البيانات، وحذفها، واستخراجها، وتحديثها،

- زمن استجابة وسلامة البيانات،

- التطلعات أو المتطلبات لزمن الاستجابة وسلامة البيانات،

- وصف التقنيات المستخدمة لتنصيب الملفات وقواعد البيانات لهدف تحديد مجـــال الخيارات والقرارات المطلوبة.

تستخدم كل هذه المدخلات لإنشاء قرارات التصميم المادي لقاعدة البيانات، وتضاف إليها المعلومات التالية:

- اختيار الشكل العام للتخزين (أو ما يسمى كذلك بنوع البيانات) لكل خاصية من النموذج المنطقي لقاعدة البيانات، ويتم ذلك بطريقة تأخذ بعين الاعتبار اقتصاد سعة التخزين، والزيادة إلى حد

أعلى من جودة البيانات. تشمل عملية تحديد نوع البيانات اختيار طولها، وأدنى وأقصى قيمة لها، وتحديد عدد الخانات العشرية (التي تأتي بعد الفاصلة)، ومتغيرات أخرى لكل خاصية.

- تجميع الخاصيات من النموذج المنطقي للبيانات في سجلات مادّية (ما يسمى باختيار السجل المخزن)،
- ترتيب السجلاّت السابقة في وسائط التخزين الثانوية (أقراص صلبة،....) بحيث يمكن تخزين سجلات فردية أو مجموعة من السجلات، استخراجها، وتحديثها بسرعة (ما يسمى بتنظيم الملفات). بالإضافة إلى ذلك، فإنه وجب الأخذ بعين الاعتبار حماية البيانات واستعادتها بعد حصر الأخطاء.
- اختيار وسط تخزين البيانات، وطرق هيكلتها لجعل الدخول إليها أكثر فاعلية. إن اختيار وسط تخزين البيانات له التأثير الكبير على فوائد مختلف تنظيمات الملفات. إن التنظيمات المعروفة والمستخدمة حاليا لجعل الدخول إلى البيانات أكثر سرعة هو فهرسة المفاتيح المنفردة وغير المنفردة.

التصميم المادي للملفات وقواعد البيانات

سوف نستخدم تصور أسفل-أعلى لدراسة التصميم المادي للملفات وقواعد البيانات، ولذلك سوف نبدأ مرحلة دراسة التصميم المادي بالتعرف على تصميم الحقول المادية لكل خاصية تنتمي إلى النموذج المنطقي للبيانات.

❖ تصميم الحقول

الحقل هو أصغر وحدة تجرى عليها عملية تطبيقات البيانات المتعرف عليها من طرف نظام البرمجيات، كلغات البرمجة أو نظام إدارة قواعد البيانات. يمكن لخاصية من النموذج المنطقي لقاعدة البيانات أن تمثّل من طرف مجموعة من الحقول. فمثلا يمكن أن يمثّل اسم طالب واحد بثلاثة حقول، حيث يمثّل الحقل الأوّل اسمه والحقل الثاني اسم والده والحقل الثالث لقبه. بصفة عامة، يمكن تمثيل كل خاصية تابعة لعلاقة مطبعة بواسطة حقل واحد أو مجموعة حقول.

تتمثّل القرارات الرئيسية التي يجب أن يتخذها المحلل أثناء تحديد مواصفات كل حقل في المجالات التالية:

- نوع البيانات (نوع التخزين) المستخدم لتمثيل الحقل،
- سلامة البيانات والسيطرة التابعة للحقل.

✓ **اختيار نوع البيانات**

نوع البيانات – هو مخطّط مشفر معرّف لدى نظام البرمجيات لتمثيل البيانات التنظيمية. إن نمط قطعة تشفير المخطط بصفة عامة غير أساسيّ للمستخدم، لكن المساحة المخطّطة لتخزين البيانات، والسرعة المطلوبة للدخول على البيانات يعتبران من نتائج التصميم المادي للملفات وقواعد البيانات.

إن نظام إدارة قواعد البيانات الذي نستخدمه يوضّح لنا ما هي الخيارات المتوفرة لدينا.

- إن الأحجام التي تسند إلى الحقول، وطريقة اختيار أنواع البيانات، لا تتمّ بطريقة عشوائية، وإنّما تخضع إلى المنطق والتفكير.
- يجب اختيار نوع بيانات الحقل بطريقة تمكّن من اقتصاد مساحة التخزين من جهة، ومن جهة أخرى يجب الأخذ بعين الاعتبار إمكانية تقبّل أقصى قيمة لذلك الحقل، لهدف إمكانيّة مواكبة تطوّر المؤسسة وتقدمها.
- يجب حسن اختيار نوع البيانات بطريقة تخدم عملية إدخال البيانات. فمثلا لو افترضنا أن رقم موظف يتركّب من خمسة خانات، حيث أن الخانة الأولى حرف، وبقية الخانات الأربعة أرقام، فإنه عند إدخال بيانات الموظف، وجب حصر الخانة الأولى على تقبّل فقط الحروف المدخلة، ومنعها من تقبّل الأرقام.

✓ **السيطرة على سلامة البيانات**

هناك خيارات يمكن دمجها في تصميم الملفات وقواعد البيانات، وتهدف إلى ضمان جودة بيانات عالية. لكن رغم تواجد إمكانية دمج هذه الخيارات في برامج إدارة قواعد البيانات، إلاّ أنه يفضّل إدراجها أثناء تعريفات الملفات وقواعد البيانات. توجد أربعة طرق للسيطرة على سلامة البيانات، نذكرها كما يلي:

- **القيمة الإفتراضية**

القيمة الافتراضية– هي القيمة المسندة آليا إلى الحقل طالما لم يدخل المستخدم قيمة بديلة لهذه القيمة الافتراضية. تخول القيمة الافتراضية في بعض الحالات اقتصاد وقت إدخال البيانات، والتقليل من احتمالات وقوع الأخطاء. نفترض مثلا أن كرة القدم هي النشاط الوحيد المتوفر في الكليّة. لذلك، أثناء

إدخال بيانات الطلاب فإن حقل نوع النشاط سيكون معبأ بـــ "كرة قدم" بطريقة افتراضية. تخوّل هذه الميزة اقتصاد وقت إدخال البيانات من جهة، ومن التقليل من الوقوع في الأخطاء الإملائية من جهة أخرى.

- **مجال السيطرة**

يمكن للبيانات الرقمية والحرفية أن تسند إليها مجموعة محدودة من القيم المسموح بها. فمثلا لو قمنا بترميز الحالة الاجتماعية للموظفين التابعين لمؤسسة معينة حسب الطريقة التالية:

الرمز	1	2	3	4
الحالة الإجتماعية	أعزب	متزوج	مطلق	أرمل

فإن القيمة القصوى التي يمكن أن يقبلها الحقل الذي سوف يرمز إلى الحالة الاجتماعية هي 4، أما أدنى قيمة يتقبلها هذا الحقل فهي 1.

- **السلامة المرجعية**

لعلّ أحسن مثال للسلامة المرجعية هو "الإسناد الترافقي" بين العلاقات. نسوق المثال التالي للتوضيح:
نفترض العلاقتين التاليتين:

طالب (رقم_طالب، اسم_طالب، تخصص، قسم)

نشاط (رمز_نشاط، اسم_نشاط، تاريخ_انخراط، رقم_طالب)

إن رقم_طالب الذي يتواجد في علاقة **نشاط**، والذي هو في حدّ ذاته مفتاح أجنبي، لا يمكن أن يتواجد إلاّ إذا تمّ إنشاؤه **مسبّقا** في علاقة **طالب**.

- **سيطرة القيمة الملغيّة**

القيمة الملغية – هي قيمة خاصة بالحقل، تختلف عن الصفر وعن الفراغ، أو أيّ قيمة أخرى تشير إلى أن قيمة الحقل غائبة أو مجهولة.

فمثلا عند إدخال بيانات الطلاب، والتي من ضمنها أرقام هواتف الطلاب، فإنه يمكن أن يكون رقم هـاتف طالب معيّن غير مسجل (لأي سبب من الأسباب). إنّ هذا لا يمنع من إنشاء سجل هذا الطالـب، ويمكـن فيما بعد إدخال رقم هاتفه عند إيجاده.

❖ تصميم جداول مادية

تتكوّن قاعدة بيانات علاقيّة من مجموعة جداول تربطها علاقة بواسطة مفاتيح أجنبية (يرجع أصلها إلــى مفاتيح أولية).

لقد قام محلل النظم أثناء التصميم المنطقي لقاعدة البيانات بتجميع في ظل علاقة الخاصيّات المتعلّقة بمفهوم عمل موحّد ومطبّع، مثل موظّف، حريف، طالب،...إلخ.

الجدول المادي، هو مجموعة مسمّاة لصفوف وأعمدة تحدّد الحقول في كل صف من صفوف الجدول.

يمكن للجدول المادي أن يتوافق أو لا يتوافق مع علاقة. في الوقت الذي تمتلك العلاقات المطبعة خصائص العلاقة حسنة الهيكلة، فإن تصميم جدول مادي يمتلك هدفين يختلفان عن أهداف التطبيع، وهما التاليان:

- ○ الاستخدام الأمثل للتخزين الثانوي (سعة القرص)،
- ○ سرعة معالجة البيانات.

نتعرّف الآن على هذين الهدفين.

● الاستخدام الأمثل للتخزين الثانوي

يتعلّق الاستخدام الأمثل للتخزين الثانوي بكيفيّة تحميل البيانات على القرص. تعتبر الأقراص مقسّمة ماديا على وحدات (تسمى صفحات)، يمكن قراءتها أو كتابتها في عملية واحدة من طرف آلة القراءة والكتابة.

نقول أن سعة القرص مستخدمة بطريقة مثلى، إذا تم تقسيم الطول المادي لصفّ الجدول بالتساوي علـى طول وحدة التخزين. لكن للأسف فإنه في أغلب نظم المعلومات، يصعب تحقيق مثل هذه القسمة العادلــة، وذلك لأنّها مرتبطة بعدة عوامل، كمتغيّرات نظام التشغيل التي تتعدّى السيطرة على أي قاعـدة بيانـات. لذلك سوف نهمل هذا الجانب في سياق حديثنا هذا.

- **سرعة معالجة البيانات**

يمكن أن تتمّ معالجة البيانات بطريقة فعّالة، إذا تمّ تخزين البيانات بطريقة متلاصقة ببعضها البعض، داخل وسائط التخزين الثانوية، مما يقلل من عدد عمليّات إدخال وإخراج البيانات التي وجب القيام بها. هذا ما يحصل بالفعل في جدول البيانات، حيث أن صفوف الجدول والحقول المتواجدة في هذه الصفوف، مخزّنة متلاصقة بعضها البعض على القرص.

✧ **طرق تحقيق سرعة معالجة البيانات**

لتحقيق سرعة معالجة البيانات، وجب اللجوء إلى إلغاء تطبيع العلاقات. يتمثّل إلغاء التطبيع في تجزئة أو دمج العلاقات المطبّعة في جداول ماديّة مرتكزة على نسبة استخدام الصفوف والحقول.
يتمثّل هدف إلغاء التطبيع في إنشاء جداول تحتوي فقط على بيانات تستخدمها البرامج. عند وضع بيانات تستخدم مع بعضها البعض، ومتواجدة في أماكن متجاورة على القرص، فإنه يمكن تخفيض عدد عمليات الإيراد والإصدار المطلوبة لاسترداد كل البيانات التي يطلبها البرنامج.
نسوق المثال التالي لمزيد من التوضيح.

مثال1

نفترض في هذا المثال الجدول المطبع في الشكل 2.24 (أ). قمنا بإلغاء تطبيع علاقة طالب وذلك عن طريق وضع قائمة الطلاب الذين يتشاركون في نفس التخصص في جدول مستقل (شكل 2.24 (ب)).

طالب

رقم_طالب	اسم_طالب	تخصص
30	محمد عبد الله	هندسة حاسب آلي
35	خالد حسن	هندسة حاسب آلي
40	صدق عبد السلام	هندسة حاسب آلي
45	علي عبد العليم	رياضيات متقطعة
50	محمد فواز	رياضيات متقطعة
55	محمد عبد الكريم	رياضيات متقطعة

أ- جدول مطبع لطالب

طالب هندسة

رقم_طالب	اسم_طالب	تخصص
30	محمد عبد الله	هندسة حاسب آلي
35	خالد حسن	هندسة حاسب آلي
40	صدق عبد السلام	هندسة حاسب آلي

طالب رياضيات

رقم_طالب	اسم_طالب	تخصص
45	علي عبد العليم	رياضيات متقطعة
50	محمد فواز	رياضيات متقطعة
55	محمد عبد الكريم	رياضيات متقطعة

ب. إلغاء تطبيع تخصص جدول طالب

شكل 2.24: مثال إلغاء التطبيع حسب الصفوف

ترتيب صفوف الجداول

ينتج عن عملية إلغاء التطبيع، تعريف ملف مادي واحد فأكثر. يخزّن نظام التشغيل البيانات في ملف مادّي الذي هو عبارة عن مجموعة مسمّاة لصفوف تابعة لجدول، ومخزّنة في قسم مجاور في الذاكرة الثانوية. يحتوي الملف على صفوف وأعمدة تابعة لجدول واحد أو أكثر، متحصّل عليه نتيجة إلغاء التطبيع. بالنسبة لنظام التشغيل، فإنه بإمكان كل جدول أن يكون ملفا، كما يمكن لكل قاعدة بيانات أن تكون في ملف واحد. يرتبط كل هذا بتقنية قواعد البيانات، وكيفية تنظيم البيانات من طرف مصمّم قاعدة البيانات. تسمّى الطريقة التي يستخدمها نظام التشغيل لتنظيم صفوف الجداول في ملف بتنظيم الملفات.

يرتكز الاختيار الأنسب لتنظيم ملف معين على التنظيم الذي يؤدي إلى:

- سرعة استرجاع البيانات،
- الاستخدام الأمثل لمساحات التخزين،
- الحماية من الأعطال وفقدان البيانات،
- الحاجة الدنيا لإعادة التنظيم،
- مراعاة نموّ قاعدة البيانات،
- تحقيق الأمن من الاستخدام غير المشروع،

يمكن أن تتضاد هذه الأهداف مع بعضها البعض، ولكن رغم ذلك كله، فإنه وجب اختيار التنظيم الذي يحقق التّوازن بين مختلف هذه المعايير ضمن المصادر المتوفرة والإمكانيات المتاحة.

❖ تصميم الملفات.

يقصد بتصميم الملفات وقاعدة البيانات – المفاهيم المتعلقة بتكوين الملفات، والتي على أساسها يتم إنشاء المشروع. يتطلّب هذا الطرح تعريف المفاهيم التالية :

- **ملف** أو **جدول:** هو مجموعة من البيانات المخزّنة في وسط من وسائط التخزين الثانوية، والتي يمكن إجراء عمليات عليها مثل إنشاء، فتح، حذف، نسخ،... إلخ. تمثّل البيانات المخزّنة في الملفات في مجال تحليل النظم، نظاما تطبيقيًا (بيانات فترة زمنية معينة أو قسم من أقسام العمل، ...) مكوّن من عدد من السجلات التي تحتوي على حقول بيانات تربطها علاقات منطقيّة، ويتم تناولها كوحدة متكاملة من البيانات.

✓ **أنواع الملفات من حيث الاستخدام .**

تتنوّع الملفات حسب طبيعة البيانات المخزّنة. ومن أهم أنواع الملفات نذكر الآتي:

- **الملف الرئيسي:** يدعى أيضا الملف الدائم، وذلك لأنه يحتفظ بالبيانات الأساسية في النظام وغير قابلة للتعديل لفترة طويلة (ملف الموظفين، ملف الطلبة،...).
- **الملف المساند:** وهو ملف احتياطي، يحفظ بيانات بعض ملفات النظام، ويستخدم لاسترجاع محتواها عند حصول تلف أو ضياع.
- **ملف الحركات:** يستخدم ملف الحركات لتخزين البيانات التي تتغيّر زمنيًا مثل عدد ساعات العمل الإضافية لكل عامل ودرجات الطلاب،...إلخ. كما يمكن استخدام هذا النوع من الملفات لتعديل، وتحديث قيم بعض عناصر الملف الرئيسي.
- **ملف التقرير:** نتحصّل على هذا الملف بناءا على استعلام يربط بين الملف الرئيسي خاصة وملفات أخرى حسب الحاجة، لننتقي منها مجموعة من السجلات بعد معالجة محتواها.
- **ملف الجداول:** يحتوي هذا الملف على مجموعة من السجلات الثابتة نسبيا، والتي تستخدم كمرجع أثناء عمليات المعالجة (مثل الرواتب الأساسية، رسوم الجمارك، أساس تقدير الطلاب، ...).

✓ **طرق الوصول إلى بيانات الملفات.**

نقصد بطرق الوصول إلي بيانات الملفات كيفيّة الوصول (التداول) إلى بيانات هذه الملفات المخزنة على وحدات التخزين المساعدة، ونقلها إلى الذاكرة الرئيسية. تتمّ هذه العملية حسب الطريقتين الرئيسيتين التاليين:

- طريقة الوصول التتابعي (التسلسلي): تعتمد هذه الطريقة على استرجاع (الحصول على) السجلات من الملف سجل بعد سجل، حسب الترتيب الذي خزّنت به (تصاعديّا أو تنازليّا)، وحسب قيمة مفتاح السجل[1]. تتّسم هذه الطريقة بالبطء عند استرجاع سجل معيّن، خاصة إذا وجد في آخر الملف، حيث أن متوسّط زمن الاسترجاع هو :

$$\frac{(1+N)}{2}T \text{ ،}$$

حيث:

N – عدد السجلات في الملف،

T – زمن قراءة سجل واحد.

تطبق هذه الطريقة على وسائط التخزين المتتابعة (الأشرطة المغناطيسية).

- طريقة الوصول العشوائي أو المباشر: تعتمد طريقة الاسترجاع العشوائي على مفتاح سجلّ، لكن دون الحاجة إلى قراءة ما يسبقه من سجلاّت، ذلك أن زمن استرجاع سجلّ لا يعتمد على موقعه في وسط التخزين، لأنه لا فرق بين زمني استرجاع سجلين مختلفين في الموقع، ولو كانا متباعدين. تستخدم هذه الطريقة فقط على وسائط التخزين المباشرة.

[1] بالنسبة لقاعدة بيانات الطلاب يكون المفتاح مثلا رقم الطالب، أما بالنسبة لقاعدة بيانات الموظفين يكون المفتاح مثلا رقم الموظف،...

✓ **أساليب تنظيم سجلات الملفات.**

نعني بأساليب تنظيم سجلات الملفات– طريقة إنشاء الملف، وتركيب السجلات عليه. يتمّ اختيار طريقة تنظيم الملفات حسب الأغراض المحدّدة لاستخدامه عند المعالجة مع الأخذ بعين الاعتبار المعايير التالية :

- **سعة الملف:** يقصد بهذا المفهوم عدد السجلاّت التي يمكن أن يحتويها الملف، وحجم كل سجل، وعدد الملفات التي يستخدمها النظام ككل. ويمكن أن نلاحظ في هذا الصدد أن وسط التخزين المستخدم يحدّ من سعة الملفات.
- **سرعة التداول** من حيث وقت استرجاع السجلات المطلوب عند المعالجة،
- **نشاط الملفات:** يدعى أيضا حجم التعديلات ومعدّل حدوثها. يعود هذا المفهوم إلى عدد الحركات اليومية التي تحدث على سجلات الملف، سواء كانت هذه الحركات عمليّات استرجاع معلومات، أو عمليات إضافة، أو تعديل، أو حذف، أو إصدار تقارير. يؤخذ هذا العامل بعين الاعتبار في حالة المعالجة الآنية، حيث يخوّل لنا حساب الزمن اللازم لاستخدام الجهاز، وعدد الأشخاص الذين نحتاجهم كمدخلي بيانات.

تنظّم السجلات حسب أهم الأساليب التالية :

- التنظيم التتابعي،
- التنظيم التسلسلي،
- التنظيم المباشر،
- التنظيم المفهرس.

نتطرق الآن إلى تفسير هذه الأساليب.

✧ **التنظيم التتابعي.**

يتمّ إدخال السجلات في التنظيم التتابعي إلى وسط التخزين بناءا على مفتاح سجل، والذي بدوره يحدّد موقع (عنوان) السجلّ في وسط التخزين.

مثال :

نريد تخزين السجلات المبيّنة في الشكل 3.24 في وسط التخزين :

الرقم	الاسم	...	...
11	علي		
6	أحمد		
8	محمد		
10	سامي		
...			

الشكل 3.24 : بيانات الملف.

إذا افترضنا أن مفتاح السجل هو الرقم، فانه يمكن تخزين السجلات كما هو مبين في الشكل 4.24. لو نلاحظ الشكل 4.24، فإننا سنرى أن العديد من السجلات قد خلت من البيانات كالسجلات ذات العناوين 1، 2، 3، ... وعليه فإن عيوب هذه الطريقة هو تباين توزيع السجلات في الملف، وترك مساحات فارغة كبيرة فيه. لذلك تستخدم هذه الطريقة عندما يتوفر لدينا مجموعة من السجلات المرتّبة والمتكاملة نسبيّا.

العنوان	المحتوى (الحقول)		
1			
2			
3			
4			
5			
6	أحمد		
7			
8	محمد		
9			
10	سامي		
11	علي		
...	...		

الشكل 4.24: تخزين البيانات حسب التنظيم التتابعي.

✧ **التنظيم التسلسلي.**

يعتمد تخزين السجلات في التنظيم التسلسلي على وسط التخزين على مبدأ " الداخل أوّلا هو الخارج أوّلا"، وهي الطريقة المستخدمة على الشرائط المغناطيسية. ويمكن استخدام نفس الطريقة على الأقراص المغناطيسية، ولكنها غير ملائمة لأن الملفات في الأقراص يمكن حفظها في أماكن غير متصلة (مشتّتة).

مثال :

لتوضيح عملية التخزين، نأخذ مثلا السجلات التي اعتمدناها في التنظيم التتابعي (الشكل 4.24). يمثّل الشكل 5.24 تخزين السجلات في الملف حسب التنظيم التسلسلي، حيث نلاحظ تفادي عيب التخزين في التنظيم السابق، الذي يتجلى في عدم ترك فراغات.

المحتوى			العنوان
	علي	11	1
	أحمد	6	2
	محمد	8	3
	سامي	10	4
		...	...

الشكل 5.24: تخزين البيانات حسب التنظيم التسلسلي.

في هذا النظام التسلسلي، يقع استرجاع أو قراءة الملقات متتابعة كما وقع إدخالها، وليس تبعا لمفتاح بحث كما هو الحال بالنسبة للتنظيم التتابعي. لذلك يعاب في هذا التنظيم البطء عند استرجاع سجل معيّن، خاصة إذا تواجد في آخر الملف، حيث تقرأ كل السجلات السابقة إلى أن يتمّ الوصول إلى السجل المطلوب.

يستخدم هذا التنظيم خاصة عندما يكون حجم المعاملات كبيرا، ونظام المعالجة على شكل دفعات، ويستبعد في أسلوب التداول الفوري بسبب بطء استرجاع السجلات.

✧ **التنظيم المباشر.**

تعتمد طريقة التنظيم المباشر (ويدعى أيضا التنظيم النسبي) على مفتاح بحث. يحدّد موقع (عنوان) السجلّ في وسط التخزين بواسطة علاقة رياضية مبينة في مفتاح السجل. يستخدم هذا التنظيم خاصة في أنظمة الاستعلام الفوري (نظام حجز تذاكر الطيران المدني، نظام البنوك،...).

تتم عملية التخزين كالتالي :

- يحتسب عنوان السجل الفعلي بناءا على مفتاح السجلّ والعلاقة الرياضيّة.

- يحجز لكل عنوان سجلّ قالب يمكن أن يحتوي على عدد N من السجلات المختلفة. إذا كان القالب الموازي لعنوان السجل به مكان (أي أن عدد السجلات المخزنة فيه لم تتعدى N)، يخزّن السجل في أوّل مكان شاغر في القالب. أما إذا كان القالب ممتلئا، فإننا نحجز قالبا جديدا، ونربطه بالقديم باستخدام مؤشّر، ثم نخزّن فيه السجل الجديد (الشكل 6.24) يمكن اختيار العدد N حسب العلاقة الرياضيّة من ناحية، ووقت الاسترجاع الذي يفرضه التطبيق من ناحية أخرى.

نلاحظ في هذا المجال تعدّد الفراغات كلّما كانت N كبيرة، ولكن يقلّ وقت الاسترجاع تبعا لذلك. كما تقلّ الفراغات إذا كانت N صغيرة، ولكن يكبر وقت الاسترجاع أيضا.

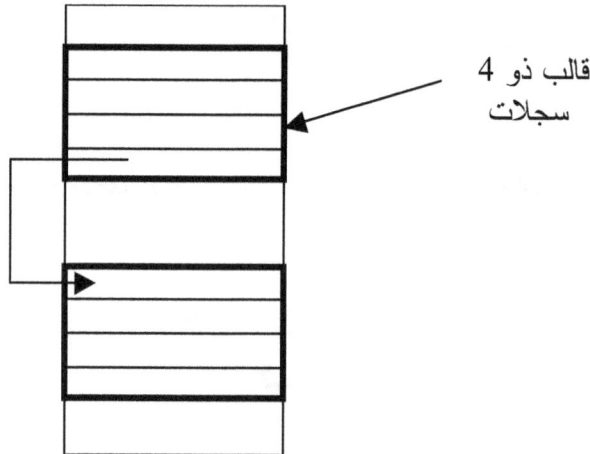

قالب ذو 4 سجلات

الشكل 6.24 : كيفية استعمال القوالب في التخزين على ملف مباشر.

تتمّ عملية الاسترجاع كالتالي :

○ يحتسب عنوان السجل الفعلي بناءا على مفتاح السجل والعلاقة الرياضيّة.

○ نختبر القالب الذي عنوانه عنوان السجلّ المتحصّل عليه في المرحلة السابقة: إذا كان السجل متواجدا فيه نسترجعه. أما في حالة عدم وجود السجل، نختبر القوالب المرتبطة به، ونتوقف إذا وجدنا السجل باسترجاعه، أو بالوصول إلى آخر قالب مرتبط به دون إيجاد السجل.

يمتاز هذا التنظيم بسرعة الوصول إلى السجلات، وبقلة المساحة التي يشغلها على واسطة التخزين لعدم وجود مساحة للفهرس.

ملاحظات :

- ✓ إذا كانت العلاقة الرياضية هي عنوان = مفتاح السجل، فإنّنا نتحصّل على التنظيم التتابعي.
- ✓ يجب حسن اختيار العلاقة الرياضيّة حتى نتفادى الاصطدام الناتج عن وجود عدد كبير من السجلات التي تمتلك نفس العنوان.
- ✓ لا يمكن استخدام طريقة التنظيم المباشر على وسائط التخزين التتابعيّة، وإنما على وسائط تخزين ذات وصول مباشر.

✧ **التنظيم المفهرس.**

يتمّ ترتيب السجلات في التنظيم المفهرس بناءا على مفتاح سجلّ، ويحتفظ النظام بفهرس يحتوي على العناوين الماديّة للسّجلات. يمكن بهذه الطريقة تداول السجلات تتابعيّا بالبحث عن مفتاح السجل، كما يمكن تداول البيانات مباشرة بالبحث في الفهرس. يعتمد التنظيم المفهرس لذلك على المساحات التالية :

- **مساحة الفهرس**: والتي تخزّن لكل سجلّ موقعه على وسط التخزين، حيث يتكوّن الفهرس من :
  - قيمة مفتاح السجل،
  - عنوان السجل على وسط التخزين المساعد.

  كما يحوّل الفهرس إلى الذاكرة المركزية عند المعالجة. لذلك، فإنه يتمّ الاعتماد عليه عند المعالجة واسترجاع سجلاّت الملفات. نتيجة لذلك، فإنه يجب أن يرتّب الفهرس إمّا تصاعديّا أو تنازليّا حسب مفتاح السجل، حتى نتمكّن من استرجاع السجلات بطريقة تسلسليّة إذا أردنا ذلك من ناحية، ونسهّل عمليّة البحث عن السجلات من ناحية أخرى.

- **مساحة البيانات**: والتي تخزّن البيانات (الحقول) المتعلّقة بكل مفتاح سجلّ.

- **مساحة الفائض**: تضاف هذه المساحة إلى كل من المساحتين السابقتين، وذلك لزيادة إمكانيات التعديل والإضافة.

يمتاز التنظيم المفهرس بمجموعة من الإيجابيات نذكر منها الجمع بين مزايا أسلوبي التنظيم التتابعي والمباشر، والمتمثلة في إمكانية استرجاع الملفات بالطريقتين التسلسليّة والمباشرة، وسهولة البرمجة حسب هذا التنظيم.

أما سلبيات التنظيم المفهرس فنذكر منها ما يلي :

- الحاجة إلى مساحة كبيرة في وسط التخزين الثانوية، وفي الذاكرة المركزية، وذلك لتخزين الفهرس واسترجاعه عند المعالجة،
- الحاجة لإعادة تنظيم الملفات من حين إلى آخر، بسبب مساحة الفائض المحدودة.

✓ **مقارنة بين أساليب تنظيم الملفات.**

جمعنا في الشكل 7.24 إيجابيات وسلبيات أساليب التنظيم حتى يتسنى لنا اختيار أنسبها.

✓ **مراحل تصميم الملفات.**

يتبع المحلّل الخطوات التالية عند توصيف الملقات وتصميمها :

- تحديد نوع ملفات التخزين (ملف أساسي، ملف جداول، ملف حركات، ...)، وطرق تداولها (تتابعي، عشوائي)، وطريقة تنظيم السجلات في الملف (تتابعي، تسلسلي، عشوائي، مفهرس).

- تحديد وسائط التخزين المناسبة تبعا للاختيارات السابقة: أهم الوسائط الشائعة حاليا لتخزين الملفات، هي الأقراص (الصلبة والمرنة والمدمجة،...).

- تحديد مواصفات الملف: وذلك بتحديد اسمه، وفترة الاحتفاظ به، وعدد النسخ المستخرجة منه. كما تحدّد مواصفات السجل (تحديد الحقول ومواصفاتها كما ذكر سابقا)، وطرق حماية الملف.

- علاقة السجلات بعضها ببعض.

- مزايا الملف من حيث فترة بقائه في نظام المعلومات.

أسلوب التنظيم	طرق التداول	الإيجابيات	السلبيات
التتابعي	تسلسلي وعشوائي	بساطة عملية التخزين والاسترجاع.	تباين توزيع السجلات في الملف وترك مساحات فارغة كبيرة.
التسلسلي	تسلسلي تتابعي	- كثافة التخزين (تخزن السجلات دون فراغات بينها) مما يمكّن من اقتصاد في مساحة التخزين. - سهولة المعالجة.	- البطء عند استرجاع سجل معيّن خاصة إذا وجد في آخر الملف. - تحتاج سجلات الملفات إلى عملية فرز قبل إجراء عملية التحديث وفقا لمفتاح السجل، ووفقا لترتيب سجلات الملف الرئيسي.
المباشر (العشوائي)	عشوائي	- لا تحتاج التعديلات إلى فرز قبل التنفيذ، - استرجاع أي سجل يتم مباشرة دون قراءة أو استرجاع أية سجلات أخرى.	- عدم الاستغلال الأمثل لوسط التخزين بسبب الفراغات التي تترك لسجلات غير مدخلة. - لا يستخدم إلا في الحالات التي تكون فيها نسبة التعامل مع السجلات منخفضة، - تقل كفاءة عمليات المعالجة بسبب التشابك بين سجلات لها نفس العنوان.
المفهرس	تسلسلي عشوائي	- يمكن استرجاع السجلات حسب الطريقتين : العشوائية أو التسلسلية. - سهولة كتابة برامج هذا النوع من الملفات. - سهولة إعادة تنظيم الملف.	- إضافة سجلات إلى التنظيم المفهرس يؤدي إلى تقليل معدل التجاوب لأن الفهرس لا بد أن يكون مرتّبا. - يحتاج الملف المفهرس بين حين وآخر إلى إعادة تنظيم بسبب المساحة المحدودة للسجلات الفائضة. - مساحة كبيرة في وسط التخزين المساعدة وفي الذاكرة المركزية.

الشكل 7.24: مقارنة بين أساليب تنظيم الملفات.

✓ **أدوات تصميم الملفات.**

لتصميم السجلات والملفات، يستعين المحلل بأدوات أساسية نذكر من أهمها الآتي :

- نموذج السجلات،
- نموذج توصيف الملفات (شكل 8.24) ،

- نموذج توصيف السجلات (شكل 8.24).

✓ تصميم عمليات معالجة الملفات.

يتقبل البرنامج بصفة عامة بيانات واردة (ملفات)، ويتولى القيام بعمليات معينة تفضي في الآخر إلى النتيجة المطلوبة. تسمّى هذه العمليات معالجة البيانات أو معالجة الملفات. ترتبط عمليات المعالجة خاصة بطرق تخزين الملفات، وتنظيمها، وأساليب استرجاع السجلات، وكذلك بطريقة المعالجة المستخدمة.

رقم	اسم الملف داخل النظام	رقم الوثيقة[2]	اسم النظام	توصيف اسم الملف
1	ملف_طالب	5.5	بيانات طالب	ملف رئيسي

أسلوب تنظيم الملف	نوع الملف
مفهرس	☐ بيانات واردة ✓ رئيسي ☐ بيانات صادرة ☐حركات

عدد نسخ الملف في النظام	عدد مرات تعديل الملف	مدة حفظ الملف (مؤقت، دائم)	وسط التخزين
2	0	دائم	قرص

وحدة التخزين	المفاتيح
☐ سجلات ☐كلمات ☐بايت	المفتاح الرئيسي : رقم_طالب

توصيف السجلات					
0	F	B	90	**بيانات طالب**	01

الحزم		حجم الملف		
حجم الحزمة	عدد الحزم	المتوسط	الحد الأدنى	الحد الأقصى
–	–	3,500	2,000	5,000

ملاحظات

الشكل 8.24: مثال نموذج توصيف الملف.

[2] يحدد رقم الوثيقة داخل النظام حسب نظام ترميز معين.

توجد طريقتان لمعالجة بيانات الملفات وهما :

- **طريقة الحزم:**

تعتمد هذه الطريقة على جمع أكبر عدد ممكن من الأعمال في مدة زمنية محددة (مثلا : يوميا أو أسبوعيا، ...) على شكل حزمة من البيانات. ثم تطبق على تلك البيانات مجموعة من الأوامر تعرف باسم "أوامر **التحكم بالعمل**"، وتتمثل مهمتها في تعريف الأعمال, ومتطلباتها من برمجيات تطبيقية لمعالجتها (كاحتياجها للمترجمات وبرامج إدارة قواعد البيانات، ...)، ومن وحدات الإدخال والإخراج. تستخدم هذه الطريقة غالبا عندما يراد توفير عمل الجهاز لأعمال أخرى تتطلب الإنجاز السريع الفوري.

- **طريقة العمل الفوري (الآني):**

هي طريقة تشغيل الحاسوب لأي عمل يعرض عليه فورا، وتنفيذ ذلك العمل حال وصوله. وتتميّز هذه الطريقة بسرعتها وسهولتها، ولكن تحتاج إلى حجز الحاسب الآلي طيلة مدّة تنفيذ الأعمال أو إمكانية حدوثها.

✓ **أهم الأدوات المستخدمة في عمليات معالجة الملفات.**

يستخدم محلل النظم في مرحلة تصميم عمليات معالجة الملفات أهم الأدوات التالية :

- خرائط سير النظام،
- المخططات الهرمية للبيانات الواردة،
- المخططات الهرمية للمعالجة،
- المخططات الهرمية للبيانات الصادرة،
- مخطط تدفق البيانات.

✓ **أهم أنواع عمليات معالجة الملفات.**

تضم معالجة الملفات العمليات التالية:

- إنشاء الملفات،

- فرز الملفات،

- تحديث الملفات،

- استخراج التقارير.

نتطرق الآن إلى تفسير هذه العمليات.

○ **إنشاء الملفات.**

يتولى المحلل عند إنشاء الملفات، توصيف برامج الإدخال والتحقق، لإنشاء مجموعة ملفات النظام بواسطة نماذج الإدخال المصمّمة سابقا. يوضّح الشكل 9.24 طريقة إنشاء ملفات النظام.

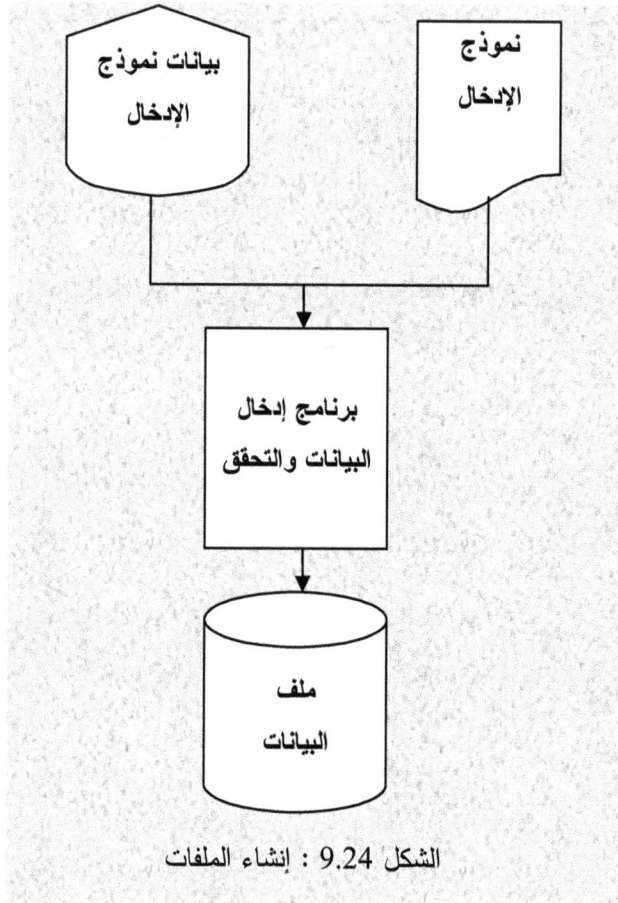

الشكل 9.24 : إنشاء الملفات

- **فرز الملفات.**

تتمثّل عمليّة فرز الملفات (شكل 10.24) في ترتيب سجلاتها على أساس حقل مفتاحي. ولإنجاز عملية الفرز، يقوم المحلّل بالعمليات الفرعية التالية:

- تعريف الملفات المراد ترتيبها،
- تعريف نوع ترتيب بيانات الملفات (تصاعدي أو تنازلي)،
- تعيين الحقل أو الحقول المفتاحيّة التي يتم على أساسها ترتيب سجلات الملف.

تعتبر عملية فرز الملفات ضرورية للملفات التسلسليّة ولكنها تطبّق أيضا على الملفات الرئيسية عند إنشائها، وملفات الحركات (المعاملات) قبل استخدامها في عملية التحديث. تنجز عملية الفرز بصفة عامة بواسطة برامج جاهزة توجد ضمن حزمة برمجيات إدارة قواعد البيانات.

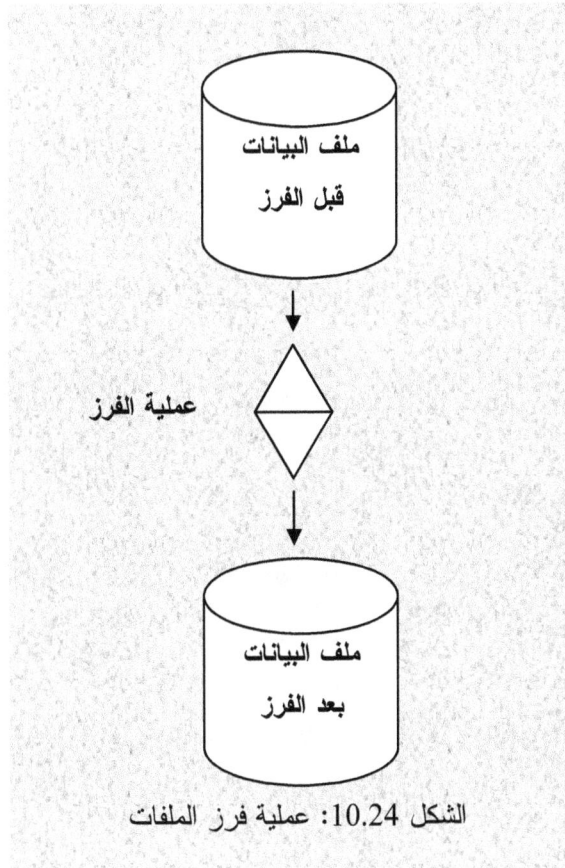

الشكل 10.24: عملية فرز الملفات

○ **تحديث الملفات.**

تعني عملية تحديث الملفات (شكل 11.24) العمليات التالية التي يمكن أن تنفذ على الملف الرئيسي :

- إضافة أو حذف سجل أو مجموعة من السجلات،
- تغيير حقل (أو مجموعة من حقول) سجل أو مجموعة من السجلات.

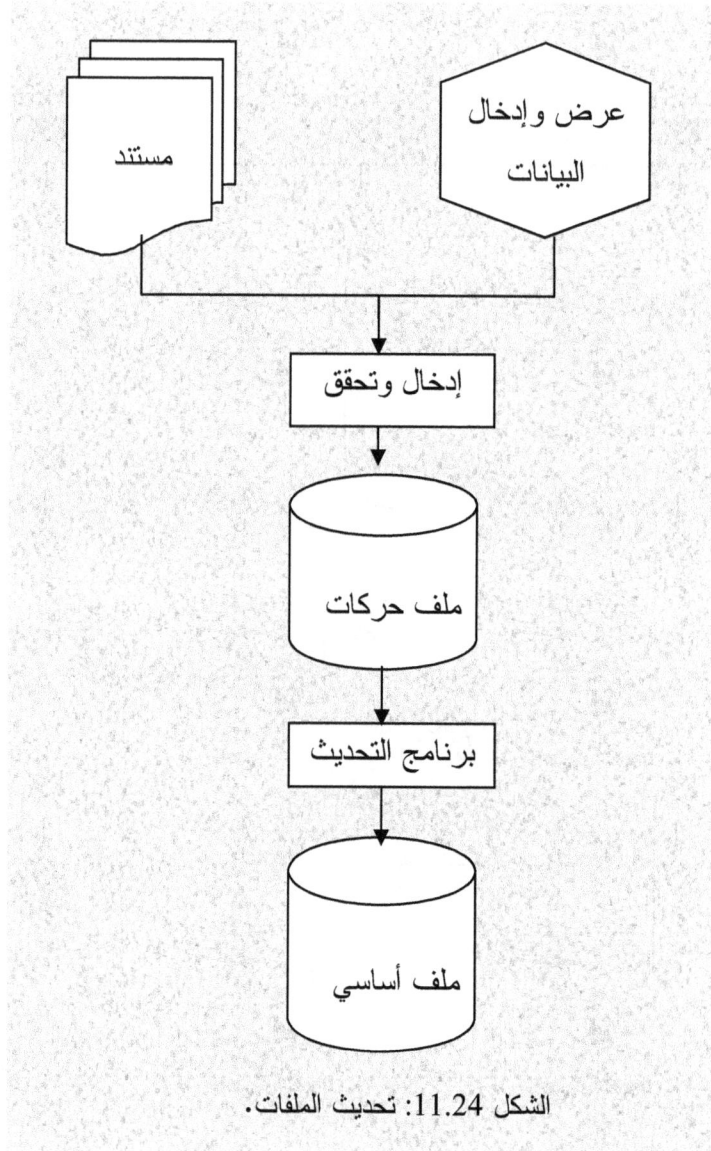

الشكل 11.24: تحديث الملفات.

لا تتم عملية التحديث إلا على الملفات الأساسيّة فقط. لذلك يشترط تطابق مفتاح السجلّ في ملفّ الحركات مع مفتاح السجل في الملف الأساسي، وذلك حتى يتمّ الوصول بسهولة إلى السجلات بطريقة مباشرة. نستنتج من هنا عدم الحاجة لفرز الملف الرئيسي، أو ملف الحركات قبل عملية التحديث.

o **استخراج التقارير.**

يقوم المحلل بتوصيف البرامج اللازمة لاستخراج التقارير الضرورية والمصمّمة مسبّقا (الشكل 12.24). يبنى التقرير عادة على استعلام يحدّد فيه عناصر التقرير، والملفات التي تستخرج منها. تتطلّب هذه المعالجة ربط الملفات فيما بينها بالرابط الملائم.

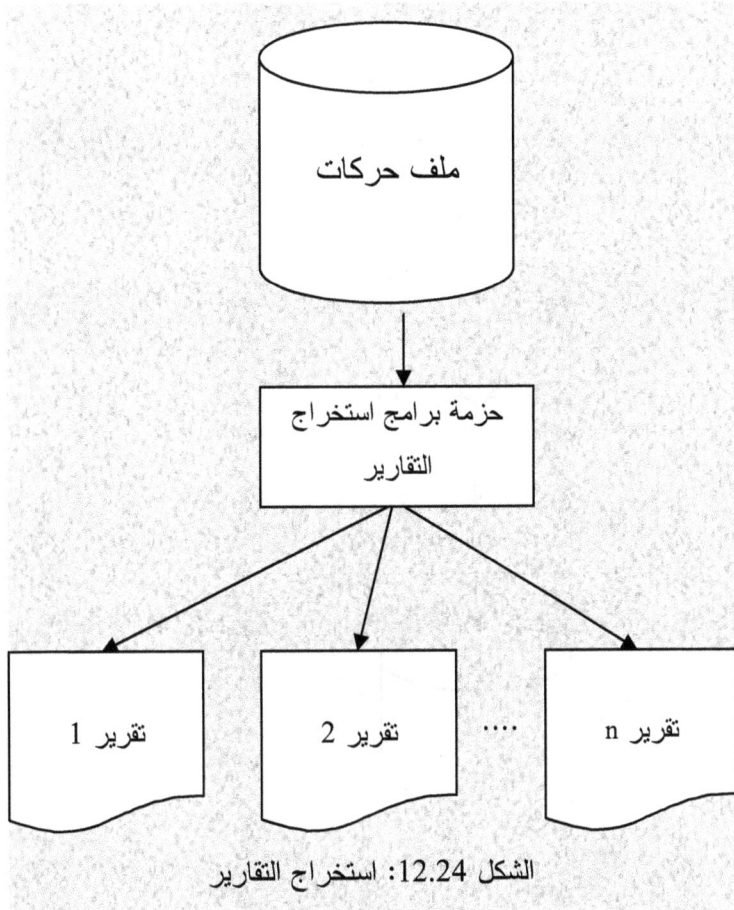

الشكل 12.24: استخراج التقارير

✓ سلبيات استخدام الملفات

مما لاشكّ فيه أن استخدام الملفات له بعض السلبيات التي نوجز أهمّها في الآتي:

- تستخدم لخزن بعض التطبيقات وليس كلها،
- تصمّم الملفات بسرعة، ولكن فرص إيجاد البيانات المطلوبة فيها ضئيلة، وإمكانية تحقيق أمن البيانات فيها ضعيف.
- تصمّم الملفات لأغراض محدّدة. عندما يتطلّب الأمر إحداث استعلام مركّز على عدّة خوّاص، فإن هذه الصفات قد تكون موزّعة على عدة ملفات، أو يمكن أن لا تتواجد أصلا. لذلك، قد يتطلب الأمر إعادة تصميم هذه الملفات وفق المتطلبات الجديدة، مما قد يتسبّب في هدر الكثير من الوقت، وبذل مزيد من الجهد في البرمجة.
- يشتكي النظام القائم على الملفات من فائض البيانات وخاصة المتكررة منها.
- تتطلب عملية تحديث الملفات وقتا طويلا.
- إذا اقتضت الحاجة تغيير ملف معيذن، فإن الأمر قد يتطلّب في أغلب الأحيان تغيير ملفات أخرى لضمان جودة البيانات وسلامتها، ممّا قد يتسبب في هدر وقت كبير.

البـــــــاب الخامس

التخطيط

التحليل

التصميم

التنصيب ⇦

الفصل الخامس و العشرون	تنصيب النظام
الفصل السادس و العشرون	استراتيجيات اختيار المعدات والبرمجيات
الفصل السابع و العشرون	التحوّل إلى النظام الجديد

المتابعة

25 تنصيب النظام

يهدف هذا الفصل إلى التعرف على:

- التنصيب، مراحل تنصيب النظام، كتابة شفرة البرامج
- اختبار النظام الجديد، التركيب، تجهيز المكان وتركيب الأجهزة،
- اختيار وتدريب أفراد المؤسسة، طاقم التدريب، الظرف المكاني للتدريب، الظرف الزماني للتدريب
- توثيق النظام، أنواع التوثيق

التنصيب

تتمثل مرحلة تنصيب النظام في تشغيله وصيانته والتحويل الفعلي من النظام القديم إلى النظام الجديد. تهدف خطوات التنصيب إلى:

- تحويل المواصفات المادية للنظام المادي إلى معدات وبرمجيات، تعمل بوثوقية وبطريقة صحيحة،
- توثيق العمل الذي تم إنجازه في المراحل السابقة،
- تقديم المساعدة إلى مستخدمي ومسؤولي النظام.

بالارتكاز على أساليب مخططة، فإنه في أغلب الأحيان يتولىّ كتابة شفرة البرامج والاختبار أعضاء آخرون من أعضاء المشروع غير محلّلي النظم. لكن رغم ذلك، يبقى محللو النظم مسؤولون على حسن سير وتنفيذ كل هذه العمليات.

تبدأ مرحلة تنصيب النظام بوضع خطة تفصيليّة لمراحل التنصيب، وذلك بالتشاور مع موظفي الإدارة والمستخدمين، وباستخدام خرائط جانت. تشمل هذه المرحلة إعداد الإجراءات التالية:

- التواريخ المخطّطة لبداية ونهاية كل خطوة من خطوات التنصيب،

○ إجراءات تنفيذ كل خطوة من خطوات التنصيب،

○ تحديد مسؤوليّات الأفراد المشتركين في مرحلة التنصيب،

○ تحديد الميزانية المخصّصة للتنصيب،

مباشرة بعد موافقة الإدارة على خطّة التنصيب، تبدأ المراحل الفعليّة لتنفيذ هذه الخطّة تحت إشراف المدير المسؤول عن تشغيل وصيانة النظام، والذي سوف يحرص على مواقيت، وتكاليف خطوات التنفيذ.

❊ مراحل تنصيب النظام

تشمل مرحلة تنصيب النظام مجموعة من المهام، نبلورها في الشكل 1.25.

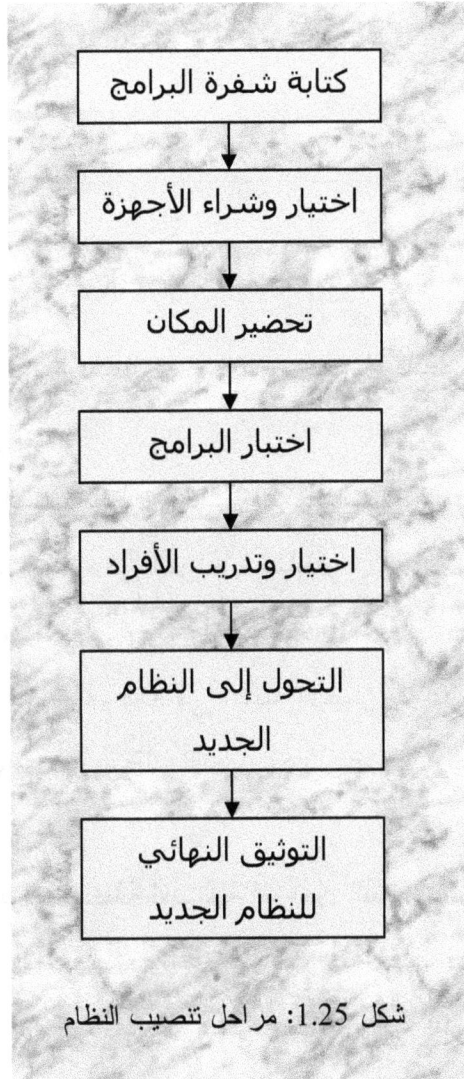

شكل 1.25: مراحل تنصيب النظام

نتطرق الآن إلى تفسير بعض المراحل التي وردت في الشكل 1.25، ثم نتطرّق بإسهاب إلى المتبقي منها في الفصول اللاحقة.

✓ **كتابة شفرة البرامج**

تتمثل كتابة الشفرة في تحويل أعمال التصميم المادي الذي أنشأه محلل النظم إلى شفرة تعمل بواسطة الحاسب الآلي، ينجزها فريق من المبرمجين. وحسب حجم ودرجة تعقيد النظام، فإن كتابة الشفرة عادة ما تكون معقدة، وتتطلّب عملا مركّزا ومنسّقا.

✓ **اختبار النظام الجديد**

تهدف مرحلة اختبار النظام الجديد إلى التأكد من أن عناصر النظام من معدات وبرمجيات تعمل كل واحدة منها على حدة بكفاءة، وكذلك مع بعضها البعض (شكل 2.25).

	معدات	برمجيات	معدات وبرمجيات
كفاءة في العمل	√	√	√

شكل 2.25: كفاءة عمل المعدات والبرمجيات

وحتى يتم حصر المشاكل أو العيوب إن وجدت لحلها أو تصليحها فيما بعد، ممّا يضمن الانتقال السليم من النظام القديم إلى النظام الجديد، فإنه وجب أن تتمّ عملية اختبار النظام الجديد بدقة فائقة قبل أن يحلّ محلّ النظام القديم. يجب الأخذ بعين الاعتبار أن تكاليف إصلاح عيوب النظام الجديد، والوقت، والجهد المبذول في مرحلة الاختبار هي أقل بكثير من تلك التي تحصل عندما يحلّ النظام الجديد محلّ النظام القديم، ويدخل في الاستخدام.

بغضّ النظر عن الأساليب المتبعة، فإنه بمجرد أن تبدأ كتابة شفرة البرامج، تبدأ معها بالتوازي عملية اختبارها، حيث تختبر كل وحدة برمجيّة بطريقة منفردة بمجرد إنهاء إنجازها، حسب المراحل التالية:

- كجزء من برنامج كبير،
- كجزء من نظام كبير.

الجدير بالذكر، أنه رغم أن الاختبار يتمّ أثاء التنصيب، إلاّ أنه يجب التخطيط إليه مبكرا خلال إنجاز

المشروع. يشمل هذا التخطيط الوحدات البرمجيّة التي يجب اختبارها، وكذلك جمع بيانات الاختبار. تتمّ هذه الدراسة أثناء مرحلة التحليل، وذلك لأن متطلّبات الاختبار مرتبطة بمتطلّبات النظام.

نوضّح في الشكل 3.25 طرق تصنيف الاختبار، ثم نفسّر في الشكل 4.25 أنواع الاختبار وتفسيرها.

	يدوي	آلي
ثابت	تفتيش	فحص لغوي
ديناميكي	تدقيق المنضدة	اختبار الوحدات
		اختبار النظام
		اختبار التكامل

شكل 3.25: تصنيف أنواع الاختبار

م	نوع الاختبار	تفسير نوع الاختبار
1	التفتيش	تقنية اختبار حيث يتولى المشاركون فحص شفرة البرنامج للبحث عن إمكانية تواجد أخطاء لغوية.
2	تدقيق المنضدة	تقنية اختبار من خلالها يتم تنفيذ شفرة البرنامج يدويا بطريقة تتابعية بواسطة المراجع.
3	اختبار الوحدات	يتم اختبار كل وحدة من وحدات البرنامج بطريقة منفردة لمحاولة إيجاد الأخطاء في الشفرة.
4	اختبار التكامل	عملية جمع وحدات البرنامج لاختبار أغراض هذا البرنامج. تدمج الوحدات نموذجيا بطريقة متكاملة ومن أعلى-أسفل بطريقة تصاعدية.
5	اختبار النظام	تجمع كل برامج النظام لاختبار أهدافها. تدمج البرامج تصاعديا حسب طريقة أعلى- أسفل.
6	اختبار العقب	تستخدم هذه التقنية لاختبار الوحدات البرمجية. تكتب الوحدات، وتختبر بطريقة أعلى-أسفل، حيث تستخدم بعض أسطر الشفرة كبديل للوحدات الملحقة.

شكل 4.25: أنواع الاختبار وتفسيرها

✓ **التركيب**

التركيب – هو عمليّة يتمّ خلالها تحويل النظام القديم إلى النظام الجديد. تشمل هذه العملية تحويل البيانات الحالية، والبرمجيات، والتوثيق، والإجراءات العمليّة إلى ما يقابلها في النظام الحالي. من المهمّ جدّا في هذه الفترة الحرجة، أن ينجح المستخدمون في التأقلم مع النظام الجديد. ليس هذا فقط، بل وجب الوقوف إلى جانبهم لمساعدتهم على هذا التأقلم.

✓ **تجهيز المكان وتركيب الأجهزة**

إذا كانت المؤسسة تعمل بواسطة حواسيب آلية، فلابدّ أنها تمتلك لهذه الحواسيب موقعا في المؤسسة. إذا اتضح أن هذا المكان مناسبا من حيث المساحة وتوقر المرافق اللآزمة، فإن ذلك سوف يخدم مصلحة المؤسّسة، وسيجنّبها مصاريف إضافيّة قد تكون طائلة. أما إذا اتّضح أن هذا الموقع غير مناسب، فإنه وجب إما تعديله حتى يفي بالغرض، أو اختيار موقع جديد مناسب. مهما كانت الظروف، فإنه وجب توفير المرافق التالية في المكان الذي ستنصب فيه الأجهزة:

- أجهزة تكييف،
- توصيلات كهربائية،
- توصيلات هاتفية وأخرى للإنترنت والفاكس،
- نظام إضاءة صحي وجيد،
- مكان جيد لحفظ وسائط تخزين البيانات (أقراص مدمجة،...)،
- توفير وسائل مكافحة الحرائق والرطوبة والتلوث والفيضانات.

يجب أن يكون هذا الموقع جاهزا قبل موعد وصول الأجهزة، حتى لا يتسبّب التأخير في مشاكل مع المورّد. بالإضافة إلى ذلك، فإن فترة تدريب المستخدمين وجب أن تكون قد انتهت.

✓ **اختيار وتدريب أفراد المؤسسة**

يجب تنظيم دورة (أو دورات) تدريبيّة لمستخدمي النظام في الميدان الذي يخص كل فئة منهم. تنظّم هذه الدورة وفق برنامج دقيق، ويجب أن يعدّ على أسس تضمن تحصيل الفائدة، وتحقيق الأهداف المرجوة. يرتكز هذا البرنامج على العناصر التالية:

- تحديد الفريق الذي سيشمله التدريب،
- مستوى تفاصيل خطة التدريب،
- مدرّب الفريق،
- مكان التدريب، وتاريخ بدايته، ومدته الزمنية.

نبدأ الآن في تفسير هذه العناصر. يوضّح الشكل 5.25 ميدان التدريب لكل نوع من فئات مستخدمي النظام الجديد.

فئة المتدربين	ميدان التدريب
مستخدمو النظام	كيفيّة استخدام النظام الجديد قبل أن يحلّ محلّ النظام القديم.
مشغلو النظام	تشغيل النظام الجديد.
المديرون والإدارة العليا	امتلاك فكرة عامة عن النظام الجديد.

شكل 5.25: توضيح ميدان التدريب حسب نوع فئة المستخدمين

أما مستويات تفاصيل الدورة التدريبية، فإنه يمكن تلخيصها في الشكل 6.25.

تفاصيل المعرفة	تفسير تفاصيل المعرفة
إجرائية	قواعد استخدام تطبيقات معينة على الحاسب الآلي لاستخراج نتائج معينة.
فكرية جزئية	معرفة كيفية عمل التطبيق للتوصّل إلى استخراج نتائج معيّنة.
فكرية عامة	فكرة عن مكوّنات الحاسب الآلي، وخاصة الأساسية منها التي تساهم في تحسين إعداداته، والرفع من سرعته.

شكل 6.25: مستويات تفاصيل الدورة التدريبية

وبما أن الدورة التدريبية تشمل فئات مختلفة من المستخدمين، فإن كل فئة من هذه الفئات ملزمة بتحقيق أهداف الدورة، وذلك وفق التفاصيل المعهودة إليها، كما ينصّ عليه الشكل 7.25.

	المستوى المطلوب من المتدربين حسب نوع المعرفة		
	إجرائية	فكرية جزئية	فكرية عامة
مستخدمو النظام	مكثفة جدا	غير مطلوبة	متوسطة
مشغلّو النظام	مكثفة نسبيا	متوسطة	غير مطلوبة
المديرون والإدارة العليا	قليلة	قليلة	قليلة

شكل 7.25: المستويات المطلوبة من كل فئة حسب نوع المعرفة

- **طاقم التدريب**

يدير الدورة التدريبية فريق معيّن مطالب بتدريب المستخدمين على النظام الجديد. يوضّح الشكل 8.25 الاحتمالات الممكنة من الفئات التي يمكنها إدارة الدورة التدريبية، والإيجابيات والسلبيات لكل فئة من هذه الفئات.

- **الظرف المكاني للتدريب**

يعد مكان العمل أفضل موقع لإجراء التدريب، لكن بشرط أن يخضع هذا التدريب لخطة تخوّل للمتدرّب التركيز على الدورة، دون الانشغال بأداء عمله الرتيب داخل المؤسسة، لأن ذلك قد يشتّت تركيزه ممّا قد يتسبّب في عدم تحقيق أهداف الدورة.

ولتفادي المشاكل التي يمكن أن تحدث داخل المؤسسة بسبب انشغال الموظفين بالدورة التدريبية، فإنه يفضّل تقسيمهم على مجموعات تتناوب على إجراء التدريب. تعطي هذه العملية للمتدرب فرصة الاستفادة من الدورة التدريبية مع توفر الراحة النفسية من جهة، وعدم إلحاق الضرر بالمؤسسة من جهة أخرى، الذي قد يحصل بسبب تزامن غياب عدد كبير من الموظفين في قسم معين.

مصدر طاقم التدريب	الإيجابيات	السلبيات
من المستخدمين	وجود لغة مشتركة بين المدرّب والمتدربين مما يساعد في إنجاح الدورة.	إمكانية عدم امتلاك المدرب الخبرة الكافية لإنجاح الدورة وخاصة المعرفة الإجرائية والمعرفة الفكرية العامة.
من محللي النظم	امتلاك المعرفة الإجرائية والفكرية الكافية للتدريب.	▪ إمكانية عدم امتلاك موهبة قدرة إيصال المعلومة، أو استخدام مصطلحات متطوّرة ومتخصّصة قد لا يفهمها المتدربون، ▪ إمكانية عدم توفّر الوقت الكافي لدى محلل النظم لإجراء التدريب، نظرا لانشغاله التام بالعمل على إتمام دورة حياة تطوير النظام. ▪ إمكانية الانغماس في التفاصيل المملّة.
من المتخصصين في التدريب	▪ امتلاك خبرة واسعة في التدريب وحسن إيصال المعلومة للمتدربين. ▪ التركيز على المفاهيم الأساسية للنظام دون التوغّل في المتاهات.	▪ إمكانية عدم توفر المعلومات الكافية عن النظام الذي هو موضوع الدورة. ▪ إمكانية عدم توفر الخبرة الكافية في طرق وإجراءات تشغيل النظم التطبيقية. ▪ إمكانية عدم الإنتماء إلى موظفي المؤسسة، ممّا يجعله غريبا عن المتدربين.

شكل 8.25: فئات طاقم التدريب والإيجابيات والسلبيات لكل منها

- **الظرف الزماني للتدريب**

من البديهي جدا أن يبدأ تدريب المستخدمين مباشرة بعد استكمال النظام الجديد، وقبل إنهاء النظام القديم بصفة عامة.

✓ **توثيق النظام**

يواكب توثيق النظام كامل دورة حياة النظام، ولكن رغم ذلك فإنه يحظى باهتمام كبير خلال مرحلة التنصيب.

وجب على محللي النظم تحضير الوثائق التي تتضمن كل المعلومات المهمة، والمتعلقة بالنظام طوال فترة تطويره، وذلك حتى مرحلة التنصيب.

تخدم مرحلة التوثيق فريقين. يمثّل الفريق الأوّل موظفي نظم المعلومات الذين سوف تسند إليهم مهمّة إدارة النظام خلال مرحلته الإنتاجية. أما الفريق الثاني، فهو يمثّل الموظفين الذين سوف يستخدمون النظام كجزء من حياتهم العمليّة. يمكن لمحللي النظم في المؤسسات الكبرى أن يستعينوا في توثيق النظام بموظفين مختصين من قسم نظم المعلومات.

○ **أنواع التوثيق**

نوضح في الشكل 9.25 أنواع التوثيق، ثم نفسر في الشكل 10.25 هذه الأنواع.

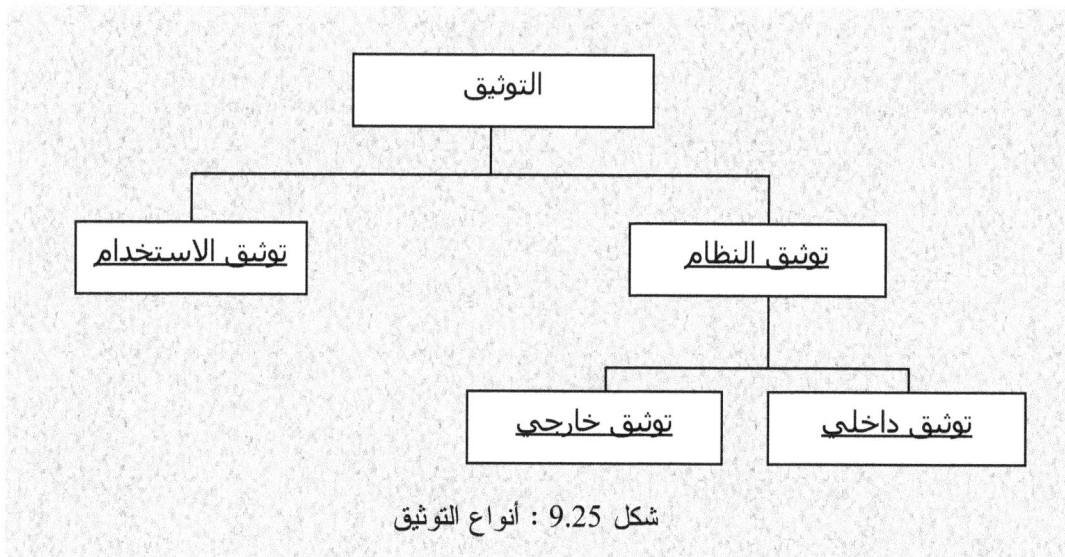

شكل 9.25 : أنواع التوثيق

أنوع التوثيق	التفسير
توثيق النظام	معلومات حول تصميم النظام، وأعماله الداخلية ووظائفه.
توثيق داخلي	توثيق النظام الذي هو في حد ذاته جزء من شفرة البرنامج المصدري، أو المولّد أثناء عملية الترجمة.
توثيق خارجي	توثيق النظام الذي يحتوي على خرائط تدفق البيانات وخرائط الكينونات والعلاقات.
توثيق المستخدم	يحتوي على معلومات مكتوبة، أو مرئية حول بعض تطبيقات النظام: حول كيفية عملها، واستخدامها.

شكل 10.25 : أنواع التوثيق

26 استراتيجيات اختيار المعدات والبرمجيات

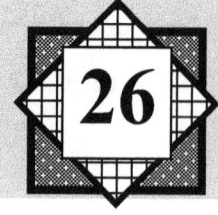

يهدف هذا الفصل إلى التعرف على:

○ الاختيار الأمثل للبرمجيات والمعدات، اختيار أنظمة الحاسوب و تقويمها،

○ مفاهيم التحقق والتدقيق.

○ مقاييس اختيار نظام برمجي من سوق البرمجيات.

○ مصادر البرمجيات (شراء برنامج تجاري جاهز، شراء برنامج تجاري جاهز وإدخال بعض التطويرات ليتماشى مع حاجيات المؤسسة، شراء برنامج مساعد تطبيقات

○ اختيار وشراء المعدات

○ طلب وشراء الأجهزة، تقييم الأجهزة، تقييم الموردين.

تمهيد

تتولى بصفة عامة، مجموعة تنتمي إلى فريق المشروع كتابة البرنامج الذي يدير النظام بأكمله، والذي يرتكز على الدراسة التحليليّة والتصميميّة. لكن بالإمكان انتهاج طرق أخرى، كالحصول على برنامج جاهز يستجيب إلى الدراسة التحليلية، والتصميمية بالكامل أو لجزء منها. نتطرّق في هذا الفصل إلى طرق اختيار المعدّات والبرمجيّات الجاهزة.

❖ الاختيار الأمثل للبرمجيات والمعدات

في كثير من الأحيان تبدأ بعض المؤسسات في البحث عن نظام قبل القيام بدراسة دقيقة. تقود الحاجيات التي حددت سابقا في الدراسة التحليلية المحلل في عملية اختيار النظام. يتم اختيار المعدات بالارتكاز على المتطلبات البرمجية. لذلك فإن اختيار المعدات يأتي بعد اختيار البرمجيات.

لجعل عملية الشراء مربحة، يجب على البرمجيات والمعدات أن تلبّي الحاجيات والمتطلبات التي حدّدها

مدير وموظفو المؤسسة مسبّقا لمحلل النظام. توضع هذه الحاجيات والمتطلبات في قائمة أولويات (حسب الأولوية). في حالة الاصطدام بصعوبات في تحقيق هذه الحاجيات والمتطلبات، فإنه لا يجب أن تتم التنازلات إلا على الوظائف المرتبة في آخر قائمة الأولويات.

إذا قرر مدير الشركة الاحتفاظ بالمعدات القديمة، فسوف تضاف بذلك قيود أخرى إلى عملية اختيار البرمجيات. يجب الأخذ بعين الاعتبار كذلك الجوانب التالية والتي لا تخلو من الأهمية عند اختيار البرمجيات:

- كيف يشتغل البرنامج؟
- هل هو مريح في الاستخدام؟
- كيف يشتغل البرنامج مع الوظائف الحالية بالمؤسسة؟
- كيف يتماشى مع العملية التدريبية؟
- كيف يتقبل تحويل البيانات القديمة إلى النظام الجديد؟

يجب الأخذ بعين الاعتبار كل هذه الأمور.

❖ **اختيار أنظمة الحاسوب و تقويمها.**

سنتطرق في الفقرات التالية إلى كيفية اختيار أنظمة الحاسوب الجاهزة وطرق تقويمها.

✓ **مفاهيم التحقق والتدقيق.**

تعتبر عملية التحقق والتدقيق لنظام المعلومات بصفة دورية، ضرورية لمراقبته ومراجعته وتقويمه، وذلك للتأكد مما إذا كانت التجهيزات المادية (الحاسوبية) والبرمجيات المستخدمة مواكبة للتطورات ومحققة للأهداف المرجوة منها، ومنفذة حسب الخطط المرسومة. وبذلك تضمن الإدارة السيطرة على موارد الحاسوب واستخداماتها. تعتبر السيطرة على تكلفة نظم المعلومات إحدى الاهتمامات الأساسية للإدارة. يرجع ذلك إلى أن التزود بموارد من المعلومات (من معدات وبرمجيات)، يمثل تكلفة هائلة تحسب ضمن المصاريف العامة للمؤسسة. وبالتالي تثقل هذه المصاريف على كاهل المستهلك في نهاية الأمر. يؤدي ذلك إلى نقص من نسبة الأرباح بسبب التنافس مع الشركات المماثلة. ولذلك يجب وضع برامج سيطرة على التكلفة الخاصة باللجوء إلى تطوير النظم الحاسوبية.

✓ **مقاييس اختيار نظام برمجي من سوق البرمجيات.**

ترتكز المعايير التي يعتمد عليها اختيار نظام برمجي أساسا على أهم المواصفات التالية :

■ <u>البساطة</u>: يجب على محلل النظم أن يركز اختياره قدر الإمكان على الأنظمة بسيطة الاستخدام، ويتفادى التعقيدات التي من شأنها أن تعرقل تدريب المستفيدين من جهة، أو تعقد عملية الاستخدام داخل المؤسسة المستفيدة (نتجنب اللجوء إلى فنيين ومختصين من خارج المؤسسة) من جهة أخرى.

■ <u>الاقتصاد</u>: يبحث المستخدم عادة عن برمجيات رخيصة الثمن، ولكنها كذلك تلبي كامل حاجياته. لذلك يجب اختيار النظام الذي يفي بمتطلبات المستخدم وبأقل تكلفة ممكنة.

■ <u>المرونة</u> : يجب اختيار البرمجيات التي تتصف بالمرونة، ونقصد بذلك القابلية للتعديل والتطوير (إضافة عمليات، تحسين السرعة، ...) وتمتلك القدرة على الاتساع للمتطلبات المستقبلية، دون الحاجة إلى القيام بتعديلات جوهرية في تصميم النظام أو استبداله بنظام جديد.

■ <u>الاعتمادية</u>: يجب اختيار نظام يعتمد على البيانات الصادرة التي يرتكز عليها لاتخاذ قرارات مهمة في المؤسسة. يتم هذا بواسطة تصميم نظام يحتوي على نقاط رقابة فعالة في مراحل التشغيل المختلفة.

❖ **مصادر البرمجيات.**

بإمكان مدير المؤسسة أن يقتني برمجيات النظام من بين الخيارات التالية:

■ <u>شراء برنامج تجاري جاهز</u>

يتمثل هذا التصور في شراء برنامج يتماشى مع أغلبية وظائف المؤسسة. لكن في الواقع فإنه من الصعب جدا العثور على برنامج جاهز يستجيب لكل وظائف المؤسسة. لذلك فقد يصحب هذا الاختيار ببعض التنازلات التي تخص بعض الوظائف التي لا يشملها البرنامج. لكن في المقابل، يعتبر هذا الاختيار مقتصدا على مستوى الأمد القصير والبعيد. وحتى تتضح الرؤيا، فإننا نبين في الشكل 1.26 الجوانب الإيجابية والسلبية التي ترافق شراء البرامج الجاهزة.

إيجابيات البرامج الجاهزة	سلبيات البرامج الجاهزة
سهولة التشغيل	صعوبة إيجاد توافق كامل مع حاجيات المؤسسة
سهولة الاستخدام	قد تكون عملية التحديث باهضة
انخفاض التكلفة	قد لا تتناسب النسخة المحدثة مع متطلبات النظام
عدم الحاجة إلى توفير خبراء مبرمجين	صعوبة القيام بتعديلات تستجيب لإيجاد توافق كامل مع حاجيات المؤسسة
جودة عالية لتواجد تنافس بين الشركات المنتجة للبرمجيات الجاهزة	

شكل **1.26**: إيجابيات وسلبيات البرامج الجاهزة.

تكمن المشكلة في معرفة مدى ضرر سلبيات البرنامج الجاهز المذكورة في الشكل 1.26، وهل هي تضر بمصلحة المؤسسة.

إذا اتضح أن هذه السلبيات تمس بمصلحة المؤسسة، فإنه وجب تعيين خبراء من داخل المؤسسة أو خارجها يأخذون على عاتقهم تصميم برامج بالارتكاز على الدراسة التحليلية والتصميمية التي قام بها محلل النظم. كما أنه بالإمكان اختيار إحدى المقترحات التالية:

- **شراء برنامج تجاري جاهز وإدخال بعض التطويرات ليتماشى مع حاجيات المؤسسة**

يضاف إلى البرنامج الأصلي بعض الوظائف التي تطبقها المؤسسة. يخول هذا التصور إذن تجنب بعض التنازلات التي شملها التصور الأول، ولكنه في المقابل يعتبر أكثر تكلفة.

- **شراء برنامج مساعد تطبيقات**

يحتوي برنامج مساعد التطبيقات على الهيكل الرئيسي لوظائف المؤسسة، ومن ثم يستخدم لتكوين تطبيقات خاصة بالمؤسسة. يهدف هذا البرنامج إلى مساعدة المستخدم على إنشاء تطبيقاته الخاصة والتي تتماشى مع متطلبات مؤسسته. تخول هذه البرامج متابعة التطورات التي تحصل في ميدان المؤسسة والتأقلم مع التغييرات التي تحصل في المعايير والمقاييس في ميدان المؤسسة. في المقابل، تتطلب هذه البرامج مهارات وقدرات عالية في إدارة المعلومات.

❖ **اختيار وشراء المعدات.**

تتم عملية اختيار وشراء الأجهزة بعد تحضير البرامج التي على أساسها ستحدد أنواع الأجهزة، والتي تم إعداد مواصفاتها في مرحلة التصميم.

ترتكز عملية اختيار الأجهزة على تحديد مواصفات المعدات التالية:

- وسائل إدخال البيانات: وحدات طرفية، المسجل النقدي، التسجيل الآلي لحضور وانصراف الموظفين،

- وسائل إخراج البيانات،

- وسائط تخزين البيانات،

✓ **طلب وشراء الأجهزة.**

في إطار تنظيم طلب شراء الأجهزة، يتم إرسال طلب عرض أسعار إلى مختلف شـركات بيـع أجهـزة الحواسيب. ترسل الخطابات إلى الموردين مع تحديد حد أقصى لموعد استلام العروض. بعـد اسـتلام العروض، يتم تقييمها تمهيدا لاختيار أفضلها. يحتوي طلب العرض على العناصر التالية:

- مقدمة تتضمن معلومات عن المؤسسة وعنوانها ونوعية نشاطها والميزانية المخصـصة لعمليـة شراء الأجهزة.

- مواصفات التصميم (مواصفات البيانات الواردة والبيانات الصادرة وقواعد البيانـات وإجـراءات الأمن والرقابة).

- مواصفات التصميم (مواصفات البيانات الواردة والصادرة، ومواصفات قواعد البيانات وإجراءات الأمن والرقابة).

- مواصفات الأجهزة (نوع المعالج وسرعته، سعة الـذاكرة العـشوائية، سـعة وسـائل التخـزين الثانوية،...)

- قدرات وسرعة أجهزة البيانات الواردة والبيانات الصادرة،

- إمكانية التوسع والمرونة في التطوير،

- تشغيل متعدد للبرامج،

- نوع المساعدة والصيانة التي يمكن أن تقدمها الشركة الموردة، كالمساعدة في تنصيب البـرامج التطبيقية، وتدرب العاملين المستخدمين، وتقديم المساعدة السريعة عند الطلب للتدخل فـي حالــة حدوث أعطال في المعدات أو البرمجيات.

✓ تقييم الأجهزة

عندما تستلم المؤسسة ردود الموردّين، وجب تقييم عروضهم مع الأخذ بعين الإجابة عن التساؤلات التالية:

- o هل أن مواصفات الموردين تتماشى مع مواصفات عروض الشراء التي أصدرتها المؤسسة؟
- o هل أن مواصفات الموردين متوافقة مع الأجهزة والنظم التي تشتغل بها المؤسسة،
- o ما نوع الصيانة والتأييد الفني الذي تتيحه المؤسسة، وما هو مدى تكلفته؟
- o ما هي مدة الضمان، وما هي الجوانب التي يشملها هذا الضمان ؟
- o ما هي طريقة دفع كشف حساب (نقدا، شيكا،....)، وهل هناك إمكانية الدفع بالتقسيط؟ وإذا وجدت هذه الإمكانية، فما هي شروطها؟

✓ تقييم الموردين

قد تفضي عملية تقييم العروض إلى ترشيح عدد من الموردّين. لكن يستوجب الأمر اختيار أفضلهم. لذلك، وجب غربلة المرشحين بالارتكاز على العوامل التالية:

- o مدة خبرة المورّد،
- o المؤسسات التي تتعامل مع المورّد (عددها ونوعها)،
- o الخدمات التي يقدمها ما بعد البيع (تدريب المستخدمين، مساعدة في تنصيب الأجهزة والنظام، مدى القدرة على الاستجابة الفورية للتدخل عند الطلب، مدى كفاءة موظفيه،...).

27 التحوّل إلى النظام الجديد

يهدف هذا الفصل إلى التعرف على:

- طرق التحوّل إلى النظام الجديد
  - التحوّل المباشر،
  - التحوّل المتوازي،
  - التحوّل المتدرج،
  - التحوّل المرتكز على الوحدات المنمذجة،
  - التحوّل الموزع.
- تحليل طرق التحوّل

تمهيد

إذا أثبتت عمليات اختبار النظام الجديد قابليّته للاستخدام، تبدأ إجراءات التحوّل من النظام القديم إلى النظام الجديد. تعتبر هذه المرحلة حسّاسة جدّا، حيث أنها تتطلّب تعاونا جماعيّا، ومشتركا بين محللي ومشغلي النظام، وكافة المستخدمين. إن الحرص على وضع خطّة محكمة لهذا التحوّل تشمل طريقة تنفيذه وجدولة أعماله، يساهم إلى حد كبير في إنجاح هذا التحوّل.

توجد عدّة تخطيطات للتحويل من النظام القديم إلى النظام الجديد. كما أنه يتوفّر تصوّر يأخذ بعين الاعتبار عدّة متغيّرات تنظيمية لأخذ قرار حول التخطيط الأفضل للتحويل. بصفة عامة، لا توجد طريقة مثلى للبدء في عملية التحوّل. لكن يجب التأكيد على:

- انتهاج تخطيط محكم،
- جدول زمني منظّم لعملية التحوّل (التي عادة ما تستغرق عدة أسابيع)،

- القيام بنسخ احتياطيّة للملفات وقواعد البيانات (التابعة للنظام القديم)،
- اتّخاذ الإجراءات الأمنيّة الكافية.

نتطرّق فيما يلي إلى الطرق التي يمكن اتباعها للتحويل من النظام القديم إلى النظام الجديد. يجب على محلّل النظم أن يختار طريقة معيّنة من هذه الطرق التي يراها تتماشى مع رغبة المستخدمين ومصلحة المؤسسة.

✹ طرق التحوّل إلى النظام الجديد

يمكن تقسيم طرق التحوّل من النظام القديم إلى النظام الجديد كالآتي:

- التحوّل المباشر،
- التحوّل المتوازي،
- التحوّل المتدرّج،
- التحوّل المرتكز على الوحدات المنمذجة،
- التحوّل الموزّع.

نوضح في الشكل 1.27 عن طريق الرسومات كيفيّة التحوّل حسب الزمن من النظام القديم إلى النظام الجديد، حسب كل طريقة من طرق التحوّل. نفسّر بعد ذلك هذه الطرق، ثم نتطرّق إثر ذلك إلى جانب مهمّ جدّا، حيث قمنا بدراسة تحليليّة شملت إيجابيات وسلبيات كل طريقة من هذه الطرق.

- **التحوّل المباشر**

يعني التحوّل المباشر إيقاف النظام القديم في يوم معين، ثمّ إدخال النظام الجديد في التنفيذ. يتّصف هذا التحوّل بالمخاطرة والمجازفة حيث أن فشله يؤثر سلبا على عمل المؤسسة. يستخدم هذا التحوّل عندما يصعب تشغيل النظامين القديم والجديد بطريقة متوازية، أو عدم إمكانية مواصلة تشغيل النظام القديم لتفاقم سلبياته. وقد يؤخذ قرار التحوّل المباشر إثر إنجاز اختبار دقيق شمل النظام الجديد، وأفضى إلى نتائج إيجابية.

- **التحوّل المتوازي**

يتمثّل هذا التحوّل في العمل على النظام القديم والجديد في نفس الوقت طوال مدّة زمنيّة محدّدة. يعتبر هذا

التصوّر الأكثر شيوعا. يتمّ تزويد النظام الجديد خلال فترة العمل المتوازي بنفس البيانات الواردة التي يتزوّد بها النظام القديم، وبعد معالجة هذه البيانات، تقارن النتائج (البيانات الصادرة) التي أفضي إليها النظامان. إذا تطابقت النتائج، فيعني هذا أن النظام الجديد يشتغل بطريقة صحيحة. أما إذا اختلفت النتائج، فإنه وجب البحث عن أسباب الاختلاف التي عادة ما تكمن وراء أخطاء في النظام الجديد، مما يتطلب الأمر حصر هذه الأخطاء ثم تصحيحها. يوضح الشكل 2.27 هذه الإجراءات.

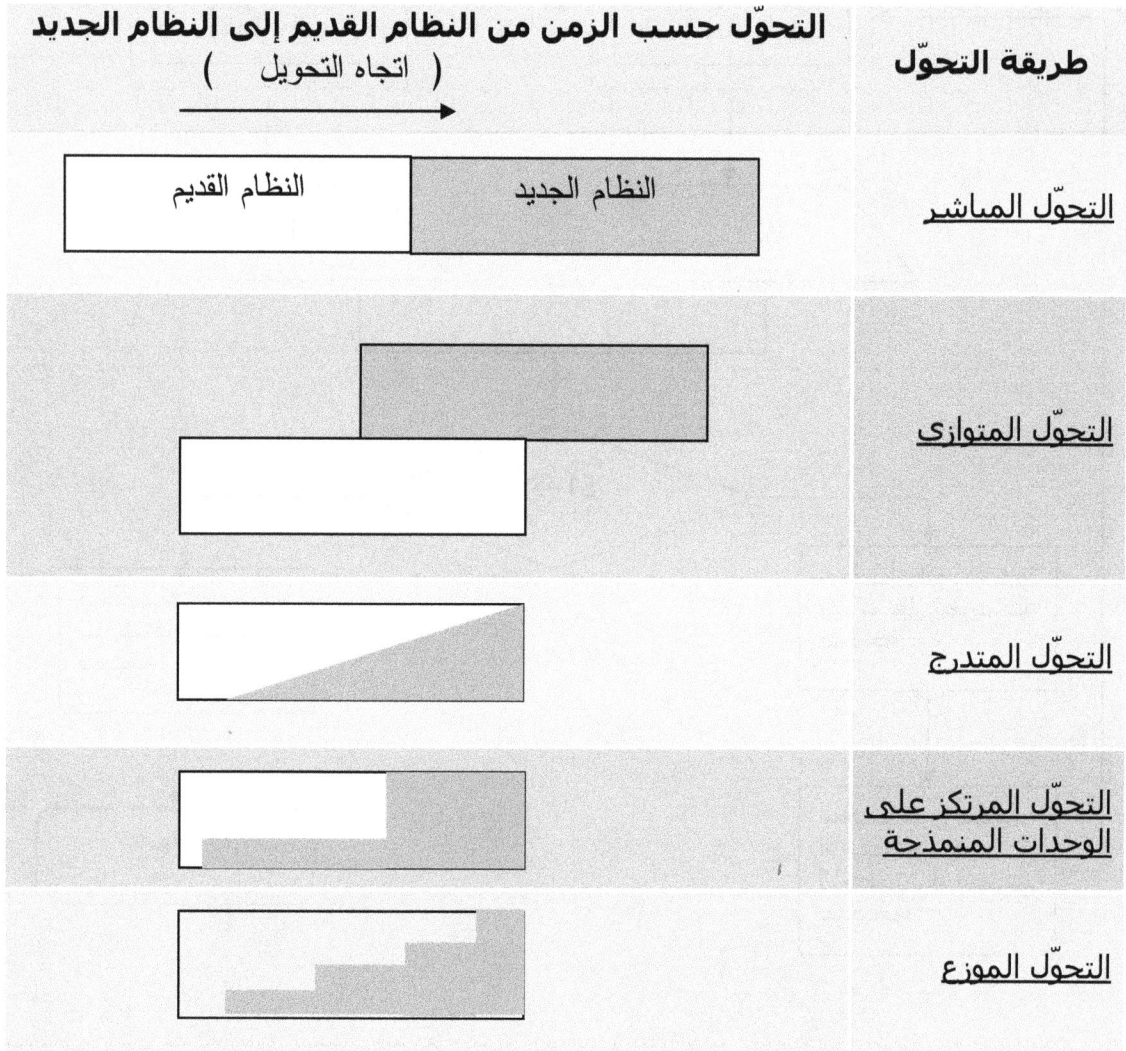

طريقة التحوّل	التحوّل حسب الزمن من النظام القديم إلى النظام الجديد (اتجاه التحويل)
التحوّل المباشر	النظام القديم / النظام الجديد
التحوّل المتوازي	
التحوّل المتدرج	
التحوّل المرتكز على الوحدات المنمذجة	
التحوّل الموزع	

شكل 1.27: التحوّل حسب الزمن من النظام القديم إلى النظام الجديد

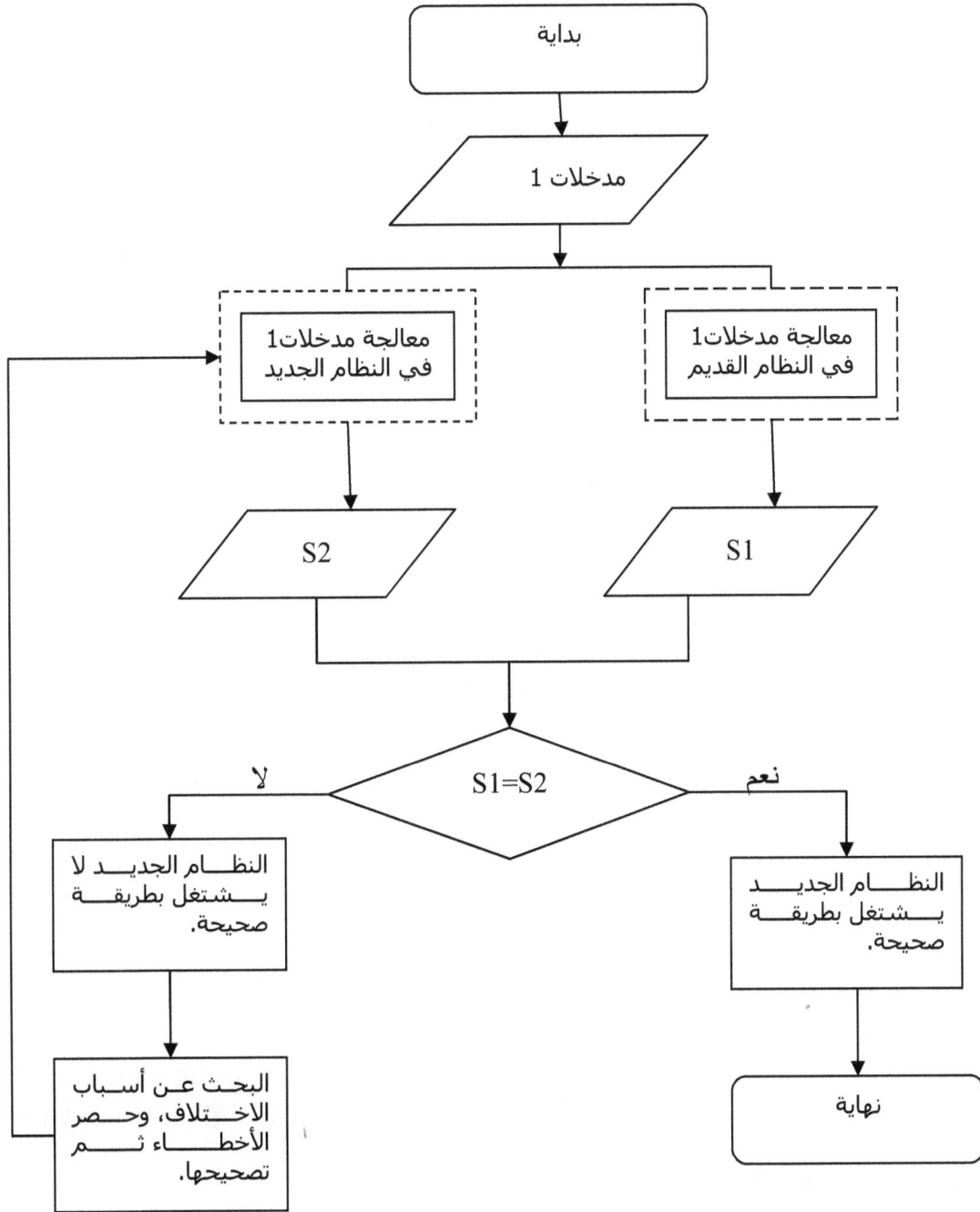

شكل 2.27: التحوّل المتوازي من النظام القديم إلى النظام الجديد

- **التحوّل المتدرّج**

يهدف التحوّل المتدرّج (يسمّى كذلك <u>التحوّل المرحلي</u>) إلى اكتساب إيجابيّات النوعين السابقين (التحوّل المباشر والمتوازي)، مع العمل على التخلّص من سلبياتهما (نتحدّث عن هذه السلبيات في الشكل 3.27). يتمثّل التحوّل المتدرّج في تصعيد العمل على النظام الجديد بطريقة تدريجية، حيث تستخدم بالتعاون أجزاء من النظام القديم والجديد، حتى يتمّ تنصيب هذا النظام الجديد.

- **التحوّل المرتكز على الوحدات المنمذجة**

يرتكز هذا التحوّل على بناء نماذج من مجموعة وحدات تشغيليّة. تثبت كل وحدة تشغيلية في النظام الجديد، بمجرد أن تصبح جاهزة. تجرى بعد ذلك تجارب على النظام لمعرفة مدى تقبّله لهذه الوحدة. إذا أدّت التجارب إلى إظهار أخطاء، فإنه وجب تصحيح الوحدة، وإعادة دمجها، وتجربتها في النظام الجديد. إذا أفضت التجارب إلى صحّة الوحدة وخلوّها من الأخطاء، تثبت هذه الوحدة، ثم تجهّز وحدة أخرى لتجربتها، وتعاد نفس العمليات السابقة، إلى أن يكتمل النظام. وهكذا يتمّ التحوّل من النظام القديم إلى النظام الجديد بطريقة تدريجيّة.

- **التحوّل الموزّع**

يستخدم هذا التحوّل في الأماكن التي تشتغل في النظام الموزّع مثل البنوك والفنادق، حيث تتواجد مجموعة من الحواسيب تشتغل عادة في ظلّ نظام شبكة حواسيب. يتمثّل هذا التحوّل في تنصيب النظام بأكمله على جهاز من الأجهزة الموزّعة، حيث يقوم الموظّف الذي يشتغل عليه بعمل معيّن. إذا اتّضح أن هناك مشاكل، فإنّها تصحّح على هذا الجهاز، ثم ينصّب النظام على الجهاز الموالي، وهكذا دواليك إلى أن يتمّ تنصيب النظام على كل الأجهزة.

- ✴ **تحليل طرق التحوّل**

لعلّه من البديهي بعد التعرّف على مختلف طرق التحوّل من النظام القديم إلى النظام الجديد، أن نتعرف على إيجابيات وسلبيات كل طريقة من طرق التحوّل. لذلك نسوق الشكل 3.27 الذي جمعنا فيه كل نتائج تحليلنا.

طريقة التحوّل	الإيجابيات	السلبيات
التحوّل المباشر	• غير مكلف • لا يحتاج إلى مجهود إضافي من العاملين مثل التشغيل المتوازي.	• إمكانية نجاحه مرتبطة باختبار النظام الجديد اختبارا دقيقا. • يشتغل جيدا إلا إذا تسامح عن بعض التأخير الذي يمكن أن يحصل أثناء عملية معالجة البيانات. • إذا حصل تأخير في إنجاز بعض معاملات المؤسسة، فإن هذا يرجع سلبا على المؤسسة، لأنه ليس هناك بديل يمكنه تغطية المشكلة. • لا تتوفر إمكانية مقارنة نتائج النظام الجديد بنتائج النظام القديم.
التحوّل المتوازي	• توفر إمكانية مقارنة نتائج النظامين القديم والجديد، وتصحيح الأخطاء في النظام الجديد إذا اختلفت النتائج. • يعطي أمانا إلى المستخدمين حيث أنهم يتدرّجون في التحوّل إلى النظام الجديد، ممّا يعني أنهم ليسوا مجبرين على التحوّل المفاجئ إلى النظام الجديد.	• تكلفة عالية نتيجة تشغيل نظامين في نفس الوقت. • تتضاعف حمولة أعمال المستخدمين من خلال فترة العمل على نظامين في نفس الوقت. • إذا كان النظام القديم يدويا والجديد حاسوبيا، فإنه يصعب مقارنة نتائج النظامين حيث هناك احتمال كبير أن تختلف هذه النتائج تماما.
التحوّل المتدرج	• إعطاء فرصة الاندماج بالتدرج في النظام الجديد. • إمكانية اكتشاف الأخطاء وتصليحها في وقت زمني مقبول.	• قضاء وقت طويل حتى ينصب النظام الجديد. • لا يصلح للأنظمة الصغيرة والبسيطة.
التحوّل المرتكز على الوحدات المنمذجة	• اختبار كل وحدة قبل دمجها في النظام واستخدامها. • توفر فرصة تعرف المستخدم على كل وحدة أصبحت تشغيليّة.	• ليس بالامكان دائما نمذجة الوحدات، مما يجعل هذا التحوّل صعب التطبيق، وبالتالي نادرا ما يتمّ اللجوء إليه. • يجب الانتباه عند ربط الوحدات ببعضها البعض، حيث يمكن أن لا تشتغل الوحدات كمجموعة في ظل نظام واحد، رغم أنها اشتغلت كوحدة منفردة.
التحوّل الموزّع	• يمكن اكتشاف الأخطاء بالتدرج على كل جهاز بدلا عن كل الأجهزة مرة واحدة.	بالرغم من أن النظام يمكن أن ينصّب بنجاح على جهاز معين، ويفي بحاجيات مستخدم ذلك الجهاز، إلاّ أن نفس النسخة المنصبة على ذلك الجهاز يمكن أن لا تفي بغرض مستخدم آخر على جهاز آخر. لذلك وجب تصحيحها حتى تتماشى مع كل مستخدم النظام.

شكل 3.27: إيجابيات وسلبيات مختلف طرق التحوّل إلى النظام الجديد

البـــــــــاب السادس

التخطيط
التحليل
التصميم
التنصيب
المتابعة

الفصل الثامن والعشرون	المتابعة والتقييم والصيانة

28 المتابعة و التقييم والصيانة

يهدف هذا الفصل إلى التعرف على:

- التقييم (تقييم مراحل التنفيذ، تقييم المشروع ككل)،
- تقنيات تقييم النظام الجديد (تحليل التكلفة والمنفعة، تصور تقييم القرار المراجع، تصور إدماج المستخدم، تصور فائدة نظم المعلومات)،
- فائدة الملكية، فائدة الشكل، فائدة المكان، فائدة الوقت، فائدة الهدف
- تقييم النظام الجديد
- صيانة النظام، أنواع الصيانة (صيانة علاجيّة، الصيانة التكيفية، الصيانة التحسينيّة، الصيانة الوقائيّة).

تمهيد

تعتبر المتابعة والتقييم من العمليات الهامة لضمان تنفيذ مشروع تطوير نظم المعلومات بكفاءة تامة، ولتوفير العناصر اللازمة نحو تخطيط أفضل له.

الجدير بالذكر أن المتابعة والتقييم مرتبطان ببعضهما البعض ارتباطا وثيقا، ولا ينفصلان عن بعضهما البعض، فهما يكمّلان أحدهما الآخر، ولهما أوجه مختلفة. بالإضافة إلى ذلك، فإنهما يمثلان معا ركناً هاماً في دورة حياة المشروع.

تهتمّ كافة المستويات الإدارية بعمليّات المتابعة والتقييم خلال دورة حياة مشروع نظم المعلومات، ابتداءً من مرحلة تعريف المشروع، وتخطيطه، وتصميمه، ووصولا إلى مراحل تنفيذه وتشغيله.

نتعرّف الآن على المتابعة، ثمّ التقييم.

❖ المتابعة.

تعرف المتابعة بمجموعة العمليّات المستمرّة التي تهدف إلى:

- تحقيق تنفيذ مشروع نظم المعلومات وفق الخطّة المعتمدة،
- تحقيق تنفيذ مشروع بالخطوات المتّفق عليها لتحقيق الأهداف المرغوبة،
- التحقق من أن التنفيذ يتمّ بالكميّات، والنوعيّات، والتكلفة المقررة لذلك، وفي حدود الإطار الزمني المطلوب، وبالجودة العالية وفقا للمواصفات والتصميمات السابق وضعها.

كما يتم في المتابعة مقارنة ما تحقق فعلا بما كان مخطّطا له. تتمّ خلال فترة المتابعة التحقّق من العمليّات التالية:

- إجراء التنفيذ وفق المعدّلات الزمنيّة السابق جدولتها،
- إتمام التنفيذ بالجودة العالية المطابقة للمواصفات الفنّية،
- إجراء التنفيذ بمعدّلات الأداء النمطية السابق وضعها،
- حصر مشاكل التنفيذ وعقباته، ونقلها إلى الإدارة لحلها،
- تواجد تكلفة الأعمال في حدود الموازنة المعتمدة لها،
- إجراء الخطوات التنفيذية في إطار الإرشادات العامة والأصول الفنّية،
- إتمام الصرف في الأوجه الصحيحة للإنفاق.

لذا يجري خلال المتابعة جمع بيانات عن الموقف التنفيذي لمشروع نظم المعلومات أثناء الانتقال من مرحلة إلى أخرى. وتختلف هذه البيانات حسب الغرض الذي يتمّ من أجله جمع هذه البيانات، وكذلك حسب المستوى الإداري، والهيكل التنظيمي الذي يحتاج إلى هذه البيانات. ثم يتمّ تحليل البيانات وإعداد تقارير المتابعة لعرضها على المستويات الإدارية المختلفة، حتى تتمكّن الإدارة من اتّخاذ القرارات، والقيام بالإجراءات التصحيحيّة. لذلك، يجب أن تكون هذه التقارير:

- دقيقة وممثّلة للواقع،
- تعكس حقيقة الموقف التنفيذي للمشروع،

● كما يجب أن تشمل عناصر تقويم الأداء والمؤشّرات الإحصائيّة.

❖ التقييم.

التقييم هو المحاولات المستمرة لمعرفة الآثار والنتائج المتحصّل عليها إثر تنفيذ كل مرحلة مــن مراحــل تطوير مشروع نظم المعلومات، أو حتى بعد الانتهاء منه، وبدء تشغيله. تتمّ عملية التقييم من خــلال نقــل صورة عمّا قد حدث بالفعل، ونتائج، وأسباب هذا الحدث.

✳ أنواع التقييم .

ينقسم التقييم إلى نوعين رئيسين:

▫ تقييم مراحل التنفيذ،

▫ تقييم المشروع ككلّ.

نتعرّف الآن على هذين النوعين:

● تقييم مراحل التنفيذ

بعد تنصيب النظام الجديد وتشغيله لفترة كافية من الزمن لإتمام دورة كاملة لتشغيل النظام، وجب تقييمه. يهدف هذا التقييم إلى معرفة ما إذا كان التنفيذ يتمّ وفق الخطّة الموضوعة أم لا. وبذلك تتحقق المتابعة الفعّالة في تحذير وتنبيه الإدارة بوجود مشكلات، أو توقع حدوث مشكلات مستقبليّة، لمحاولة تداركها واتخاذ الإجراءات التصحيحيّة للحفاظ على تقدّم المشروع دون توقف. يتمّ عادة تحليل أسباب حدوث مثل هذه المشكلات أثناء التنفيذ مثل: المشكلات الإدارية، أو الفنية، أو المالية، أو البشرية، أو الإجرائيّة … الخ... يجب الخروج بدروس مفيدة من نتائج تحليل المشكلات، يتعلم منها أصحاب المؤسّسة حتى يتفادوا حدوثها في المستقبل.

● تقييم المشروع ككل

يهدف هذا التقييم إلى معرفة ما إذا كان المشروع بعد تشغيله، قد حقق الأهداف المرجوة منه أم لا. كمــا يهدف إلى البحث عن الآثار غير المتوقعة التي قد تنتج عن تشغيل نظم المعلومات، والتي لم تكن واضحة أثناء التخطيط.

✳ تقنيات تقييم النظام الجديد

تستخدم تقنيات متعدّدة لتقييم النظام الجديد، نذكر من أهمّها ما يلي:

- تحليل التكلفة والمنفعة،
- تصوّر تقييم القرار المراجع،
- تصوّر إدماج المستخدم،
- تصوّر فوائد نظم المعلومات.

الجدير بالذكر، أن كل تقنيّة من التقنيّات المذكورة سابقا، تخدم أهدافا تختلف عن بعضها البعض. بالإضافة إلى ذلك، فإنّ لكل تقنية سلبيّاتها وإيجابيّاتها. نتحدّث الآن عن هذه التقنيّات، ثم نتطرّق بعد ذلك إلى تحليلها، حيث نوضّح الإيجابيّات والسلبيّات لكل واحدة منها.

• تحليل التكلفة والمنفعة

تعدّ التكلفة والمنفعة معيارين مرتبطين ببعضهما البعض، بحيث لا يمكن الارتكاز على منفعة نظام معيّن دون معرفة قيمة تكلفة هذا النظام. يتمّ إيجاد المنفعة في حدّ ذاتها بالارتكاز على التكلفة. إثر ذلك تقارن التكلفة بالمنفعة.

• تصوّر تقييم القرار المراجع

تتمثّل هذه الطريقة في استخدام النماذج التي تخوّل تقدير قيمة قرار بالارتكاز على نتائج (تأثيرات) تابعة لنظم المراجعة باستخدام نظريّة المعلومات، والمحاكاة أو إحصائيات بيازا.

• تصوّر إدماج المستخدم

يركز هذا التصور على مشاكل تنصيب النظام وإدماج المستخدم في تقييم النظام.

لا تخلو التقنيات الثلاثة المذكورة سابقا من سلبيات لها أثرها على عملية تقييم النظام الجديد. وحتى يتسنى لنا معرفة هذه السلبيات، جمعناها في الشكل 1.28. نتطرّق إثر ذلك إلى تقنية أخرى من تقنيات النظام المتمثلة في تصور وسائل نظم المعلومات.

تقنية التقييم	السلبيات
تحليل التكلفة والمنفعة	صعبة التطبيق وذلك لأن نظم المعلومات تعطي معلومات حول الأهداف في مرحلة أولى، ممّا يجعل عملية مقارنة الأداء قبل وبعد عملية تنصيب النظام مستحيلة.
تصوّر تقييم قرار المراجعة	يتّصف بالصعوبة، ويرجع ذلك أساسا إلى أن كل المتغيّرات المرتبطة بالتصميم وتنصيب النظام لا يمكن احتسابها أو تقديرها.
تصوّر إدماج المستخدم	يعطي فكرة عن أعطال النظام في شكل قائمة يتولى تعبئتها أعضاء المؤسسة، لكنّها تركّز أكثر على عمليّة التنصيب ولا تعطي أهمية لنتائج التصميم.

شكل 1.28: سلبيات بعض تقنيات تقييم النظام

بعد توضيح سلبيات التصوّرات السابقة، سوف نركّز على تصوّر فوائد نظم المعلومات الذي يعتبر أقرب للفهم من التصوّرات السابقة، خاصّة إذا توسّعنا فيه، وتمّ تطبيقه بانتظام.

- **تصوّر فوائد نظم المعلومات**

يعتبر تصور فوائد نظم المعلومات لتقييم نظم المعلومات تقنيّة متميّزة لقياس مدى نجاح النظام. بالإضافة إلى ذلك، فإنّه يمكن استخدام هذا التصوّر كدليل لمحلل النظم أثناء دراسته لمشاريع أخرى. يشمل تصوّر فوائد نظم المعلومات الفوائد التالية والموضّحة في الشكل 2.28، والأسئلة المرتبطة بها:

- فائدة الملكية،
- فائدة الشكل،
- فائدة المكان،
- فائدة الوقت،
- فائدة التحقيق،
- فائدة الهدف.

نتطرّق الآن إلى تفسير كل وسيلة بالتفصيل.

▫ **فائدة الملكيّة**

تجيب <u>فائدة الملكيّة</u> عن السؤال التالي: "من يتلقّى البيانات الصادرة مـن النظام؟". بطريقة أخرى يتطرّق السؤال إلى معرفة الشخص الذي يجب أن يكون مسؤولا عن صنع القرار.

إن تحديد الشخص المناسب الذي يتمتّع بإمكانية اتخاذ القرارات المناسـبة، مكـسب عظـيم للمؤسـسة. فالمعلومات تفقد فائدتها إذا هي وضعت في أيادي شخص يفتقر إلى الإمكانيات التي تخوّله تطوير النظـام أو استغلال المعلومات بطريقة مثمرة.

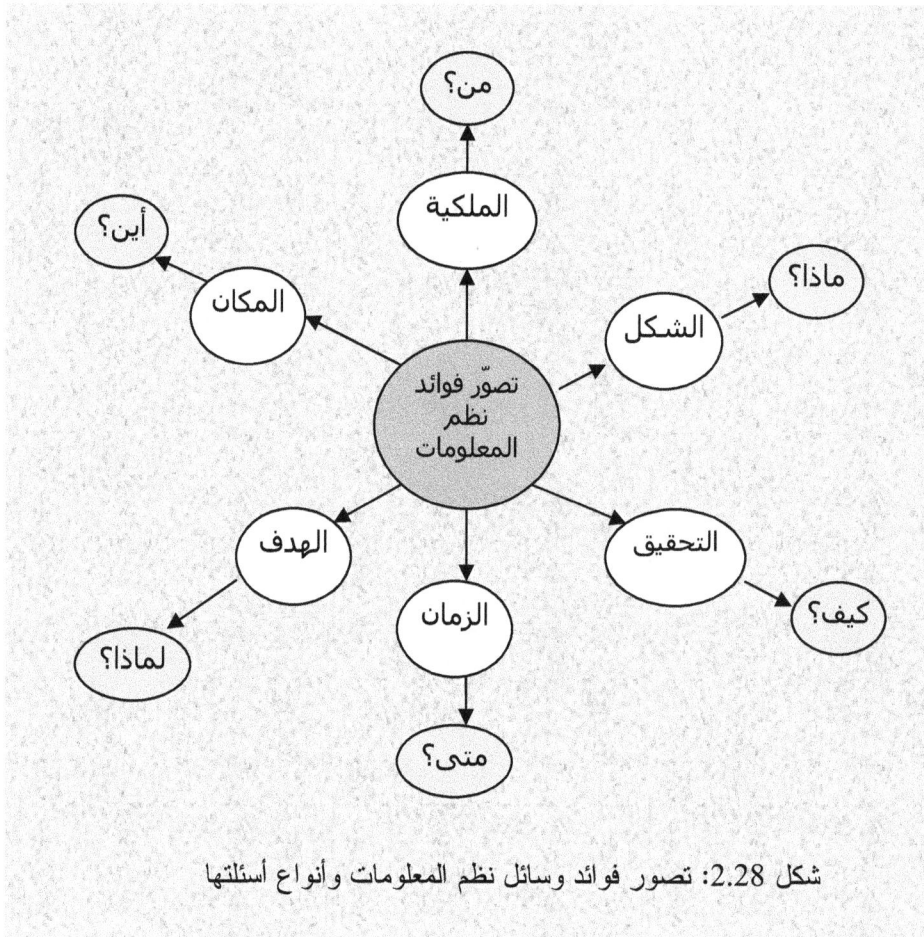

شكل 2.28: تصور فوائد وسائل نظم المعلومات وأنواع أسئلتها

- **فائدة الشكل**

تجيب فائدة الشكل عن السؤال التالي: "ما هو نوع البيانات الصادرة المسلمة إلى صانع القرار؟".
يجب أن تسلم المعلومات إلى صانع القرار في شكل مقبول، بحيث تمكّنه من استخدامها بطريقة فعّالة. إذا كانت البيانات في شكل جداول، فإنه يجب إظهار عناوين الأعمدة بشكل واضح. أما إذا احتوت الأعمدة على عمليّات حسابيّة، فيجب أن توضّح نتيجة الحسابات في عناوين الأعمدة. لكن لا يعني هذا أنه وجب إغراق النظام بفائض هائل من المعلومات، ممذا يفقد صانع القرار التركيز ويقوده إلى متاهات خطيرة.

- **فائدة المكان**

تجيب فائدة المكان عن السؤال التالي: "أين توزّع معلومات النظام؟".
يجب أن توزّع المعلومات في المكان المناسب ألا وهو الموقع الذي سوف يصنع فيه القرار. يجب حفظ التقارير المفصّلة، أو التقارير الإدارية السابقة في نفس هذا الموقع حتى يسهل الرجوع إليها عند الحاجة.

- **فائدة الوقت**

تجيب فائدة الوقت عن السؤال التالي: "متى يجب أن توزّع معلومات النظام؟".
يجب أن تصل المعلومات التي تخصّ موضوعا معيّنا قبل أن يتمّ أخذ قرار في ذلك الموضوع، وإلاّ فإنّها سوف تفقد فائدتها.
أما المعلومات التي يتمّ تجهيزها قبل وقت طويل من أخذ القرار، فإنّه بالإمكان أن تصبح قديمة ومنعدمة الدقة، مما يجعلها عرضة للتّجاهل والإهمال.

- **فائدة التحقيق**

تخول فائدة التحقيق الإجابة عن السؤالين التالين:
- كيف تسلّم معلومات النظام إلى صانع القرار؟
- كيف يستخدمها صانع القرار؟.

يجب الأخذ بعين الاعتبار ما يلي:
أوّلا – يعتبر نظام المعلومات نظاما ذا قيمة إلاّ إذا كان يمتلك قابليّة التنصيب.
ثانيا – تنصّ فائدة التحقيق على أن نظام المعلومات لا يعتبر ذا قيمة:

- إلاّ إذا خضع لعمليات الصيانة بمجردّ أن وقع دمجه في ميدان الاستخدام،
- أو أن النتائج المستخدمة سابقا والمسلّمة من هذا النظام منذ بداية استخدامه تعتبر قيّمة ومفيدة وبعيدة المدى (يمكن استغلالها لفترة زمنية طويلة).

▫ **فائدة الهدف**

تجيب فائدة الهدف على السؤال التالي: "هل أن البيانات الصادرة من النظام لها دور في تحقيق مجموعة الأهداف التي رسمتها المؤسسة؟".

يجب على هدف نظام المعلومات أن يكون ليس فقط متوازيا مع أهداف صانع القرارات، بل وجب عليه كذلك أن يرتّب قائمة أولويات هذه الأهداف.

✸ **تقييم النظام الجديد**

يتمّ تقييم النظام الجديد بالارتكاز على تقنيّات التقييم المتمثلة في الفوائد الستة المذكورة سابقا. يعتبر النظام ناجحا، إذا أفضى التقييم المعتمد على الفوائد الستّة إلى نتائج مقبولة. أمّا إذا اتضح أن تقييم أحد عناصر النظام قد أفضى إلى نتيجة متدنّية، فإنّ ذلك سوف ينعكس سلبا على النظام بأكمله، ولذلك وجب اتّخاذ التدابير اللاّزمة لإصلاح ذلك العنصر.

تستخدم فوائد التقييم المذكورة سابقا في تقييم نظم المعلومات الكبيرة، ويمكن أن تستخدم كقائمة تدقيق تواكب تقدّم بناء النظام الجديد.

بعد التّعرّف على متابعة النظام وصيانته، نواصل فيما يلي التّعرّف على صيانته.

❖ **صيانة النظام.**

صيانة النظام هي تثبيت وتحسين هذا النظام. الجدير بالذّكر، أنّ أغلبيّة المبرمجين يشتغلون على أنشطة صيانة برمجيّات النظام أكثر من العمل على تطويرها.

هناك فئتان من الموظفين تعمل جنبا إلى جنب في مرحلة صيانة النظام، وهما الآتيتان:

- أفراد من مجموعة تطوير النظام وهي مسؤولة عن جمع طلبات الصيانة المقدمة من مستخدمي النظام،
- مجموعة من الأطراف المهتمّة، مثل مدققي النظام، فريق إدارة مركز البيانات، فريق إدارة

الشّبكة ومحللو النظم.

✸ مراحل صيانة النظام

تنفّذ أربع أنشطة رئيسيّة في مرحلة الصّيانة نلخّصها في الشكل 3.28:

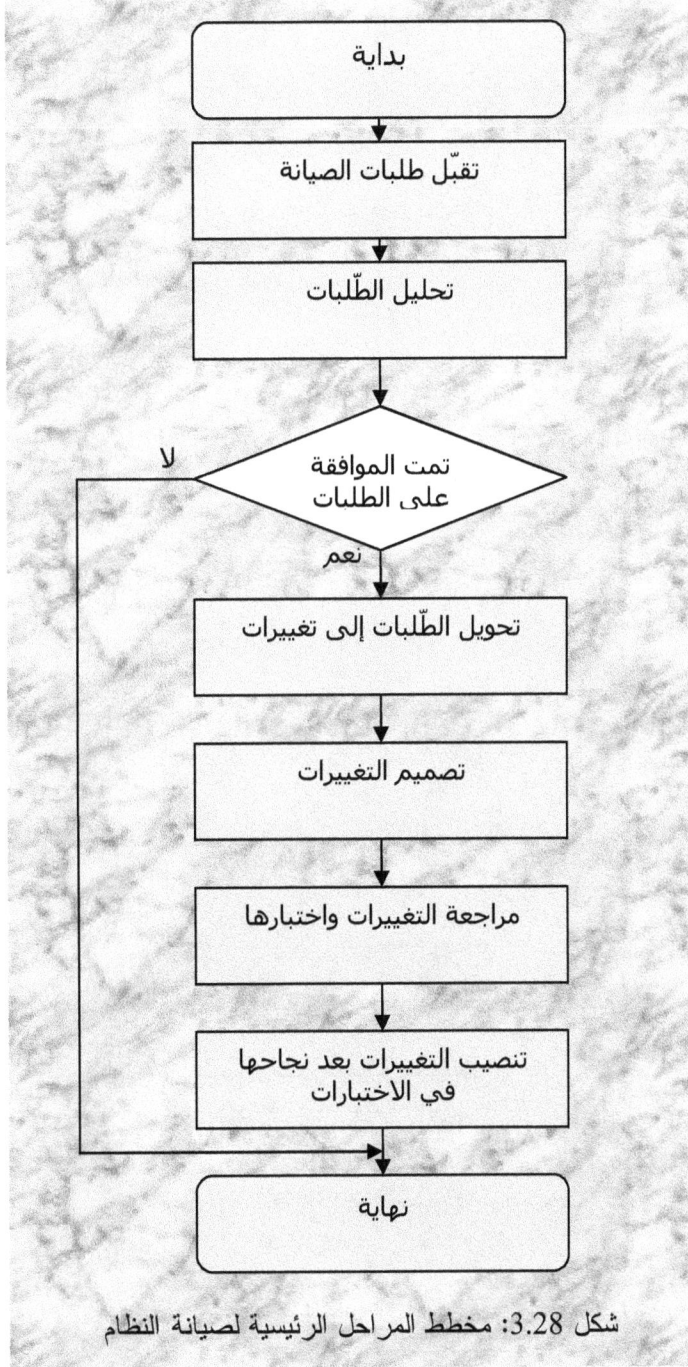

بداية
تقبّل طلبات الصيانة
تحليل الطّلبات
تمت الموافقة على الطلبات
لا
نعم
تحويل الطّلبات إلى تغييرات
تصميم التغييرات
مراجعة التغييرات واختبارها
تنصيب التغييرات بعد نجاحها في الاختبارات
نهاية

شكل 3.28: مخطط المراحل الرئيسية لصيانة النظام

- تقبل طلبات الصيانة،
- تحويل الطلبات إلى تغييرات،
- تصميم التغييرات،
- تنصيب التغييرات.

يتمّ تحليل كل طلبات الصيانة المقدّمة من مستخدمي النظام للأهداف التالية:

- فهمها جيّدا،
- التعرّف على كيفيّة ومدى تأثيرها على النظام،
- تحديد منفعة الأعمال، والضرورات التي سوف تنتج عن هذا التغيير في حالة أخذها بعين الاعتبار.

إذا تمّ قبول طلبات التغيير بعد تحليلها، يتولى محلل النظم تصميمها، ثم يدمج هذه التغييرات في النظام لكي تدخل فيما بعد حيّز التنفيذ.

تخضع التغييرات المصمّمة للمراجعة، والاختبار قبل تنصيبها في النظام. من هنا يتجلّى لنا التجانس الكبير بين مراحل صيانة النظام ودورة حياة النظام. نوضّح هذا التجانس في الشكل 4.28.

يتضّح لنا جليّا من الشكل 6.2 الذي سقناه في الفصل الثاني والذي يوضّح مراحل دورة حياة النظـام، أن مرحلة الصيانة تعتبر الحلقة الأخيرة من دورة حياة النظام. يعني هذا أن الصيانة تسوق إلى بدايـة حلقة دورة حياة النظام. يعني هذا بدوره أن عمليّة صيانة المعلومة هي عمليّة الرجوع إلى بداية حلقة دورة حياة النظام، وتكرار مراحل التطوير إلى أن يتمّ تنصيب التغييرات.

✳ أنواع الصيانة

يمكن تقسيم الصيانة حسب الأنواع الرئيسية التالية والمبيّنة في الشكل 5.28.

◻ صيانة علاجية

تتمثّل الصيانة العلاجية في مجموعة التغييرات الهادفة إلى تصليح العيوب التي واكبت مرحلة التصميم، أو

مرحلة كتابة شفرة البرامج، أو مرحلة تنفيذ النظام.

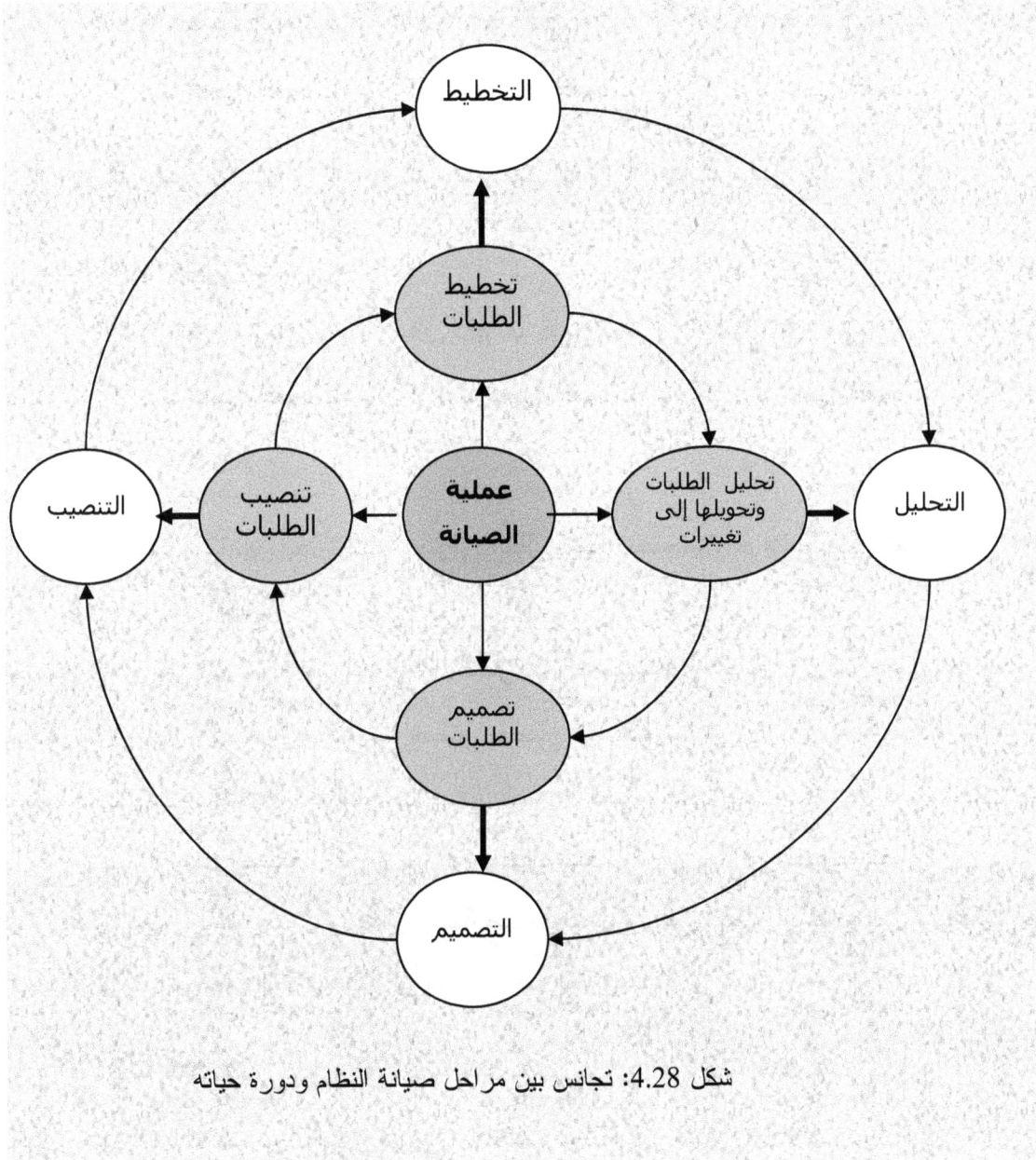

شكل 4.28: تجانس بين مراحل صيانة النظام ودورة حياته

تتطلّب المشاكل الناتجة عن هذه العيوب الإسراع في إصلاح هذه العيوب خشية تعطيل سير عمل النظـام. تمثّل الصيانة العلاجيّة 75% من كل أنواع الصيانة، وتتّسم بإزالة العيوب من النظام الموجود دون إضافة

وظائف جديدة إلى هذا النظام.

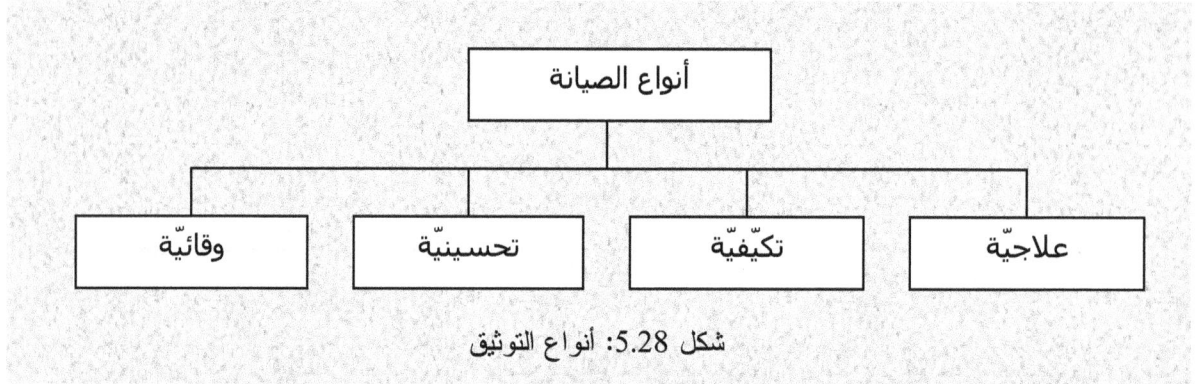

شكل 5.28: أنواع التوثيق

- **الصيانة التكيفية**

تعمل الصيانة التكيّفيّة على تحقيق الأهداف التالية:

- ✓ إحداث تغييرات في نظام المعلومات حتى يستطيع مواكبة التطوّر الذي شمل بعض وظائفه نتيجة لتغيير بعض الأعمال.
- ✓ العمل على جعل نظام المعلومات يتأقلم، ويتكيّف مع بيئة تشغيلية مختلفة عمّا صمم من أجلها النظام.

يتّصف هذا النوع من الصيانة بأنه غير مستعجل بالمقارنة بالصيانة العلاجيّة، وذلك لأنّ الأعمال الجديدة والتغييرات الفنية في النظام نادرا ما تحدث، وحتى إذا حصل ذلك، فإنها تظهر في فترة معيّنة من الزمن.

- **الصيانة التحسينيّة**

تشمل الصيانة التحسينيّة إدخال تحسينات تشمل معالجة الأداء أو قابليّة الاستخدام، وإذا أمكن إضافة بعض الميزات النظامية فقط إذا اقتضت الحاجة إلى ذلك.

- **الصيانة الوقائيّة**

تهدف الصيانة الوقائيّة إلى إدخال تغييرات على النظام للتقليل من احتمالات وقوع أعطال مستقبلية في هذا النظام. فمثلا يمكن تعميم كيفيّة إرسال تقارير معلوماتيّة إلى الطابعة، بحيث يمكن للنظام أن يتأقلم بسهولة مع تطوّر تقنيّات الطابعات.

المراجع العربية

1- دليلك في: تحليل وتصميم النظم، د. أحمد حسين علي حسين، الدار الجامعية، الإسكندرية،2003.

2- تحليل وتصميم النظم – منهج مهيكل، د. سرور علي ابراهيم سرور، دار المريخ للنشر، المملكة العربية السعودية، 2002.

3- إدارة قواعد البيانات الحديثة، د. سرور علي ابراهيم سرور، دار المريخ للنشر، المملكة العربية السعودية، 2003.

4- تحليل نظم المعلومات باستخدام الكمبيوتر , أ.د. عوض منصور, د.محمد أبو النور, دار الفرقان للنشر و التوزيع الأردن , 1996.

5- مبادئ و تحليل نظم الحاسوب و تصميمها , د. زياد القاضي, م. عبد الرحيم البشيتي, دار صفاء للنشر و التوزيع , الأردن , 1997.

6- نظم المعلومات ,المفاهيم-التحليل-التصميم , د.محمد السعيد خشبة, مطابع الوليد القاهرة , 1992.

7- أساسيات تحليل النظم , د. محمد أحمد الفيومي, ... , مكتبة الفلاح , الكويت , 1989.

8- المفاهيم الحديثة في أنظمة المعلومات الحاسوبية, د. عماد عبد الوهاب الصباغ , مكتبة الثقافة للنشر و التوزيع الأردن , 1997.

9- تحليل البيانات و تصميم النظم , فاروق مصطفى ، دار الراتب الجامعية لبنان ، 1990.

10- هندسة البرمجيّات: الأوجه التقنيّة والتنظيمية والإقتصادية، هاني عمّار وعلي الميلي، مؤسسة فيليبس للنشر، الطبعة الأولى مارس 2006.

المراجع الأجنبية

1. Hoffer, J.A., J.F. George and J.S. Valacich, "Modern Systems Analysis and Design", Second Edition, Reading, MA: The Benjamin/Cummings Publishing Company, 1999

2. Gupta, Preeti., " Structured System Analysis And Design 1/e ", 1/e. Publisher:, Firewall Media ... ISBN:, 8170088097. Publication year:, 2005

3. Kenneth E. Kendall, Julie E. Kendall, "Systems Analysis and Design", Prentice Hall, 2002.

4. Date, C. J., Darwen, H. (2000). *Foundation for Future Database Systems: The Third Manifesto*, 2nd edition, Addison-Wesley Professional. ISBN 0201709287.

5. Date, C. J. (2003). *Introduction to Database Systems*. 8th edition, Addison Wesley. ISBN 0321197844.

قاموس عربي - إنجليزي

إنجليزي	عربي
Backward Pass	الاتجاه العكسي
Sales Trends	اتجاهات المبيعات
Communication	اتصال
Open Database Communication (ODBC)	الاتصال المفتوح بقواعد المعطيات
Procedure	إجراء
Business process	أحداث الأعمال
Integration Testing	اختبار التكامل
Stub Testing	اختبار العقب
System Testing	اختبار النظام
Unit Testing	اختبار الوحدات
Parallel Tests	اختبارات متوازنة
Conciseness	الاختصار
Ethics	آداب المهنة
Management	إدارة
Strategic Management	الإدارة الاستراتيجية
Project management	إدارة المشاريع
Middle Management	الإدارة الوسطية
Database Management Systems	إدارة قواعد البيانات
minimax	أدنى أقصى قيمة
Productivity Tools	أدوات الإنتاجية
Visual Development Tools	أدوات التطوير المرئية
Report Design Tools	أدوات تصميم التقارير
Development Tools	أدوات تطوير
If...Else	إذا...وإلا..
Correlation	الارتباط
Real Numbers	أرقام حقيقية
Relative Numbers	أرقام صحيحة
Closed questionnaire	استبيانات مغلقة
Open questionnaire	استبيانات مفتوحة
Questionnaires	استبيانة
Short-term cash investment	الاستثمار النقدي القصير الأمد
Extract	استخلاص
Data Retrieval	استرجاع البيانات
Data Recovering	استعادة البيانات
Query	استعلام
Stand-alone-process	استقلالية العمل
Brainstorming	استنباط أفكار بارعة (العصف الذهني)

Logical Inferences	الاستنتاجات المنطقية
Data item name	اسم المفردة
Alias	اسم بديل
Cross-referencing	الإسناد الترافقي
Redundancy	إسهاب
Output	إصدار
Expert Systems Shells	أصداف النظم الخبيرة
Collision	الاصطدام
Cardinality	أصولية
Create	إضافة
Reliability	الاعتمادية
Feedback	الإفادة المرتدّة
Do...While	افعل...مادام
Function	اقتران
Economy	الاقتصاد
Acquisition	اقتناء
Access	أكسس
Intelligent Machines	الآلات الذكية
Automatic Telling Machines (ATMs)	الآلات المتكلمة الآلية
Denormalization	إلغاء التطبيع
Amazon	الأمازون
Security	الأمن
Data Security	أمن البيانات
Structural English	الإنجليزية المهيكلة
Regression	الانحدار
Consistency	انسجام
Streamlined	انسيابية
Scenario Creation	إنشاء حالات افتراضية
Dummy activities	الأنشطة الوهمية
Perceptive systems	الأنظمة الإدراكية
Full automatic system	الأنظمة الآلية كليا
On line Storage	أنظمة التخزين الفوري
Off line Storage	أنظمة التخزين غير الفوري
Half automatic system	الأنظمة الشبه (النصف) آلية
Manual system	الأنظمة اليدوية
Explosion	انفجار (تفجير)
Uniqueness	الانفرادية
Acronyms	أوائل الحروف
Oracle	أوراكل
IBM	أيبم
Summarization	إيجاز
Input	إيراد

English	عربي
Operations Research	بحوث العمليات
Begin Case	بداية حالة
Paradox	برادوكس
Project Management Software	برامج إدارة المشاريع
Antivirus Software	برامج إزالة الفيروسات
Desktop Publishing Programs	برامج النشر المكتبية
Software	برمجيات
Legacy Software	البرمجيات التراثية
Software reverse engineering and reengineering	برمجيات الهندسة العكسية والهندسة المعادة
Integrated Software	برمجيات متكاملة
MS ACCESS	برنامج أكسس (Access).
MS Excel	برنامج أكسيل
Statistical Package for Social Science (SPSS)	برنامج التحليل الإحصائي للعلوم الاجتماعية
Commercial Software Package	برنامج تجاري جاهز
Subprogram	برنامج فرعي
Source Program	برنامج مصدري
Structured Program	برنامج مهيكل
MS Word	برنامج وورد لمعالجة النصوص
Simplicity	البساطة
Internal Structure	البنية الداخلية
Polaris	بولاريس
Business Environment	بيئة أعمال
Operating Environment	بيئة تشغيلية
Bayes	بياز
Datum	بيان
Data	البيانات
Testing Data	بيانات الاختبار
Organizational Data	بيانات تنظيمية
Output Data	بيانات صادرة
Input Data	بيانات واردة
Support	تأييد
Electronic Support	التأييد الإلكتروني
Automated Support	تأييد آلي
Dependency	التبعية
Full Functional Dependency	التبعية الوظيفية الكاملة
High Interdependent	تبعية عالية
No Transitive Dependency	تبعية غير متعدية
Update	تحديث
File Updating	تحديث الملفات
General constraints	تحديد القيود على النظام
Validation	تحقق
Optimization	التحقيق الأمثل

إنجليزي	عربي
Vertical Balancing	تحقيق التوازن العمودي
Statistical Analysis	تحليل إحصائي
Procedure analysis	تحليل الإجراءات
Performance analysis	تحليل الأداء
Profitability Analysis	تحليل الأرباح
Objective and result analysis	تحليل الأهداف والنتائج
Data Analysis	تحليل البيانات
Compensation Analysis	تحليل التعويض
Cost Benefit Analysis	تحليل التكلفة والمنفعة
Network Analysis	التحليل الشبكي
Structure analysis	تحليل هيكل
Conversion	التحول
Direct Changeover	التحول المباشر
Gradual Conversion	التحول المتدرج
Parallel Conversion	التحول المتوازي
Modular Prototype Conversion	التحول المرتكز على الوحدات المنمذجة
Parallel Conversion	التحول الموزع
Transfer	تحويل
Data conversion	تحويل البيانات
Phased Conversion	التحويل المرحلي
Electronic funds transfer at point of sale (EFTPOS)	التحويل النقدي الإلكتروني نقاط البيع
resource allocation	تخصيص الموارد
Product Planning	تخطيط الإنتاج
Profit Planning	تخطيط الربح
Screen Layout	تخطيط الشاشة
Career pathing	التخطيط المهني
Human Resources Planning	تخطيط الموارد البشرية
Screen layout sheet	تخطيط صحيفة الشاشة
Overlap	تداخل
Cash Flow	التدفق النقدي
Data Flow	تدفق بيانات
Flows	التدفقات
Intermediate Data Flow	التدفقات الوسيطة للبيانات
Interface Data Flow	تدفقات بيانات الواجهة
Desk Checking	تدقيق المنضدة
Notation	تدوين
Facts Recording	تدوين الحقائق
Relational Notation	تدوين علائقي
Compactness	تراص
Data Structure	تراكيب البيانات
Installation	التركيب
System Conception	تركيبة النظام

إنجليزي ——— عربي

Codification	الترميز
Abbreviation codes	ترميز الاختصارات
Group classification code	الترميز التصنيفي
Block sequences code	الترميز الحزمي المتسلسل
Simple sequence code	الترميز المتسلسل البسيط
Significant digit code	الترميز ذو الرقم المعنوي
Time Clock	التسجيل الآلي لحضور وانصراف الموظفين
Processing Sequences	تسلسلات المعالجة
Diagnosing	تشخيص الحالات
Format	تشكيل
Data Reconciliation	تصحيح الأخطاء
Data Validation	تصديق البيانات
Procedure Design	تصميم الإجراءات
Preliminary system design	التصميم الأولي للنظام
Output Design	تصميم البيانات الصادرة
Input Design	تصميم البيانات الواردة
Joint Application Design (JAD)	تصميم التطبيق المشترك
Broad system design	التصميم العام
File Physical Design	التصميم المادي للملفات
File Design	تصميم الملفات
Processing operation design	تصميم عمليات المعالجة
Ergonomic Design	تصميم مريح
Decision Making	تصنيع القرارات
Approach	التصور
User Involvement Approach	تصور إدماج المستخدم
Project Champion Approach	تصور المشروع الممتاز
Revised Decision Evaluation Approach	تصور تقييم القرار المراجع
Information System Utility Approach	تصور فوائد نظم المعلومات
Object-Oriented Approach	تصور موجه نحو الأهداف
Polling	التصويت
Complex Logic Portray	تصوير المنطق المعقد
Inconsistencies	تضاربات (عدم اتساق)
Normalization	التطبيع
Customer Order Processing Application	تطبيق معالجة طلبِ حريف
E-business Application	تطبيقات الأعمال الإلكترونية
Evolutionary	تطوري
Rapid Application Development (RAD)	التطوير السريع للتطبيقات
Network upgrades	تطوير شبكة الحاسب الآلي
Crash	تعجيل
Data Definition	تعريف البيانات
Data definition	تعريف المفردة
Sales Tracking	تعقب المبيعات

English	عربي
Interactive	تفاعلية
Inspection	التفتيش
Uniqueness	التفرد
Graphical Report	تقارير رسومية
Textual Report	تقارير نصية
Report	تقرير
PARTITIONNING DATA FLOW DIAGRAM	تقسيم خريطة تدفق البيانات
Fact-Finding	تقصي الحقائق
Program Evaluation and Review Technique (PERT)	تقنية مراجعة وتقييم البرامج (بارت)
Evaluation	التقييم
System Evaluation	تقييم النظام
Indict costs	تكاليف غير مباشرة
Direct costs	تكاليف مباشرة
View Integration	تكامل وجهة النظر
Crash coast	تكلفة التعجيل
Normal cost	تكلفة عادية
Cost benefit	التكلفة والفوائد
Accommodation	تكيف
supplies	تموين
Predicting	التنبؤ
System Implementation	تنصيب النظام
Sequential file Organization	التنظيم التتابعي
Serial file Organization	التنظيم التسلسلي
Direct File Organization	التنظيم المباشر
Indexed File Organization	التنظيم المفهرس
File Organization	تنظيم الملفات
File Organization	تنظيم سجلات الملفات
System Compatibility	توافق النظام
User Documentation	توثيق المستخدم
System Documentation	توثيق النظام
External Documentation	توثيق خارجي
Internal Documentation	توثيق داخلي
Data Orientation	توجه البيانات
Process Orientation	توجه المعاملات
Logic Orientation	توجه المنطق
Internal Orientation	توجيه داخلي
Beta distribution	توزيع بيتا
Expandability	التوسع
Process Specification	توصيف المعاملة
Automatic Program Generation	التوليد الآلي للبرنامج
Boolean Algebra	الجبر البولياني
System Event Table	جدول أحداث النظام

English	عربي
Truth Table	جدول الحقيقة
Decision Table	جدول القرارات
Pivot Table	جدول محوري
Normalized Table	جدول مطبع
Root	جذر
Inventory	الجرد
Stock Inventory	جرد المخزون
Facts Finding	جمع الحقائق والبيانات
American society of mechanical engineers (ASME)	جمعية المهندسين الميكانيكيين الأمريكية
Sequential Statements	جمل تتابعية
Statement	جملة
Next Statement	الجملة الموالية
Event	الحدث
Head event	حدث البداية
Tail event	حدث النهاية
Burst	حدث انبثاق
Simple	حدث بسيط
External Event	حدث خارجي
Node	حدث عقدة (التقاء)
Temporal Event	حدث مؤقت
Single Event	حدث منفرد
Limit	حدّ
System boundary	حدود النظام
Delete	حذف
MS Office Packages	حزمة برمجيات ميكروسوفت أفيس
Field	حقل
Decoding	حل الرموز
Dynamic	حيويّ (حيويّة)
Smart Viewer Web Server	خادم ويب للمشاهدِ الذكي
Key Attributes	خاصيات مفتاحية
Primary Key Attribute	خاصية المفتاح الأولي
Nonprimary Key Attribute	خاصية غير رئيسية
Attribute Definition	خاصية معرف
Flowcharting	خرائط
Flow Charts	خرائط التدفق
Organization flowchart	الخرائط التنظيمية
Procedure analysis flowcharts	خرائط تحليل الإجراءات
Data Flow Diagram (DFD)	خرائط تدفق البيانات
Information-oriented system flowcharts	خرائط حركة المعلومات في النظام
Program flowcharts	خرائط سير البرامج
System process flowcharts	خرائط عمليات النظام
Context Diagram	الخريطة البيئية
Child Diagram	الخريطة الخالفة

Entity-Relationship Diagram (ERD)	خريطة الكينونة والعلاقة
Physical Data Flow Diagram	الخريطة المادية لتدفق البيانات
Logical Data Flow Diagram	الخريطة المنطقية لتدفق البيانات
Context Diagram	خريطة بيئية
Diagram 0	الخريطة صفر
Properties	خصائص
Specify	خصّص
Communication Link	خط اتصال
False	خطأ
Piece-wise linear	خطية متقطعة
Option	خيار
Fuzzy	خيالي
Data Entry	دخول البيانات
Study phase (Preliminary investigation)	الدراسة الأولية
Feasibility Study	دراسة الجدوى
Semantics	دراسة معاني الكلمات
Relationship Degree	درجة العلاقة
Notebook	دفتر ملحوظات
Precision	الدقة
Restructure Wizard	دليل البنية
Text Wizard	دليل النصوص
Database Wizard	دليل قاعدة المعطيات
Merging	دمج
System Life Cycle	دورة حياة النظام
Du Pont	دي بن
DeMarco and Yourdon	ديماركو ويوردن
Industrial Democracy	الديمقراطية الصناعية
Working Memory	الذاكرة العاملة
Artificial Intelligence	الذكاء الاصطناعي
Response	الردّ
Contextual Data Graph	رسم بياني نسيجي
Boxplot	رسم صندوقي
Cylinder number	رقم الاسطوانة
Check digit	رقم التحقق
Sector number	رقم المقطع
Surface number	رقم الوجه
Identification Number	رقم تعريفي
Natural Number	رقم طبيعي
Mnemonic	رموز تذكير
Data Association	روابط بيانية
W. W. Royce	رويس
Pure Mathematics	الرياضيات البحتة

English	عربي
Applied Mathematics	الرياضيات التطبيقية
Riming-ton Rand	ريمنغ-تن رند
Most likely time	الزمن الأكثر احتمالا
Pessimistic time	الزمن التشاؤمي
Crash time	زمن التعجيل
Optimistic time	الزمن التفاؤلي
Trigger	الزناد
Parent	السالف
Record Found Status	سجل ضبط الحالة
Tuplet	سطر
File capacity	سعة الملف
Data Integrity	سلامة البيانات
Referential Integrity	السلامة المرجعية
Super Project	سوبر بروجكت
C++	سي ++
Business Policies	سياسات الأعمال
Environmental Context	السياق البيئي
Inventory Control	سيطرة الجرد
Operational Control	السيطرة العملية
Relocation Cost Control	سيطرة كلفة الانتقال
Managerial Planning and Control	السيطرة والتخطيط الإداري
Network	شبكة
Decision Tree	شجرة القرارات
Condition	شرط
Paper Tape	شريط ورقي
Code	الشفرة
Bar Code	شفرة أعمدة
Universal Product Code (UPC)	شفرة المنتج الشاملة
Format Field	شكل الحقل
Storage Format	الشكل العام للتخزين
Traditional Waterfall	الشلال التقليدي
Data Consistency	صحة البيانات وتناسقها
True	صحيح
Line Item	صف الأصناف
Web Page	صفحة الشبكة العنكبوتيّة
Associations	الصلات
Junction	صلة
Toolset	صندوق الأدوات
Maintenance	الصيانة
Perfective Maintenance	الصيانة التحسينية
Adaptive Maintenance	الصيانة التكيفية
Corrective Maintenance	الصيانة العلاجية

System Maintenance	صيانة النظام
Preventive Maintenance	الصيانة الوقائية
Second Normal Form	الصيغة الطبيعية الثانية
Logical Format	صيغة منطقية
peripherals	طرفيات
Access methods to data files	طرق الوصول إلى بيانات الملفات
On-line processing	طريقة العمل الفوري (الآني)
Critical path method (CPM)	طريقة المسار الحرج
Sequential Access	طريقة الوصول التتابعي (التسلسلي)
Random Access	طريقة الوصول العشوائي
Logic Statements	عبارات المنطق
Expression	عبارة
Structured Arabic	العربية المهيكلة
Graphical Representation	عرض بياني
Graphical and Textual Representation	عروض رسومية ونصية
Milestone	علاّم
Relationship	علاقة
Well-Structured Relation	علاقة حسنة الهيكلة
Robotics	علم الإنسان الآلي
Routine Work	عمل رتيب
Input / Output Operations	عمليات الإيراد والإصدار
Auxiliary off-line operation	عمليات التشغيل المساعدة غير فورية
Key processes	عمليات رئيسية
Iterative Process	عملية تكرارية
Elements	عناصر
Data Elements	عناصر بيانات
Derived Element	عنصر مشتق
Performance factors	عوامل أداء
Defects	العيوب
Boardroom	غرفة شاسعة
Ambiguity	غموض
Class	فئة
Subclass	فئة فرعية
Utility	فائدة
Actualization Utility	فائدة التحقيق
Form Utility	فائدة الشكل
Place Utility	فائدة المكان
Possession Utility	فائدة الملكية
Goal Utility	فائدة الهدف
Time Utility	فائدة الوقت
Efficiency	الفاعلية
Sorting	فرز
File Sorting	فرز الملفات

الإنجليزي	العربي
Unique	فريد
The Art of Judgement	فن التحكيم
Management Techniques	فنون الإدارة
Benefits	فوائد
On Line	فوري (فورية)
Fox Pro	فوكس برو
Visual Basic	فيجيول بيسك
Payroll	قائمة الرواتب
Checklist	قائمة تدقيق
Usability	قابلية الاستخدام
Operability	قابلية التشغيل
Validation rule	قاعدة التحقق
Knowledge base	قاعدة المعارف
Network Database	قاعدة بيانات شبكية
Relational Database	قاعدة بيانات علاقية
Distributed Relational Data base	قاعدة بيانات علاقية موزّعة
Physical Data Base	قاعدة بيانات مادية
Hierarchical Database	قاعدة بيانات هرمية
Data Dictionary	قاموس البيانات
Gane and Sarson	قاين وسرسن
Read	قراءة
Free Ranging Decisions	القرارات ذات التصنيف الحر
Unprogrammed Decisions	قرارات غير مبرمجة
Programmed Decisions	قرارات مبرمجة
Magnetic disk	قرص مغناطيسي
Segment	قطاع
Business Rules	قواعد الأعمال
Decision Rules	قواعد القرارات
Databases Optimized	قواعد بيانات محسنة
Sample Power	قوّة عيّنةِ
Default Value	القيمة الافتراضية
Null value Control	القيمة الملغية
Integrity Constraints	قيود السلامة
Domain Constraints	قيود النطاق
Report Writer	كاتب التقارير
Reserved Words	الكلمات المحجوزة
Password	كلمة المرور
Completeness	الكمالية
Computer Associates	كمبيوتر أسوسييتز
Entity	كينونة
External Entity	كينونة خارجية
Weak Entity	كينونة ضعيفة
Concatenated Entity	كينونة متسلسلة

English	عربي
Associative Entity	كينونة مصاحبة
Attributive Entity	كينونة وصفية
Labels	اللافتات
Structured Query Language (SQL)	لغة الاستعلام المهيكلة
Structured Natural Language	اللغة الطبيعية المهيكلة
Unified Modeling Language (UML)	لغة العرض الموحدة
Homonym	لفظ متجانس
Homonym	لفظ متجانس
Pointer	مؤشّر
While	مادام
Trade-off	مبادلة
Direct	مباشر
Report Manager	المتصرّف في التقارير
Normalized data requirements	متطلبات البيانات المطبعة
Conceptual Data Requirement	المتطلبات التصورية للبيانات
Multiview	متعدد وجهات النظر
Symmetric	متماثل
Stimulus	المثير
Range Control	مجال السيطرة
Groupware	المجموعيات
Graphical simulation	المحاكاة الرسومية
Clear-cut	محدد، واضح المعالم
Determinant	محددة
Data Editor	محرر المعطيات
Inference Engine	محرك الاستدلال (الاستنتاج)
Visible Analyst	المحلل المرئي
System Analyst	محلل النظم
Information System Analyst	محلل نظم المعلومات
Solver	المحلّل
Temporary Data Stores	مخازن البيانات المؤقتة
Intermediate Data Stores	مخازن البيانات الوسيطة
Data Store	مخزن البيانات
Gantt Chart	مخطط جانت
Structure Chart	مخطط تركيبي
Network Diagram	مخطط شبكي
Middle Managers	المدراء الوسطيون
System Auditor	مدقق النظام
Range	مدى
Synonym	مرادف
Monitoring	مراقبة
Operation and Evaluation Phase	مرحلة التشغيل والتقييم
Design Phase	مرحلة التصميم
Detailed Investigation	مرحلة الدراسة التفصيلية

English	عربي
Refine Phase	مرحلة تهذيب (تكرير)
Protocol	مرسم
Component	مركّب
Flexibility	مرونة
Data Area	مساحة البيانات
Over flow area	مساحة الفائض
Index Area	مساحة الفهرس
Critical Path	المسار الحرج
Assistance	مساعدة
User	مستخدم
Repository Entities	مستودع كينونات
Strategic Level	المستوى الاستراتيجي
Context-Level	المستوى البيئي
Operational Level	مستوى التشغيل
High Level	المستوى العالي
Knowledge Level	مستوى المعرفة
Cash Register	مسجل نقدي
involvement	مشاركة
Acquisition	مشتريات
Functional Derivation	مشتقات الدوال
Mathematical Derivation	مشتقات رياضية
Project	المشروع
User View	مشهد المستخدم
System Design Validation	مصادقة تصميم النظام
Source	مصدر
CRUD Matrix	المصفوفة كرود
System Designer	مصمم النظم
Processor	المعالج
Processing Performance	معالجة الأداء
Data processing	معالجة البيانات
Batch processing	معالجة الحزم
Real-Time Processing	معالجة في الوقت الحقيقي
Batch Processing	معالجة مجمعة
Manipulation	معالجة يدوية
Business Processes	معاملات الأعمال
Automated Process	المعاملات الآلية
Data Processes	معاملات البيانات
Sequencing Processes	معاملات الترتيب
Process	معاملة
Parent Process	المعاملة السالفة
Automated Process	معاملة آلية
Primitive Process	معاملة أولية
Manual Process	معاملة يدوية

English	عربي
Child Process	المعاملةالخالفة
Hardware	معدات
Servo- Mechanisms	المعدات الميكانيكية العصبية
Identifier	معرّف
Information	المعلومات
Metadata	المعلومات البيانية
Structural Information	معلومات مهيكلة
Data Technical Architectures	معماريات فنية للبيانات
Network Architecture	معمارية شبكية
Relational Architecture	معمارية علاقية
Hierarchical Architecture	معمارية هرمية
Meaningfulness	المعنى
Foreign Key	مفتاح أجنبي
Record Key	مفتاح السجل
Primary Key	مفتاح أولي
Candidate Key	مفتاح مرشح
Composite key	مفتاح مركّب
Concept	مفهوم
Interview	مقابلات
Personal corporate Offices	المكاتب الشخصية المشتركة
Destination	مكان الوصول
Associated	ملحق
Report File	ملف التقارير
Table File	ملف الجداول
Transaction File	ملف الحركات
Master File	ملف رئيسي
Backup File	ملف مساند
Flat File	ملف مسطح
Computer Files	ملفات حاسوبية
Symbolic Logic	المنطق الرمزي
Process Logic	منطق المعاملة
Decision-Making Logic	منطق صنع القرارات
Process Decision Logic	منطق قرار المعاملة
Business Area	منطقة أعمال
Minitab	منظم الجداول الصغير
Perspective	منظور
functional perspective	المنظور الوظيفي
Business Benefits	منفعة الأعمال
Soft Systems Methodology	منهجية الأنظمة الناعمة
Inside-Outside Methodology	منهجية التحليل الخارجة
Outside-Inside Methodology	منهجية التحليل الداخلة
Bottom-Up Approach	المنهجية الصاعدة
Top-Down Approach	المنهجية النازلة

English	عربي
Task	المهمة
Organizational Resources	الموارد التنظيمية
Facilities Location	موقع الوسائل
Interactive Web Site	موقع تفاعلي على الشبكة العنكبوتيّة
Characteristics	ميزات
Budget	الميزانية
Microsoft	ميكروسوفت
Microsoft Project	ميكروسوفت بروجكت
Slope	ميل تكلفة النشاط
NAVY	نافي
Affinity	نسبة
Backup	النسخ المدمج الاحتياطي
Activity	نشاط
File activity	نشاط الملف
Dummy Activity	النشاط الوهمي
Critical activities	النشاطات الحرجة
Non critical activities	النشاطات غير الحرجة
system	نظام
Data base management system	نظام إدارة قاعدة البيانات
Batch System	نظام الدفعة
Knowledge-based System	النظام المرتكز على المعارف
Batch processing system	نظام المعالجة على شكل دفعات
Coding System	نظام ترميز
Windows Operating System	نظام تشغيل النوافذ
subsystem	نظام فرعي
Online System	نظام فوري
super system	نظام كلي
Boundary-spanning System	نظام ممتد الحدود
Game Theory	نظريات الألعاب
Decision Theory	نظرية اتخاذ القرارات
Probability Theory	نظرية الاحتمالات
Set Theory	نظرية المجموعات
Executive Support Systems (ESS)	نظم التأييد التنفيذية
Organizational Systems	النظم التنظيمية
Expert Information Systems (EIS)	النظم الخبيرة للمعلومات
Computer Supported Collaborative Work	نظم العمل المشترك بواسطة التأييد سوبي
Web-based Systems	النظم المرتكزة على الشبكة العنكبوتيّة
Information Systems	نظم المعلومات
Management Information Systems (MIS)	نظم المعلومات الإدارية
Object-Oriented Systems	النظم الموجهة نحو الأهداف
Decision Support Systems (DSS)	نظم تأييد القرارات
Group Decision Support Systems (GDSS)	نظم تأييد قرارات الفريق
Office Automation Systems (OAS)	نظم تأييل المكاتب

Knowledge Work System (KWS)	نظم عمل المعرفة
Transaction Processing Systems (TPS)	نظم معالجة المعاملات
Intersection	نقطة التقاطع
Refine	نقّى
Business Form	نماذج أعمال
Sensitivity Analysis Models	نماذج تحليل الحساسية
Prototyping	النمذجة الأولية
Conceptual Data Modeling	النمذجة التصورية للبيانات
Logic Modeling	نمذجة المنطق
Text Mode	النمط النصي
Typical	نمطي
Growth	نمو
Input Form Design	نموذج إدخال بيانات
Conceptual Data Model	النموذج التصوري للبيانات
Record layout	نموذج السجلات
Entity-Relationship Model	نموذج الكينونة والعلاقة
Preliminary Data Model	نموذج أولي للبيانات
Relational Data Model	نموذج بيانات علاقي
Record specification sheet	نموذج توصيف السجلات
File specification	نموذج توصيف الملفات
Working Model	نموذج عامل
End Do	نهاية افعل
Data Type	نوع البيانات
Entity Type	نوع كينونة
Software Engineering	هندسة البرمجيات
Computer-Aided Software Engineering (CASE)	هندسة البرمجيات بمساعدة الحاسب الآلي
Reverse engineering	الهندسة المعادة
Computer Assisted Reengineering (CARE)	الهندسة المعادة بواسطة الحاسب الآلي
Systems Engineering	هندسة النظم
Henry Gantt	هنري جانت
Stable Structure	هيكل مستقرّ
Structuring	الهيكلة
Structuring System Data Requirements	هيكلة متطلبات بيانات النظام
Structuring System Process Requirements	هيكلة متطلبات عمليات النظام
Structuring System Logic Requirements	هيكلة متطلبات منطق النظام
Interface	واجهة
User Interface	واجهة المستخدم
Graphical User Interface (GUI)	واجهة المستخدم الرسومية
Human Interface	واجهة بشرية
Reliability	وثوقية
Processing Units	وحدات المعالجة
Output Units	وحدات صادرات
Technical Units	وحدات فنية

English	عربي
Input Units	وحدات واردات
Program Module	وحدة برنامج
Cathode Ray Tube Visual Display Unit (CRT)	وحدة عرض مرئي باستخدام شاشة_كاثودية
Self-Contained Unit	وحدة مكتفية ذاتيا
Unique	وحيد
Design Workshop	ورشة عمل للتصميم
Leaf	ورقة
On-line Storage media	وسائط إدخال فورية
Optical character media	وسائط الإدخال الضوئية
Batch Storage media	وسائط الإدخال غير الفورية
Internal Functionality	الوظيفة الداخلية
Total float time	الوقت الفائض الكلي
Latest completion time	وقت الانتهاء المتأخر
Earliest start time	وقت البدء المبكر
Real Time	الوقت الحقيقي
Float time	الوقت الفائض
Free float time	الوقت الفائض الحر
Normal time	وقت عادي

عن المؤلف

تحصّل الدكتور محمد بن العروسي عيسى على دبلوم هندسة الحاسب الآلي سنة 1988 وعلى دكتوراة في علوم وهندسة الحاسب الآلي سنة 1992 من معهد البوليتكنيك بـ"كياف" بدولة أكرانيا.

درّس د. محمد عيسى بكليّة التربية بسلطة عمان الشقيقة لمدة ثماني سنوات كأستاذ مساعد في قسم الحاسب الآلي الذي ترأسه لمدة سبع سنوات، ثمّ التحق بعد ذلك بجامعة الإمام محمد بن سعود الإسلاميّة ليدرّس في كليّة المجتمع بمحافظة شقراء كأستاذ مساعد ورئيس قسم الحاسب الآلي.

شارك الدكتور محمد عيسى في عدد من الندوات العلميّة، وله مجموعة من البحوث يتعلّق أغلبها بميدان "نوعيّة الخدمات في شبكات الحاسب الآلي"، وخوارزميات توجيه البثّ في الشبكات.